김대중과 한일관계

민주주의와 평화의 한일현대사

연세대학교 김대중도서관 연구총서 ①

김대중과 한일관계

민주주의와 평화의 한일현대사

류상영 · 와다 하루키 · 이토 나리히코 편저

연세대학교 대학출판문화원

머리말

김대중과 그의 시대는 이제 역사의 한 장이 되었다.

그가 걸었던 한국의 정치사는 매 순간 격동의 연속이었고, 뜨거운 논쟁과 수많은 사건으로 점철되었다. 그가 남긴 역사적 유산과 부채는 한국사회에 깊이 각인되어 있고, 한국사회의 미래에도 적지 않은 영향을 미칠 것이다. 그의 시대로부터 반추하게 될 역사적 의미는 한국의 민주주의와 지속가능한 발전을 위하여 소중한 교훈이 될 수 있을 것이다. 김대중 연구를 시작해야 할 학문적 현실적 필요성이 여기에 있다.

김대중과 그의 시대를 어떻게 읽어야 할 것인가?

그와 그의 시대에 대한 연구는 이제 막 시작되었다고 볼 수 있다. 객관적이고 정확한 묘사와 분석, 균형잡힌 평가를 위해서는 충분한 자료 수집과 정리, 그리고 역사적 사실에 대한 꼼꼼한 발굴과 천착이 선행되어야 할 것이다. 아직은 초기 단계라 할 수 있지만, 그동안 학계와 연세대학교 김대중도서관을 중심으로 김대중에 관한 자료 발굴과 수집 및 정리 작업이 상당히 진행되었다. 김대중과 관련 주요 인사를 중심으로 한 구술사 자료 구축, 『김대중옥중서신』, 『김대중자서전』, 그리고 『김대중연보, 1924-2009』 등의 출간이 대표적인 사료작업의 결과물들이다.

김대중도서관의 협력하에 우리 연구진은 2008년부터 김대중과 그의 시대의 몇 가지 핵심 주제에 관한 연구 작업을 진행하였다. 1970년대 이래 일본 내 시민사회 세력을 중심으로 전개된 한국의 민주화를 위한 운동을 분석한 『김대중과 한일관계』, 대중경제론의 철학과 정책을 다룬 『김대중과 대중경제론』, 김대중과 한국 야당의 역사와 정치적 활동을 다룬 『김대중과 한국야당사』, 아시아경제위기 이후 본격화된 아시아 지역주의 전략과 김대중의 이니셔티브를 다룬 『김대중과 아시아 지역주의』 등이 그것이다. 이 연구들은 모두 철저하게 역사적 사료에 근거하여 객관적이고 학문적인 접근에 의하여 진행되었음을 밝힌다. 향후 국내외에서 본격화될 김대중과 그의 시대에 대한 연구에 좋은 참고자료가 될 것으로 기대한다. 이 책들의 출간 이후 영문본과 일문본 출간을 병행함으로써 한국학의 세계화에도 공헌할 수 있을 것으로 믿는다.

이 책이 나오기까지 많은 분들의 도움을 받았다. 우선 수많은 세미나를 통해 좋은 원고를 제출해 준 필자분들께 감사드린다. 자료와 재정적 지원을 해 준 연세대학교 김대중도서관의 장신기 연구원과 이충은 사서 등 사료팀, 그리고 문정인 관장에게 감사드린다. 그 외에 편집과 영문 및 일문 작업에서 많은 도움을 준 홍경우, 오영아, 서연주, 정해인, 임태현, 홀리 스테펜스, 니콜라스 마르소에게도 감사드린다. 출판을 위해 힘써 주신 연세대 출판부 및 도서출판 오름의 부성옥 대표와 편집진에게도 감사드린다.

2012년 10월

연세대학교 국제학대학원 교수

연세대학교 김대중도서관 전(前)관장

류상영

차례

■ 머리말 _ 5

서문 민주주의와 평화의 한일관계를 찾아서
_류상영 · 와다 하루키 · 이토 나리히코 15

제1부 한일관계의 구조와 김대중의 인식

제1장 한일관계의 국제정치와 국내정치 • 남기정

Ⅰ. 서론 27
Ⅱ. 제1기: 패전과 해방, 전쟁과 강화 사이의 한일관계 30
Ⅲ. 제2기(1): 냉전 초기-휴전체제하의 1965년 체제의 성립 32
Ⅳ. 제2기(2): 냉전 중기-미중화해 속의 한일관계 36
Ⅴ. 제2기(3): 냉전 후기-신냉전과 한일관계 40
Ⅵ. 탈냉전기-탈제국주의체제 · 탈휴전체제의 모색 43
Ⅶ. 결론 46

제2장 김대중의 일본에 대한 인식과 전략: 주요 저작과 어록을 통해 본 인식의 진화와 정치적 선택 • 류상영

Ⅰ. 서론: 김대중을 둘러싼 시대적 배경과 일본 49
Ⅱ. 김대중의 일본을 보는 시각과 인식 틀 52
Ⅲ. 한일관계 및 일본에 대한 김대중의 인식과 전략 58
Ⅳ. 김대중의 일본에 대한 전략과 네트워크 71
Ⅴ. 결론: 김대중의 대일인식의 연속성 78

제2부 박정희 시대의 한일관계와 김대중

제3장 한민통 일본본부: 조직, 이념, 활동 • 곽동의

Ⅰ. 들어가는 말 93
Ⅱ. 재일한국인 민주화운동의 기원과 역사 95
Ⅲ. 한민통 일본본부 결성의 배경과 과정 102
Ⅳ. 한민통 일본본부의 활동 107
Ⅴ. 맺는 말 120

제4장 김대중 납치사건과 일본정치 • 이토 나리히코(伊藤成彦)

Ⅰ. 납치 직전: 일본인에게 전하는 메시지 "한국 민주화를 향한 길" 123
Ⅱ. 한국과 일본의 공통된 결함을 꾸짖는 김대중씨의 자기비판 128
Ⅲ. 기시 노부스케-박정희 연합으로 탄생한 한일기본조약 체제와 '검은 유착' 관계 130
Ⅳ. 대통령선거: 박정희 정부와의 한 판 승부 135
Ⅴ. 유신헌법체제와의 투쟁 139
Ⅵ. 일본 재입국과 납치 143
Ⅶ. 청람회(青嵐会)의 모략 147
Ⅷ. 용금호 선상에서 처음으로 예수 그리스도에게 부탁 "살려 주세요" 150
Ⅸ. 납치사건의 본질과 한일 양국 정부의 은폐공작 152
Ⅹ. 한일 양국 정부의 어두운 그늘 파헤쳐져 157
Ⅺ. 끝맺으며 163

제5장 한일 기독교인 연대운동 • 쇼지 쓰토무(東海林勤)

Ⅰ. 들어가며 169
Ⅱ. 전사(前史) 170
Ⅲ. 1973년 이후의 한국 민주화 운동과 일본 기독교계와의 연대 175
Ⅳ. 1974년부터 광주항쟁까지 184
Ⅴ. 민족통일 문제 193
Ⅵ. 끝맺으며: "민중으로부터" 201

제6장 지식인 및 시민들의 한일연대운동(1974~1978) • 와다 하루키(和田春樹)

Ⅰ. 『세계』지와 한국문제(1960~1973) 205
Ⅱ. 김대중 납치사건이 던진 충격 208
Ⅲ. 시민운동의 출발 214
Ⅳ. 김지하를 구하라 218
Ⅴ. 동아일보 지원운동 222
Ⅵ. 김지하의 호소: 「일본 민중에게 하는 제안」 225
Ⅶ. 공해수출 반대운동과 한일조사의 활동 227
Ⅷ. 민주구국선언 관계자들에 대한 항의운동 229
Ⅸ. 조사와 고발, 그리고 번역 232
Ⅹ. 한일연대위원회로의 개편 236

제3부 전두환 시대의 한일관계와 김대중

제7장 '김대중 내란음모사건'과 일본사회의 대응: 구명운동을 중심으로 • 정근주

Ⅰ. 들어가며 241
Ⅱ. '김대중 내란음모사건'의 전개 242
Ⅲ. 일한연대위원회와 크리스천 그룹의 '김대중을 죽이지마' 운동 248
Ⅳ. 총평의 구명운동과 김대중씨 구출 일본연락회의 254
Ⅴ. 한민통의 대응과 김대중선생 구출대책위원회 258
Ⅵ. 나오며 262

제8장 김대중 구명운동과 일본사회의 움직임: 법조계와 주요 변호사들의 활동을 중심으로 • 사사키 히데노리(佐々木秀典)

Ⅰ. 조선 혹은 한국 문제와의 인연 265
Ⅱ. 재일한국인 민주화 그룹과의 만남 268
Ⅲ. 김대중 납치사건 271
Ⅳ. 납치사건을 둘러싼 일본사회의 움직임 274
Ⅴ. 김대중씨 구명활동 278
Ⅵ. 끝맺으며 281

제9장 1970년대부터 80년대까지의 한국 민중운동과 일본 • 이시자카 고이치(石坂浩一)

Ⅰ. 들어가며 283
Ⅱ. 1970년대 한일 연대운동 284
Ⅲ. 1980년대의 한일 연대운동 297
Ⅳ. 결론에 갈음하며 308

■ 부록

[부록 1] 우쓰노미야 도쿠마(宇都宮德馬) 의원에게 보내는 김대중의 편지 • 313

[부록 2] 김대중에게 보내는 우쓰노미야 도쿠마(宇都宮德馬) 의원의 편지 • 319

[부록 3] 덴 히데오(田英夫) 의원 인터뷰 • 331

[부록 4] 고노 요헤이(河野洋平) 의장 인터뷰 • 357

• 색인 _ 395

• 필자 소개(원고 게재 순) _ 405

서문
민주주의와 평화의 한일관계를 찾아서

류상영 | 연세대학교 교수
와다 하루키 | 일본 동경대학교 명예교수
이토 나리히코 | 일본 중앙대학교 명예교수

『김대중과 한일관계』는 1960년대에서 1980년대에 이르기까지 일본 내의 민주세력들이 한국의 민주화를 위하여 전개한 제반 정치사회 활동과 전략, 조직 및 한일관계를 다루고 있다. 특히, 한국의 박정희 정권에 의하여 납치되고 전두환 정권에 의하여 사형선고를 받은 바 있는 김대중을 매개로 이루어진 한국과 일본의 민주화 세력 간 시민연대운동 등이 집중적으로 분석되고 있다.

이 책은 사료적 · 증언적 성격이 강한 연구결과라 할 수 있다. 우선 일본인들이 필진의 다수를 이루고 있는데, 이들의 대부분은 당시 민주화운동에 직접 참여하고 이 운동을 이끌었던 학자, 종교인, 변호사, 사회활동가 등 각계각층의 실천가들이다. 또한 이 책은 역사문제와 관련해 반복되는 한일 간의 알력과 민족주의적 갈등, 권위주의 정권시절 한일 간에 자주 나타났던 소위 정치경제적 흑막과 결탁, 그리고 최근까지 심심치 않게 등장하는 망언과 센세이셔널리즘 등에 대한 근원적 고민과 해결을 위한 하나의 시도이기도 하다. 이 책은, 한일관계사에는 어두운 측면도 있었지만 민주화운동처럼 한일의 시민사회와 민주세력들이 민주주의와 평화라는 보편적 가치를 위하여 서로 협력하고 투쟁하였던 역사가 있었고, 이런 귀중한 경험과 공통의 가치가 한일관계의 현재와 미래에 긍정적인 영향을 미칠 수 있을 것이라는, 필자들의 희망과 기대를 담고 있다.

제1장 "한일관계의 국제정치와 국내정치"는 2차 세계대전 이후부터 현재까지 한일관계의 역사적 원형과 변화를 국제정치와 한일 양국의 국내정치의 시각에서 분석하고 있다. 남기정은 냉전시대의 한일관계의 핵심은 전장국가화 관계에 있었고 한국은 대일외교에서 냉전적 국제환경을 어떻게 이용할 것인가에 집중해 왔다고 지적하였다. 김대중 정부에 들어와서 처음으로 기존의 냉전질서를 극복하기 위하여 탈전장국가화 전략을 추구했고 한일관계와 대북관계에서 커다란 변화가 일어나기 시작하였다는 점이 강조되고 있다. 1998년 김대중-오부치의 '21세기를 향한 새로운 한일 파트너십의 선언'으로부터 시작되어 2000년 남북정상회담은 탈전장국가화 전략을 위한 조치였다고 평가되고 있다. 이 논문은 김대중 정권의 대일정책을 남북한을 통합한 민족의 '근대화' 완수가 목표로 상정된 것이었으며, 그런 의미에서 '근대화 내셔널리즘'의 표현이었다고 규정하고, 한국이 역사 문제에 대해 유연하게 대처하고 일본이 한반도의 경제발전에 '협력'하는, '불문-협력' 구도의 변형된 부활이 김대중 정권기 한일관계의 특징이었다고 결론짓고 있다.

제2장 "김대중의 일본에 대한 인식과 전략"은 일본에 관한 김대중의 주요 어록과 저작을 통하여 김대중이 일본을 보는 시각과 인식틀 및 주요 정책에 대하여 분석하고 있다. 류상영은 일본에 대한 김대중의 인식틀을 국제질서에서의 평화, 국내 정치경제에서의 민주주의로 요약하였다. 김대중의 이 같은 인식틀이 원칙으로 작용하였지만, 닉슨독트린, 탈냉전 등 역사적 계기와 납치 및 사형선고 등 개인적 계기에 따라 그의 전략과 주장들은 변화되어 갔다. 김대중의 한일역사 문제에 대하여

는 일본이 독일에서 배울 것을 촉구하였고, 한일회담 과정에서는 그 한계를 지적하면서도 현실주의적 입장을 보여주었다. 일본의 민주주의와 국제적 역할에 대하여는 미국과 비교하면서 일본의 민주주의의 한계를 지적하고 아시아 평화에 대한 일본 역할의 가능성과 한계를 지적하였다. 납치문제의 정치적 결착은 그에게 인권문제이자 일본의 주권문제로서 아직도 미해결된 것으로 인식되었다. 김대중은 자신의 정치이념을 일본에 확산하기 위하여 일본내 시민사회 네트워크와 미국내 네트워크를 강화하였고, 이는 상당히 효과적인 것으로 평가되었다.

제3장 "한민통 일본본부: 조직, 이념, 활동"은 1973년 유신반대운동을 위하여 결성된 '한국민주회복통일촉진 국민회의' 일본본부의 형성배경과 활동을 정리하고 있다. 이 조직의 핵심 인물이었던 곽동의는 군사 독재정권하에서 활발하게 전개된 해외 교포 민주화운동 중에서 일본에서의 활동이 갖는 특징과 그 원인에 대한 분석을 시도한다. 곽동의는 재일한국인의 경우 일제강점기하에서 이주한 역사적 경험으로 인하여 민족주의적 정서가 강하고 이것이 특히 일본의 우익정권과 결탁한 박정희 정권에 대한 비판적 의식으로 발전하면서 한국 민주화운동의 흐름으로 이어지게 되었다고 주장한다. 그 과정에서 일본의 반 박정희 운동가들은 한국의 민주화와 한반도의 통일 문제 사이의 연관성을 운동의 논리로서 발전시키게 되었고 때마침 반유신 운동을 위하여 망명 투쟁을 전개하고 있던 야당 인사 김대중을 지지하고 운동의 리더로서 받아들이게 되었다는 점을 강조하고 있다. 그리고 김대중납치사건과 김대중사형선고 등의 과정 속에서 김대중 구명운동을 운동의 동원화를 위한 목표로 설정하고 적극적으로 전개한 결과 재일한국인의 민주화운동이 큰 성과를 거둘 수 있었다고 평가하고 있다.

제4장 "김대중 납치사건과 일본정치"는 김대중납치사건이 일본정치에 미친 영향과 이 사건을 둘러싼 일본 국내정치의 움직임에 대하여 분석하고 있다. 김대중납치사건 직후부터 정치결착이 이루어지고 다시 김대중이 한국에서 사형선고를 받는 등 이 사건의 매 주요 단계에서

김대중납치사건의 해결을 위한 운동에 직접 참여하였던 이토 나리히코 교수는, 김대중납치사건은 단순히 납치사건이 아니라 납치살해 미수 사건으로 규정되어야 하며, 아직도 이 사건은 해결되지 않았고, 일본정부와 한국정부가 진상을 밝히고 김대중에게 사과해야 한다고 주장하고 있다. 그는 이 논문에서 박정희 정권과 정치결착을 바라고 자작극설 까지 유포한 자민당 내 강경파인 청람회의 생각과 활동을, 진상규명과 원상회복을 바라는 우쓰노미야 도쿠마 의원을 중심으로 한 아시아아프리카 연구회 소속 의원들의 인식 및 활동과 비교하였다.

제5장 "한일 기독교인 연대운동"은 1970년대와 1980년대 한국의 민주화를 위하여 노력하였던 한일 기독교인들의 한국과 일본에서의 연대운동을 기록하고 있다. 해당 시기에 일본 기독교교회협의회(JNCC)의 총간사를 지내며 이 운동에 직접 참여하였던 쇼지 쓰토무 목사는 본인의 활동을 기반하여 한일 기독교인들 간의 연대와 민주화운동을 기술하고 있다. 1965년 7월 1일 한국기독교 장로회 목사들이 중심이 된 한일협정 반대 성명 발표와, 1965년 9월 25일 일본기독교단 총회 의장인 오무라이사무 목사의 전쟁에 대한 일본과 일본교회의 책임에 대하여 사죄한 것이 한일 기독교인 연대운동의 시초였다. 김대중납치사건과 박형규 목사의 구속을 계기로 1974년 1월 15일 〈한국문제기독교도긴급회의〉가 일본에서 결성되어 구체적인 연대운동이 시작되었다. 〈긴급회의〉가 정보센터 역할을 담당하면서 국내외 다른 조직과 연계하면서 광주민중항쟁과 김대중사형선고 등 한국의 민주화운동과 통일운동을 돕는 역할을 광범위하게 실시하였다. 지명관 등을 중심으로 1972년 5월 이후 16년간이나 『세계』지에 실린 T.K.생이라는 필명의 '한국으로부터의 통신'은 한국의 민주화운동을 일본에 알린 매우 중요한 역할을 수행하였는데, 이 통신도 한일 기독교인 연대운동의 한 산물이라고 볼 수 있다.

제6장 "지식인 및 시민들의 한일연대운동(1974~1978)"은 지식인 및 시민들에 의한 한일연대운동을 정리하고 있다. 한국의 민주화를 응원

하는 일본내 민주화운동에 직접 참여하였던 와다 하루키 교수는, 김대중납치사건이 발생한 당일 날인 1973년 8월 8일 『세계』지에 실린 편집장 야스에 료스케와 김대중의 대담(한국민주화를 향한 길)이 잠자고 있는 일본사회를 일깨우는 지적인 충격이었고, 한국의 민주화운동을 일본에 알리는 최초의 신호였다고 회고하고 있다. 1974년 3월 28일, 아오치 신을 대표로, 와다 하루키를 사무국장으로 하여 〈일본의 대 한국정책을 바로잡고 한국민주화 투쟁과 연대하는 일본연락회의〉가 결성되었고, 이 조직이 한일 지식인 및 시민들의 한일연대운동의 중심이 되었다. 1974년 민청학련 사건으로 사형선고를 받은 민주화 투쟁 인사들 및 김지하 등을 구하는 운동, 독재에 저항하는 동아일보 지원운동, 일본의 공해산업의 한국수출 반대운동 등을 벌여 나갔다. 위의 조직은 이 같은 운동을 계기로 1975년 6월 〈한일연대 연락회의〉로 발전되어 일본내 전국적인 조직으로 확대되었다. 이 연락회의는 1977년 2월부터 한국의 독재정부를 지지하는 일본의 주요 인사들에 대한 항의집회를 지속하는 등 적극적인 활동으로 한국의 민주화운동에 공헌하였다. 일본내의 시민운동 역사에서 보면 한일연대운동은 일본내의 베트남전쟁 반대운동의 연장선상에 있었다고 평가된다.

제7장 "'김대중 내란음모사건'과 일본사회의 대응"은 전두환 정권에 의하여 조작된 '김대중 내란음모사건'과 김대중 사형선고에 대한 일본정부 및 사회각계의 대응, 그리고 일본 전역에서 전개된 김대중 구명운동을 분석하고 있다. 정근주는 이 사건에 대하여 일본정부와 외무성도 초기에 무반응을 보여 전두환체제를 묵인하는 자세를 견지하였으며, 일부 언론들도 한국사회의 권력투쟁 정도로 해석하여 민주화운동에 반하는 입장을 보이기도 하였다고 지적하고 있다. 하지만 시민사회 수준에서는 〈일한연대위원회〉와 기독교인을 중심으로 〈김대중을 죽이지마 운동〉이 활발하게 전개되었고 이는 세계적으로도 확산되었다. 시민사회에서는 이 운동을 통하여 일본의 대한정책을 바꾸고, 일본인의 의식과 자긍심을 회복하기 위한 민주화운동으로 발전시키고자

하였다. 〈일본연락회의〉는 시민운동측과 노동계를 연결하여 김대중 구명운동을 확산시켜 나갔고, 한민통, 예술계, 여성계 등으로 확산되는 매개체가 되었던 것이다. 정근주는 김대중 구출운동이 인권과 민주주의 보편적 가치에 기초하였으며, 납치사건 당시에 결성되었던 시민운동이 존재하여서 신속히 활동을 재개할 수 있었다고 결론짓고 있다.

제8장 "김대중 구명운동과 일본사회의 움직임"은 김대중납치사건과 사형선고를 계기로 일본의 법조계와 주요 변호사들이 김대중을 구명하기 위하여 전개한 활동 내용을 소개하고 있다. 필자인 사사키 히데노리 변호사는 청년법률가협회(청법협)의 의장으로서 재일조선인의 인권 보호를 위하여 다양한 활동을 전개하고 김대중 구명운동에도 적극적이었던 일본 시민사회의 중심축의 하나였다. 납치사건 직후 청법협은, 법률상 정당한 절차에 의하지 않고 신체를 구속당한 자는 그 구제를 청구할 수 있게 규정한 일본국 헌법과 인신보호법의 기본정신에 따라 구제신청을 도쿄법원에 접수하였고, 최고법원은 김대중씨가 어디에 있는지 확인하겠다는 뜻을 한국대사관에 전달하였던 것이다. 이 구제신청은 직접적인 성과는 거두지 못하였지만, 일본 법조계가 김대중 구제를 위하여 펼친 활동의 출발점이 되었다. '김대중사건, 국민법정' 등의 운동을 전개하여 납치사건의 불법성을 외치고 노동계 등 시민사회의 협력을 얻어내고 일본정부의 법적 책임을 묻는 활동을 전개하였다. 1976년 7월 3일 법조계는 50여 명의 고발단을 구성하여 김기완 당시 주일 한국공사, 김동운 주일 한국대사관 1 등 서기관 등을 최고검찰청에 고발하기도 하였다. 김대중사형선고 이후에는 '김대중의 구출을 UN에 요청하는 백만인 서명운동'을 추진하여 국제적인 협력을 얻어내는 데 많은 노력을 하였다.

제9장 "1970년대부터 80년대까지의 한국 민중운동과 일본"은 앞 장들에서 다루지 못한 한국내 민중운동과 이에 대한 일본 운동세력의 활동과 연대를 논의하고 있다. 필자인 이시자카 고이치 교수는 고등학교 시절부터 한국의 민주화운동과 일본내 재일조선인의 인권운동에 관심

을 가져 와다 하루키 교수와 인연을 맺게 되었고 현재까지 같은 활동을 전개하고 있다. 1970년대 한일 연대운동에는 김대중 관련 사건 이외에 많은 사건들이 있었다. 재일 조선인 서승-서준식 형제 사건, 도야먀 화학공업의 크롬 무단 배출과 한국으로의 공장 이전 사건, 기생관광 반대 운동, 재일 한국인 정치범 인권문제 등이 그것이었다. 1976년 6월 20일 결성된, 〈재일한국인 정치범을 지원하는 회 전국회의〉는 정치범으로 한국에 구속되어 사형의 위기에 처한 재일한국인들을 지원하고, 각종 석방운동을 전개하였다. 일본내 시민운동단체와의 연계를 통한 일본정부와 국회에 대한 압력, 국제적인 연대확산으로 국제적 협력분위기 확산을 통한 한국정부에 대한 간접적 압력 강화 등의 활동이 주 내용이었다. 〈김대중을 죽이지마 운동〉에서는 사회당, 총평, 문화계 등이 다시 연대하였고 광주민주화운동의 정신을 확산하는 데에도 노력하였다. 한편, 한국에 진출한 일본기업들의 한국 내의 노동탄압이나 환경파괴 등에 대하여 고발과 비판도 한일 연대운동을 통하여 확산하여 나갔던 것이다. 이시자카 교수는 한일 연대운동에서 줄곧 강조되었던 것은 일본인의 주체성이었다고 강조한다. 즉 연대운동이 단지 한국을 돕는 운동이 아니라, 일본 자체의 현실을 스스로 개진하고자 하였던 운동이었다.

〈부록 1〉은 1975년 6월 21일 김대중이 우쓰노미야 도쿠마 의원에게 보낸 편지이다. 김대중 자신과 한국의 민주화에 대하여 관심을 가지고 협력해 준 우쓰노미야 의원에 대한 감사의 뜻을 알림과 동시에 한국의 비민주적 현실에 대한 암담한 심정을 나타내고 있다. "민주세력은 대북 경계태세를 늦추지 않아야 하며, 참된 안보는 국민이 민주적 자유를 마음껏 누릴 수 있을 때 비로소 성립하는 것"이라는 그의 민주주의와 안보에 대한 철학이 잘 나타나 있다. 이어서 "북한이 한국 민주정권의 출범에 훼방을 놓으려는 의도에서 민주세력 탄압의 구실을 제공하고자 비겁한 수를 쓰는 것"이라는 구절에는 당시 남북의 비민주적 정부가 서로 욕하면서 사실은 공생하고 있었다는 김대중의 현실적 분석이 담겨있다.

〈부록 2〉는 1973년 8월 28일 우쓰노미야 도쿠마 의원이 김대중에게 보낸 서신이다. 우쓰노미야는 납치사건 이후 김대중의 안녕과 건강을 묻는 것으로 이 편지를 시작하면서, 김대중과 처음 만났을 때 느꼈던 강한 인상을 회고하고 있다. 우쓰노미야는 한반도의 분단이 일본의 식민지 지배에 기인한다는 판단과 함께 일본의 책임이 크지만 현재의 일본정치인들은 이를 알지 못한다고 말하고 있다. 그는 김대중납치사건의 본질을 비민주주의적 정부에 의한 자유주의 정치인의 수난이라고 규정하고 있다. 한편 그는 박정희 대통령이 국제적 배경에 대한 이해가 부족하여 냉전을 격화시키는 정책을 유지하고 있는데, 결국 이 냉전구조는 극동지역의 평화와 한일 양국의 행복한 미래를 위하여 반드시 걷어내야 할 장애물이라고 지적하고 있다. 위의 두 편지에는 김대중과 우쓰노미야 의원의 동아시아 평화와 민주주의, 그리고 한일관계에 대한 미래지향적이고 자유주의적 철학과, 서로에 대한 깊은 우정과 존경이 담겨있다.

〈부록 3〉은 사회민주당 소속 참의원인 덴 히데오와의 인터뷰 내용이다. 덴 히데오 의원은 김대중납치사건 발생 직후 그를 구출하기 위하여 자민당의 우쓰노미야 의원, 사회당의 도이 다카코 의원과 함께 가장 활발히 움직였던 인물이었다. 그는 개인적 친분과 인권의 입장에서 구출운동을 시작하였는데, 일본 의회 내에 많은 의견분열이 있었다고 회고하였다. 그는 납치사건의 정치적 결착을 비판하면서, 한국정부와 일본정부가 다 같이 김대중에게 사과해야 한다고 언급하였다. 하지만 그는 "납치사건을 계기로 일본인들에게 일본은 한국의 친구이며 한국에는 과거에 빚진 게 있다는 사실을 깨우쳐 줄 수 있었다"고 회고하였다. 덴 히데오 의원이 인터뷰 당시 고령에 건강이 좋지 않았지만, 어렵게 나마 인터뷰를 마무리할 수 있게 된 점을 깊이 감사드리며, 이와 함께 이제는 고인이 되신 그분의 명복을 빈다.

〈부록 4〉는 자민당 소속이며 중의원 의장을 지낸 고노 요헤이 의장과의 인터뷰 내용이다. 고노 의원은 김대중을 처음 알게 된 일화와 개인적인 인연과 에피소드, 그리고 그에 대한 존경의 뜻을 자세히 회고하였다. 납치사건 이후 일본 의회 내에서 벌어진 논쟁과 갈등은 일본정부와 정계의 당시 인식의 수준과 국제정치적 역학관계를 잘 보여주고 있다. 우쓰노미야 의원을 중심으로 한 〈아시아아프리카 연구회〉의 활동과 역할을 자세히 언급하였다. 아시아의 평화와, 한국의 민주화운동, 한일관계와 일본문화 개방, 김대중-오부치 선언 등에 대한 김대중의 철학과 활동 등을 언급하면서, 김대중을 "흔들림이 없는 분"으로 묘사하였다. 그리고 그는 김대중의 폭넓은 경험과 식견을 강조하면서, "김대중 선생은 원대한 이상을 품고 계셨지만, 그 이상을 이루고자 늘 현실적인 제안과 현실적인 행동을 보이셨다"라고 회고하였다. 고노 요헤이는 마지막으로 남북관계에 대하여, "국가간 관계의 발전을 꾀하려면 역시 상호 존중이랄까, 상호 신뢰가 중요하지요. 한쪽이 다른 한쪽에 당근과 채찍식의 전략으로 나와서는 안된다"는 입장을 피력하고 있다.

이 책은 한일관계가 진정으로 미래지향적으로 발전하기 위하여 우리가 어떤 역사적 기억을 상기해야 하고 무엇을 실천해 나가야 할지에 대하여 의미있는 메시지를 던져주고 있다. 한국과 일본이 민주주의와 평화라는 보편적인 가치를 실현하기 위하여 공동으로 노력하고 협력하였던 시대에 대한 역사적 기억과 정치적 경험이 한일관계의 발전을 위한 소중한 유전자가 될 수 있을 것으로 믿는다. 아울러 김대중과 한일관계 연구의 진전을 위하여 더 많은 역사적 사료가 수집 복원되고 이에 대한 진지하고 심도높은 토론과 논쟁이 전개되는 데에 이 책이 조금이나마 기여할 수 있기를 기대한다.

제1부

한일관계의 구조와 김대중의 인식

• 제1장 한일관계의 국제정치와 국내정치 남기정
• 제2장 김대중의 일본에 대한 인식과 전략: 주요 저작과 어록을 통해 본 인식의 진화와 정치적 선택 류상영

제1장

한일관계의 국제정치와 국내정치

남기정 | 서울대학교 일본연구소 교수

I. 서론

전후 한일관계는 냉전의 국제정치체제와 냉전에 조응하는 형태로 형성된 한일 양국의 국내정치체제가 서로 영향력을 주고받는 가운데 전개되었다. 대략적으로 정리하자면 전후 한일관계는 냉전기에는 미소대립의 국제정치적 자장에 크게 영향을 받으며 전개되었고, 냉전 후에는 냉전기에 잠복해 있던 국내정치 상의 요구가 표면화됨에 따라 새로운 단계에 진입하여 현재에 이르고 있다고 일반적으로 이해되어 왔다. 즉, 냉전기에 미국의 대소 전략상의 요구를 받아들여 반공의 전초와 후방기지의 역할을 수행하게 된 한국과 일본은 역사문제를 둘러싸고 갈등하면서도 안전보장과 경제의 이익을 공유하는 형태로 협력관계를 유지하고 있었으나, 냉전이 붕괴됨에 따라 역사문제가 전면으로 부상하면서, 한일관계는 협력관계의 이완과 갈등의 반복을 특징으로

하는 새로운 관계로 변용되었다는 이해이다. 이는 한일관계를 논하는 데 거의 상식적인 견해가 되었다고 할 수 있다. 그런데 이러한 상식적인 이해는 다음과 같은 네 가지의 점에서 보완될 필요가 있을 것이다.

첫째, 동아시아의 국제체제에 대한 보완이다. 일본의 패전에 따라 제국 일본이 주도한 제국주의체제가 붕괴했다. 이후 동아시아의 국가들은 '탈제국'의 과제에 직면했으나, 냉전의 도래로 제국주의체제는 완전히 불식되지 않은 채, 냉전체제로 뒤덮인 형태로 제국주의체제가 지속되면서 동아시아는 '포스트 콜로니얼'한 상태라 할 만한 상황을 맞이하게 되었다. 더불어 동아시아 냉전체제에 대해서도 재고할 필요가 있다. 주지하는 바와 같이 동아시아에서 냉전은 한국전쟁이라는 열전으로 전화되었으며, 그 전쟁이 '휴전'이라는 형태로 지속된 결과, 냉전체제는 휴전체제로 변용되었다. 이상과 같은 경위로, 동아시아에는 글로벌하게 전개된 냉전체제가 상위체제로 배치된 가운데, 냉전으로 인해 청산되지 못한 제국주의체제와 냉전의 변용으로 새롭게 등장한 휴전체제가 두 개의 하위체제로 잠복하는 형태로 삼중의 국제체제가 구조화되고 있었다고 말할 수 있다.

둘째로, 한일 상호관계와 국내정치의 존재방식과의 관계에 대해서도 보완이 필요할 것이다. 한국의 경우 신생국으로서 강렬한 내셔널리즘이 국내정치의 방향을 좌우한 결과, 정권이 추구하는 내셔널리즘의 차이가 대일정책에 영향을 주었다. 한국에서 내셔널리즘은 자주화와 근대화라는 두 개의 과제를 추구하는 내셔널리즘으로 분열되어 상쇄되는 관계에 있었다. 자주화를 추구할 때 대일정책은 역사문제를 중심으로 전개되어 한일관계는 갈등하는 반면, 근대화를 추구할 때 대일정책은 경제를 중심으로 전개되어 한일관계는 긴밀하게 된다.[1] 한편, 일본의 경우는 미일 안보를 둘러싼 대립이 국내정치의 전개에 큰 의미를

---

1) 南基正, "韓国民主主義の展開と日韓関係," 金慶珠・李元徳編, 『日韓の共通認識— 日本は韓国にとって何なのか？』(東海大学出版会, 2007年)을 참고.

가지고 있었으며, 이 대립이 한일관계에 미친 영향을 생각해 볼 필요가 있다.

셋째, 위의 상식적 이해는 냉전의 전후를 통괄한 관점으로 보완될 필요가 있다. 일본의 전후사를 '관전사(혹은 관전쟁사, trans-war history)'의 시점에서 파악하려고 하는 시도가 있는데,[2] 냉전사를 서술하는 데에서도 냉전을 사이에 두고 그 전후를 단절보다 연속의 시점에서 파악할 필요가 있다고 생각된다. 이러한 문제의식에 입각해, 한일관계의 전개를 냉전 이전, 그리고 냉전기와 냉전 이후까지를 연속되는 '관냉전사(trans-cold war history)'의 시점에서 파악하는 것이 필요하다.

마지막 네 번째 보완점으로 지적하고자 하는 것은 정치가의 리더십을 어떻게 볼 것인가의 문제와 관련된다. 한일관계를 조율의 대상으로 생각하는 데에서 나아가, 한일관계를 지렛대로 삼아 이 지역의 국제환경에 변화를 가져오고, 스스로가 바람직하다고 생각하는 국제질서 구축을 시도하는 데에 진정한 의미에서 정치가의 리더십이 발휘되는 것이라 할 수 있다. 특히 냉전이 붕괴되어 국제질서가 유동했던 시기에 정치가 개인의 리더십이 큰 의미를 지녔었다고 할 수 있다.

이상의 네 가지 논점을 염두에 두고 이하에서는 일본의 패전과 조선의 해방으로부터 현재에 이르기까지 한일관계의 전개를 살펴보도록 한다. 냉전 이전, 냉전기, 냉전 이후라는 국제정치의 흐름과 아울러, 한국에서 국내정치 전개를 시기 구분의 지표로써 사용한다. 그 이유는 한일관계의 다음과 같은 특성 때문이다. 과거 한일관계는 여러 면에서 비대칭적인 모습을 보여 왔는데, 많은 경우 한국이 먼저 행위를 일으키고 일본은 수동적 입장에서 한일관계를 조율하는 모습을 보여 왔다. 나아가 냉전기, 일본의 정치가 이른바 '55년 체제'로 전개되어 비교적 안정적인 자민당 정치가 오래 계속된 반면, 한국은 학생혁명, 군사쿠데타, 대통령 암살 등에 의한 정치변동이 격렬해, 이전 정권을 대신해 등장한

---

2) 中村政則, 『戦後史』(岩波新書, 2005), pp. 5-7.

신정권은 모두 대일정책의 시정을 내걸고 국민의 지지를 얻으려고 했다. 따라서 한국의 정권교체를 기준으로 한일관계의 시기 구분을 시도하는 것은 자연스러운 것이라 할 수 있다.

II. 제1기: 패전과 해방, 전쟁과 강화 사이의 한일관계

1. 일본의 패전과 조선의 해방

제2차 세계대전이 끝나고 세계적인 제국주의체제의 붕괴가 시작되었다. 동아시아에서는 제국 일본이 패전함에 따라 식민지 조선이 해방되었다. 일본과 조선이 새로운 역사를 맞이하기 위해서는 제국-식민지 관계를 해소하고, 탈제국-탈식민지라는 과제에 대처할 것이 요구되었다. 그러나 그것은 곧바로 이뤄지지 않았다.

일본은 연합국의 점령지배를 받게 되었고 조선도 미 · 소의 분할점령 상태로 들어갔기 때문에, 일본과 조선은 직접 마주 대하지 못하고 연합국을 사이에 두고 대면하게 되었다. 그 결과 일본과 조선은 직접교섭을 통해 제국-식민지 관계를 해소하지 못했고, 미국의 점령(한반도의 북부에서는 소련의 점령) 아래에서 탈제국화-탈식민지화를 시작하게 되었다. 따라서 그러한 양쪽의 과정은 각기 다른 과정으로 진전되면서, 미국의 동아시아 정책에 크게 영향을 받게 되었다.

그리고 일본과 조선이 직접 서로 마주 대하지 않은 채 시간이 흘러가는 사이에, 미국의 동아시아 정책은 냉전의 영향을 받게 되면서 제국주의 극복의 과제는 유보되었다. 제국주의체제는 냉전체제 속에 은폐되었던 것이다. 한일관계가 역사문제를 둘러싸고 갈등하는 원인은 냉전이 시작되기 이전에 이미 '전후의 시작' 속에 배태되어 있었던 것이다.

2. 한국전쟁과 샌프란시스코강화

미국은 한국전쟁이 발발하자 대일강화의 움직임을 본격화시켰다. 미 국무성은 일본의 기지에 대한 자유로운 사용의 필요성을 주장하면서 강화에 소극적이던 군부를 누르고 조기 강화에 나섰다. 애당초 미국은 한국이 대일강화에 서명국으로 참가하는 것을 진지하게 고려하고 있었다.

남북한에 정부가 수립되기 이전인 1947년 3월에 맥아더는 '다가올 대일강화조약에 조선도 대표를 보내게 될 것이다'라고 공언하고 있었고, 대한민국 정부의 탄생 후에는 무치오(John J. Muccio) 초대 주한미대사가 본국에 한국의 참가를 권고하고 있었다.[3] 이것을 받아들여 미국정부는 대일강화에 한국이 참가하는 방침으로 임하고 있었다. 또한, 한국에게 대일강화조약 서명국의 위치를 부여함으로써 한국전쟁을 치르는 한국민에게 용기를 주고, 한국을 정치적으로 후원하는 효과를 기대할 수 있는 점도 고려되었다.

그러나 한국은 서명국이 될 수 없었다. 중화인민공화국의 초청을 요구하고 있던 영국의 반대도 있었으나, 무엇보다도 일본이 강력하게 반대한 것이 원인이었다. 한국이 교전국이 아니라는 것과, '만약 한국이 서명하면, 100만 명의 재일조선인이 연합국인으로서 보상을 받을 권리를 취득하게 되어 적절치 않다'는 것이 그 이유였다.[4]

서명국의 리스트에서 제외된 데 대해 한국은 외무부 성명을 통해, '일본과의 평화조약에서 한국의 참가를 배제한 것은 비합리성이 범한 무도하기 짝이 없는 일'이라고 비난했고, '평화는 이웃나라에서 시작되는 것임에도 불구하고, 일본의 가장 가까운 이웃나라가 제외되고 적

3) 김민수, "대일강화조약과 한국참가문제," 『국제정치』 131호(2002); 박진희, 『한일회담: 제1공화국의 대일정책과 한일회담 전개과정』(선인, 2008), pp. 62-63.
4) 박진희, 앞의 책, p. 66.

의는 조절되지 않은 채 남게 되어, 적의를 키우는 미래의 공격적 의도는 제어되지 않은 채이다'라고 불만을 드러냈다.[5)]

그런데도 한국은 미국에 사절단을 파견하는 등 의견을 전하려고 노력했다. 그중에서도 가장 힘을 쏟은 것은 해방 후 남한에서 일본의 국유 · 사유재산의 몰수를 확정한 미군정청법령 33호 '조선 내에 있는 일본인 재산권 취득에 관한 건'의 효력을 확인하는 것이었다. 한국의 요청을 받아 미국이 작성을 주도한 대일강화조약의 최종 초안에는 제4조 b항으로 '일본은 (조선에서) 합중국 군사 당국에 의해, 또는 그 지령에 따라서 이루어진 일본 및 그 국민의 재산 처리의 효력을 승인한다'는 규정이 포함되었다.

그러나 그 외에 한국이 요구하고 있던 사항은 거의 받아들여지지 못했다. 그런 만큼, 한국 측에서는 제4조 b항을 전후 한일관계의 최소한의 전제라고 생각하고 있었다. 반면, 일본은 제4조 b항에 대해서도 저항하는 자세를 보였고, 그것이 제 1 차 한일회담에서 역청구권에 대한 요구로서 나타났던 것이다.

Ⅲ. 제2기(1): 냉전 초기-휴전체제하 1965년 체제의 성립

1. 이승만과 자주화 내셔널리즘의 시기

한일회담은 1951년 10월부터 1965년 6월까지 14년에 걸친 파란과 난

5) Statement by Yung Tai Pyun, August 20, 1951, 『대한민국외무부외교문서, J-0001, J741』; 신욱희, "한미관계의 역사적 고찰: 이승만의 역할인식과 1950년대 후반의 한일관계," 『한국정치외교사논총』 26권 1호(2005), p.46에서 재인용.

항의 마라톤교섭이었다. 14년간 7차에 걸친 교섭에서는 역사의 청산을 요구하는 한국과 현안의 법률적 해결을 고집하는 일본이 계속 대립했지만, 서로를 대면하게 해서 최종적으로 합의에 이르게 한 것은 안전보장의 논리였다. 그리고 그것은 미국이 바라는 것이기도 했다. 한국전쟁 발발이라는 사태에 편승해서 롤백정책(roll-back policy)을 시도한 미국이지만, 중국의 참전으로 실패한 뒤 한국전쟁이 휴전으로 종결된 결과, 냉전의 장기화가 예상되었다. 한국전쟁 이후 미국은, 한국전쟁을 거치는 과정에서 '전장국가'[6]라고 부를 수 있는 국가체제로 변모한 한국과, 한국전쟁을 통해서 미군 기지로서의 역할을 수행하며 '기지국가'[7]화하고 있던 일본을 연결함으로써 동아시아에서 지역 통합을 완성해, 반공전선을 안정화시키는 것을 목표로 삼게 되었다. 한편, 이승만은 과도한 '전장국가' 의식에 서서, 일본에 대해서 반공전선으로의 동참과 공동행동을 요구했으나, 경무장(軽武装) 경제주의 노선에 서 있던 요시다 시게루(吉田茂)는 이를 거부했다. 이승만에게 있어서 그것은 자유민주주의의 국제연대에 대한 배신행위였다. 그로부터 오는 상실감은 대일 '자주화 내셔널리즘'의 달성에 의해 보충되지 않으면 안 되

6) 한국은 한국전쟁의 전장이었다. 한국은 자국이 '전장'이 되고 있는 상황에서, 그라이프라인인 동맹국으로부터의 서포트를 획득하는 '전장 국가'가 되어 있었다. '전장 국가'는 한국전쟁 휴전시스템에서 살아남기 위한 한국형 냉전 국가이며, 그러한 국내정치체제가 이승만 정권으로부터 전두환 정권까지 계속되는 '권위주의 체제'였다. '전장 국가'에 대해서는 남기정, "韓米地位協定締結の政治過程—駐屯地地位協定をめぐる東アジア国際政治の一事例," 『法学』 67巻 4号(2003), p. 5, p. 34의 주9를 참조.

7) 한국전쟁이 발발하자 일본은 미군에 기지를 제공하면서 이 전쟁과 관련되었다. 또, 일본의 높은 잠재적 공업력은 전쟁 발발과 함께 재확인되면서 '생산 기지'의 역할을 담당하게 되었다. 대일 강화는 이러한 조건과 환경을 전제로 한 것으로 일본을 아시아에 있어서 반공의 보루로서 부흥시켜, 냉전에서 싸우기 위해 주일 미군기지를 계속해서 활용하는 것을 확인할 수 있다. 한국전쟁의 와중에 독립한 일본은 '기지 국가'라고 부를 수 있는 국가가 되어 있었다. '기지 국가'에 대해서는 南基正, 「朝鮮戦争と日本—『基地国家』における戦争と平和」, 東京大学博士論文(2000)을 참고.

었다.

이승만은 일본과의 대화의 전제로서 무엇보다도 먼저 식민지지배에 대한 일본의 사죄와 그것에 기초를 두는 새로운 한일관계의 확립을 요구했다. 그러나 이승만 정권에서의 한일회담은 어떠한 구체적인 진전도 없이, 1960년 4월 학생혁명에 의해 중단되었다. 이승만 정권기는 강력한 '자주화 내셔널리즘'이 지배했던 시대로 한국은 일본에 대한 역사적 책임을 철저하게 추궁하는 징벌적 태도로 한일회담에 임했지만, 일본은 역청구권의 요구에서 볼 수 있듯이 한국 측의 요구에 반발했다. 한일 간의 '징벌-반발' 구조의 원형이 여기에서 생겨났다.

2. 근대화 내셔널리즘의 추구와 한일 국교정상화

학생혁명 후 같은 해 8월 23일에 출범한 장면 정권은 대일 외교의 정상화를 긴급한 과제로 설정했다. 8월 27일 취임 후, 첫 시정 연설로 장면 총리는 '한일 양국의 외교 관계를 정상화하기 위해 양국 간의 회담을 재개하는 것과 재일동포의 경제적 지원 및 교육에 관한 지도 등을 적극화하는 것, 동포의 자본을 국내에 도입하는 길을 여는 것이 급선무의 하나'라고 강조했다.[8] 장면 정부는 한일 경제협력체제의 수립에 대해 빈번히 언급했으며, 장면 정부하에서 채택된 제 1 차 경제개발5개년계획(1962~66년)에는 상당액에 이르는 일본의 원조와 차관이 상정되어 있었다. 장면 정권하에서 '자주화 내셔널리즘'으로부터 '근대화 내셔널리즘'으로의 전환이 시도된 것이다. 이 목적을 실현하기 위해 장면 시기에는 식민지 시기 '일본에 의한 근대화'를 경험한 인물들이 복귀하게 되었다.

8) 허동현, "제2공화국 국무총리 장면의 삶과 꿈," 조광 외 공저, 『장면 총리와 제2공화국』(경인문화사, 2003), p. 103.

한편, 일본 외무성에서도 국교정상화가 가시화되었다는 판단 아래, 구체적인 문제 해결을 위한 교섭 전략이 세워졌다. 일본에서는 장면 정권의 발족을 '지일 내각'의 등장으로 환영하는 분위기가 있었으며, 그러한 가운데 친한파 그룹이 적극적으로 움직이고 있었다. 이렇게 한국의 친일 인맥과 일본의 친한파 그룹의 결탁에 의해 국교정상화는 타결 직전까지 다가간 것처럼 보였으나, 1961년 5월 군사 쿠데타에 의해 또다시 회담은 중단되었다.

박정희는 쿠데타의 대의명분을 경제재건에서 찾았는데, 그러기 위해서는 일본의 자금이 필요했다. 이를 위해 박정희는 일본에 대한 '자주화 내셔널리즘'을 억제하고, 일본에 의한 '근대화'를 목표로 내걸었다. 박정희 시대에는 장면 정권기보다도 강력한 '근대화 내셔널리즘'이 지배하고 있었다. 박정희는 1965년 6월 한일회담 타결에 즈음해 발표한 담화에서 국교정상화의 의의를 설명하면서 '우리의 자유와 독립을 수호하고, 내일의 조국을 위해서 할 수 있는 일이 있다면, 어려운 일이지만 과거의 감정을 씻어버리는 일이야말로 진정한 마음으로 조국을 사랑하는 길'이라고 말했다.[9]

한편, 일본에서는 미일안보와 경제중심주의 노선하에서 성장한 재계가 새로운 시장을 요구하고 있었고, 반공의 아시아 연대를 추구하는 정치가가 이에 응하는 형태로 한일교섭이 타결되었다. 미일동맹의 물질적 기초에 미일동맹의 이념이 결합함으로써 한일 국교정상화가 가능했다고도 할 수 있다. 한국이 '근대화 내셔널리즘'을 추구하는 가운데 식민지 지배의 과거를 불문에 부쳐 일본에 협력을 요구하고, 일본이 이에 응하는 '불문-협력' 관계의 원형은 이렇게 생겨났다. 더불어 이승만을 지배하고 있던 '전장국가'의 과잉의식은 박정희 정권기에 들어 '경제 전장국가' 의식으로 전환되고 있었다. '싸우면서 건설한다'라는 구호에 그러한 의식이 나타나 있다.

---

9) 「한일회담타결에 즈음한 특별담화문」, 1965년 6월 23일.

이렇듯 한일 양국에서 나타난 변화를 배경으로 한일 국교정상화 교섭은 타결되었다. 제6차 및 제7차 회담을 통해서 청구권 문제는 경제협력 방식으로 타결되었으며, 한국 병합조약 등 과거의 조약에 대해서는 그 불법성 여하를 언급하지 않고 그 효력이 정지되어 무효가 되었다고 선언하는 데에 머물렀다.

무효의 시기를 어디로 설정할 것인가에 대해서도 논쟁은 있었지만, '이미(already)'라는 애매한 표현을 일부러 사용하는 것으로 논의의 파탄을 회피했다. 이 말은 양국 정부가 각각 국내의 반대 세력을 설득할 경우에 이용하는 편의적인 장치로서 기능해 왔다. 결국 1965년에 한일 국교 정상화는 달성되지만, 이것은 휴전체제하 '경제 전장국가'와 '생산 기지국가'의 제휴를 의미하고 있었다.

1969년 닉슨 대통령과 사토 에이사쿠(佐藤榮作) 수상 사이에 합의된 공동성명에서, 한국의 안전이 일본의 안전에 긴요하다고 언급한 '한국조항'이 담겨지게 된 것은 그 제휴를 확정하는 의미를 가지고 있었다.

IV. 제2기(2): 냉전 중기-미중화해 속의 한일관계

1. 냉전변용기의 동북아시아

1971년 7월 닉슨 대통령은 텔레비전 연설을 통해 중국 방문계획을 밝혔다. 일본에 대한 사전통보 없이 갑자기 시작된 미중화해에 일본은 충격을 받았지만, 곧바로 이에 순응해 중일 국교정상화에 나섰다. 1972년 1월 사토 수상과 닉슨 대통령과의 공동성명에서는 '한국조항'이 삭제되었다. '한국조항'으로 상징되는 한일 간의 안보협력을 취소하는 것은 중국, 소련, 북한에 대한 메시지였다. 중국과 국교를 정상화하고,

소련과 평화 조약을 체결하며, 나아가 북한과 관계를 개선하는 것은 전후 일본 외교에 남겨진 과제였다. 그 과제에 나서기 위해 대미 자주외교로의 변화가 시도되었다.

1972년 다나카(田中角栄) 내각 아래에서 일본은 미중화해의 흐름을 타고 중국과 국교를 정상화했다. 미중화해와 중일 국교정상화에 의해 휴전체제가 이완됨에 따라 '전장국가'와 '기지국가'의 제휴도 불확실한 것이 되어 갔다. 중일 국교정상화 다음 해, 일본은 한국이 군대를 파견해 싸우고 있는 상대인 베트남 민주공화국과도 국교를 정상화했다.

깊어가는 고립감 속에서 한국은 '자주방위'를 추진했다. 또한 미국의 안보공약 후퇴는 한국에서 체제단속을 강화하는 이유가 되었으며, 대통령 개인에게 극도로 권력이 집중된 '유신체제'를 선포하는 구실이 되었다. 이러한 시대를 배경으로 김대중 납치사건과 문세광에 의한 박대통령 암살 미수 사건이 일어났다. 한일관계는 두 개의 사건을 둘러싸고 삐걱거렸다.

2. 김대중 · 문세광사건과 한일관계

김대중 납치사건을 수사하는 과정에서 한국대사관원의 사건관여 혐의가 부상했다. 그렇게 되면 사건은 한국의 국가기관에 의한 범죄이며 일본의 주권을 침해한 심각한 사태로 발전할 수도 있는 상황이 되었다. 이 사건으로 인해 국교정상화 후의 한일 밀월시대는 요동치게 되어 한일관계는 위기에 빠졌지만, 특사외교를 통한 해결이 시도되었다. 한국정부가 사건 수사를 계속할 것과, 김대중씨의 일본 체류 중의 언동에 대해 책임을 묻지 않을 것 등을 조건으로 정치적 해결을 시도했다. 그런데 재일교포 청년 문세광에 의한 대통령 암살 미수 사건이 발생하자 사태가 역전되었다. 김대중 납치사건으로 궁지에 처한 한국은 외교적 반대 공세에 나서 일본정부를 격렬하게 비판하고, 조총련을 포함한 반한 단체에 대한 철저한 단속을 요구했다. 또다시 특사외교에 의한 정치적 결착이 시도되었다. 일본정부가 사건 발생에 대해서 사죄하고, 재발방지를 위한 노력과 반한 활동에 대한 단속 등을 약속하는 것으로 사건은 수습되었다. 두 사건이 일단락된 뒤 한일관계는 다시 봉합되었다. 그 배경에 동아시아냉전의 긴박한 전개가 있었다.

1975년 4월, 사이공이 함락되고 베트남이 공산화됨에 따라 동아시아의 안보 환경은 한층 더 악화되고 있었다. 한국도 물론 극도로 긴장하고 있었지만 일본에서도 '다음은 한국이 될 수도 있다'는 위기감이 높아지고 '부산 적기론(釜山赤旗論)'이 재부상되면서 한국의 전략적 중요성이 재차 인식되었다. 1975년 8월 포드-미키(三木武夫) 회담에서 69년의 '한국조항'이 부활했다. '한국의 안보는 한반도의 평화 유지에 필수이며, 이것은 일본이 포함된 동아시아의 평화와 안정에 필요하다'는 것이 확인되었다. 이는 대미 자주외교로부터 미일동맹 중시 외교로의 회귀를 의미하는 것이었다. 김대중 납치사건과 박대통령 암살 미수 사건으로 갈등했던 한일관계는 이렇게 수습되었다. 한일 양 정부는 두 개의 사건을 '원 세트'로 해서, 양쪽 모두 더 이상 문제 삼지 않는다고 약속하고 결말을 지었던 것이다.[10)]

3. 정부의 유착과 시민의 연대

한편, 한일 국교정상화가 성립되자 한일 간에는 여러 채널의 협력 관계가 형성되었다. 국교정상화 교섭이 진행 중이던 1957년 12월 기시 노부스케(岸信介) 내각 때에 '일한문화협회'가 설립되어 가까스로 민간 협력의 창구가 되고 있었지만, 국교정상화 후에는 '한일협력위원회',

10) 김은경, "냉전 변용기의 한일관계의 전개: 김대중 납치사건과 박정희 대통령 저격사건을 중심으로," 『일본공간』 7호, 2010년 5월, pp. 178-180.

'한일민간경제합동위원회', '한일국회의원간담회' 등이 조직되어, 준정부 간, 민간 레벨의 협력 채널로서 기능했다. 이러한 조직은 국교정상화 이후 한일관계를 안정화하는 데 일정한 역할을 했던 반면, '한국로비'의 온상이 되어 한일관계를 '검은 유착'의 골짜기에 빠뜨리는 요인이 되기도 했다.

한일의 정부 간에 유착구조가 깊어지는 반면, 한일의 시민 사이에는 연대운동이 전개되었다. 한국과 일본 시민들은 한일 국교정상화 교섭에 모두 반대했지만, 한국의 시민운동이 국교정상화의 굴욕적 결과에 대한 반대운동으로 조직된 데 비해, 일본의 한일회담 반대운동은 안보투쟁의 연장으로 전개되면서 양국의 시민운동이 공명하는 일은 없었다. 이 시기 양국의 시민운동은 국내정치의 논리에 의거하고 있었고, 더욱이 일본의 평화운동은 한국의 민족주의에 대한 이해가 결여되어 있었다는 점에서 양국의 시민운동은 서로 엇갈리고 있었다.[11] 그러나 1973년 8월에 발생한 김대중 납치사건을 통해서 일본의 시민들의 사이에서 한국의 민주화 운동과 연대하려는 움직임이 일어났다. 그 중심에는 '일본의 대한정책을 바로잡고 한국의 민주화 투쟁과 연대하는 일본연락회의(1974년 4월 결성. 약칭, 한일연대연락회의)'가 있었다. 김대중 납치사건을 계기로 일본의 시민사회에서 생겨난 일련의 움직임은 냉전의 종언 후에 시작된 한일 '시민의 시대'의 개막을 준비하는 의의를 가진다고 할 수 있다.

---

11) 기미야 다다시, "한일시민사회의 관계구축을 위한 조건,"『한국과 일본』(나남출판사, 1997), pp. 245-260.

V. 제2기(3): 냉전 후기–신냉전과 한일관계

1. 짧은 '서울의 봄'과 한일관계

1979년 10월 박 대통령이 중앙정보부장 김재규에게 암살당함으로써 유신체제가 붕괴했다. 서울에 민주화의 봄이 찾아왔다. 그러나 1979년 12월 12일 신군부 세력은 하극상의 군사 반란을 일으켜 군부 내의 권력을 장악해, 1980년 5월 17일 비상계엄령확대조치를 취하면서 민주주의를 요구하는 세력을 탄압하고 민주화 운동의 중심에 있던 야당 지도자 김영삼, 김대중 등을 체포 연금했다. 이에 항의해 일어선 것이 광주 민주화항쟁이었다. 그러나 항쟁은 5월 27일 광주 시내에 돌입한 특수부대에 의해 진압되면서 짧았던 '서울의 봄'이 끝났고 말았다.

비상계엄령확대조치에 의해 체포되어 있던 김대중은 '내란음모사건'의 주모자로서 군법회의에 처해졌다. 광주 민주화 운동의 배후라는 것에 더해 '한국민주회복통일촉진국민회의(이후, 한민통)'의 의장으로 취임했다는 것이 죄명이었는데 이것이 국가보안법 1조 1항의 '반국가단체 수괴' 혐의에 해당된다고 하여 사형이 선고되었다. 그런데 이는 김대중 납치사건을 정치적으로 수습했을 때, 한국정부가 김대중 씨의 일본 체류 중의 정치 활동에 대해 문제시하지 않겠다고 한 약속을 위반하는 것이었기 때문에 일본정부는 사태를 주시했다. 그때까지 일본은 한국의 정치정세에 대해 정관하는 자세를 유지하고 있었다. 일본정부가 가장 우려했던 것은 박 대통령 사망 직후의 정치적 공백이었고, 한국의 민주화보다 안정화에 보다 큰 관심을 가지고 있었다. 12 · 12 '숙군 쿠데타' 때에도 민주화를 기대했던 미국이 이를 비판했던 데 비해, 일본은 새롭게 등장한 신군부 세력과 관계를 유지하면서 이들에 대해서도 협력하는 태도를 보였다. 특히, 일본은 1979년 12월부터 1980년 5월까지 여섯 번에 걸쳐 일본 정보기관의 첩보라는 형태로, 북한에 의한

남침 가능성을 시사하는 정보를 제공하고 있었다.[12)]

그러나 김대중씨에게 사형이 선고되면서 한일시민연대운동에 관여했던 일본의 시민들은 '김대중 구출운동'을 조직적으로 전개해 일본정부를 압박했다. 스즈키 젠코(鈴木善幸) 수상은 김대중에게 사형 선고가 내려진 직후, 사형이 집행되면 양국 관계에 바람직하지 않은 영향을 끼칠 수 있다고 우려를 표명했다. 이토 마사요시(伊東正義) 외상도 한국이 1973년의 협정을 위반했을 경우, 외교 관계에 심각한 불화를 초래하게 될 것이라고 경고했다. 한국의 전두환 정권은 이러한 일본의 태도를 '식민지적 행동의 잔재'라며 비난했다. 김대중 문제를 둘러싸고 한국과 일본은 갈등 국면으로 접어들었으나, 한일 간의 대립은 미국의 중개에 의해서 타결되었다. 미국정부는 1981년 2월로 예정된 전두환-레이건 정상회담의 조건으로서 한국정부에 대해 김대중에 대한 사형 판결을 재고하도록 요구했다. 결국 사형 선고는 25년의 징역형으로 감형된 뒤, 김대중이 도미하는 것으로 사건은 결말지어졌다.[13)] 그 배경에는 소련의 아프간 침공으로 시작되고 있던 신냉전의 영향이 있었다.

2. 안보경제협력과 '한일 신시대'의 개막

지구적인 신냉전의 전개하에서 '경제 전장국가'와 '생산 기지국가'의 협력관계는 '안보경협'을 통해서 재확인되었다. 김대중 문제가 진정되자 1981년 8월에 전두환 정권은 60억 달러의 차관을 일본정부에 요구해 스즈키 정권을 놀라게 했다. 전두환은 안전보장과 경제협력을 직접 관련시켰다. 1981년 한미 정상회담에서 레이건 대통령이 한국에

12) 박선원, "냉전기 한일협력의 국제정치: 1980년 신군부의 등장과 일본의 정치적 영향력,"『국제정치논총』42집 3호(2002).

13) Victor D. Cha, *Alignment Despite Antagonism: The US-Korea-Japan Security Triangle*(Stanford University Press, 1999), pp.181-183.

대한 안보공약을 재확인하고, 소련에 대한 한미일 간의 안보협력이 중요하다는 것을 강조한 것이 안보경협 주장의 근거가 되었다. 냉전의 최전선에 위치한 한국에 자국의 안전보장을 상당 부분 의존하고 있는 일본이 한국의 전쟁 억제 노력에 대해 응분의 대가를 지불해야 한다는 것이 전두환 정권의 입장이었다. 즉 한국이 일본에게 안전을 제공하고, 일본이 한국에게 경제적 지원을 실시하는 관계는 동맹국끼리의 대등한 입장에서 발생하는 의무-권리 관계와 같다는 것이다.

역사 교과서 문제가 뒤얽히면서 교섭은 장기화되었으나, 나카소네(中曽根康弘) 내각의 등장으로 안보차관 문제는 급진전했다. 나카소네는 미국의 신냉전 정책에 일본을 동조시켰다. 나카소네는 수상 취임 후 첫 해외 방문지로 한국을 선택하여 1981년 1월에 방한했나. 서울에서 그는 조선에 대한 일본의 식민지 지배에 대해 '유감'을 표명하고, 40억 달러 차관협정에 합의했다. '한일 신시대'의 개막이었다.

전두환 정권과 그에 이어 등장한 노태우 정권은 박정희의 '근대화 신앙'을 계승했다. 전두환의 근대화 신앙은 '선진조국 창조'라는 슬로건에 나타났다. 한편, 전두환 정권은 쿠데타의 정당성을 호소하기 위해서라도 '과거로부터 단절'을 알릴 필요성에 직면했다. 그 결과 박 정권 시대에 대일 외교를 지휘하고 있던 인물들이 대거 교체되어 한일 유착을 가능하게 했던 파이프는 닫혀 버렸다.

한편, 이 시기 역사 문제를 둘러싼 상황은 어떠했을까? 1982년 한일관계는 제1차 역사 교과서 파동으로 흔들렸지만, 전두환 정권은 이 문제를 '반일'이 아닌, '극일'의 과제로서 해결해야 한다고 보고, 일본에 대한 강경한 행동을 자제하고 국내적 처리를 시도했다. 전두환과 노태우 정권 시기 한일관계는 양 정권이 추구한 '근대화 내셔널리즘' 속에서 '불문-협력'의 관계가 기본적으로 유지되고 있었다.

Ⅵ. 탈냉전기-탈제국주의체제 · 탈휴전체제의 모색

1. 김영삼 정권과 '역사 바로세우기'

1989년에 동서 냉전의 상징인 베를린 장벽이 붕괴한 데 이어 1991년에는 소비에트사회주의공화국연방이 해체되면서 냉전은 종언을 고하였다. 이로 인해 동아시아에서도 미소 대립의 냉전은 종결되었다. 그러나 동아시아에서는 냉전체제가 제거됨에 따라 오히려 냉전체제하에 하위체제로 잠복하고 있던 두 개의 지역질서체제가 부상하게 되었다. 아직도 현재 진행형의 과제를 남긴 채 잔존하고 있는 제국주의체제와 한국전쟁 후에 탄생한 휴전체제가 그것이다. 따라서 동아시아에 있어서 냉전 후 새로운 질서는 이 두 개의 체제를 극복하는 과정에서 생겨나는 것이어야 했다. 이러한 질서 변동기에 정치가가 지향하는 목표와 그 목표를 달성하기 위한 리더십이 문제가 되었다.

한편, 냉전의 종언과 거의 동시진행으로 한일 양국에서는 극적인 정치변동이 일어났다. 한국에서는 '민주화'가 개시되었고 일본에서는 '55년 체제'가 붕괴했다. 이러한 국내체제의 변화가 한일관계에도 영향을 주었다. 한국에서 민주화의 진행은 권위주의 정권 시대에 억압되었던 국민의 권리 주장을 수반하게 되었다. 그 결과 국교정상화의 과정에서 봉인되어 버린 국민적 요구가 분출되어 대일 외교는 국민의 감시하에 놓이게 되었다. 일본에서는 전후 50년을 맞이하는 상황에서 '55년 체제'를 붕괴시키고 등장한 신 정권이 역사 문제에 대해 과거와는 다른 접근을 시도했다. 이러한 상황에서 한일 양국의 정치가가 지향하는 목표와 리더십은 한층 더 큰 의미를 지니고 있었다.

90년대 초 '종군위안부' 문제가 부상한 데 더해, 95년 일본에서 '국회 결의'를 둘러싼 일련의 조직적인 반발 행동이 한국에 전해지면서 한일관계가 급격하게 냉각되었는데, 이는 앞서 말한 것과 같이 국제환경과 국내정치의 양면에 있어서의 대변동을 배경으로 하고 있었다. 이러한 상황에서 빈발하는 일본 측 요인들의 망언에 대해 김영삼 대통령은 '버르장머리를 고쳐주겠다'는 격한 말을 사용하면서 격렬하게 대응했다.[14] 김영삼 정부는 '군부독재의 청산'을 과제로 내걸었던 바, 과거 군부독재 정권이 추진해 온 '일본에 의한 근대화' 노선에 대해서도 수정을 가했다. 이는 '역사 바로세우기 운동'의 필연적 결과였다.

이러한 한국 측의 압박의 결과, 호소카와(細川護熙) 내각에서 무라야마(村山富市) 내각에 이르기까지 비 자민당 총리가 이끄는 정권들 속에서 한국 측의 '역사청산' 요구에 호응하는 그룹도 나타났지만, 오히려 자민당을 중심으로 이에 반발하는 세력이 조직화되기도 했다. 이는 한국 측이 추구하는 '자주화 내셔널리즘' 하에서 '징벌-반발'의 한일관계가 변형되어 다시 나타난 것이었다고 할 수 있다. 나아가 김영삼 정권은 악화되는 한일관계를 배경으로, 동아시아 제국주의체제의 국내적 극복에 착수했다. 1995년 8월 15일, 50주년을 맞이한 광복절 날에 과거 총독부 건물의 해체가 대대적인 기념행사로 치러진 것이 그것을 상징하고 있었다.

2. 김대중 정권과 휴전체제 극복의 시도

김대중 정권은 김영삼 정권의 대일 강경정책을 수정하여, 98년에는 오부치(小渕恵三) 수상과 함께 '21 세기를 향한 새로운 한일 파트너십 선언'을 발표하기에 이르렀는데, 이를 계기로 한일관계는 전후 최고의 밀월시대를 맞이하게 되었다. '신파트너십 선언'에서 일본은 과거의 역사를 언급해 사죄했으며, 한국은 이러한 일본 측의 노력을 수용하여

14) 윤진표, "한국 역대 정권의 대 일본정책 비교연구," 『성신여자대학교 연구논문집』 38호(2003년 2월), p.114.

과거를 '불문'에 부칠 뿐만 아니라, 나아가 전후 일본의 민주주의와 평화를 위한 노력을 적극적으로 평가했다. 이러한 인식은 과거 한국의 정권에서는 볼 수 없었던 것이었다.[15)]

일본에 대한 새로운 접근을 시도한 김대중 정권은 한국 역사상 처음으로 탈'전장국가'화를 도모한 정권이기도 했다. 2000년의 남북 정상회담은 그것을 상징하는 사건이었다. 그 결과, 전장국가와 기지국가의 제휴라는 의미가 컸던 한일 간 협력관계에도 변화가 필요했다. 이를 위해 김대중은 일본에 대해 휴전체제를 극복하는 과제에 함께 대처할 것을 요구했던 것이다. 즉 김대중 정권은 북일 국교정상화를 적극적으로 평가하고 지지했다. 이러한 대일정책은 과거 한국의 리더십에서는 볼 수 없는 새로운 것이었다. 김대중이 등장하기 이전의 정권들이 대일외교에서 추구했던 리더십은, 주어진 국제환경, 즉 냉전체제에 어떻게 적응하는가, 혹은 냉전이라고 하는 조건을 어떻게 이용하는가라는 각도에서 요구되고, 발휘되어 왔다고 할 수 있다. 그러나 한일관계를 지렛대로 삼아 국제체제의 변용을 유도하고, 그런 의미에서 한일관계에 새로운 의미를 부여한 적극적인 대일정책은 김대중 정권에 와서야 처음으로 등장했다고 할 수 있을 것이다.

한편, 김대중 정권의 대북 적극정책으로서 '햇볕정책'은 일종의 '북한 근대화 프로젝트'였다. 그러한 의미에서 '햇볕정책'은 외세를 배제하고 민족의 단결을 최우선으로 하는 통일 지향의 '자주화 내셔널리즘' 전략이었다기보다는, 오히려 남북한을 합친 '국민경제'의 창출과 이를 위한 산업화에 중점을 두었던 '근대화 내셔널리즘'의 전략이었다고 할 수 있다. 그 때문에 한 번 더 일본의 협력이 필요했던 것이다. 따라서 김대중 정권은 북일관계의 개선과 이를 위한 일본의 노력에 대해

15) "일한공동선언-21세기를 향한 새로운 일한파트너십," 일본외무성 홈페이지 참조(http://www.mofa.go.jp/mofaj/kaidan/yojin/arc_98/k_sengen.html, 검색일: 2010년 2월 5일).

기대하는 태도를 보였던 것이다.

이러한 의미에서 김대중 정권의 대일정책은 남북한을 통합한 민족의 '근대화' 완수가 목표로 상정된 것이었으며, 그런 의미에서 '근대화 내셔널리즘'의 표현이었다고 할 수 있다. 한국이 역사 문제에 대해 유연하게 대처하고, 일본이 한반도의 경제발전에 '협력'하는, '불문-협력' 구도의 변형된 부활이 김대중 정권기 한일관계의 특징이었다.

VII. 결론

노무현 정권의 대일정책도 기본적으로 김대중 정권의 대일정책과 같은 구상에서 출발했다. 그러나 민주화를 한층 더 진전시키는 과정에서 과거로부터의 단절을 더욱 강하게 추진한 결과, 역사 문제로 일본과 갈등하는 정도는 과거 어느 정권보다도 커졌다. 제국-식민지 관계의 국내적 청산을 더욱 강력히 시도한 결과, 한일관계에 그 영향이 미쳤던 것이다. 또한 탈'전장국가'화의 노력을 강화한 결과 남북화해의 움직임도 가속화되었다.

반면 같은 시기 일본에서는 일본인 납치 문제가 불거지면서 북한에 대해 강경한 정책이 취해졌다. 이 점도 한일관계에 영향을 주어 양국 관계는 사상 최악이라고까지 표현되는 상태에 빠졌다. 이렇게 정부 간 관계가 냉각되는 이면에서 시민들의 왕래와 교류는 비약적으로 증가했다. '한류'가 가져온 결과였다. 한국에서는 김대중 정권하에서 일본 대중문화가 개방된 이래, 시민들이 일본의 대중문화를 보통의 감각으로 즐기기 시작했다. 이 시기의 한일관계는 정부 간의 갈등과 시민 교류의 증대로 특징지을 수 있다.

실용주의를 내걸고 등장한 이명박 정권은 노무현 정권 시기에 악화된 한일관계의 수정을 시도했다. 남북관계도 일본정부의 대북정책에 보조를 맞추었다. 북한에 대한 엄격한 접근을 표방한 이명박 정권으로서는 당연한 전개였다. 그러나 그 영향으로 남북한 사이의 긴장이 고조되었다. 해체과정에 들어선 것으로 보였던 휴전체제가 재현되었고 그 와중에 천안함 사건이 일어났다.

오키나와의 미군기지 문제로 궁지에 처해 있던 하토야마 유키오(鳩山由紀夫) 수상은 천안함 사건의 책임을 추궁하여 북한을 강하게 비판하는 한국의 입장에 이해를 표하면서, 오키나와 미군기지의 현상유지 필요성이 천안함 사건에서 확인되었다는 듯한 태도를 취했다. 휴전체제하 전장국가와 기지국가의 제휴로서 한일 간 협력관계가 다시 의미를 지니는 순간이었다.

한편, 2010년에는 한국병합의 1910년으로부터 100년째를 맞이하여, 제국-식민지 관계의 최종적 청산을 호소하는 움직임이 활발해졌다. 한일 지식인성명이 그 대표적인 예이다. 성명에서는 병합조약이 '한국 국민의 의사에 반해' 강제된 것을 명확히 지적하고, 일본의 제국주의적 행동을 비판했다.[16] 2010년의 8월에 발표된 칸 나오토(菅直人) 수상의 담화는 한국 국민의 입장에서 볼 때 부족한 점은 있지만, 제국-식민지 관계의 극복을 위한 노력으로서 평가할 만한 내용이 포함되어 있다.

그럼에도 불구하고 한일관계는 당분간 탈제국주의, 탈휴전체제를 향한 모색이라는 이중의 과제를 둘러싸고 전개될 것이다. 이것이 바로 한일 양국에서 상상력이 풍부한 리더십의 출현이 요구되는 이유일 것이다.

---

16) 「『한국병합』 100년, 한일지식인공동성명」, 2010년 5월 10일, 도쿄 · 서울.

제2장

김대중의 일본에 대한 인식과 전략: 주요 저작과 어록을 통해 본 인식의 진화와 정치적 선택

류상영 | 연세대학교 교수

I. 서론: 김대중을 둘러싼 시대적 배경과 일본

김대중은 1960년대 이래의 한일관계에서 매우 독특한 위상을 갖는 인물로 존재한다. 1973년 김대중 납치사건 등 한일관계의 어두운 역사적 사건의 희생자이기도 하였지만, 1998년 오부치-김대중 뉴파트너십 선언 등 한일 관계의 가장 밝은 시기를 연출한 장본인이기도 하다. 이 같은 역사적 사건들은 한일의 국내정치 및 국제질서의 구조를 반영한 결과물이면서도 김대중이란 개인의 적극적인 정치적 선택의 산물이기도 하다. 한일관계를 분석하는 데에 있어서 구조적 성격과 병행하여 그 제약 속에서 움직이는 핵심적인 인물 및 조직들의 역할을 제대로 파악해내지 못하면 다양한 역사적 사건의 본질을 정확하게 그려낼 수 없을 것이다. 따라서 해당 인물과 조직들이 현실을 어떻게 인식하였고, 어떤 정치이념을 가지고 있었으며, 무슨 전략을 구사해 나갔는지를 구체적으로 분석해 볼 필요가 있다. 이때 특정 개인의 역할과 행위는 단순한 개인적 수준의 기록이 아니라 그를 둘러싼 국가 간 관계를 읽어내는 중요한 바로미터가 되기도 한다.

제2차 세계대전 이래 줄곧 미소대립과 동서냉전으로 특징되었던 국제질서는 1970년대 전반기의 데탕트와 1980년대 말 냉전종식으로 큰 구조적 변동을 겪게 된다. 냉전 질서하에서 구축된 미일안보조약은 미일동맹과 아시아 안보질서의 근간이 되었고, 일본은 미국의 안보우산 아래 급격한 경제성장에 성공하게 되었다. 자민당의 안정적 집권과 일본식 개발국가의 역할은 일본의 안보와 번영은 물론 미일관계를 유지하는 국내 정치경제적 근간이 되었다. 한편, 한국의 박정희 정권은 권위주의적 개발국가 체제를 구축하고 일본을 모방한 경제성장 전략을 구사하게 되었다. 1965년 한일 국교정상화 이후 한국과 일본의 정치경제적 협력이 가속화되었는데, 이는 아시아에서의 반공보루를 구축하기 위한 미국의 아시아 전략의 일환이기도 하였다. 냉전기간 한일관계에서는 민주주의보다는 정치적 안정이 우선시되었고, 평화보다는 군비증강이 중요한 과제였다. 하지만 탈냉전기가 시작되고 세계화와 민주화의 압력이 거세지면서 일본과 한국의 국내 정치경제는 물론 한일관계의 비전과 작동메커니즘에도 큰 변화의 바람이 불기 시작하였다. 그 사이 한일관계에 나타난 다양한 역사적 사건들은 위와 같은 구조적 배경과 분리되어 논의될 수 없다.

같은 맥락에서 한일관계에서의 김대중의 존재와 그의 경험은 당시의 시대적 산물임과 동시에, 자신이 만들어낸 적극적 정치행위의 결과이기도 하며, 그의 정치행위는 당시의 시대현실에 큰 영향을 미치기도 하였다. 김대중과 관련되어 한일관계에 발생하였던 주요한 역사적 사건이나 쟁점 등은 김대중 개인의 역사로 끝나는 것이 아니라, 당시 김대중을 둘러싸고 전개되었던 국가수준의 한일관계의 성격을 포함하는 역사적 현상이라 할 수 있다.

그럼, 과연 당시 김대중을 둘러싼 정치적인 구조적 제약 조건은 무엇이었고 이에 김대중은 어떻게 대응해 나갔는가? 그는 일본과 한일관계에 대하여 어떻게 인식하였는가? 그가 가진 정치이념의 핵심은 무엇이었는가? 그는 이를 확산하고 실현하기 위하여 어떤 정치적 선택을 하고 전략을 구사했는가? 그리고 구조적 제약하에서 그의 정치이념과 전략은 어떻게 변화 혹은 진화되어 갔는가? 이 글은 위의 질문에 대한 해답을 찾는 것이 목적이다. 이 연구는 이론적으로는 한일관계에 있어서 김대중이라는 행위자(agency)와 당시의 현실구조(structure) 사이에 어떤 상호작용이 있었는지에 주목하게 될 것이다. 김대중이 과연 구조적 제약하에서 어떤 정치적 아이디어를 생산하고 이를 관철하기 위하여 어떤 전략을 선택하고 실천해 나갔는지 그리고 이를 통하여 한일관계에 어떤 영향을 남겼는지 등의 쟁점과 관련하여, 그의 정치적 기업가(political entrepreneur)로서의 역할이 부각될 수 있을 것이다.

이 연구는 1950년대 이래 김대중이 직접 작성하여 발표한 저작물을 주로 참고하게 될 것이다.[1] 한국과 일본을 비롯하여 국내외의 신문 및 잡지 등에 발표한 수많은 기고문과 인터뷰 기사들은 당시의 한일관계의 현안 등에 대한 김대중의 인식을 규명할 수 있는 1차 자료가 될 것이다. 그가 작성한 많은 논문들과 저작들은 현안에 대한 김대중의 인식과 함께 그의 행동의 보다 장기적이고 철학적인 기초를 밝혀 내는데 필수불가결한 자료들이다. 국회의사록은 김대중이 정치인으로서 현실적 제약을 타개하고 그의 정치적 아이디어를 실현하기 위한 전략을 읽어 내는데 매우 유익한 자료이다. 이외에 김대중이 국내외의 지인들과 나눈 편지 등은 그의 개인적 고민과 생각 등을 분석하는 데 매우 흥미로

1) 일반적인 학술논문에서는 어느 개인의 사상 및 인식 등을 다룰 때 그 사람의 어록과 사료를 기초로 하면서도 그에 대하여 연구된 기존 연구들을 기초로 비판 및 재해석을 하게 된다. 하지만 김대중에 대한 연구는 이제 막 시작된 데다 해당 분야에 대한 기존의 연구들이 거의 전무하다시피 하여, 이 연구에서는 불가피하게 김대중의 저작이나 어록에 대한 사료적 검증이나 관련 논쟁없이 필자가 시대적 상황과 주요 사건에 대한 배경설명과 해석으로 대신하게 되었음을 밝혀둔다.

운 자료들이다. 마지막으로 연세대학교 김대중도서관에서 실시한 관련 인사들과의 구술사 인터뷰 자료도 일부 활용될 것이다.

Ⅱ. 김대중의 일본을 보는 시각과 인식 틀

1. 평화와 민주주의: 국제질서와 국내 정치경제

김대중이 일본을 보는 시각은 크게 두 개의 개념에 의하여 규정된다. 하나는 국제질서에 있어서의 평화이고, 다른 하나는 국내정치경제 측면에서의 민주주의이다. 국제질서의 현실 속에서 어떻게 평화를 실현할 것인지와 국내질서 속에서 어떻게 민주주의를 이룩할 것인지가 그의 인식과 전략을 결정하는 핵심 개념이었다.

국제질서에서의 생존과 평화를 위한 그의 정치이념과 전략은 현실주의(realism)와 민족주의(nationalism)로 대별될 수 있다. 김대중은 한편으로는 냉전시기의 세력균형과 힘의 논리를 직시한 채 현실주의에 입각하여 일본을 바라보았다. 일본은 줄곧 미국과 함께 한국의 안보와 생존에 중요한 국가이고 한국은 일본과의 우호적인 협력관계를 가져야 한다는 논리이다. 탈냉전 효과는 김대중의 대일 인식의 변화에도 그대로 반영되었다고 할 수 있다. 다른 한편, 김대중은 현실주의와 함께 민족주의적 인식의 틀도 유지하고 있다. 역사문제로 인한 갈등이 치유되지 않은 상태에서 일본은 한국이 신뢰할 수 없는 존재이며, 일본에 대한 한국의 민족주의적 대응은 여전히 유효하다는 인식이다. 하지만, 글로벌화의 진전으로 민족주의적 대응의 변화는 김대중의 대일 인식에도 영향을 미친 것으로 보인다. 이 두 가지 이념은 시대적 환경이나 개별적인 역사적 사건에 따라, 그리고 일본의 태도에 따라 다양한 형태

〈그림 2-1〉 김대중의 대일 인식 개념구조

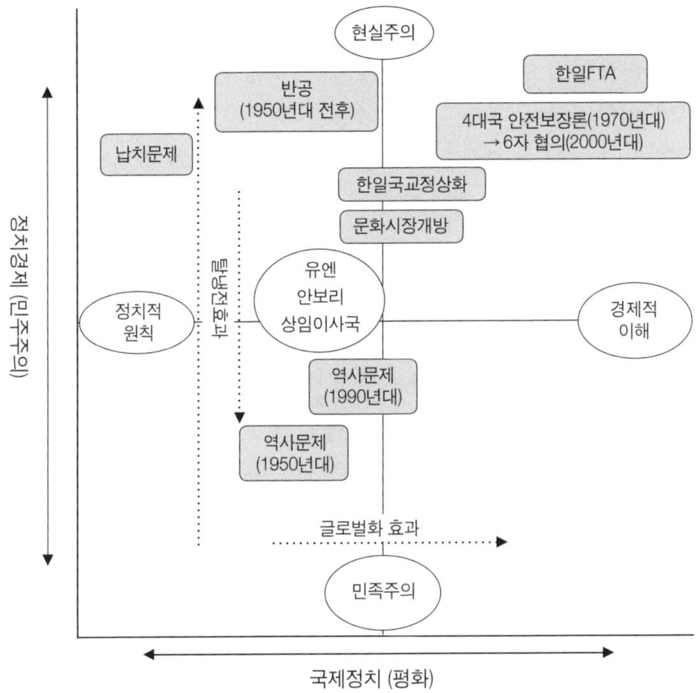

로 결합되어 나타난 바 있다.

국내정치경제의 구조 속에서 어떻게 민주주의를 실현할 것인지에 대한 김대중의 인식은 크게 정치적 원칙과 경제적 이익에 대한 대응으로 구별된다. 그는 한편으로는 한국의 독재정권을 지원하는 일본정부에 대하여 비판적인 입장을 견지하면서 민주주의라는 정치이념을 확산하기 위하여 반독재운동 네트워크를 강화하여 나갔다. 다른 한편으로 김대중은 한일 경제협력으로부터 얻을 수 있는 경제적 이익을 무시하지 않으면서 한일 간의 주요 현안과 쟁점들에 대한 유연하고 비정치적인 시각을 병행하였다.

〈그림 2-1〉에서 보듯이 역사문제에 있어서는 민족주의적 입장을 유지하면서 정치적 원칙을 강하게 견지하고 있다. 김대중 납치사건에 대하여는 변함없이 민주주의와 인권 등 정치적 원칙하에서 당시의 한국정부와 일본정부에 대하여 문제해결을 촉구하면서 정치적 결착을 비판하였다. 1950년대 북한을 포함한 공산주의 진영과 일본의 이들에 대한 정책에 대한 인식과 평가에 있어서 반공이라는 정치적 원칙을 유지하면서, 민족주의적 입장보다는 국제정치적 현실주의 입장에서 국제질서의 안정과 평화를 위한 일본의 제대로 된 역할을 강조한 바 있다.

일본의 유엔 안보리 상임이사국 진출 노력에 관해서는 국제정치적인 현실을 인정하면서도 역사문제에 대한 일본의 확실한 반성과 노력을 선결과제로 제시하였다. 재임 중에 실시된 일본문화 개방에 있어서는 자국문화와 문화산업의 보호라는 민족주의적 입장보다는, 현실적으로 확산되고 있는 문화교류와 협력을 인정함과 동시에 개방과 경쟁을 통하여 한국문화가 더욱 발전해야 한다는 전략적 사고가 작용하였다고 볼 수 있다.

다른 한편, 김대중은 1965년 한일국교 회담과 오래 전부터 진행 중에 있는 한일 자유무역협정 논의에 대하여는 현실주의적 입장을 갖고 경제적 국익을 중시하는 입장을 취한 바 있다. 한일회담에 대하여 김대중은 한국정부가 보다 현명하게 대처하지 못하였다는 점과 일본이 과거문제에 대하여 분명한 사과를 하고 있지 않은 점에 대하여 비판하면서도, 원칙적으로 국제정치적 현실주의와 경제적 국익을 고려하여 많은 비판에도 불구하고 야당으로서 찬성입장을 견지한 바 있다.

2. 김대중의 대일본 인식의 변화: 역사적 계기와 개인적 계기

김대중의 일본에 대한 인식은 역사적, 개인적 계기들을 통하여 변화를 겪은 것으로 생각된다. 역사적 계기로는 냉전과 한국전쟁, 박정희 정권의 등장과 한일회담, 닉슨독트린, 사회주의 붕괴와 탈냉전, 김대중-오부치 한일 뉴파트너십 선언, 6·15 남북 공동선언 등을 들 수 있다. 세계, 동아시아, 한반도 수준에서 일어나는 정치구조와 힘의 변화에 따라, 김대중은 일본에 대한 인식과 전략을 조금씩 수정하고 조절해 나갔다. 개인적인 계기로는 잡지 『세계』와의 대담, 납치사건, 사형선고 등이 있을 수 있다. 한일관계에서 발생한 개인적 계기들이 그가 일본을 바라보는 시각에 무시못할 영향을 미쳤다고 볼 수 있다. 개인적 계기들을 통하여 김대중이 구축하게 된 일본 내의 인맥과 조직들 또한 김대중의 일본에 대한 인식과 전략에 핵심적인 영향을 미친 것으로 이해된다.

냉전의 전개와 함께 동아시아에서의 국제질서의 변동은 김대중이 일본을 현실주의적 국제정치의 파트너로 인식하기 시작하면서 한일회담에 대하여 적극적인 입장을 보이게 된 계기가 되었다. 김대중의 1950년대 일본에 대한 인식은 민족주의적 입장에서 보다 비판적이었다. 김대중은 역사문제에 대한 일본의 반성없는 태도와 냉전대립에서 군사적 부담을 회피하는 일본의 전략에 대하여 비판적인 입장을 가졌었다.

김대중은 1953년 10월 2일에 발표한 언론 기고문에서, "현재의 방만무도한 태도마저 눈감은 채 악수의 손을 내민다는 것은 민족의 자존심이 이를 불허함은 물론 양국의 우호협조 그 자체를 위해서도 결코 소기의 목적을 달성할 바는 못 되는 것이다"라고 지적한 바 있다.[2] 한편, 그는 일본의 동아시아 군사부담 전가에 대하여도, "그들은 한국이 빈약한 국력과 극심한 전쟁피해에도 불구하고 근 백만의 군사력을 부담하는데, 불과 25만의 군편성을 국민생활의 저하 운운으로 지연 또 연기하면서 그 대가로 막대한 원조와 수출의 편의를 강요하고 있다"고 지적한 바 있다.[3]

---

2) 김대중, "한일우호의 길(상)" 제2302호 (發表紙 미상, 1953.10.02)
3) 김대중, "신뢰할 수 없는 일본" (發表紙 미상, 1955/05/29).

하지만, 중국의 부상과 중국-북한의 관계강화 그리고 일본이 중국에 대하여 현실주의적 노선을 구사해 가는 것을 보면서, 김대중은 군사안보와 경제협력 모두에 있어서 한일관계의 중요성을 인식하기 시작하였다. 그는 1960년대에 접어들어 한일회담에 대하여도 보다 적극적인 입장을 표명하게 된다. 즉, "… 이러한 사태 등등을 볼 때 우리는 한일회담을 빨리 해야겠다. 이래서 국교를 정상화해야겠다는 생각을 갖게 됩니다 … 한일국교의 주목적이 되는 한일 양국민이 과거를 청산하고 서로 굳건한 악수를 하고 호혜평등하에 새로운 역사를 개척해 나가는 동시에 … 아시아에서 반공이라든가 우리 자체의 안전보장 이라든가 우리 경제번영을 위해서도 이것이 필요하다"라고 강조하게 되었다.[4] 이 당시 김대중은 급성장하고 있는 대륙공산주의에 대하여 한미일을 중심으로 자유민주 연합기구를 형성해야 한다는 현실주의적 주장을 하면서, 공산주의를 용인하고 중국과 북한에 우호적인 일본 내 일부 정치세력의 노선에 대하여 경계하는 입장을 갖고 있었다.

닉슨독트린 이후 한반도를 둘러싼 주요 국가들 간의 관계가 급변하게 되면서 김대중은 국가이익을 우선시하는 한일관계 구축의 필요성을 강조하게 되었다. 그리고 1980년대 말 사회주의 붕괴는 김대중이 민족주의적 입장을 유지하면서도 현실주의와 경제적 이익을 보다 중요한 변수로 인식하게 되는 구조적 계기가 되었다. 김대중은 1970년 3월 10일 미국 컬럼비아 대학에서 행한 연설에서, "닉슨독트린과 더불어 아시아에서 일본 위상의 급속한 상승문제입니다. 우리는 공산주의와의 투쟁에서 승리하기 위하여 일본과의 협조의 필요성을 인정합니다"[5]라고 말한 바 있고, 비슷한 시기 서울 외신기자클럽에서의 회견에서는, "나는 한일 간의 협력을 진심으로 원해 온 사람이며 일본의 존

---

4) 김대중, "한일회담 진행상황에 관한 질문: 제48회 제3차 본회의," 『국회회의록』 (1965/03/02).

5) 김대중, "아시아의 안정과 새로운 한미관계의 수립," 미국 Columbia University 연설문 (1970/03/10).

재가 아시아의 세력균형과 한국의 안전에 적지않은 공헌을 하고 있다고 믿는 사람"[6]이라고 말한 바 있다. 사회주의의 붕괴와 탈냉전의 시작은 김대중이 일본을 보는 시각에서뿐만 아니라 한국내부의 제반 이슈를 인식하는 데도 큰 변화를 가져오는 계기가 되었다고 할 수 있다. 즉, 탈냉전을 계기로 김대중은 자본, 노동, 남북관계, 한미관계 등을 바라보는 시각에서 보다 유연하고 실용적인 시각을 갖게 된 것으로 보여진다.[7] 대통령 재임기의 김대중-오부치 한일 뉴파트너십 선언과, 6 · 15 남북정상 회담도 김대중이 한일관계와 동아시아 국제질서를 보다 현실주의적으로 바라보는 역사적 계기가 되었다고 할 수 있다.

한편, 납치사건, 사형선고 등 김대중이 한일관계에서 경험한 개인적 사건도 일본에 대한 인식에 크게 영향을 미쳤다고 할 수 있다. 특히 납치사건을 둘러싼 박정희 정부와 일본정부의 정치적 결착은 그의 개인적 인권은 물론 양국의 주권을 침해한 것이며, 크게는 민주주의의 원칙에 위배되는 것이기 때문에 독재정부를 지지하는 일본정부를 비판하는 구체적 근거가 되었다. 그에게는 아직 납치사건이 미해결된 과제이고 그는 원상회복이 되지 않은 상태이다.[8] 따라서 김대중은 납치문제에 관해서는 민주주의와 인권 등 정치적 원칙을 변함없이 강조하고 있다. 더구나 일본정부의 이 같은 대응은 당시 일본정부가 박정희와 전두환 독재정권을 지원하는 과정에서 발생하였고 결국은 이것이 그의 생명에 대한 위협은 물론 한국과 일본의 민주주의를 지연시키는 결과까지 초래하였다고 해석될 수 있기 때문에, 개인적 계기와 역사적 계기가 결합되어 김대중이 일본을 비판적으로 바라보도록 만들었다고 할 수 있을 것이다.

---

6) 김대중, 『내가 걷는 70年代』 (서울: 범우사, 1970).
7) 류상영, "김대중 구술사 인터뷰," 제34회(2007/05/22); 제35회(2007/05/29), 연세대학교 김대중도서관.
8) 이토 나리히코, "金大中拉致事件: 日本政府は誰に 謝るべきか" (아사히 신문, 2007/11/29).

III. 한일관계 및 일본에 대한 김대중의 인식과 전략

김대중은 기고문이나 연설, 회견 등을 통하여 한일관계의 주요 쟁점과 일본에 대하여 반복적이고 일관되게 자신의 생각을 밝힌 바 있다. 그는 야당정치인 시절과 대통령 재임시 및 퇴임 이후를 막론하고, 안보, 정치, 경제, 문화, 역사 등 다양한 주제에 관하여 분석하고 전망을 제시한 바 있다. 그는 한일관계의 현안을 분석하는 데 있어서 동서고금을 넘나드는 다양한 역사적 사실, 국제적인 비교사례, 폭넓고 깊이있는 학제적 지식들, 중요한 경제사회적 데이터, 재미있는 정치사회적 에피소드, 자신의 경험에 의한 지식과 철학적 소신, 종교적 믿음과 소망 등을 동원하고 반영하였다. 그의 발언은 한일 간의 정책 결정과 지적 담론(discourse) 형성에 상당한 영향을 남겼고, 많은 관심을 불러일으킨 바 있다. 이 세션에서는 김대중의 기고문이나 회견 내용 등 역사적인 자료를 분석하여 그의 인식과 전략의 본질이 무엇이고 어떻게 진화되어 가는지를 구명하고자 한다. 다음의 다섯 가지 정도로 항목을 분류하여 분석하고자 한다.

1. 일본의 과거사 문제 인식: 독일과의 차이

과거사 문제에 대한 일본의 태도는 김대중의 일본관에 가장 큰 영향을 준 변수라 할 수 있다. 김대중은 일본의 태도를 독일의 태도와 자주 비교한 바 있다. 즉, 과거사의 잘못에 대하여 끊임없이 반성하고 교육시키며 충분히 배상함으로써 관련 당사국은 물론 국제사회로부터 신뢰를 얻는데 성공하였고, 결국에는 독일통일에 있어서도 국제사회의 적극적 협력을 얻은 독일의 사례와 비교해 볼 때, 일본의 대응은 너무나도 대조적인 것이었다.

김대중은 1953년 10월 3일자 글에서, "일본이 진실로 양국의 우호친선을 원한다면, 먼저 자기가 우리 민족에게 범한 그 폭악무도한 과거를 사죄하여야 할 것이다… 일본의 자기 성의의 표시하는 증거로서 독도 및 재한국재산청구의 삼척동자라도 웃을 류의 억설을 마땅히 철회해야 할 것이다"[9]라고 강조하였다. 이 당시 김대중의 이 같은 인식은 2000여 년전 백제로부터 대륙의 선진문물을 배움으로써 큰 은혜를 입었으면서도 오히려 일본이 임진왜란과 한일합방 등 수많은 침략으로 한국민에게 고통을 안겨주었다는 판단과도 연결되어 있다.[10] 이 같은 일본의 태도와 과거사 인식은 한일회담에 의하여 미해결된 채로 봉인되었고, 이후 박정희와 전두환 독재정권에 대한 일본의 적극적인 지지로 연결되었으며, 최근까지 종군위안부 문제, 교과서 문제, 끊이지 않는 망언 등에서 생생하게 표출되고 있다는 것이 김대중의 인식이다. 김대중은 교과서 문제도 일본의 역사인식을 반영하는 것으로서 일본이 한국에서 한 잘못된 과거에 대하여 후세에게 정확히 가르치지 않으니 젊은 세대들이 역사를 알지 못하고, 알지 못하니 사과할 수도 없는 상황이 이어지고 있다고 본다.

하지만, 김대중은 미래지향적 한일관계 구축을 위하여 과거문제와 관련하여 과거세대와 현세대, 일본의 정부와 민주시민을 구분하여 보고자 하였다. 현 세대는 식민지시대와 직접적인 관계가 없는 세대인 만큼 과거사의 굴레로부터 벗어나 미래지향적 한일관계를 위하여 노력해야 하며 정확한 역사교육을 통하여 한일 간에 불행한 역사가 반복되지 않도록 해야 한다는 것이다. 그 점은 최근의 정치지도자들에게도 해당될 수 있다. 하지만 주요 각료 등 책임 있는 정치인이 과거사에 대하여 망언을 지속하는 것은 한일관계의 발전을 위하여 바람직하지 않으며, 무라야마 수상과 오부치 수상 등이 한일 간에 공식적인 문건을 통

9) 김대중, "한일우호의 길(하)" 제2303호 (發表紙 미상, 1953/10/03).
10) 김대중, "신뢰할 수 없는 일본"(發表紙 미상, 1955/05/29).

하여 사과한 내용을 부정하는 것으로 일본정부의 정책결정구조와 외교적 공신력에도 회의를 갖게 한다고 보고 있다. 김대중 자신도 같은 맥락에서 한일관계의 미래지향적 발전과 수많은 민주시민들의 입장을 고려하여 대통령으로서 천황을 공식 방문하는 자리에서는 의도적으로 과거문제를 언급하지 않았던 것이다.

김대중은 1998년 10월 8일 대통령으로서 국빈방문 시 일본국회에서 행한 연설에서 "우리 한국을 포함한 아시아 각국에는 아직도 일본에 대한 의구심과 우려를 버리지 못하는 사람들이 많습니다. 그 이유는 일본 스스로 과거를 바르게 인식하고 겸허하게 반성하는 결단이 부족하다고 생각하기 때문입니다. 이러한 의혹과 불신이 존재한다는 것은 일본을 위해서나 아시아 각국을 위해서 매우 불행한 일이라 하지 않을 수 없습니다. 하지만 저는 과거를 올바르게 인식하고 반성하는 도덕적 용기를 지닌 수많은 일본의 민주시민이 있다는 것을 잘 알고 있습니다"[11]라고 하여 과거사 문제에 대한 미해결이 일본의 아시아에서의 입지를 약하게 한다는 점을 밝히는 한편, 일본 내 민주시민을 일본정부와 구분하였다.

또한 김대중은 2002년 4월 2일 청와대를 방문한 일본유족회 회장인 고가 마코토(古賀誠) 전 자민당 간사장을 만난 자리에서 "야스쿠니 신사 문제는 우리는 물론 일본 국민에게도 커다란 큰 피해를 준 전범의 책임문제와 관련이 있는 것" 이라며 "일본이 국내외를 막론하고 참배할 수 있는 장소 혹은 조형물을 만든다면 나부터라도 희생자에게 조의를 표할 용의가 있다"고 제안한 바 있고, 이 문제는 일본정부와 정계 내에서도 구체적으로 논의된 바 있다. 이는 국가 간 외교관계에서 일반화되어 있는 국립묘지의 필요성과 한일 과거사에서 기인한 야스쿠니 신사 문제 간의 충돌을 역사적 사실에 입각하여 해결해 보려는 제안으로 보인다.

---

11) 김대중, "21세기 새로운 한일 동반자 관계 구축," 일본 국회연설(1998/10/08).

2. 한일회담: 진행과정과 한계

김대중은 한일회담에 대하여 수많은 반대와 오해를 무릅쓰고 야당 의원으로서 찬성하였다. 중국과 북한 등 대륙공산주의가 정치, 군사, 경제적으로 강화되는 현실에서 이에 대응하기 위하여 한일 간의 협력이 불가피하다는 현실주의적 국제정치인식이 작용하였던 것이다. 김대중은 1964년 2월의 국회 연설에서 이미 "한일문제 같은 것도 우리 야당 측이 어떻게 하면 하루속히 타결해서… 미국과 일본 기타 자유우방과 손을 튼튼히 잡아서 그 사람들을 여기다가 단단히 붙들어 매 가지고 공산진영에 대결한다고 할 것 같으면 내가 볼 때는 우리가 가장 일선에 위태로운데 있는 것 같지만 어느 의미에서는 가장 안전한 그런 보장도 받을 수 있을 것"[12]이라고 주장하여 야당이 여당에 협력하도록 설득하였다.

더구나 김대중은 당시 미국이 극동지역 방위의 책임을 일본에게 분담시키려 한다고 인식하고 있었고, 미국의 압력과 주도에 의해서라도 한일 국교정상화는 피할 수 없다는 점을 누차 강조한 바 있다.[13] 물론 경제적 국익을 고려한 측면도 컸지만 최소한 초기 단계에서는 경제적 이익에 대한 고려는 크지 않았다. 당시 김대중은 한일경제관계에서 대일 무역적자가 커지는 것을 지적하면서 이를 개선하지 않는다면 최소한 경제적 고려에서는 한일회담을 서두를 필요가 없다고 지적하기도 하였던 것이다.[14]

반면, 한일회담의 진행과정에서는 한국정부가 제대로 대응하지 못

---

12) 김대중, "현하 국제정세에 관한 질문: 제40회 제8차 본회의," 『국회회의록』(1964/02/03).

13) 김대중, "한일간조약과 제협정 비준동의안 심사특위: 제52회 제9차 본회의," 『국회회의록』(1965/08/10).

14) 김대중, "1965년도 재정차관 협정체결에 대한 동의안에 관한 질문: 제50회 제6차 본회의," 『국회회의록』(1965/06/09).

하고 있다고 비판하였다. 한국이 미국이나 일본의 군사적 경제적 이해를 위하여 공헌하는 점도 큰 만큼 한국정부가 교섭과정에서 더 유리한 입장에 있었음에도 불구하고 한국정부가 제대로 역할하지 못하고 있음을 지적하였다.

구체적으로 무역적자 해소 방안 마련 실패, 과거사 처리 미흡 등에서 한국정부가 보다 확실한 입장을 관철시키지 못하고 정권의 이해관계에 따라 잘못 처리한 부분이 많다는 점이다. 박정희 정권이 미국의 지지를 얻기 위하여, 그리고 일본과의 협력관계를 확대하기 위하여 급하게 서둘러 한일회담을 체결하였다는 분석이다.[15)]

김대중은 1970년 5월 12일 국회연설에서, 위의 잘못된 현실을 바로잡기 위하여, "우리가 집권하면 제2의 한일회담을 개최하여 아시아 평화의 실현, 양국의 안전보장, 국민전체를 위한 경제협력, 그리고 양 국민의 이해와 협력강화를 위한 방안을 모색해야 한다"고 공언한 바 있다. 이어 김대중은 1990년 2월 27일 교섭단체 대표 연설에서도, "일본에 대해서는 우리는 아직도 일제 35년이 해결되지 않고 있다고 느낍니다. 1965년의 한일조약이 잘못 체결되었기 때문입니다. 조약체결 이후 4반세기가 지나도록 제일교포 3세의 법적 지위가 아직도 해결되지 않고 있습니다. 원폭피해자와 사할린에 끌려갔던 사람들의 문제가 그대로 방치되어 있습니다. 이 모든 문제가 인간의 양심과 국제적 기준에 맞도록 해결되어야 합니다"[16)]라고 주장한 바 있다. 또한 김대중은 한일회담의 결과 받은 배상금이 제대로 사용되지 않았고 당시 희생자들에게 충분히 보상되지 않은 점에 대하여도 비판적인 견해를 제시한 바 있다.

---

15) 김대중, "韓國民主化への道: 安江良介와의 인터뷰"(世界,19 73/09, 107).

16) 김대중, "국정에 관한 교섭단체 대표 연설: 제148회 제3차 본회의," 『국회회의록』(1990/02/27).

3. 일본의 민주주의: 미국과의 차이

일본 민주주의의 성격은 과거사 문제에 대한 일본의 태도와도 무관하지 않으며 아시아에서의 일본의 위상과도 분리할 수 없는 사안으로 인식된다. 김대중은 일본의 민주주의가 자력으로 쟁취된 것이 아니라 2차 세계대전 이후 맥아더에 의해서 외부로부터 주어진 것[17]이라는 인식 아래, 미국의 민주주의와 비교할 때 많은 한계가 있다고 판단하고 있다. 일본 민주주의의 한계에 대한 김대중의 비판적 인식은 박정희 정권과 전두환 정권에 대한 일본의 전폭적인 지지를 계기로 더욱 분명해진 것으로 보여진다.

김대중의 인식에 의하면, 미국은 한국의 독재정권을 지지하면서도 인권보호 등 민주주의적 가치와 야당의 존재 등에 대하여 많은 관심을 가졌고, 특히 카터 행정부로 넘어와서는 한국에 민주주의를 발전시키기 위하여 많은 노력을 하였다. 1970년대와 1980년대에 있어서 미국 국민들의 한국의 민주주의에 대한 관심은 크게 약해졌지만 정부차원에서는 상징적이지만 한국의 민주세력을 지지하는 움직임이 나타나게 되었다. 반면, 일본정부는 박정희 정권과 전두환 정권을 전적으로 지지하였고 한국의 민주화세력에 대하여는 무관심하였다. 일본 민간레벨에서는 한국의 민주화에 대한 관심이 폭넓게 확산되고 있었던 점을 고려하면 일본과 미국이 정반대의 모습을 보여주었던 것이다.[18] 이 같은 맥락에서 김대중은 미국 망명 중 한국기자단과의 회견에서, "일본은 한국에서 민주주의 정부가 나오는 것 자체를 바라지 않습니다"[19]라고 단언하기도 하였다. 이처럼 민주주의 합리성과 가치와는 무관하게 한국의 독재정권을 무조건적으로 지지하였던 일본정부의 태도에 대하

---

17) 김대중, 『독재와 나의 투쟁』(서울: 금문당, 1985), p.173.
18) 김대중, "韓國現代史の問うもの: 安江良介와의 인터뷰"(世界, 1983/09, 94).
19) 김대중, "80년대에는 이 땅에 민주주의가 온다," 워싱턴 한국기자단과의 회견 (1984. 11. 04).

여, 김대중은 '쮸신구라(忠臣藏)'에 나오는 봉건적 의리개념에서 그 기원을 찾고, 이러한 일본 민주주의의 정신적 토양에 대한 우려를 표명한 적이 있다.[20)]

김대중은 1970년대 일본의 민주주의 및 한일관계에 관련하여 일본 내 정치세력을 세 가지로 분류하였다. 첫째는 안정을 우선시하여 박정희 정권에 전폭적으로 협력하였던 자민당 내 주류와 재계이고, 둘째는 자민당 내 양식있는 인사들로서 이들은 중국, 베트남 등 주변국에도 많은 관심을 가지면서 폭넓고 유연한 자세를 보였으며, 셋째로는 사회당과 야당세력으로서 이들은 남북한의 평화통일을 지향하기도 하였다. 하지만 김대중이 보기에 둘째와 셋째 부류의 인사들도 평화를 위해서 한국의 민주주의가 급선무라는 점에는 인식이 확실하지 않았던 것이다.[21)] 따라서 김대중은 한국의 민주화를 위하여 독재자에 대한 원조와 국민에 대한 원조가 구별되어야 하고, 평화통일을 위해서는 한국과 북한이 먼저 민주화되어야 한다는 점을 강조하면서 한국의 민주화를 위하여 일본의 올바른 인식과 역할을 촉구하였다. 물론 미국에 대하여도 마찬가지였지만, 김대중은 이 문제에 관하여 항상 미국과 일본이 한국의 내정에 간섭해 달라는 취지가 아님을 분명히 강조하고 있다.[22)]

4. 납치문제: 미해결의 과제

한일관계에서 김대중 납치사건은 아직 미해결의 상태이다. 김대중 납치사건과 관련하여 김대중은 일본이 자신의 인권을 보호하지 않았으며 이후 처리과정에서도 정치결착에 급급하여 원상을 회복하지 않

20) 김대중, "韓國現代史の問うもの: 安江良介와의 인터뷰"(世界, 1983/09, 98).
21) 김대중, "韓國民主化への道: 安江良介와의 인터뷰"(世界, 1973/09, 115).
22) 김대중, "韓國民主化への道: 安江良介와의 인터뷰"(世界, 1973/09, 112).

은 채 현재까지에 이르고 있다고 생각하였다. 물론 납치사건은 한국에서도 확실히 진상이 규명된 것이라 보기 힘들다. 2007년 10월 한국 국가정보원 산하 진실구명위원회 등에 의한 몇 번의 시도에도 불구하고 아직 해결되지 않은 부분들이 많다. 구체적으로 납치의 본래의 목적이 무엇인지와 누가 최종 명령권자인지에 대하여 한국 국내에서도 큰 논쟁이 된 바 있다. 김대중은 그동안 줄곧 납치의 목적은 단순 납치가 아니라 살해였고, 최종 명령권자는 박정희였다는 점을 여러 논거를 들어 주장해 왔다.

일본정부 또한 초기 과정에서부터 김대중 납치사건과 연관되어 있었다는 주장들이 제기되고 있다. 사건발생 이전부터 일본정부가 사건발생의 위험성을 상당 부분 알고 있었고 이를 방지하기 위한 노력을 할 수 있었음에도 불구하고 무관심했든지 아니면 한국정부에 동조하였다는 점 등이 여러 단체들과 언론에 의하여 밝혀진 바 있다. 김대중은 "나는 합법적인 신분으로 일본에 체류하고 있었다. 그런데 일본은 한국정부가 나를 해칠 위험이 있다는 것을 알면서도 내 안전을 지키지 못했다"[23]고 언급하였다. 일본정부가 납치사건의 진상을 규명하고 그가 일본으로 돌아가 원상이 회복되도록 노력하겠다고 여러 번 약속했는데도 불구하고 결국은 그 약속은 지켜지지 않았던 것이다. 1973년 11월 2일 박정희 대통령의 친서를 지닌 김종필 총리가 일본의 다나카 수상을 방문하게 되고 다나카 수상은 "김대중이 일본에 다시 오지 않기를 원하고 일본의 수사를 종결하기를 원한다"고 선언함으로써 제1차 정치결착이 이루어졌다.[24] 이어서 1976년에 한국정부가 범행에 직접 관여하였던 한국의 외교관 김동운(金東雲)의 범행을 실질적으로 인정하고 일본은 한국정부에 대하여 원상회복을 요구하지 않은 선에서 제2차

23) 김대중, '인터뷰' 『국제문제』(1985 겨울).

24) 伊藤成彦, "金大中拉致事件: 日本政府は誰に 謝るべきか"(朝日新聞, 2007/11/29); 古野喜政, "金大中事件 政治結着"(大阪: 東方出版 2007), pp. 179-193.

정치결착이 이루어진 바 있다.

이처럼 정치결착으로 묻혀버린 김대중 납치사건은 1980년 김대중이 사형선고를 받게 되면서 다시 한일 간에 외교쟁점화되었다. 전두환 정권은 김대중에게 사형을 선고하게 된 주요 혐의를 일본 내에서 조직된 단체에서의 활동이 반국가적이었다는 것에서 찾았다. 물론 이는 사실에 기반하지 않은 것이었지만, 무엇보다도 납치사건과 연관되어 김대중이 일본에서 한 활동에 대하여는 다시 논의하지 않는다는 한일 간의 약속을 한국의 전두환 정권이 어긴 것이었다. 따라서 일본은 이에 대하여 한국정부에 항의할 수 있는 입장이었다. 하지만 일본은 몇 번의 형식적인 노력만을 한 채 김대중의 사형을 막기위한 구체적인 노력은 하지 않았다.

이같은 일본정부의 태도에 대하여 김대중은 수차에 걸쳐 유감을 표명하였고, 납치사건의 진상규명과 원상회복을 위하여 일본정부가 더욱 성의있는 자세를 보여줄 것을 촉구하였다. 2007년 10월 31일 방일중이던 김대중은 한국정부의 납치사건 관련 보고서 발표와 이에 대한 일본정부의 공식입장을 듣고서 기자회견에서 양국 정부 모두의 대응에 대한 유감을 표명한 바 있다. 특히 한국정부의 조사보고서 발표 직후 한국정부가 일본정부에 공식 사과해야 한다는 일본 내 반응에 대하여는 일본정부가 자신과 한일 양국 국민 모두에게 사과해야 한다고 주장하였다. 김대중이 대통령 재임 시에 왜 이 문제를 해결하지 않았느냐는 비판적 견해에 대하여는 만일 대통령 재임시에 본인이 이 문제를 해결하려 했다면, 이는 객관성이 훼손될 가능성이 있고 결국 본인이 본인에게 사과하는 역사적 촌극이 되었을 것이라고 반박한 바 있다.

김대중은 납치사건에 대한 이 같은 일본정부의 반응이 민주주의와 인권에 대한 일본의 인식에 기인한다고 지적한 바 있다. 김대중은 만일 일본이 김대중 납치사건을 민주주의와 인권의 원칙하에서 국제적 규범에 맞게 해결해 나갔다면 일본은 국제적인 민주주의 선진국으로 인정받는 계기가 될 수 있었을 것이라는 견해를 피력하기도 하였다.[25] 한편 김대중은 자신의 납치사건이 한국과 일본의 민주주의와 인권을 신장시키는 계기가 되었다는 점을 지적하면서 다음과 같이 말한 바 있다. 즉, "그러나 내가 납치된 뒤 일본에서는 우리 국민의 인권을 지지하는 움직임이 점점 고조되어 왔다. 일본에 있는 수많은 우리 친구들이 우리 국민과의 연대감을 표현하기 위하여 단체를 조직했다. 양쪽은 밀접한 유대를 맺고 있으며 우리는 민주주의를 지지하는 일본 국민과 한국 국민의 우호관계와 상호이해를 증진시키기 위하여 노력하고 있다."[26]

5. 아시아평화와 일본: 역사적 기억과 균형자로서의 미국

김대중에 있어서 일본은 아시아와 한반도의 평화를 위하여 매우 중요한 존재이고 한국이 긴밀히 협력해야 할 대상임에 틀림이 없었다. 하지만 한편으로는 국내정치와 역사문제 등 일본 스스로의 경험과 한계에 의하여 아시아의 리더로서 신뢰하기에는 부족한 점이 많다는 것이 김대중의 인식이다. 이 같은 김대중의 인식은 철저히 국제정치적 현실주의에 입각한 것으로서, 인권 등을 중시하는 정치적 원칙이나 민족주의는 그렇게 크게 작용한 것으로 보이지는 않는다.

1950년대와 1960년대는 김대중이 반공에 대한 원칙을 강조하고 이를 위하여 한국과 일본이 적극 협력해야 한다고 주장한 시기로서, 일본이 북한과 중국 등에 대하여 구사하였던 유연한 정책들은 김대중이 반공의 시각에서 일본을 비판하는 주요 논거가 되었다. 당시 일본이 중국, 소련, 북한 등 공산국가와의 교역을 전면적으로 확대하고 사회당 등 일본정계에서 이를 적극 추진하려는 움직임에 대하여, 김대중은 일본이 반공이나 아시아에서의 자유수호에 대하여 별로 관심이 없으며

---

25) 김대중, "韓國現代史の問うもの: 安江良介와의 인터뷰," 『世界』(1983/09) p. 35.
26) 김대중, '인터뷰' 『국제문제』(1985, 겨울).

진실한 반공국가가 아니라고 강하게 비판한 바 있다. 심지어 한일회담에 대하여 적극적이었으면서도 일본의 이 같은 태도에 비추어 한일국교 정상화가 아시아의 반공체제 강화를 위하여 얼마나 도움이 될지 회의적인 시각을 제시한 적도 있다.[27] 또한 일본이 일본 내 조총련계의 학교 대책에 적극적이고 북한의 민간인 입국을 계속해서 허용하는 것을 두고, "사실상 두 개의 한국을 인정하는 방향으로 가는 전초적인 자세"[28]라고 비판한 바 있다.

한편, 김대중은 제2차 세계대전 이후 미국이 아시아 정책의 중심에 일본을 두고 일본을 육성하려는 정책에 대하여도 우려를 갖고 있었던 것으로 보인다. 즉, 제2차 세계대전 이전에 미국이 일본의 한국지배를 사실상 묵인하였던 역사적 상황이 다시 도래할 수 있다는 경계감을 갖고 있었으며[29] '아시아에서의 집단방위의 일환으로 일본이 미국의 대역을 하는 것은 무방하다' 는 당시 한국정부의 분위기에 대하여 강하게 비판하였다. 그리하여 김대중은 미국의 지지에 의한 일본의 단독적인 부상보다는 아시아 주요 국가들이 모두 참여하는 자유민주연합기구를 만들어 아시아의 안보와 번영을 도모해야 한다는 구상을 제언한 바 있다.[30]

한반도 평화를 위한 일본의 역할에 대하여 김대중이 공식적으로 주장하기 시작한 것은 1970년 10월 16일 그가 대통령 선거 공약으로 발표한 '4대국 안전보장론'에서부터라 할 수 있다. 물론 김대중은 한일회담을 전후로 하여 일본의 역할에 대한 현실주의적 인식을 하였고 이것이 그가 한일회담을 찬성한 원인이기도 하였으며, 4대국 안전보장에 대한

---

27) 김대중, "한일간 조약과 제협정 비준동의안 심사특위: 제52회 제9차 회의,"『국회회의록』(1965/08/10).

28) 김대중, "국회본회의 대정부 질문,"『국회회의록』(1966/07/01).

29) 김대중, "현하 국제질서에 관한 질문: 제45회 제18차 본회의,"『국회회의록』(1964/10/26).

30) 김대중, "한일회담 진행상황에 관한 질문: 제48회 제3차 본회의,"『국회회의록』(1965/03/02).

구상도 1960년대 중반부터 제시된 것이다. 하지만 구체적으로 한반도 평화를 위한 일본의 역할이 제기된 것은 1969년 닉슨독트린 이후 변화하는 동아시아 국제질서에 적극 대응하기 위하여 김대중이 제기한 4대국 안전보장론에서라 할 수 있다. 김대중은 그의 외교전략에 대하여 아래와 같이 선언하였다. "…70년대의 우방관계는 지금까지의 의존일변도의 자세에서 상호협조와 공동이익 증진의 방향으로 크게 발전시킬 필요가 있다고 믿습니다. … 미, 소, 일, 중공 등 4대 국가에 대해서 한반도에서의 전쟁억제를 공동으로 보장할 것입니다. 우리는 지금까지의 쇄국주의적 외교를 지양하고 중립국외교를 강화하는 데 있어서 내정의 개혁과 인류평화에의 진지한 기여를 통해서 세계 모든 나라로부터 존경과 사랑을 받는 바탕 위에 이를 성공시킬 것입니다. 동시에 우리와 직접 적대관계에 있지 않는 공산권과의 외교관계를 신중히 모색해 나갈 필요가 있다고 생각합니다."[31]

냉전과 동서대립이 고조되어 있던 당시에 있어서 이러한 구상은 대단히 혁명적인 것이었고 정치적으로는 많은 위험이 따를 수 있는 것이었다. 하지만 이 구상은 한일회담에 이어서 한반도 평화에 대한 일본을 역할을 다시 강조한 계기가 되었다고 보여진다. 위의 국제정치적 계기들로 인하여 김대중은 1960년대 중반까지 표방하였던 반공적인 원칙을 리버럴한 전략으로 전환하게 되었고, 주변의 공산주의국가들에 대한 인식과 외교전략에서도 보다 유연하고 포용적인 접근을 갖게 된 것으로 해석된다. 이후 4대국 안전보장론은 사실 한반도에서 평화를 구축하기 위한 '6자회담'의 역사적 기원이 되었다고 볼 수 있고, 김대중은 북핵문제가 해결된 이후에라도 6자회담이 동아시아와 한반도의 평화를 유지하고 증진하기 위한 상설적인 다자기구로 발전해야 한다고 주장하였다.

---

31) 김종순 편, 『김대중 그의 투쟁, 그의 민주화 의지』 (서울: 시인통신사, 2007), p.123.

하지만, 김대중은 아시아와 한반도 평화에 있어서 일본의 역할은 기본적으로 미국의 아시아 전략과 미국의 대일관에 의하여 제약될 수밖에 없다는 현실주의적 인식을 갖고 있었다. 미국은 제2차 세계대전 이후 맥아더사령부에 의해 진행된 전후개혁(戰後改革)의 핵심인 평화헌법과 제반 민주주의 원칙의 틀 내에서 일본에게 역할을 부여해 왔으며, 일본도 이를 탈피한 국가전략을 가질 수 없다는 인식이 그것이다. 그는 1991년 12월 6일 기자회견에서 일본이 군사대국이 되는 현실을 지적하면서, "미군이 이제는 북한의 남침에 대비할 뿐만 아니라, 일본의 군사대국화에 대한 동북아의 군사적 균형을 잡는데도 필요하므로 군사적 진공상태를 남기지 않기 위해서도 상당기간 미군이 주둔해야 한다"[32]고 공언하였다. 게다가 일본이 한반도에서 행한 바 있던 역사적 경험들에 대한 기억들이 김대중의 인식에도 크게 작용한 것으로 보인다. 1991년 10월 21일, 김대중은 국회발언에서 "일본이 팽창하고 있는 이 마당에 미군이 한반도에 주둔하는 것은 조선왕조 말엽에서처럼 일본의 군사력이 한반도에 대한 지배력을 키우는 것을 저지하는 데 큰 도움이 된다"[33]고 주장한 바 있다.

일본의 군사대국화를 견제하는 미군 역할에 대한 인식은 2000년 6월의 남북정상회담에서도 논의된 바 있는데, 북한 김정일 위원장도 한반도가 겪은 역사적 경험을 상기시키면서 미군이 북한에 대한 적대행위를 포기한다면, 동아시아에서의 세력균형을 위해 미군의 주둔은 상당기간 필요하다고 주장한 것으로 알려졌다. 이 같은 견해들은 미일동맹의 존재에도 불구하고 일본이 동아시아에서 갖는 국제정치적 위상과 역할에 한계가 있다는 현실주의적 인식에 기초한 것이라 할 수 있다.

---

32) 김대중, "2000년의 희망과 우리의 과제," 기자회견문(1991/12/06).

33) 김대중, "1992년도 국방안 예산안 심의토론: 제156회 제3차,"『국회회의록』(1991/10/21).

Ⅳ. 김대중의 일본에 대한 전략과 네트워크

1. 일본 내 정치이념 확산과 네트워크 구축: 독재에 대한 대항네트워크

김대중은 일본에 대하여 의견을 제시하는 데 그치는 것이 아니라 자신의 인식과 정치이념을 확산하고 실현하기 위하여 다양한 네트워크를 구축하려고 노력하였다. 이 같은 그의 노력과 전략은 일본 내의 평화와 민주주의를 원하는 시민사회 및 정치사회세력들과의 공동노력으로 구체화된 바 있다. 김대중은 일본 내 평화세력과 다양한 공식, 비공식 관계를 유지하였고 많은 일본 내 평화세력은 그와 인식을 같이 하면서 한일관계 및 양국 내에서 민주주의와 평화가 진전되도록 다각도의 노력을 경주하였다.

일본 내 일부 정계, 학계, 언론계, 종교계, 법조계, 노동계 등의 일본인들과, 일본에 살고 있는 종교계 등 일부 한국인들은 김대중과 인식을 같이하는 핵심 지원세력이었다. 이들은 모두 김대중에 대한 지원과 공동노력이 자신들의 정치이념과 철학을 실현하는 길임과 동시에 한일관계는 물론 한국 및 일본의 민주주의와 평화에 도움이 된다는 지적 인식을 같이하고 있었다.

이같이 김대중이 일본의 시민사회에 영향을 미치게 된 결정적인 계기는 1973년 9월 『세계』에 게재된 김대중과 야스에료스케와의 대담이었다. 납치사건 발생 직후 '한국 민주화에의 길'이라는 제목의 대담이 출간됨으로써 일본사회는 한국의 민주화 운동과 김대중에 대하여 비상한 관심을 갖기 시작하였고 일본 사회의 민주주의와 역할에 대하여도 심각하게 고민하기 시작하였다.

이 당시의 분위기를 와다 하루키는 "이 대담을 읽은 일본인은 한사람의 한국인 정치가가 목숨을 걸고 남긴 말을 듣는 듯한 생각을 하게 되었다. 한국의 민주주의자의 표상같은 모습이 일본인의 눈앞에 보이기 시작하였다"[34)]라고 적고 있다.

김대중이 일본에서 민주화 운동을 전개할 수 있었던 데는 김대중을 일본사회에 소개하고 연결시켜준 든든한 연결고리들이 있었기 때문이다. 대표적인 후원인으로는 우쓰노미야 도꾸마 자민당 의원을 들 수 있다. 1972년 11월 6일, 김대중이 타임지 기자와 함께 우쓰노미야 의원실을 찾아 유신선포와 7 · 4공동 성명 이후의 한국의 민주주의와 남북관계, 한일관계 등에 대한 대화를 나눈 것을 계기로 우쓰노미야는 김대중을 지지하는 일본 내의 가장 강력한 지원자가 되었다.

우쓰노미야가 느낀 김대중에 대한 첫 인상은 "절망적인 상황하에서도 자유와 민주주의에 대한 확신을 조금도 잃지 않고, 한국국민의 능력과 가능성에 대한 절대적인 신뢰를 갖고 있는 자유주의 정치가"였다.[35)] 자민당의원이면서도 매우 리버럴한 사상을 갖고 있던 우쓰노미야는 동아시아 평화와 민주주의에 대하여 김대중과 자주 의견을 교환한 바 있다. 특히 우쓰노미야가 주도하는 일본 국회 내의 아시아 · 아프리카 연구회(AA硏)에 김대중의 강연을 주선하여 김대중이 일본 정계에 인맥을 넓히는 데 결정적인 역할을 하였다.

우쓰노미야는 김대중 납치 사건을 최초로 알게 되고 일본경찰과 정관계에 구원노력을 시작하는 최초의 일본이었다.[36)] 김대중 납치사건을 군부독재정권하에서의 '자유주의 정치가의 수난'으로 규정한 우쓰노미야는 한국의 군부독재에 대하여 비판적인 입장을 견지하면서 남북한의 민주주의가 한반도 통일과 평화를 가져온다는 점에서 김대중과 동일한 정치적 입장을 가지고 있었다. 그는 심지어 김대중을 "현대 아

34) 和田春樹, "'解說' 金大中," 『民主救國の道: 講演と論文(1973-1989)』(東京: 新教出版社, 1980), p.321.

35) 宇都宮德馬, "金大中氏への手紙," 『中央公論』(1973/09/28), p.57.

36) 宇都宮德馬, "金大中氏と十年ぶりに語る: 逆境に屈せぬ自由と平和の政治家," 『暴兵損民: なぜ軍擴に狂弄するのか』(東京: 德間書店 1984), pp.271-275.

시아의 손문(孫文)"이라고 말하면서 일본의 정치인들이 배워야 할 정치인이라고 칭찬하기도 하였다.[37]

김대중 또한 우쓰노미야 의원을 존경하였고, 한국의 정치현실을 일본에 알리고 일본정부가 독재권력을 지원하지 말도록 해 줄 것을 우쓰노미야에게 전달하는 등 우쓰노미야를 일본 내의 중요한 네트워크로 활용하였다. 1975년 6월 21일 김대중이 우쓰노미야에게 보낸 편지를 보면, 한국의 독재정권의 실상과 이에 저항하는 민주화 운동에 대하여 자세히 소개하면서 일본과 미국정부가 베트남의 사례에서 교훈을 얻지 못하고, 반공이라는 이름 아래 국민을 억압하는 독재정권을 지원하고 있는 현실에 대한 유감을 표명하고 있다.

한편, 김대중은 AA研 소속 정치인들뿐만 아니라 덴히데오 의원 등 사회당 정치인들과도 폭넓은 네트워크를 형성하였다. 그리고 이들은 김대중 납치사건과 사형선고 등 중요한 사건때 마다 김대중을 돕기 위하여 일본정부와 한국정부에 다양한 압력을 가하였던 것이다.[38] 당시 사회당은 자민당정부와 박정희 정부의 유착관계를 비판하는 입장이었기 때문에 야당 정치인이자 민주투사인 김대중에게는 매우 적극적인 지원세력이 될 수 있었다.

또한 일본의 종교계, 노동계, 학계, 법조계 등 평화주의 노선을 표방한 많은 일본인 단체들은 한민통 등 재일 한국인 조직과의 연대를 통하여 한국의 민주화 운동을 지원하였는데, 김대중 납치사건과 사형선고는 이들이 연대하는 기폭제로 작용한 바 있다. 이들 일본내 평화적인 시민사회 단체들은 김대중이 일본 내에서 자신의 정치이념을 확산하고 민주화 운동을 전개하는데 매우 효과적인 네트워크가 되었던 것이다.

---

37) 柳相榮, "伊藤成彦インタビュー"(東京: 2006/01/18, 김대중 도서관 소장 자료).
38) 柳相榮, "田英夫 インタビュー"(東京: 2006/01/19, 김대중도서관 소장자료).

2. 미국 내 정치이념 확산과 네트워크 구축: 일본 내 활동을 위한 지원 역할

김대중에게 일본은 미국과 분리될 수 없는 대상이었다. 한국이 미국과 일본의 영향을 동시에 받는다는 사실과 함께, 일본이 미국과 맺고 있는 특수한 관계에 대한 그의 인식이 작용한 것이다. 김대중은 일본을 움직이기 위해서는 미국의 역할이 결정적이라는 판단하에, 일본에서의 그의 활동을 항상 미국에서의 활동과 연계시켜 나간 것으로 보여진다. 근본적으로 김대중은 한국의 민주화를 달성하기 위하여는 한국문제와 연관된 일본과 미국의 내부문제를 해결하지 않으면 안 된다는 구조적 인식을 갖고 있었다. 그는 한국의 민주화가 안고 있는 구조적인 본질을 지적하면서, "한미일 삼국 국민이 민주적 연대를 하지 않으면 안 되며, 독재자의 배후에 있는 일본과 미국의 역할이 분리하기 힘든 문제로서 등장하고 있다. 따라서 한국의 문제는 일본내부에서도 해결되지 않으면 안 되고 미국내부에서도 해결되지 않으면 안 된다"[39]라고 단언한 바 있다.

김대중의 미국 내의 활동과 네트워크 구축은 일본에서의 그것과 몇 가지 점에서 큰 차이를 보였다. 미국내 정치환경과 사회적 분위기가 크게 달라서 김대중은 보다 개방적이고 법적인 보호 아래에서 적극적이고 공식적으로 활동하고 네트워크를 구축할 수 있었다. 1982년부터 약 777일간의 미국 망명기간에 김대중이 200회가 넘는 공개강연을 한 사실만으로도 그 차이를 알 수 있다. 큰 특징 중의 하나는 김대중은 의식적으로 미국의 한반도 관련 고위관료나 보수적인 퇴역 군인 조직 등 미국의 보수주류 사회에 자신의 정치이념을 확산하고 네트워크를 구축하기 위하여 노력했던 것으로 분석된다. 게다가 김대중은 일본에서보

39) 김대중, "韓國現代史の問うもの: 安江良介와의 인터뷰," 『世界』 (1983/09), p.100.

다 미국에서 그를 지원하는 세력을 더 광범위하게 확보할 수 있었다. 물론 학계, 종교계 등 일본 내의 김대중을 지원하는 주요 조직들은 사안별로 미국 내의 조직과 직접 협력하고 공동 노력하기도 하였다.

김대중은 미국 내의 본인의 정치자산과 네트워크를 일본과의 관계에 활용해 나가고자 노력하였다. 그는 미국의 보다 자유주의적인 민주주의적 가치를 일본 내 네트워크에 전파하고자 하였고, 미일 협력 및 국제협력 네트워크 구축을 통하여 반독재에 대한 투쟁을 강화하고자 하였다. 1973년 7월 김대중이 준비하였던 케네디, 라이샤워 등 미국 측 인사들과 자민당 AA硏 국회의원 등을 중심으로 한 한국의 민주주의와 동아시아 평화에 대한 한미일 3국 합동세미나도 구체적인 네트워크 형성 과정의 하나였던 것으로 이해된다.

미국이 일본에 비하여 보다 개방적이고 민주적인 정치환경하에 있었기 때문에 김대중이 활동하기에 유리한 것은 사실이었다. 하지만, 미국 내에서 김대중을 지원해주고 정관계에 그를 소개시켜 준 인사들이 없었다면, 그의 미국 내 정치활동은 성공적이기 힘들었을 것이다. 라이샤워(Edwin O. Reischauer) 박사와 로버트 케네디(Robert Kennedy) 의원은 미국에서 김대중을 지원하고 그의 네트워크를 확대하는 데 가장 중요한 연결자 역할을 한 인물들이라 할 수 있다.

김대중은 1972년 2월 신민당 대통령후보 자격으로 미국을 방문 중에 처음으로 에드워드 케네디 상원의원을 만나게 되었다. 그 후 케네디 의원은 미국 내에서 김대중의 민주화 운동을 지원하였고 개인적으로도 두터운 우정을 유지하였다. 1976년 3월 23일 케네디 의원은 이희호 여사에게 편지[40]를 보내, 3 · 1 민주구국선언 사건으로 수감된 김대중과 그의 가족을 위로하고 한국 민주화를 위한 협력을 약속한 바 있다. 김대중에게 사형선고가 내려진 이후인 1984년 6월 15일, 케네디는 성명

40) 에드워드 케네디, "이희호여사에 보내는 편지" (1976/03/23, 연세대학교 김대중 도서관 소장 사료).

을 통하여, 전두환 정부의 김대중에 대한 사형선고에 깊은 우려를 표명하고 카터 행정부가 김대중 구명운동에 모든 노력을 기울일 것을 촉구한 바 있다. 1980년 10월 16일, 케네디는 한민통 미주본부에도 편지[41]를 보내, "김대중에 대한 사형집행은 한미관계 및 동북아 정세에 심각한 불안정을 초래할 것이고… 미국정부가 한국정부에게 사형집행에 대한 강한 반대의사를 밝히고 정치자유를 위한 한국정부의 구체적인 프로그램에 대한 약속을 받아내야 한다…"는 견해를 밝혔다. 케네디는 1984년 10월 1일 동료 의원들에게 편지를 보내 김대중의 안전귀국과 정치적 자유회복을 촉구하는 성명서에 서명해 줄 것을 부탁하여 의원들의 안전보장 서명을 주도하였으며, 1985년 1월 28일 케네디는 당시 테네시 주 상원의원인 앨 고어 전 미국 부통령을 포함한 상원의원 9명의 이름으로 전두환에게 편지를 보내, 김대중의 안전귀국과 정치적 자유 및 인권보장을 촉구하는 편지를 보내기도 하였다.

또한 케네디는 1987년 5월 17일, 전두환에게 편지[42]를 보내 호헌조치에 대한 우려를 표명하고 한국의 정치범 인권회복을 촉구하였으며 특히 김대중에 대한 연금해제와 정치적 자유회복을 강력하게 요구함으로써 한국의 민주화 이행에도 많은 공헌을 하였다. 케네디와 김대중은 개인적으로도 깊은 우정을 쌓게 되었는데, 1983년 2월 15일에는 미국에 망명한 김대중을 위하여 케네디가 환영 리셉션을 개최하고 가족들을 위한 각종 편의를 제공하기도 하였다.

한편, 에드윈 라이샤워 박사도 한국의 민주주의와 김대중의 민주화운동에 대하여 깊은 관심을 갖고, 김대중이 미국에서 네트워크를 형성하는데 큰 도움을 주었다. 라이샤워는 특히 1961년부터 1966년 사이 주일 미국대사를 지낸 경험도 있어서 한일 관계 및 한국과 일본의 민주주

---

41) 에드워드 케네디, "한민통에 보내는 편지" (1980/10/16, 연세대학교 김대중 도서관 소장 사료).

42) 에드워드 케네디, "전두환에게 보내는 편지" (1987/05/17, 연세대학교 김대중 도서관 소장 사료).

의에 대하여도 많은 경험과 지식 및 인맥을 갖고 있었다. 김대중과 개인적으로 교류하게 된 시기에 라이샤워는 미국 하버드대학에서 일본사를 강의하는 교수였다. 따라서 그는 김대중이 미국의 하버드 대학등 학계와 국무부 등 관계에 네트워크를 형성하는 데 많은 도움을 주었던 것으로 알려져 있다. 김대중은 1974년 3월 9일, 미국 L.A 타임즈 기자를 통하여 라이샤워에 보낸 편지[43]에서, 자신을 찾아와 한국 민주화와 인권에 대하여 관심을 표명해 준 라이샤워에 대한 감사의 뜻을 전하면서, 긴급조치 정국과 남북한의 대립구도 확산으로 민주화 운동이 크게 탄압되고 있다고 한국현실을 소개하고 있다. 이처럼 한국 민주주의에 대한 라이샤워의 관심은 김대중에 대한 지원으로 구체화되었고, 김대중은 한국의 독재적 현실을 국제사회에 호소하고 미국 내 한국 민주주의를 위한 네트워크를 형성하는 데 라이샤워를 주요 채널로 인식하였다고 볼 수 있다.

김대중은 1983년 7월 25일, 미국 내 네트워크 형성의 거점으로서 비정부 민간기구인 한국인권문제연구소를 공식 설립하였다. 이근팔(李根八) 등을 중심으로 미국 내 한국인 민주화세력이 적극 참여하여 한국의 독재현실을 알리고 한국의 민주주의를 회복시키기 위한 다각도의 노력을 경주하였다. 김대중은 한국인권문제연구소를 거점으로 대중강연회와 미국 내 주요 인사면담 및 미국의 정관계에 대한 협조호소 등을 통하여 미국 내 네트워크를 넓혀나갔고, 이들의 활동은 한국의 독재정부에 대한 큰 압력으로 작용하여 한국의 민주화를 가져오는 데 큰 기여를 한 것으로 평가될 수 있다. 한국인권문제연구소는 한민통 미주본부와 더불어 김대중이 미국 내 민주화 운동을 전개하는 데 핵심적인 조직이 되었다. 이 조직들은 한국의 민주화 및 김대중과 연관된 현안이 발생할 때 마다 미국사회에 그 실상을 알리고 미국의 정관계와 종교계 등

---

43) 김대중, "라이샤워에게 보내는 편지" (1974/03/09, 연세대학교 김대중 도서관 소장 사료).

의 관심과 협력을 구하는 노력을 지속하였다. 이들은 사안별로 일본 내 민주화 및 시민사회 조직들과도 긴밀한 협력관계를 유지하면서 유럽 지역의 민주화 조직과도 네트워크를 구축하기 위하여 노력하였던 것이다.

한편, 공식적인 정부수준에서도 미국의 민주주의적 가치와 인권에 대한 높은 관심은 김대중과 독재권력에 대한 일본정부의 정책에 상당한 영향을 미쳤다고 할 수 있다. 예를 들면, 김대중 납치사건과 사형선고에 관해서도 더 강경한 조치를 취하고 구체적인 구원 노력을 하였던 미국정부의 태도는 일본정부의 태도에 적지 않은 영향을 주었을 것으로 보인다. 이러한 공식적인 정부차원의 협력과정에도 미국과 일본 내에서 자발적으로 형성된 수많은 시민사회 조직들과 김대중이 구축한 다양한 네트워크들이 긍정적인 작용을 하였다고 할 수 있을 것이다.

V. 결론: 김대중의 대일인식의 연속성

김대중에 있어서 일본은 매우 중요한 나라이고 친근한 나라이다. 그의 정치이념과 활동에 공감하고 한국의 민주화 운동에 협력한 김대중의 친구가 가장 많은 나라도 아마 일본일 것이다. 어느 나라보다도 어린 시절부터 김대중과의 개인적 인연이 가장 오래되었고, 정치인 김대중의 이름이 널리 알려져 있으며, 김대중과 연관된 많은 역사적 사건이 발생한 나라도 바로 일본이다. 그러기에 김대중이 남긴 여러 글이나 언급들을 국가별로 분류하면 의심할 여지없이 일본에 관한 것이 가장 많을 것이다. 그만큼 가까운 나라이고 자주 왕래하였던 이웃임이 분명하다.

하지만 김대중은 1973년 8월 납치사건 이후 22여 년 만인 1995년 4월

10일에야 비로소 일본을 정식으로 다시 방문하게 된다. 이는 본인의 자발적 의사에서가 아니라 한일관계가 안고 있던 한계에 의하여 초래된 길고 어두운 역사의 터널을 상징해 주는 기간이라 할 수 있다. 이 기간과 관련된 많은 역사적 사실들과 정치적 쟁점 및 해석들은 김대중의 일본에 대한 인식에 무시 못 할 요인으로 작용하였다.

일본을 바라보는 김대중의 인식은 민주주의와 평화라는 원칙에 기반하면서도 이를 실현하는 방법에 있어서는 상당히 현실주의적인 유연성을 유지해 나갔다. 여러 가지 역사적이고 구조적인 계기와 개인적인 계기들에 의하여 사안별로 인식논리와 틀이 변화를 겪은 점은 없지 않지만, 이는 그의 정치이념과 전략의 범주 내에서 진화한 것으로서 단절적인 것은 아니었다.

김대중이 특정 사안과 관련하여 때로는 일본을 더 강하게 비판할 수 있었던 것도 그리고 그렇게 비판하면서도 인식논리상의 혼란을 야기하지 않았으며, 그럼으로써 이를 받아들이는 측에서도 경청할 수 있었던 것은 그의 인식논리에 합리성과 진지함 그리고 연속성이 돋보였기 때문일 것이다. 이 연구의 대상 시기가 1980년대 초반까지여서 김대중의 대통령 재임기는 연구대상에 포함되지 않아 다루지 않았지만, 그의 재임기 한일관계의 주요 정책들은 그가 1950년대 이래로 가져온 일본에 대한 인식과 연속성을 갖는다. 그의 역사문제, 문화개방, 김대중-오부치 뉴파트너십 선언 등에 대한 대통령 김대중의 인식과 전략은 역사적 진화의 결과로 볼 수 있을 것이다. 이제는 역사의 한 페이지가 되었지만, 한일관계에 남긴 김대중의 족적은 한일관계의 역사와 미래를 되새기고 발전시키는 데 적지 않은 역사적 자산이 될 것으로 생각된다.

〈첨부〉 일본과 연관된 김대중의 주요 일정과 인식

일자	내용
1953-10-02	〈韓日友好의길(上)〉이라는 기고문에서 일본이 한국에 대하여 행한 역사적 잘못들과 최근의 태도들에 대한 비판적 견해를 피력
1953-10-03	〈韓日友好의길(下)〉이라는 기고문에서는 한-일 양국간의 우호 친선을 원한다면 일본이 먼저 폭악했던 과거를 스스로 반성해야 한다는 점을 주장
1955-05-29	〈신뢰할 수 없는 일본〉이란 제목의 신문 칼럼에서 일본이 국제적으로 소련 및 중공과의 국교수립 움직임을 재개하고 공산권 국가들과의 무역까지 시작하려는 움직임을 보임으로써 국제적 반공 투쟁의 역할을 소홀히 하고 있다고 지적
1964-06-02	국회상공위원회에서 〈한일무역 불균형상태 시정에 관한 건의안〉이라는 제목의 발언에서 일본에 대하여 무역불균형 시정을 요구하는 것이 필요하다고 지적
1965-03-02	국회 본회의에서 〈한일회담 진행상황에 관한 질문〉이라는 대정부 질문에서 한-일 국교정상화 추진 과정에서 보여준 정부의 대도는 한국과 일본 양국 국민의 진정한 화해와 협력을 이루어내기 힘들다는 점을 지적
1965-12-18	한-일 양국 정부가 한-일 국교수립에 관한 비준서를 교환한 것과 관련하여, 민중당 대변인으로서 김대중은 형식적인 비준서의 교환만으로는 한-일 양국의 동등한 외교관계와 진실한 우호적 관계가 실질적으로 성립될 수 없음을 지적하고, 독도문제 등에 대한 일본의 무성의를 묵과하는 정부의 태도를 규탄
1966-02-09	국회 재정경제위원회 〈청구권 자금관리 특별회계법안〉에서 정부가 십수만 명의 국민이 가지고 있는 막대한 액수의 청구권을 일본과 한일협정을 맺는 과정에서 국민들의 사전 이해나 동의 없이 청구권을 협정으로써 완전히 영구히 포기했으므로 정부가 국민들에게 보상해 줄 의무가 있음을 주장
1966-08-06	국회 외무위원회에서 〈대일외교에 대한 대정부 질의〉라는 제목의 대정부 질문에서 일본이 자국의 이익을 위해 남북한관계를 이용하려는 자세를 보이고 있음을 비판
1971-02-08	일본을 방문 중, 도쿄의 외신기자클럽 초청 연설에서 "한국 국민들의 장기집권에 대한 염증과 고급공무원들의 부정부패에 대한 분노 때문에 이번선거가 공명선거가 실시된다면 틀림없이 정권교체가 가능하다"고 주장
1971-11-19	2주 일정의 일본 방문을 위해 출국하면서, "중공의 유엔 가입과 미-일관계 등 최근 국제정세 변화에 대비하기 위해 종래 우리정부가 고수해온 유엔감시하의 남북통일 방침은 지양되어야 하며 분단국의 유엔동시가입문제에도 적극적으로 대처해야한다"고 주장
1971-11-24	오전에 일본 《TBS》 와의 인터뷰에서 "현재의 국제정세는 현상유지에 의한 평화이기 때문에 이러한 국제적 흐름에 따라 남북 유엔 동시가입 문제가 적극적이며 긍정적인 방향에서 대처되어야 된다"고 언급
1972-08-01	일본 게이오(慶應)대학 고또 유이치로(五島雄一郎) 교수로부터 1971년 5월에 있었던 교통사고의 후유증을 치료 받고 8월 9일 귀국
1972-10-17	일본에 체류 중이던 김대중은 후쿠다(福田赳夫)와 코노(河野謙三) 참의원 의장을 만난 후, 숙소인 도쿄의 테이코쿠(帝國) 호텔에서 김종충(金鍾忠)과 함께 박정희 정권의 유신 발표뉴스를 접함

일자	내용
1972-10-18	일본 도쿄에서 박정희 대통령의 10월 유신 조치에 대해서 반대하는 내용의 〈계엄령에 대하여〉라는 성명서를 발표하고 망명에 대한 결심을 밝힘
1972-10-30	박정희 정권의 유신 발표 직후 일본 사회당의 덴 히데오(田英夫) 의원을 만나 향후 행로에 대해 상의
1972-11-03	일본《주간 아사히(週刊朝日)》의 1972년 11월 3일자에 유신 이후의 한국 상황에 대한 심경을 토로한 내용이 〈한국계엄령에 직언하는 전대통령후보 김대중씨의 비통한 외침(韓国戒令に直言する前大統領候補・金大中氏の悲痛な叫び)〉이라는 제목으로 게재
1972-11-05	일본《선데이마이니치(サンデ毎日)》와의 인터뷰에서 1971년 4월 대선과정에서 박정희 대통령이 3선으로 대통령직을 그만두지 않을 것이라는 예감을 가졌고, 1972년에 어떤 일이 발생할 것 같다는 우려를 하고 있었다는 사실을 밝힘
1972-11-10	일본 도쿄 외신기자클럽에 초대되어 한국의 독재정권을 지지하는 미국과 일본의 정책에 대해서 비판함. 김대중의 모두발언은《세카이(世界)》지 1973년 1월호에〈분노로써 한국의 현실을 고한다(憤りをもって韓国の現?を訴える)〉라는 제목으로 게재됨
1972-11-17	일본의《주간포스트(週刊ポスト)》지에 〈김대중씨가 한국의 위기에 대해 말하다-독재를 혐오하고 자유를 갈구하는 한국인민의 절절한 속내(金大中氏が韓国の危機を訴える-独裁を嫌い, 自由を求める韓国人民のせつせつたる心のうちをきいてもらいたい)〉라는 제목의 글을 기고. 김대중은 한국국민은 공산주의에도 반대하지만 우익독재정권에 대해서도 반대한다는 입장을 밝힘
1973-01-01	《주오고론(中央公論)》지에 〈조국 한국의 비통한 현실—독재정치의 도미노적 파급(祖国韓国の悲痛な現実—独裁政治のドミノ的波及—)〉이라는 제목의 글을 기고. 이 글에서 김대중은 일본이 아시아의 부패한 독재정권과 유착한다는 인상을 줄 경우 일본의 대아시아외교는 실패로 귀결될 것이라고 주장
1973-01-31	일본 사회당의 이시바시 마사시(石橋政嗣) 서기장과 회담하고, 유신 선포된 이후 한국 상황 등에 관해서 논의
1973-02-02	일본《아사히저널(朝日ジャーナル)》에 박정희정권이 통일을 위해서 개헌을 한다고 하는 주장은 궤변이라고 비판하면서 통일을 저해하는 것은 오히려 반공법이라고 지적하는 인터뷰 내용이 〈민중은 가만히 있지 않는다—한국 신민당 지도자 김대중씨에게 묻다(民衆は黙っていない—韓国新民党指導者・金大中氏に聞く—)〉라는 제목으로 게재
1973-02-06	일본판《이코노미스트(エコノミスト)》와 인터뷰한 내용이 〈민주화야말로 남북통일의 전제(民主化こそ南北統一の前提)〉라는 제목으로 게재. 이 인터뷰에서 김대중은 한국이 북한과 대치하는 이유가 자유를 지키는 데에 있다는 점을 밝히면서 민주화를 해야만 북한과의 경쟁에서 자신감을 갖고 통일문제에 대처할 수 있다고 강조
1973-02-07	일본자민당(自由民主黨)의 '아시아-아프리카문제 연구회'가 일본 뉴저팬 호텔(New Japan Hotel)에서 개최한 강연에 참석하여, 한국을 포함한 아시아지역에서 우익군사독재정권이 강화되는 현실을 비판

일자	내용
1973-02-18	일본 혼슈(本州) 나가노현(長野縣)의 시라카바 호반에서 개최된 제9회 재일한국청년동맹 동계강습회에서 강연
1973-02-23	≪뉴욕 타임즈(The New York Times)≫ 2월 23일자 신문에 〈아시아에 관한 조언(Advice on Asia)〉이라는 제목으로 글을 기고. 그는 한반도를 둘러싸고 있는 4개의 힘, 즉, 미국, 중국, 일본, 소련과 남북한이 각각 불가침 조약을 체결함으로써, 아시아의 평화를 이룩해 가야 한다고 강조
1973-03-21	일본에 조직되어 있는 민족통일협의회(民族統一協議會), 수석위원장 배동호(裵東湖)), 민단자유수호위원회(民團自主守護委員會, 수석대표 오우영(吳宇泳)), 민단동경본부(民團東京本部, 단장 정재준(鄭在俊)) 등의 공동주최로 열린 전국간부 연수회에서 박정희의 독재를 비판하는 특별강연을 함
1973-03-22	일본 가나가와현(神奈川縣)의 하코네(箱根)에 위치한 타치바나 여관에서 칸토(關東) 지역의 재일교포 주요 활동가 200여명이 참석한 '재일민주화운동 활동자 연수회'에서 한국의 민주화를 주제로 연설.
1973-03-23	3개월간의 일본 체류를 마치고 미국을 향해 일본을 출국하면서 박정희 정권에 대한 반대 투쟁은 곧 승리할 것이며, 민주주의의 회복 없이는 남북한의 통일도 사실상 불가능하다고 밝힘
1973-06-24	≪달라스 타임즈 헤럴드(The Dallas Times Herald)≫와의 대담에서, 박정희 정권은 미국으로부터 군사원조를 받고 있고, 일본으로부터는 재정원조를 받고 있는 상황이란 점을 고려하면, 미국 국민은 미국인의 세금이 아시아에서 독재정권을 돕는데 사용되고 있음을 알아야 한다고 강조
1973-07-13	일본 도쿄의 게이오 플라자 호텔(Keio Plaza Hotel, Tokyo)에서 배동호, 김재화, 조활준, 김군부, 김종충 등과 회동하여 한민통 일본본부의 결성문제 등을 논의
1973-07-18	≪세카이(世界)≫지 편집장인 야스에 료스케(安江良介)와 대담하면서, 한국의 민주화를 위한 노력과 한-일관계, 남북한 통일문제 등에 대해 언급. 이날 대담한 내용은 ≪세카이(世界)≫지 1973년도 9월호에 '한국 민주화의 길'이라는 제목으로 게재됨
1973-07-25	오후 2시경, 일본 도쿄의 우에노(上野)에 위치한 다카라 호텔에서 재일한국인 민주화 운동 대표자 30인과 함께 회동하여 한민통 일본본부 결성에 관한 의견을 교환. 일부 운동가들이 조총련과 8.15 행사를 공동으로 진행하자는 안을 제시하면서 이에 반대하는 김대중과 논쟁이 발생하였고, 김대중은 조총련과의 공동행사 제의를 수용할 수 없다며 중간에 퇴장
1973-08-04	일본 중의원 의원 우쓰노미야 도쿠마(宇都宮德馬)와 시오타니 카쯔오(塩谷一夫)와 회담
1973-08-08	김대중납치사건발생: 도쿄 팔레스호텔에서 중앙정보부 요원 등에게 납치되어 살해 직전에 미국 등의 노력으로 한국으로 비밀리에 압송되다
1973-08-29	동교동 자택을 방문한 우시로쿠 도라오(後宮虎郎) 일본대사와 20분 동안 요담하고, 우시로쿠 대사에게 납치사건과 관련된 수사가 빨리 끝나 다시 일본을 방문하게 되길 바란다고 언급
1974-04-15	미국 하버드 대학 제롬코언(Jerome Cohen) 교수가 서울에서 김대중과 면담하고 귀국하는 길에 일본 도쿄의 한민통 일본 본부에서 내외신기자들과 회견을 갖고, 서울에 체류하는 동안 김대중과 두 차례 만나 나누었던 면담내용들을 공개. 코언 교수는 김대중이 "한국의 민중은 변혁을 요구하고 있으며, 박대통령은 권력을 포기해야 할 시기에 도달했고, 변

일자	내용
	혁은 반드시 이루어질 것이다"라는 확신을 갖고 있다고 전함
1974-05-02	동교동 자택을 방문한 일본사회당 소속 참의원 니시무라 간이치(西村關一)와 접견하고, 이 자리에서 "박 정권은 학생들의 합법적인 비판의 소리를 말살하고 있다"고 비판. 또한, 1974년 4월에 터진 '전국민주청년학생총연맹(民靑學聯)'사건을 두고 박정희 정권은 공산주의 세력이라고 규정하고 있으나 대부분의 대학생들은 공산주의를 배척하고 있는 것으로 생각한다며, 개인적 소견을 피력
1974-05-11	일본 ≪마이니치(每日)신문≫의 서울 특파원 후루노 요시마사(古野善政)와 가진 단독 기자회견에서 '1) 지금까지 두 번이나 한국정부 당국으로부터 출국은 허가 될 것이라고 하는 연락을 받은 적이 있다. 2) 그러나 한국정부의 여권 발급 여부는 낙관할 수 없다. 3) 최근 갑자기 표면화된 한-일 관계의 마찰을 방지하기 위해서라도 자기가 출국해야할 필요성이 높아졌다'고 말하면서, 자신의 출국 문제와 관련된 이면의 사정을 처음으로 공개
1974-12-28	동교동 자택을 방문한 일본 자유민주당(자민당, 自民黨) 아시아-아프리카문제 연구회 소속 중의원 3명과 자신의 출국문제에 관해 의견을 교환하고, "출국을 하고 싶다 아니다가 문제가 아니라 강제로 납치돼왔기 때문에 하루를 출국하더라도 原狀대로 인권이 회복된다는 사실이 중요하다"면서 "정부가 여권을 내주지 않으면 어쩔 수 없는 일이나 그렇다고 이 문제를 일본정부에 부탁이나 요구를 할 생각은 없다"고 말함
1975-06-21	일본에 있는 김종충에게 편지를 보내어, 한민통 일본본부의 활동 노선에 관한 입장을 밝히다. 첫째, 대한민국 지지 입장을 확실히 할 것, 둘째, '선민주 후통일' 원칙에 충실할 것, 셋째, 공산주의와는 선을 그을 것 등을 강조. 일본 자민당 의원이며 일본 국회내의 '아시아 아프리카 연구회(AA연구회)'를 이끌고 있는 우쓰노미야 도쿠마(宇都宮德馬)의원에게 편지를 보내, 평소 자신에 대한 적극적인 협력에 감사하고 민주주의에 대한 한국 국민의 열망을 전함
1975-07-24	서울 동교동 자택에서 일본 신문사 소속 기자들과 기자회견을 갖고, 한-일 양국 정부가 납치사건의 해결을 외면하고 있고, 또 다시 정권 차원의 유착을 강화하는 한-일 외무장관 회담을 강행한 것과 관련하여 양국 정부를 강하게 비난
1975-12-21	일본에 있는 김종충에게 편지를 보내어, 한국에서 한민통을 용공세력으로 몰고 가고 있는 분위기를 전하며 ≪민족시보≫의 편집에 주의를 당부
1979-01-09	≪한국신보≫와의 전화 인터뷰를 통해 한민통 일본지부의 의장직을 수락한 적이 없다고 밝힘
1983-01-03	아사히신문을 통해 1973년 8월의 동경납치사건과 관련해 성원을 보내준 일본국민과 단체들에 감사를 표하고 미해결 현황 및 정치타결에 대해 강한 유감의 뜻을 표명한 서한을 발표
1983-05-10	납치사건 관련 일본정부의 수사협조를 위해 일본경찰로부터 받은 증언요청을 거절하다. "일본정부가 신변보호에 실패하였고, 납치 사건 후 진상규명을 위한 노력을 기울이지 않는 등의 책임이 있어 이들 문제에 대한 책임을 물었으나 일본정부가 아무런 반응을 보이지 않아 지난 10년간 고통을 겪고 있는 상황에서 일본정부의 태도가 변화하지 않는 한 협조할 수 없다"고 사유를 밝힘

일자	내용
1983-09-01	일본 이와나미 서점의 《世界》 1983년 9월호에 "한국 현대사가 묻는 것 —우리는 어떻게 살아야 할 것인가?—"라는 제목으로 야스에씨와 행했던 인터뷰가 실림
1983-11-22	하버드 대학에서 The Program on U.S.-Japan Relations of the Center for International Affairs 주최로 열린 강연회에서 〈한국과 일본〉이라는 제목으로 강연
1984-04-10	워싱턴 근교 알렉산드리아에 있는 자택에서 일본 사회당 이시바시 위원장을 대리한 도이 다카코 부위원장의 예방을 받고 40분간 환담을 나눔
1984-08-11	저녁 8시 '민주회복통일촉진국민연합' 제 3차 총회가 초청한 만찬회(워싱턴 근교)에 참석해 11년 전 일본 동경납치사건이 미친 영향, 전두환 대통령의 일본방문 및 통일문제에 대해 1시간에 걸쳐 연설
1984-08-14	과거 일본은 친일파를 거느리고 직접 통치했던 것을 오늘날은 친일정권을 조종, 간접지배하고 있으며, 옛날에는 헌병과 경찰을 동원, 한국인의 인권을 직접 탄압했으나 지금은 친일정권으로 하여금 이를 감행하도록 고무하면서 한국에서 민주정권이 나오지 못하도록 온갖 공작을 하고 있다고 전두환 정권을 비판
1984-08-17	일본 "아사히 저널"과 인터뷰를 통해 "납치사건은 박정희 직접 지시에 의해 이후락이 실행한 것"이라고 밝힘
1985-03-18	민주화추진협의회 공동의장에 취임하고, 미국과 일본의 대한정책을 비판은 하나 반미 반일주장을 하지는 않는다고 언급
1987-08-13	일본에서의 강제납치 생환 14주년을 기념하는 성명을 내고 "오늘은 내가 죽음의 고비에서 예수님을 만나 제2의 삶을 찾은 날인만큼 정치적 이유로 나를 가해한 사람들을 용서하는 날로 다짐 하겠다"고 소감을 피력
1988-10-02	동교동 자택을 예방한 아머코스트 미 국무차관과 환담하고 미국과 일본이 북한과 관계개선을 하여 북한이 국제사회에서 고립되지 않게 해달라고 요구
1991-01-09	청와대 영빈관에서 열린 가이후 일본수상을 위한 만찬회에 참석
1992-01-17	미야자와 수상과 환담한 자리에서 "65년 국교정상화 당시 정치 생명을 걸고 이를 지지했는데 과연 한·일관계가 바람직하게 이루어지고 있나 회의가 든다"면서 일본이 독일처럼 신뢰회복을 위해 노력할 것을 촉구
1993-06-03	일본 NHK 텔레비전 특집프로 제작과 관련해 이희호 여사, 비서진 등과 함께 베를린에 도착
1993-08-07	일본 ≪교도통신≫의 질문에 대한 답변에서 새로 발족한 일본의 호소카와 수상 정부에 자신의 납치사건의 진상을 규명해 줄 것을 요구
1993-09-28	고르바초프 전 소련 대통령과 면담에서 항구적인 동북아평화체제 구축을 위해서는 러시아를 비롯해 미국, 일본, 중국 등 한반도 주변 4강과 남북간 6자 협의가 필요하고, 그에 앞서 주변 4강간의 4자회담의 선행을 위해 자신이 주선할 용의가 있다고 밝힘
1993-10-13	일본내 숙소인 홀리데이 인 도부호텔에서 일본경시청 관계자들을 만나 지난 73년에 발생한 자신의 납치사건 당시의 상황 등을 진술 (러시아 등 방문에서 귀국하는 길에 공항근처에 체류한 것으로서, 공식 방문의 성격은 아니었음)

일자	내용
1994-08-17	일본 ≪교도통신≫과의 질의에서 "9월의 제3차 북미 고위급회담이 순조롭게 진행된다면 빌 클린턴 대통령이 김영삼 대통령과 북한의 실질적 지도자인 김정일 비서를 워싱턴으로 초청해 정상회담을 중재하는 것이 바람직하다"고 답변하다.
1994-11-04	강은주(姜恩株) 중국 외교부 부부장과 회견에서 일본과 관련하여 "일본이 UN안보리의 상임이사국이 되려하는데 일본이 먼저 자신의 태도를 시정해야 한다고 생각 한다"고 언급
1995-02-08	대한예수교장로회 초청강연에서 문화강국론을 펴면서 "일본 문화에 대해서도 수용의 태도를 갖춰야 한다"며 일본 문화에 대한 과감한 개방을 촉구
1995-04-11	구지라오카 효스케 중의원 부의장과 다케시타 노보루 한일의원연맹 일본쪽 회장을 만난 자리에서 "한일 양국의 진정한 협력은 과거에 대한 일본의 반성이 있어야 가능하다"고 말하고, 한편으로 한국도 일본이 평화헌법을 준수하고 있으며 많은 국민들이 과거를 반성하고 있다는 것 등을 충분히 인식해야 한다고 언급
1995-04-12	무라야마 일본총리와 만난 자리에서 무라야마 총리로부터 남북대화에 도움이 되는 방향으로 북한과의 국교정상화를 추진하겠으며 전후과제 청산에 대해서도 국민적 양심에 따라 해결해 나가고 있다는 설명을 들음
1995-04-14	일본 동경외신기자클럽에서 〈Fifty Years After the War〉라는 제목으로 연설
1995-04-15	고노요헤이 외상과의 요담에서 북일 수교 교섭과 남북관계, 한일양국의 민간차원 협력문제 등에 관해 논의
1995-10-25	중국 외교부 부부장과 만나서 일본의 우경화에 대한 공동대응의 필요성을 제기하며 "일본에서 수구보수 세력이 진출하는 것을 함께 경계해야 한다"고 언급
1997-10-27	일본 ≪지지통신≫ 과의 회견에서 대선에서 당선되면 일본 대중문화를 수용하고 일왕의 한국방문을 성사시키겠다고 말함
1997-11-30	일본을 방문하는 박태준 자민련 총재 편으로 하시모토 류타로 일본총리에게 경제 지원을 당부하는 내용의 편지를 보냄
1997-12-30	국민회의 당사 총재실로 찾아온 오부치 게이조 일본 외상을 만나 외환위기 및 북한 문제를 주제로 환담
1998-01-21	당 총재실에서 덴 히데오 일본 참의원 의원을 만나 새 정부가 출범하는 이 시점에 일본정부가 한-일 어업협정을 파기하려는 것은 한일 우호관계에 바람직하지 않다고 지적
1998-01-22	일본 ≪아사히신문≫과의 기자회견에서 한-일 어업협정의 일방 파기를 결정한 일본정부의 방침을 비판
1998-04-02	하시모토 류타로 일본 총리와 정상회담을 열어 상호신뢰 구축을 통해 한일어업협정 재개정, 일본문화 개방, 2002년 월드컵 공동개최, 일왕방한 등 양국주요현안을 포괄적으로 타결해 나갈 것을 제의
1998-04-08	청와대에서 토머스 피커링 미국 국무부 정무차관의 예방을 받고 미국과 일본이 우리와 긴밀히 협력해 북한이 틈새를 악용하지 않도록 해야 할 것이라고 당부

일자	내용
1998-04-14	국무회의에서 일본군위안부 피해자 152명에게 일반회계 예비비에서 지원금을 지급하는 안을 반대하다. 이와 관련해 "피해자 할머니들이 나이가 많아 문제를 하루속히 해결하는 것이 좋지만 이를 보상했을 때 일본에 대한 배상요구와 일본의 책임문제 등에서 앞으로 한·일 관계에 미묘한 문제가 제기될 수 있다"고 언급
1998-04-29	일본 언론정치부장단과 접견하고 "독일이 성의를 다해서 반성해 통일 당시 주변국가의 지지를 받은 것처럼 일본은 과거의 가해자로서 분명한 태도를 보여 주변국의 신뢰를 얻어야 한다"고 지적
1998-07-30	일본 국회에서 제84대 총리로 선출된 오부치 게이조 신임 일본 총리에게 축하 서한을 보내 "한일 관계를 미래지향적인 방향으로 이끌어나가기 위해서는 양국 정상간의 신뢰와 우의가 매우 중요하다"고 말하고 양국 관계 발전을 위한 노력을 함께할 수 있게 된 것을 기쁘게 생각한다는 메시지를 전달
1998-09-05	일본의 월간지 ≪세카이≫의 오카모토 아쓰시 편집장과 회견을 하고 "종군위안부 문제는 일본정부의 책임이지 일본 국민의 책임이 아니다"고 말하며 '아시아 여성기금'의 보상금 지급은 사실의 본질을 바꾸게 되는 것이라고 비판
1998-09-30	서울 주재 일본 특파원들과 오찬을 함께 하며 자신이 정치를 시작하게 된 숨은 일화로 초등학교 시절 일본인 선생님인 무쿠모토 이사부로라는 선생님의 영향이 있었다고 소개
1998-10-07	일본을 국빈으로 방문하고, 아키히토 일왕부부와 나루히토 세자, 오부치 게이조 총리를 비롯한 3부요인 부부 등이 함께 참석한 공식 환영식에 참석
1998-10-08	일본 참의원 본회의장에서 중·참의원 600여명이 참석한 가운데 실시한 연설에서 "일본에는 과거를 직시하고 역사를 두렵게 여기는 진정한 용기가 필요하며, 한국은 일본의 변화한 모습을 올바르게 평가해 미래의 가능성에 대한 희망을 찾을 수 있어야한다"고 강조
1998-10-09	도쿄에서 와다 하루키 도쿄대 교수 등 자신과 친분이 있는 일본인사 60여명을 영빈관으로 초청하고 "도쿄 납치사건의 진상은 반드시 밝혀져야 하며 정신대(군대위안부)문제도 세계의 양심이 승복하도록 해결돼야 한다"고 강조
1999-03-20	오부치 게이조 일본 총리와 청와대에서 정상회담을 하고 한·일 파트너십 공동선언 및 행동계획의 추진현황에 관한 공동발표문을 발표
1999-07-15	오부치 게이조 일본총리와 전화통화에서 북한의 미사일 재발사 저지를 위해 한·미·일의 협력 방안을 논의
1999-09-12	한-미-일 3국 정상회담을 갖고, 북한 미사일 문제와 동티모르 사태를 집중 논의하고 미국, 일본 정상들과 북한이 한반도와 역내의 긴장을 완화하고 항구적인 평화를 정착시키기 위한 조처를 취할 경우 북한과의 관계를 개선할 준비가 돼 있음을 확인
1999-10-23	한-일 각료회의 참석을 위해 제주도를 방문한 오부치 게이조 일본 총리로부터 전화통화에서 일왕 방한과 월드컵 공동개최의 성공을 위해 노력하기로 합의
1999-11-28	동남아국가연합(아세안)과 한-중-일 3국 정상회의에 참석해 역내국가의 민간부문 협력을 강화하기 위해 민간협의회를 구성할 것과 아세안과 3국 정상회의 정례화를 위해 협조체제를 강화하자고 제안

일자	내용
2000-02-09	일본 민간 텔레비전방송 ≪TBS≫와 특별회견을 갖고 남북한 정상회담을 북한쪽에 제의하겠다는 뜻을 거듭 밝힌 뒤, 북한 김정일 노동당 총비서가 판단력과 식견을 지닌 인물로서 확고한 지배체제를 구축하고 있다고 평가
2000-05-29	청와대에서 모리 요시로(森喜朗) 일본총리와 한-일정상회담을 갖고 남북정상회담을 앞두고 한반도 문제에 대한 양국의 철저한 공조방침을 재확인
2000-09-24	모리 요시로 일본 총리와 정상회담에서 북한에 대한 식량지원 및 농업기반 조성, 사회간접자본 시설 지원 등을 위해 두 나라가 적극 협력해 가기로 합의
2001-04-11	청와대에서 한-일 경제협회의 일본쪽 대표단 14명을 접견한 자리에서 일본의 역사교과서 왜곡문제에 대해 한국 국민들의 불만을 언급하고, "이번 역사교과서 검증문제는 '한-일 파트너십 공동선언'에 비추어 매우 미흡하다"고 언급
2001-05-29	고이즈미 준이치로 일본 총리에게 친서를 보내 교과서 문제가 조기에 해결될 수 있도록 지도력을 발휘해 달라고 촉구
2001-10-15	고이즈미 일본총리와 정상회담에서 일본의 역사교과서 왜곡문제와 관련해 두 나라 역사학자와 전문가로 구성된 역사공동연구기구를 만들기로 합의
2001-11-05	'아세안+3 정상회의' 첫 기조연설을 통해 "1997년 타이에서 시작해 한국까지 확산된 경제위기로 이제 동남아, 동북아의 구분은 의미가 없어졌다"며 동아시아 정상회의 창설을 강력하게 주장
2002-01-10	청와대에서 올해 첫 국가안전보장회의를 주재하고, 이른 시일 안에 북한-미국 대화 재개와 북한-일본관계 진전을 이룰 수 있도록 한 · 미 · 일 공조체제를 더욱 강화해 나갈 것을 확인
2002-03-22	고이즈미 준이치로 일본 총리와의 정상회담에서 한-일 자유무역협정(FTA) 추진을 위해 두 나라의 학계 · 산업계 · 정부쪽 인사로 구성하는 '산 · 학 · 관 공동연구회'를 두기로 합의
2002-04-02	오후 청와대에서 일본유족회회장인 고가 마코토(古賀誠) 전 자민당간사장을 만난 자리에서 "야스쿠니 신사문제는 우리는 물론 일본국민에게도 큰 피해를 준 전범의 책임문제와 관련이 있는 것"이라며 "일본이 국내외를 막론하고 참배할 수 있는 장소 또는 조형물을 만든다면 나부터라도 희생자에게 조의를 표할 용의가 있다"고 밝힘
2002-08-30	고이즈미 총리와 전화 통화를 통해 "한반도 및 동북아 평화안정을 위해 관계국간 문제를 대화로 해결해야 한다는 의지가 중요하다"며 고이즈미 총리의 방북 결단에 대한 환영의사를 전함
2002-12-14	고이즈미 준이치로 일본 총리에게 전화를 걸어 북한의 핵문제를 한-미-일 세 나라가 긴밀한 공조를 통해 평화적이고 냉정하게 해결해 나가기로 합의
2004-09-16	김대중도서관 집무실에서 일본 TV ≪NHK≫가 기획 중인 다큐멘터리 제작을 위해 홋다 긴코(堀田謹吾) PD와 1차 인터뷰
2005-05-23	동경대학교 야스다 강당에서 '한반도 공존과 동북아시아 지역협력'이라는 주제로 가진 강연에서 "우리는 일반 전몰자가 아니라, 범죄적 침략전쟁을 일으켜 무고한 이웃나라와 그 국민에게 형언할 수 없는 희생을 강요한 A급 전범을 참배하는 것을 반대하는 것"이라고 언급

일자	내용
2005-05-24	일본 ≪TBS TV≫와의 회견에서 한일관계에 대해 "일본 지도자와 일본 국민이 역사를 올바르게 인식해야 한다"며, "일본사람들은 한국인이 일본군에 징용되고, 여자들은 정신대에 끌려가고, 신사참배를 강요받고, 창씨개명 등에 대해 잘 알지 못한다. 특히, 일부 지도자들이 과거를 정당화하고 미화해 갈등이 되고 있다"고 언급
2005-05-25	≪아사히신문≫과의 회견에서 고이즈미 총리의 야스쿠니신사 참배문제를 둘러싸고 "A급 전범을 다른 장소로 옮겨야한다. 전범이 안치된 장소에 대한 참배는 침략전쟁의 긍정이 된다"고 말해 A급 전범을 합사한 채로의 참배를 비판
2007-10-30	리츠메이칸 대학 코리아연구센터를 방문하여 현판식을 거행하고 주작 캠퍼스에서 명예법학박사학위를 받은 후 〈한반도 평화와 한일관계〉를 주제로 강연
2007-10-31	호텔 숙소에서 ≪世界(세까이)≫지의 오카모토 아쓰시(岡本厚) 편집장과 남북관계, 6자회담, 동아시아 평화 등을 주제로 대담을 나눔. 이 대담 내용은 2008년 신년호에 게재됨
2008-11-22	연세대학교 김대중도서관 주최의 학술세미나에 참여한 일본인사들 9명(와다 하루키, 이토 나리히코, 쇼지 츠토무, 사사키 히데노리, 이시자카 코이치, 정근주 등)과 시내 식당에서 오찬을 하며 한일관계에 대한 토론을 함

참고문헌

김대중. "한일우호의 길(상)" 제2302호(發表紙 미상, 1953/10/02).

______. "한일우호의 길(하)" 제2303호(發表紙 미상, 1953/10/03).

______. "신뢰할 수 없는 일본" (發表紙 미상, 1955/05/29).

______. "현하 국제정세에 관한 질문: 제40회 제8차 본회의." 『국회회의록』(1964.02.03).

______. "현하 국제질서에 관한 질문: 제45회 제18차 본회의." 『국회회의록』(1964.10.26).

______. "한일회담 진행상황에 관한 질문: 제48회 제3차 본회의." 『국회회의록』(1965.03.02).

______. "1965년도 재정차관 협정체결에 대한 동의안에 관한 질문: 제50회 제6차 본회의." 『국회회의록』(1965.06.09).

______. "한일간조약과 제협정 비준동의안 심사특위: 제52회 제9차 본회의." 『국회회의록』(1965.08.10).

______. "국회본회의 대정부 질문." 『국회회의록』(1966.07.01).

______. "아시아의 안정과 새로운 한미관계의 수립." 미국 Columbia University 연설문 (1970.03.10).

______. 1970. 『내가 걷는 70年代』. 서울: 범우사.

______. 1985. 『독재와 나의 투쟁』. 서울: 금문당.

______."韓國民主化への道: 安江良介와의 인터뷰"(世界, 1973/09).

______. "Letter to Mr. Edwin O. Reischauer"(1974.03.09, 연세대학교 김대중도서관 소장사료).

______. "韓國現代史の問うもの: 安江良介와의 인터뷰"(世界, 1983/09).

______. "80년대에는 이 땅에 민주주의가 온다." 워싱턴 한국기자단과의 회견(1984. 11. 04).

______. '인터뷰' 『국제문제』(1985 겨울).

______. "국정에 관한 교섭단체 대표 연설: 제148회 제3차 본회의." 『국회회의록』(1990.02.27).

______. "1992년도 국방안 예산안 심의토론: 제156회 제3차." 『국회회의록』(1991.10.21).

______. "2000년의 희망과 우리의 과제" 기자회견문(1991.12.6).

______. "21세기 새로운 한일 동반자 관계 구축" 일본 국회연설(1998.10.08).

김종순 편. 1987. 『김대중 그의 투쟁, 그의 민주화 의지』. 서울: 시인통신사.

류상영. "김대중 인터뷰." 제34회(2007.5.22); 제35회(2007.5.29). 연세대학교 김대중도서관 소장사료.

Edward Kennedy. "이희호 여사에게 편지, 1976.03.23." 연세대학교 김대중도서관 소장사료.

______. "한민통 미주본부에 보낸 편지, 1980.10.16" 연세대학교 김대중도서관 소장사료.

Edward Kennedy. "전두환에게 보낸 편지, 1987.5.17." 연세대학교 김대중도서관 소장사료.

伊藤成彦. "金大中拉致事件: 日本政府は誰に 謝るべきか"(朝日新聞, 07/11/29).

柳相榮. "伊藤成彦インタビュー"(東京: 2006.01.18, 김대중 도서관 소장 자료).

______. "田英夫 インタビュー"(東京: 2006.01.19, 김대중도서관 소장자료).

宇都宮德馬. "金大中氏への手紙."『中央公論』, 1973.09.28.

______. 1984. "金大中氏と十年ぶりに語る: 逆境に屈せぬ自由と平和の政治家."『暴兵損民: なぜ軍擴に狂弄するのか』(東京: 德間書店).

和田春樹. 1980. "'解說' 金大中."『民主救國の道: 講演と論文 (1973-1989)』. 東京: 新教出版社.

제2부

박정희 시대의 한일관계와 김대중

- 제3장 한민통 일본본부: 조직, 이념, 활동 곽동의
- 제4장 김대중 납치사건과 일본정치 이토 나리히코
- 제5장 한일 기독교인 연대운동 쇼지 쓰토무
- 제6장 지식인 및 시민들의 한일연대운동(1974~1978) 와다 하루키

제3장

한민통 일본본부: 조직, 이념, 활동

곽동의 | 한민통 전 의장

I. 들어가는 말

이 글은 재일 한국인의 민주화운동의 역사와 그 운동을 이끌어 온 한국민주회복통일촉진국민회의(이하 한민통) 일본본부의 형성배경과 활동을 정리한 것이다.

한민통 일본본부는 박정희 정권이 유신을 선포하면서 전체주의적 우익독재의 길로 들어서던 1973년에 결성되었다. 한민통 일본본부의 결성은 재일한국인 자주화, 민주화 운동의 결실이며 한국 민족민주운동 발전에서 큰 역할을 하였다. 한민통 일본본부는 김대중 납치사건과 김대중 사형선고 당시 광범위한 구명운동을 전개하였으며 한국 내 민주화운동 세력 및 해외교포 운동 세력과 연계하여 다양한 민주화운동을 전개하였다. 그리고 민족 분단의 현실 속에서 한반도의 평화와 통일을 위한 운동을 전개하였다. 그 과정에서 한민통 일본본부는 평화와 인권이라는 보편적 가치 실현을 위하여 일본의 양심적인 시민사회 운동가 및 세계 인권단체들과 연계하여 국제 연대 활동을 전개하였다.

이와 같은 한민통 일본본부의 활동은 한국 민주화 및 한반도 평화와 통일에 기여하였다. 그리고 한민통 일본본부의 국제적 연대 활동은 공간적 차원에서 한국 민주화운동에 대한 이해의 지평을 넓힌다는 점에서도 중요하다. 또한 김대중 납치사건 및 사형선고 등 한국의 독재정권과 일본의 우익정권 시기의 한일관계사를 이해하는 데에도 중요한 의미가 있다.

이처럼 한민통 일본본부의 활동은 여러 가지 측면에서 중요한 역사적, 학문적 의미가 있음에도 불구하고 그동안 체계적인 정리가 이뤄지지 못했다. 현재 한국 내에서 이뤄진 민주화운동에 관해서는 한국 내 민주화의 진전과 궤를 같이 하면서 사료 분석 및 정리 작업과 관련 후속 연구 등이 활발하게 전개되고 있는 반면에 군사독재정권 시절에 해외에서 전개된 교포사회 내의 민주화운동에 대한 체계적인 사료 정리 및 연구는 미미한 실정이다. 이와 같은 현실 속에서 연세대학교 김대중도서관이 교포 민주화운동사의 중요성에 주목하여 각종 사료를 수집하고 연구를 진행하는 것에 대해서 개인적으로 큰 의미를 부여한다.

이 글에서는 한민통 일본본부의 결성 배경과 이념, 그리고 활동 전반에 대한 개괄적 서술을 시도하고자 한다. 해당 세부 주제에 따라서 여러 편의 논문이 나올 수 있을 정도이지만 이 연구는 향후 재일 한국인 민주화운동 연구의 시초가 된다는 점에서 우선 개괄적인 소개에 그 목적을 두고자 한다.

Ⅱ. 재일한국인 민주화운동의 기원과 역사

한민통 일본본부는 재일한국인 민주화, 자주화 운동의 결실로서 1973년에 결성되었다. 그런데 한민통 일본본부의 형성의 역사적 맥락을 제대로 이해하기 위해서는 1973년 이전부터 오랜 기간 전개된 재일한국인 자주화, 민주화운동의 역사와 성격에 대한 이해가 선행되어야만 한다. 재일한국인은 해방 이후의 민족 분단의 과정 속에서 역사적 우여곡절을 겪으면서 형성되었고 이와 같은 특성은 재일한국인 민주화운동의 성격에 많은 영향을 주었다는 점에서 한민통 일본본부 형성의 역사적 기원을 파악하기 위하여 해방 이후부터 전개된 재일한국인 자주화, 민주화운동을 살펴보려고 한다.

1. 8·15 후 재일동포의 동향

1945년 8월 15일 일본이 패망하여 우리 민족은 해방되었다. 당시 일본에는 250만 명이 넘는 조선인이 거주하고 있었다. 일제 강점기 시절에 징용 및 강제연행 등으로 일본에 끌려와서 노예적 삶을 살았던 조선인들에게 해방은 재생의 희망을 주는 역사적 사건이었다. 그러나 해방된 조국으로 귀국하는 일은 처음 예상한 것처럼 쉬운 일이 아니었다. 해방 후 조선은 미소 냉전과 민족 내부의 좌우 갈등으로 인하여 혼란스러운 정치상황이 전개되었다. 또한 귀국하는 교통편을 마련하는 것도 쉽지 않은 상황이었다. 이런 이유로 인하여 일본에 거주하던 조선인들의 상당수는 귀국을 하지 못한 채 당시 정세를 예의주시하고 있었다.

그런 과정에서 재일 동포 사회 내에서는 그동안 억눌려 있던 기본적인 권익을 요구하였고 이를 실현하기 위한 자치단체 결성을 위한 움직임이 활발하게 전개되었다. 그런데 이와 같은 단체 결성 과정에서 해방

후 복잡하고 격렬하게 전개되었던 조국 내에서의 정치적 갈등이 반영되는 상황이 발생하였다.

해방 후에 처음으로 출현한 재일동포단체는 새 조국건설을 지향하며 재일동포의 귀국문제와 생활권 옹호를 목적으로 하는 재일본조선인연맹(조련, 1945년 10월 결성)이었다. 이 무렵 본국에서는 한국민주당과 공산당을 양극으로 하는 좌우익세력의 정치적 대결국면이 점차 두드러지게 표출되고 있었으며 그 영향이 일본 땅에도 미치었다. 그리하여 보수적 성향을 가진 청년들이 조련에 대항하여 조선건국촉진청년동맹(건청, 1945년 11월)을 결성하였다.

1945년 12월 조선문제에 관한 모스크바 3상회의 결정은 본국의 정치세력들을 이른바 찬탁파와 반탁파의 양 진영으로 갈라놓는 결과를 초래하였으며 이를 계기로 좌우익 간의 대결은 매우 날카로운 양상을 띠기 시작하였다. 재일동포들 가운데서도 신탁통치안에 반대하는 사람들은 조련을 탈퇴하고 신조선건설동맹(1946년 1월 결성)을 결성하였다. 이 단체는 얼마 지나서는 재일본조선거류민단(민단, 1946년 10월 결성)으로 재발족하였다가 정부수립 후 재일본대한민국거류민단으로 개칭되었다. 현재는 재일본대한민국민단이라는 명칭을 쓰고 있다.

이처럼 해방 후 신국가 건설 과정에서 나타난 좌우 갈등은 재일동포 사회 내에서도 시간적인 측면에서나 분화되는 양식에서나 거의 동일한 양식으로 재연되었다. 이는 분단이 고착화되면서 더욱 복잡하고 혼란스러운 양상으로 전개된다.

2. 민단의 자주화 · 민주화투쟁

재일동포의 자치단체로 결성된 일본 내의 민단은 대한민국 정부수립 후 급속히 어용단체로 변질되어갔다. 이승만 정권은 반공과 북진통일을 내세우면서 독재정치를 하였다. 이승만 정권은 한국 내에서도 관변단체를 조직하여 무분별한 공권력을 남용하여 의회정치의 근간을 뒤흔드는 등 독재정치의 전형적인 모습을 보여주었다. 이승만 정권은 재일동포 자치단체인 민단에도 비슷한 전략을 취하면서 민단의 자율성을 훼손하였다.

이승만 정권은 민단을 자유당 정권의 지배하에 두기 위해 정부의 공인단체로 지정하고 '재외국민등록', '여권발급' 등 영사업무의 일부를 위탁하였으며 그를 빌미로 하여 민단의 내부문제에 대하여 간섭하기 시작하였다. 이승만 정권의 무분별한 간섭행위는 민단 활동에 극심한 혼란을 초래했으며 이를 계기로 본국정부의 간섭을 수용하느냐 아니면 자치단체로서 자율성을 고수하느냐 하는 문제를 둘러싸고 민단조직 내부에 심각한 대립과 갈등이 일게 되었다.

민단 내부에서 향후 방향성을 두고 치열한 논쟁이 전개되던 때에 본국에서 4 · 19 혁명이 발생하였다. 그전부터 민단 내의 개혁파로서 독자노선을 걷고 있었던 한청은 본국 학생들의 봉기를 지지하며 이승만의 하야를 요구하는 투쟁을 전개하였다. 그리고 민단 내부의 양심적인 인사들도 이에 호응했다. 4 · 19혁명으로 인해 이승만 정권이 붕괴되자 그동안 이승만 정권의 입장에 호응하여 민단 자주화 운동을 거부하던 민단 내부의 친정부 극우 진영은 시대의 흐름에 밀려 민단의 자주화를 인정하지 않을 수 없게 되었다.

그래서 1960년 5월에 개최된 민단 전체대회에서는 민단의 자주화선언이라고 불리는 '민단 제3선언'이 만장일치로 채택되었다. 그 주된 내용은 지난 시기 정권에 무비판적으로 맹종하는 태도를 반성하고 앞으로는 "해외동포에 대한 시책 및 대일 정책에 대하여 시시비비의 태도를 견지하며 국내정치에 있어서도 국헌에 배치되는 정책에 대하여서는 가부의 태도를 명확히 한다"는 것이었다.

그러나 본국에서 5 · 16쿠데타로 군사정권이 출현하자 상황은 또다시 달라졌다. 5 · 16쿠데타가 일어났던 날 공교롭게도 민단전체대회가 진행되고 있었다. 쿠데타는 민단대회를 강타하였다. 대회는 침울한 분위기 속에서 진행되었고 중앙단장 선거에서는 일제 식민지 말기의 친일단체인 '일심회'의 총무부장을 역임한 권일(본명 권혁주)이 당선되었다. 또 대회에서는 권일의 뜻대로 5 · 16쿠데타를 지지하는 결의안이 찬반 투표도 이뤄지지 않은 채 일방적으로 채택되었다.

이에 대해서 한청이 강력한 반대 운동을 전개하였으며 민단 지방조직들에서도 권일의 일방적인 처사에 대한 불만이 치솟았다. 권일의 전횡에 대한 반발이 예상보다 강력하게 전개되면서 이에 불안감을 느낀 군사 정권은 주일대표부를 통해서 민단 중앙에 한청을 비롯한 반군정 세력을 일소하라는 지시를 내렸다.

군사정권이 민단의 어용화를 정책화하고 민단내부 문제에 분별없이 간섭한 것은 단지 재일동포사회에서 자신들의 정치 기반을 구축하기 위한 것만이 아니었다. 또 하나의 중요한 목적은 냉전시기 미국의 동북아 전략의 일환으로서 추진되고 있던 한일회담에 대한 반대 운동를 봉쇄하며 그러한 움직임이 본국에 번지는 것을 막기 위한 사전 포석이기도 하였던 것이다.

반군정세력을 일소하라는 대사관의 지시에 권일 단장은 민단 내부의 반발에 수세적인 입장에서 탈피하여 공세적으로 반군사독재세력뿐만 아니라 민단 중앙단장 선거에서 자기를 반대한 사람들까지 반정부파로 몰아 일소하려는 탄압소동을 벌였다. 이에 반발한 한청을 비롯한 민단의 양심적인 인사들은 체계적인 반대 운동을 전개하기 위하여 1961년 10월에 '민단정상화유지간담회(유지간담회)'를 조직하였다.

유지간담회는 본국 독재정권의 민단 어용화에 맞서기 위한 양심적인 재일한국인의 자율적인 조직이었다. 유지간담회가 구성되면서 민단의 자주화 운동에서 출발한 재일한국인의 사회 운동은 점차적으로 본국의 민주화에 대한 요구로 진화 발전하게 되었다. 특히 박정희 정권이 등장한 1960년대에는 한일회담 등 한일관계에서 중대한 사안이 발생하면서 재일한국인 운동은 양적으로나 질적으로나 심화된다. 그래서 유지간담회를 중심으로 하여 한일회담의 문제점을 민족적인 관점에서 비판하였으며 박정희 정권의 3선개헌 강행에 대해서도 반대운동을 전개하였다. 박정희 정권의 위와 같은 정책은 일제 강점기 시절부터 형성된 재일동포의 민족주의적 의식에서는 수용하기 힘든 일들이었기 때문에 유지간담회를 통한 투쟁은 민단 동포들의 광범한 지지를 받았다.

그래서 주일대사관과 민단 중앙집행부는 시간이 지날수록 궁지에 몰리게 되었으며 1970년대 초의 시점에 이르면 재일한국인 사회 내에서의 고립은 심화되었다. 이러한 환경 속에서 1971년을 맞이하게 되었다. 1971년은 두 가지 차원에서 무척 중요한 해였다. 본국에서는 4월에 대통령선거가 예정되고 있었으며 민단은 3월에 임기만료에 따른 전체대회를 개최하게 되는 소위 선거의 해였다. 두 곳에서 치러지는 선거는 차원은 다를지라도 민주세력 대 독재세력의 대결이라는 공통점과 함께 깊은 연관성을 가지고 있었다.

유지간담회의 후보가 당선되면 박정희 대통령은 4월 선거에서 타격을 받을 수 있었다. 그런데 민단 단장선거의 판세는 유지간담회측 후보에게 압도적으로 유리하게 전개되어가고 있었다. 판세가 불리하게 전개되자 주일대사관측과 민단중앙본부측은 유지간담회측에 대한 인신공격 등 정당하지 못한 방식을 동원하였으나 이는 오히려 재일한국인 사회 내에서 반발을 초래하였다. 이처럼 정상적인 방식으로 선거에 이기기 힘들다고 판단한 주일대사관측과 민단중앙본부측은 선거판세를 일거에 뒤엎기 위해 이른바 '녹음사건'을 조작하였다. 후에 민단을 대혼란에 빠뜨린 '녹음사건'의 조작 경위와 그 내용은 다음과 같다.

1971년 3월 15일 민단전체대회를 열흘 앞두고 민단중앙위원회가 열렸다. 이 회의에 참석한 중앙정보부 제7국장을 역임한 김재권 공사는 내빈인사를 통하여 "모 유력한 단장 후보의 최고 참모가 데이코쿠호텔에서 조총련 최고간부와 비밀리에 만나서 대한민국을 전복하기 위한 모의를 한 내용을 녹음한 테이프를 확보하였다. 지금 이 자리에서 공개할까도 생각해봤으나 그렇게 하면 단장선거에 간섭한다는 오해를 불러일으킬 소지가 있기 때문에 선거 후에 여러분 앞에 반드시 공개하겠다는 것을 약속한다"라는 참으로 충격적인 연설을 했던 것이다. 그가 말한 '모 후보의 최고참모'란 유지간담회 배동호 의장을 시사한 것이었다.

김재권 공사의 연설은 그들의 의도대로 민단 중앙위원들에게 커다란 공포감을 심어주었으며 선거판을 뒤엎어 놓았다. 10일 후에 있은 선거에서는 대사관측이 민 이희원 후보가 당선되었다. 정보부 출신 김재권 공사가 꾸민 모략이 큰 효과를 나타낸 것이다. 한국의 독재정권은 자신들에게 불리한 여건이 조성되면 이를 만회하기 위하여 조작된 색깔론을 제기하곤 하였는데 재일 한국인 사회에서도 같은 방식을 사용한 것이다.

선거 후 유지간담회를 비롯한 민주세력은 새로이 '민단자주수호위원회(자주위)'를 조직하여 민단 단장 선거에 노골적으로 개입한 주일대사관과 거기에 동조한 민단중앙본부에 사죄와 함께 문제가 된 녹음테이프의 공개를 강력히 요구하였다. 그러나 사죄요구를 끝내 무시하고 녹음도 공개하지 않았다. 제아무리 모략에 능한 정보공사라 하더라도 애초부터 존재하지 않았던 녹음을 공개할 수는 없었던 것이다. 이와 같은 상황에서 민단 동포들 속에서 대사관과 민단 중앙에 대한 비난이 빗발쳤다. 자주위는 '녹음사건'을 조작한 김재권 공사의 책임을 추궁하면서 민단의 자주화·민주화투쟁을 한층 더 강화해나갔다.

자주위와 양심적인 민단원들의 추궁에 의하여 궁지에 몰린 김재권 공사는 민단중앙에 명령하여 민단 민주세력의 거점인 도쿄본부와 가나가와본부에 대하여 '직할처분'을 내리게 하였다. 뿐만 아니라 한국청년동맹(한청)의 산하단체 인정을 취소하도록 하였으며 나아가서는 민단 발전에 크게 이바지한 간부들을 함부로 정직(停職), 제명하는 폭거를 감행하였다. 이를 계기로 양자 간의 대립은 극점에 달하게 되었다.

3. 7·4 공동성명과 조국통일운동

한편 정세는 크게 요동치면서 민주화와 조국통일운동 발전에 새로운 국면이 마련되어가고 있었다. 1972년 7월 4일에 조국통일에 관한 남북공동성명이 발표되었다. 자주 · 평화 · 민족대단결의 조국통일 3대원칙을 명시한 남북공동성명은 민단의 자주화 · 민주화운동을 비약시키는 새로운 전기가 되었다.

남북공동성명이 발표되자 통일을 갈망해 온 재일동포들은 커다란 감격과 흥분에 휩싸였다. 이때부터 재일 한국인 민주화운동은 보다 높은 차원으로 발전하여 조국통일운동과 결부하게 되었다. 고조된 분위기 속에서 민단자주수호위원회, 민단도쿄본부, 한청중앙본부는 공동으로 7월 7일, 7 · 4성명을 지지 환영하는 대회를 열었다. 이어 7월 23일에는 분단 이후 27년 만에 처음으로 민단의 조직과 총련 오타(太田)지부가 공동 주최한 7 · 4성명을 지지하는 역사적인 대회가 개최되었다. 이를 계기로 자주파에 속한 민단과 총련, 한청과 조청(재일본조선청년동맹)이 도쿄, 오사카를 비롯한 수많은 지역에서 본부 또는 지부단위의 공동대회를 개최하게 되었다. 그동안 재일동포 사회 내에서도 남북의 대립과 갈등이 존재하였다는 점을 고려하면 7 · 4 공동성명 발표 후 전개된 위와 같은 움직임은 남북화해뿐만 아니라 재일동포 사회 내에서의 화해와 협력에 큰 의미가 있는 일이었다.

이와 같은 상황 속에서 박정희 정권과 유착되어 있는 민단중앙은 공동대회에 거부감을 보이고 방해하였으며 공동대회에 참가한 주요 간부들을 징계처분하는 등 강경조치로 일관하였다. 민단 민주화 세력은 민단중앙의 위와 같은 행태를 보면서 박정희 정권의 7 · 4공동성명 실천의지를 의심하게 되었다. 그리고 실제로 박정희 정권은 남북관계의 변화를 악용하여 유신을 선포하면서 민단 민주화 세력의 우려가 현실화되었다.

한편 위와 같은 정세 변화 속에서 민단 민주화 세력은 한반도 분단

해소라는 민족적 과제 해결의 중요성을 더욱 강하게 인식하게 되었다. 그래서 7 · 4공동성명의 정신을 고수하고 통일운동을 지속적으로 발전시켜 나가기 위하여서는 새로운 운동조직이 필요하다는 결론에 도달하였다. 그리하여 1972년 8월 20일 도쿄에서 민족통일협의회(민통협)를 결성하게 되었다. 민통협은 발족 후 계층별 합동모임을 기본으로 7 · 4공동성명 지지세력 확대운동을 꾸준히 벌였다.

여기까지 한민통 일본본부 결성 이전의 재일한국인 자주화, 민주화, 통일 운동의 흐름을 역사적인 관점에서 서술했다. 이승만 정권의 민단 어용화에 대응하여 민단 자주화운동에 기원을 둔 재일한국인 민주화운동은 그 후 본국의 민주화를 운동의 과제로 설정하게 되었고 1972년 7 · 4 공동성명 이후에는 본격적으로 민족 통일운동에까지 운동의 지평을 넓히게 되었다.

Ⅲ. 한민통 일본본부 결성의 배경과 과정

1. 유신 선포와 재일교포사회의 대응

1972년 10월 박정희 정권은 유신을 선포하였다. 박정희 정권은 '조국통일의 기초를 튼튼히 닦기 위해서'라는 명분을 내세웠으나 실제로는 일인영구독재체제를 구축하기 위한 것이었다.

유신정변하의 한국은 말 그대로 암흑 사회였다. 비상계엄령이 선포되어 일체의 정치활동은 금지되고 국회도 해산되었다. 양심적인 정치인, 사회활동가, 지식인, 청년, 학생들은 체포되어 감옥으로 보내지고 민주화운동은 가혹한 탄압을 받게 되었다. 국민은 민주사회에서 당연히 누릴 수 있는 각종 권리를 박탈당한 채 전체주의적 통제하에 놓이게 되는 등 한국 민주주의는 최대의 위기에 봉착하게 되었다.

한국에서는 유신 선포 이전까지만 해도 야당 및 지식인, 학생 등 각계 각층에서 반(反) 박정희 운동이 본격화하는 양상을 보이고 있었다. 그런데 박정희 정권이 기습적으로 유신을 선포하면서 강력한 통제를 가하게 되자 이에 대항할 수 있는 구심력과 역량이 축적되지 못한 상황 속에서 민주화운동은 큰 타격을 받고 한동안 침체에 빠지지 않을 수 없었다. 본국의 위와 같은 상황을 예의주시하고 있던 재일한국인 민주화운동 세력은 유신 독재를 타파하여 민주화와 통일의 새로운 길을 열기 위하여 운동의 방향과 그에 따른 조직 결성을 고민하게 되었다. 이와 같은 고민의 흐름이 이어지고 특히 유신 이후 일본에 망명한 김대중 전 신민당 대통령 후보와 재일한국인 민주화운동 세력과의 결합이 이뤄지면서 한민통 일본본부가 결성되었다.

2. 한민통 일본본부 결성 과정

김대중은 유신이 선포되기 전인 1972년 10월 11일에 신병치료차 일본 동경으로 건너왔다. 김대중은 1971년 5월 박정희 정권에 의한 정치테러로 의심되는 의문의 교통사고를 당해서 다리에 부상이 발생하였는데 그 후유증으로 고관절에 통증을 느끼면서 보행에 불편을 느끼고 있었다. 당시에도 그 이유로 일본에 있던 김대중은 1972년 10월 17일 유신이 선포되자 다음 날인 10월 18일 유신반대성명을 발표하고 일본에 망명하여 반유신 투쟁을 전개하기로 결정했다. 김대중의 이와 같은 행동은 일본을 비롯한 해외동포들로부터 큰 지지를 얻었다. 특히 김대중은 이미 1971년 대선을 통해서 재일한국인들에게 큰 인상을 남겼던 상황이었으므로 김대중의 망명결정을 통해서 재일민주통일운동가들과 김대중과의 의식적 차원에서의 공감대는 강화되었다.

당시 김대중의 일본에서의 활동을 한 가지 언급하자면, 김대중은

1973년 3월 22일 하코네(箱根)에서 열린 재일한국인민주화운동가 연수회에서 조국통일을 위한 민주화의 중요성을 논리적이면서도 감동적으로 연설하여 재일한국인들에게 큰 인상을 남겼다.

김대중은 미국과 일본을 오가면 미국, 일본의 정치인과 지식인 · 언론인 등과 접촉하면서 미국, 일본 내의 반유신 여론 조성에 힘을 썼다. 이후 해외동포 민주화운동가들과 교류하면서 해외에서의 반유신 운동을 전개하기 위한 대중조직 결성 움직임이 가시화되었다. 이는 김대중, 그리고 재외동포 양 측의 입장이 서로 일치한 결과이다. 김대중은 유신선포 직후 당장 한국 내에서의 가시적인 반정부 운동이 전개되는 것은 쉽지 않을 것이라는 판단 속에서 국제적인 차원에서 반유신 여론을 조성하는 것이 실질적인 측면과 현실적인 측면에서 가장 효과적인 반유신 운동이라고 판단하고 있었다. 그래서 김대중은 미국과 일본 등 박정희 정권에 큰 영향을 주는 국가에 거주하는 해외동포를 상대로 한 조직 결성에 뜻을 두고 있었다. 또한 해외동포들 역시 좀 더 체계적이고 효과적인 운동을 전개하기 위해서는 김대중처럼 신망을 얻고 리더십을 발휘할 수 있는 지도자와 결합하는 것이 필요했다.

그래서 김대중과 해외교포민주화운동가들 사이의 논의가 결실을 맺어서 한국민주회복통일촉진국민회의(한민통)이 결성되었다. 한민통은 1973년 7월 6일 미국 워싱턴 메이플라워 호텔에서 미국본부가 먼저 결성되었다. 7월 10일 일본으로 다시 건너온 김대중은 재일민주화운동가들과 광복절 28주년 기념일인 8월 15일을 목표로 한민통 일본본부을 결성하는 것에 합의하고 운동의 방향, 당면한 운동방침, 지도체제 등 구체적 문제에 대한 협의를 계속했다. 일본에서의 조직 결성은 미국과는 다른 현실을 고려해야 했기 때문에 몇 차례 논의가 진행되었다.

재일한국인 사회 내에서는 이미 민단 자주화 운동 과정을 거치면서 상당한 운동역량을 축적한 상황이었고 그 내부에서도 세부적인 운동방식 등에 관해서 다양한 견해가 존재하였다. 또한 재일한국인민주화운동은 이미 오래전부터 박정희 정권과 심각한 갈등관계에 있었고 박정희 정권은 이에 대해서 예민하게 반응하고 있었다. 그래서 김대중은 일본 내의 민감하고 복잡한 현실에 대해서 숙고한 것으로 보인다. 이러한 배경 속에서도 양자는 유신독재를 타도하고 민주화를 이루어내면 통일을 성취한다는 운동의 기본 노선에서 일치하고 있었기 때문에 협의 과정에서 발생한 이견을 쉽게 해소하고 한민통 일본본부 결성에 합의를 보게 되었다. 그래서 1973년 8월 4일에 김대중, 김재화(전 민단중앙단장, 전 제8대 신민당 의원), 배동호(전 민단 중앙 의장), 정재준(민단도쿄본부 단장), 조활준(전 민단 아라카와지부 부단장)등 5명이 회합을 갖게 된다. 5자협의에서 한민통 결성과 그와 관련한 기본문제에 대하여 최종합의를 보았던 것이다. 이 합의에 따라 1973년 8월 13일에 발기대회, 15일에 결성선언대회를 열고 한민통의 역사적 출범을 세상에 선포하였다.

위에서 보았듯이 한민통은 민단 내의 민주화운동에서 출발하여 그 안에서 점차 차원과 범위를 확대하면서 발전되어 온 것임을 알 수 있다. 즉 민단의 체내에서 잉태된 민단 민주화운동이 시대의 요구에 부응하여 반독재민주화와 조국통일을 위한 운동체로 성장 발전하여 한민통이라는 거대한 정치적 결실을 가져오게 된 것이다.

3. 한민통 일본본부의 이념

한민통 일본본부의 운동 이념은 창립선언문과 강령에 밝혀져 있듯이 자주, 민주, 통일이다. 이것은 민족적 모순과 사회적 모순 및 국토분단과 민족분열이라는 현실 속에서 규정된 것이기 때문에 민족사적 과제인 것이다. 여기서 민주화는 조국통일의 선결조건으로서 한민통 일본본부는 민주정부 수립에 총력을 기울였다. 이러한 노선은 김대중 선생이 일본에서 납치당하기 전에 이미 재일한국인 운동가들과 몇 차례 논의 끝에 합의를 본 것이고, 한민통 일본본부는 그 노선을 견지하였다. 민주화운동세력은 국내외를 막론하고 군사독재정권의 탄압을 받아왔는데 재일한국인 민주화운동 세력 역시 수많은 탄압을 받았다. 그 과정에서 특히 일본에 근거하고 있다는 특수성으로 인하여 군사독재정권에 의한 조작사건에 한민통 일본본부는 큰 피해를 보기도 하였다.

군사독재정권은 한민통 일본본부의 활동에 대해서 큰 두려움을 갖고 있었다. 국내와 지리적으로 인접해있고 수많은 교포가 거주하고 있으며 세계적인 국제도시인 일본 동경을 중심으로 다양한 민주화운동을 전개하는 한민통 일본본부에 대해서 군사독재정권은 많은 신경을 쓰지 않을 수 없었다. 그래서 군사독재정권은 한민통 일본본부에 대해서 색깔론을 제기하면서 각종 음해를 가하였다. 이 모든 것은 조작된 것이다. 한민통 일본본부에 대해서 각종 음헤와 틴압을 많이 했다는 것은 한민통 일본본부에 대해서 군사독재정권이 그만큼 두려워하고 있다는 점을 방증한다고 할 수 있다.

한민통 일본본부에 대한 군사독재정권의 수 많은 음해을 했지만 한민통 일본본부는 이념적으로나 운동방법론적으나 현실적이면서도 효과적인 전략을 취했다고 할 수 있다.

4. 한민통 일본본부 결성의 의의

한민통 일본본부의 결성은 해외동포운동 및 한국의 반독재민주화운동의 발전에서 커다란 의미를 가지는 정치적 사건이라고 할 수 있다. 한민통 일본본부가 결성됨으로써 재일동포들은 종래의 체제 내적인 좁은 틀 안에서의 부분적이고 국한적이며 분산적인 운동을 지양하고, 뚜렷한 목적 지향성을 가지고 단일한 운동역량을 구축하여 반독재민주화운동을 벌여나가게 되었다. 이것은 재일동포운동의 획기적인 전환이며 발전이었다.

또한 한민통 일본본부는 유신 선포 이후 한국 내에서 체계적인 반유신 운동을 전개하기 힘들었던 여건 속에서 해외에서나마 유신독재를 정면으로 반대하는 합법적 조직으로서, 억압받는 한국민중이 반유신 민주화운동의 개시를 내외에 선포한 것이 된다. 사실 한민통 미국본부 및 일본본부의 결성을 출발점으로 하여 한국민의 반유신민주화투쟁은 본격적으로 전개된 것이다. 당시 국내에서는 유신의 총칼이 온 국민을 짓누르고 있었기 때문에 뜻이 있어도 행동할 수 없는 상황이었다. 그러한 상황에서 반유신민주화운동에서 선봉적인 역할은 해외동포들이 맡아야 했던 것이다. 한민통의 결성은 바로 이 시대적 요구에 보답한 것이라고 평가할 수 있다.

그래서 일본에서 반유신 투쟁이 선도적으로 개시되고 이어 마침내는 그해의 10월 2일에 국내에서는 서울대학교 문리과대학생의 궐기가 발생했다. 그 후부터 국내투쟁과 국외투쟁이 상승작용을 하면서 급속도로 발전되어 나갔다. 한민통 결성 후 해외에서의 투쟁도 전세계적 범위로 확대되어 갔던 것이다.

이와 같이 한민통의 결성은 한국민중의 반독재민주화투쟁에서 새 장을 열어 놓은 것이며 민주화투쟁의 튼튼한 보루를 확보한 의의 깊은 일이었다.

Ⅳ. 한민통 일본본부의 활동

한민통 일본본부는 유신 독재를 반대하고 민주 민족 통일을 위한 운동을 줄기차게 전개하였다. 한민통 일본본부는 결성 직후부터 김대중 납치사건의 실체를 알리고 적극적인 김대중 구명운동을 전개하였으며 유신독재에 의해 억압받는 한국민중을 위한 다양한 투쟁을 전개하였다. 그리고 전두환 신군부가 등장하여 한국의 민주화를 억압하자 이에 대해서도 강력하게 저항하였다. 그 과정에서 미국과 유럽 등 전 세계의 해외동포들과 교류협력하면서 반유신 운동의 확장을 위해 노력하였으며 일본을 비롯한 양심적인 외국인사들과도 네트워크를 형성하면서 반유신운동의 구심점이 되었다. 이와 같은 한민통 일본본부의 주요 활동과 그 의미에 대해서 설명하면 다음과 같다.

1. 김대중 구명운동

1973년 8월 8일 도쿄의 한 호텔에서 전 신민당 대통령 후보이자 교포사회 내에서 반유신 운동의 지도자로서 활동하던 김대중이 한국 중앙정보부(KCIA)에 의해 납치되었다. '김대중 납치사건'은 한민통 일본본부의 결성을 준비해온 한민통 일본본부 결성준비위원들에게는 큰 충격이 아닐 수 없었다. 그러나 준비위원 등은 엄청난 충격 속에서도 한민통 일본본부 결성을 예정대로 거행하기로 결의하고, 당면하여 김대중선생 구출운동과 민주화운동을 밀접히 결부시켜 전개하기로 결정하였다. 그리고 김대중선생구출대책위원회(구출위)를 발족시켰다(8월 9일).

김대중이 괴한에 의해 납치되었다는 급보를 받고 현장에 뛰어간 준비위원들은 납치사실과 납치범의 정체를 밝혀내는 것이 가장 시급한 문제라고 판단하였다. 곧 기자회견을 소집하여 납치 사실을 확인해주고 그 범인은 한국중앙정보부 특별공작원들임을 폭로하였다. 기자회견의 내용은 순식간에 일본은 물론 세계 각국으로 알려져 엄청난 반향을 불러일으켰다. 한국의 저명한 야당 지도자가 해외에서 정권의 정치테러를 당했다는 사실은 대단히 충격적인 일이었고 한민통 일본본부는 사건 발생 직후부터 이 사건의 성격을 규정하면서 김대중 구명운동에 앞장섰다.

박정희 정권은 김대중을 납치하여 은밀하게 살해하려는 음모를 가지고 있었으나 한민통 일본본부가 사건 발생 직후부터 사건의 본질을 간파하여 대외적으로 공표하였기 때문에 박정희 정권은 초기 의도대로 김대중을 살해하는 것이 쉽지 않았을 것이다. 그래서 박정희 정권은 김대중을 살해하려는 초기 계획을 수정하지 않을 수 없었고 결국 8월 13일 동교동 자택 앞에서 그를 풀어주었다.

김대중의 생사를 알 수 없었던 재일동포들은 김대중이 한국에 살아서 돌아왔다는 소식이 전해오자 크게 환호하였으며 8월 15일 한민통 일본본부 결성대회를 성대하게 개최하였다. 재일교포들은 결성선포대회에 이어 '김대중 선생 납치규탄 재일한국인민중대회'를 개최하였다. 재일교포들은 김대중이 구사일생으로 목숨을 구하기는 했지만 박정희 정권의 본질을 고려할 때 김대중에 대한 또 다른 테러를 가할 수 있다고 생각했다. 그래서 당시 재일교포들은 가두 시위를 전개하면서 "김대중 선생을 원상회복 시켜라" "KCIA를 해체하라" "박 유신정권 타도" "일본은 진상규명에 나서라" 등의 구호를 외치면서 시위를 하였다.

그 뒤에 이러한 민중집회는 9 · 8집회, 10 · 13집회, 11 · 8집회, 12 · 9집회로 이어지면서 연말까지 연달아 개최되었다. 집회 후에는 여론을 드높이기 위하여 시위행진을 벌였다. 특히 10 · 13집회와 시위에서는 유신선포 후 국내에서 최초로 유신독재타도를 외치고 투쟁에 나선 서울대학교 문리대학생들의 10 · 2궐기를 지지하고 이를 탄압한 박 정권을 규탄하였다.

또한 한민통 일본본부는 납치사건이 발생한 날부터 그해 연말까지에 일본정부를 비롯하여 우쓰노미야 도쿠마(宇都宮 德馬)의원이 주재하는 AA연(아시아 · 아프리카연구소), 사회당, 자민당, 공명당 등 각 정당 및 전국노동조합총평의회(총평 조합원 600만)와 그 산하의 산별 노동조합, 그리고 주요한 평화 · 인권단체 및 아오치 신(靑地晨)씨를 비롯한 개별적 평론가, 작가, 지식인, 종교인, 문화인 등과 접촉하여 김대중 선생 구출과 민주화에 대한 지지와 협조를 바라는 요청활동을 열정적으로 전개하였다. 수도 도쿄뿐만 아니라 일본의 주요 지방 도시들에서도 요청활동을 벌여 상대방으로부터 적극 협력하겠다는 약속을 받아내었다.

한민통 일본본부는 이에 머물지 않고 요청활동의 범위를 세계적으로 넓혀서 닉슨 미국 대통령을 비롯한 구미각국의 수뇌들 및 유엔사무총장, 비동맹수뇌회의, 국제편집인협회(IPI), 앰네스티 등에도 요청문 또는 전보를 보냈다. 그리하여 단시일 안에 세계적 범위에서 박 정권에 대한 규탄과 김대중 선생의 원상회복, 사건의 진상규명을 요구하는 국제여론을 크게 조성하는 큰 성과를 거두었다.

국제여론이 비등하자 한일양국은 9월에 예정한 정기각료회의를 일단 중지하고 막후에서 정치적 해결을 회책하게 되었다. 그리하여 그해 11월에 소위 '제1차 정치결착'을 단행하였다. 정치결착은 사건의 진상을 은폐하고 여론을 무마하기 위한 기만적인 술책에 지나지 않았다. 이에 한민통은 정치결착의 전면 무효를 선언하고 김대중 선생의 원상회복과 사건의 진상규명을 위한 투쟁을 다양한 방법으로 추진하였다. 또한 한일 양정부는 양국 국민의 의사를 무시하고 1975년 7월에는 김대중 선생납치사건에 대한 2차 '정치결착'을 짓고 말았다. 이에 격분을 금치 못한 한민통은 8월 8일에 한일 양민족분격집회를 개최하여 김대중 선생의 원상회복과 한일 양 정부 간의 유착 청산과 민주화 · 통일촉구 등의 내용을 담은 공동선언을 채택하였다.

이처럼 유신정권하에서 한민통 일본본부는 김대중 납치사건에 대한 진상규명과 김대중 선생 구출운동을 적극적으로 전개하였다. 이를 통해 국내에서 제대로 알려지지 않았던 사건의 진상을 밝히는 데에 기여했으며 김대중 선생의 구명에도 기여하였다.

1979년 10 · 26사건으로 인해 유신정권이 붕괴되고 1980년 2월에 김대중 선생을 비롯한 687명의 민주애국인사들의 복권이 발표하였다. 이에 따라 한민통은 3월 24일에 임시중앙위원회를 개최하여 구출운동을 평가하고 '김대중선생구출대책위원회'를 해산하였다.

그런데 전두환 신군부 세력은 민주화의 열기를 무력으로 진압하고 쿠데타를 자행하여 한국에는 다시 군사독재정권이 들어서게 되었다. 전두환 신군부 세력은 국내외 민주화 세력의 지도자인 김대중 선생의 생명을 빼앗기 위하여 '김대중 내란음모 사건'을 조작하여 김대중 선생에게 사형선고를 내렸다. 이는 박정희 정권하에 한일 양국 정부하에서 이뤄진 정치결착마저도 무시한 것이었다. 한민통 일본본부는 김대중 선생의 생명이 위험하다는 판단을 하고 1980년 7월 13일 한민통 각급 조직대표자회의를 긴급소집하여 '김대중 선생 구출위원회'를 다시 설치하여 제2의 구출운동을 전개하기로 결정하였다. 한민통 일본본부는 각종 시위를 전개하였으며 국제적인 연대 활동을 통해서 김대중 구명운동에 모든 역량을 다하였다.

이처럼 한민통 일본본부는 결성 이후부터 김대중 구출운동을 중단없이 전개하였다. 박정희 유신정권에 의한 김대중 납치사건과 전두환 신군부에 의한 김대중 사형선고 등은 일본에서 전개된 김대중 선생과 한민통 일본본부의 민주화운동과 연관되어 있었기 때문에 한민통 일본본부는 전력을 다해서 김대중 선생의 구명운동에 나섰다. 한민통 일본본부의 주요 활동 중에서 김대중 구명운동은 가장 중요한 부분을 차지한다고 할 수 있을 정도로 1973년 결성 이후부터 1980년대 초반까지 한민통 일본본부에서 김대중 구명운동이 차지하는 부분은 무척 크다고 할 수 있다.

2. 한국의 민주화운동 지원

한민통 일본본부는 한국 내에서 전개된 민주화운동에 대한 지원 및 지지 활동을 펼쳤다. 언론 통제로 인해 한국 내 상황이 제대로 외부로 알려지지 않는 상황에서 한민통 일본본부는 일본에서 활동하고 있다는 점을 활용하여 한국 민주화운동을 전 세계에 알리는 데에 효과적인 역할을 하였다.

한민통 일본본부의 한국 민주화운동 지원은 지속적으로 이뤄졌으나 대표적인 경우를 몇 가지 언급하겠다. 1973년 10월 2일의 서울대 궐기를 계기로 국내에서는 각계 각층이 반독재민주화투쟁에 나섰다. 투쟁은 갈수록 가열되어 연말에는 개헌청원 백만명서명운동으로 확대되었다. 그리하여 74년 4월 3일에는 서울시내의 대학생들이 '전국민주청년학생총연맹'의 깃발 밑에 집결하여 반유신독재투쟁을 과감히 전개하였다. 한민통 일본본부는 국내의 각계 민중투쟁을 열렬히 지지하는 성명발표와 집회, 시위를 힘차게 벌였다.

그리고 1976년 3·1민주구국선언 사건에 대한 지원 활동도 전개하였다. 1976년 3월 1일은 3·1독립운동 55돌이 되는 의미 있는 날이었다. 이날에 즈음하여 김대중, 윤보선 선생 등 민주인사들은 박 정권의 퇴진을 요구하는 '3·1민주구국선언'을 발표하였다. 이에 경악한 박 정권은 선언 발표 관계자들을 모두 구속하여 재판에 넘겼다. 중차대한 사태를 맞이한 한민통 일본본부는 민주구국선언을 지지하고 박 정권의 탄압를 규탄하며 구속자의 무조건 석방을 요구하는 활동을 여러모로 전개하였다. 또한 한청이 제기한 3·1민주구국선언을 지지하며 정치범의 즉시 석방을 요구하는 백민인 서명운동을 추진하여 목표를 초과 달성하는 큰 성과를 거두었으며, 그 서명부를 유엔사무차장 바함에게 전달하고 유엔이 즉각적인 조치를 취할 것을 강력히 호소하였다.

또한 한민통 일본본부는 전태일 열사의 정신을 기리고 한국의 열악한 노동현실을 고발하기 위한 활동도 전개하였다. 한국 노동자들은 군사독재정권과 악독한 기업주들의 가혹한 착취와 압박에 신음하고 있었으나 그 실태가 해외에는 전혀 알려지지 않고 있었다. 참으로 안타까운 일이었다. 이러한 때에 한민통은 1970년 11월에 "노동자는 기계가 아니다"라고 외치며 온 몸에 휘발유를 뿌리고 분신한 노동운동의 선구자 전태일의 평전을 1978년 봄에 입수하였다.

전태일의 평전은 한국에서 출간이 금지되고 있었다. 그러기에 한민통은 평전의 일본어판 출판과 전태일의 어머니 이소선 여사를 주인공으로 한 영화를 제작하기로 결정하였다. 아들이 남기고 간 "어머니 나의 죽음을 헛되이 마십시오"라는 유언을 가슴속 깊이 새기고 팔백만 노동자의 어머니가 되어 노동자들과 함께 투쟁해나가는 모습을 형상화한 영화 '어머니'를 평전 출간과 동시에 완성시켜 분신 8돌이 되는 1978년 11월 13일에 개봉상영하였다. 상영회장은 눈물바다로 변하였다. 이후 평전은 일본노동자들 속에 널리 보급되었으며 영화는 총평의 조직적인 지원 속에 일본 각지에서 700여 회에 걸쳐 상영되었다. 또 '어머니'의 필름을 미국과 유럽에 보내주어 그곳에서도 상영되도록 하였다. 그 결과 일본의 노동자, 시민들의 한국노동운동에 대한 관심이 놀랄 정도로 높아졌으며 한국노동자의 투쟁을 지지하는 여론이 고조되었다.

유신 말기인 1978년과 79년에도 한민통 일본본부는 각종 활동을 통해서 반유신 운동을 전개하였다. 1978년은 '유신선거'가 강행된 해였다. 국민을 우롱하는 이 기만선거에 대하여 한민통은 '유신선거 거부, 민주화쟁취 100일간 운동'으로 맞섰다. 운동기간 중 3 · 1절 59주년에 즈음하여서는 대중집회를 가졌으며 집회 후 "유신선거반대", "김대중 선생 석방", "박 독재 타도"를 외치며 거리행진을 힘차게 벌였다. 이러한 집회와 거리행진은 도쿄에서만 하여도 4월 16일, 5월 17일, 7월 2일, 8월 8일, 9월 2일, 10월 17일의 7회에 걸쳐 연속적으로 진행되었으며 9월 11일부터서는 도쿄 스키야바시 공원에서 김대중 선생 석방과 원상회복을 쟁취하기 위한 단식투쟁을 결행하였다. 마침내 김대중 선생은 12월 23일에 석방되었다. 참으로 2년 9개월 만에 쟁취한 성과이다. 그리고 1979년에 접어들면서 민주세력과 유신독재 간의 모순과 대립이 극도로 격화되었다. 한통련은 정세발전의 요구에 맞게 투쟁의 고삐를 당기었다. 3월 본국에서 출현한 '민주주의와 조국통일을 위한 국민연합'을 비롯한 YH여성노동자들의 투쟁, 신민당의 투쟁 등을 지지성원하기 위한 긴급행동월간(9월 1일부터 10월 7일)을 설정하여 일본 도처에서 다양한 활동을 전개하였다. 드디어 10월 17일 부산과 마산에서 민중봉기가 터졌고 마침내 26일 박정희 대통령은 비참한 최후를 맞게 되고 유신정권은 붕괴하고 말았다.

그런데 박정희 대통령이 사망하였지만 당시 정국은 유신의 후예인 전두환 신군부세력이 장악하고 있었다. 유신잔당세력과 민주세력 사이에 치열한 공방전이 벌어졌다. 한민통은 민주화와 통일을 향한 국내 투쟁에 합세하여 유신체제의 완전한 청산과 민주정부의 수립을 위한 투쟁을 더욱 가열차게 전개하였다. 민주화에 대한 국민의 염원이 도도히 흐르는 속에 마침내 '서울의 봄'이 왔다. 그러나 은밀히 민주세력에 대한 반격을 준비해 온 신군부세력은 끝내 '5 · 17계엄령확대조치'에 이어 그에 항거해 나선 광주시민 수천 명을 실상하는 반행을 저지른 끝에 권력을 탈취하는 '피의 쿠데타'를 감행하였다. 전두환 신군부 세력은 민주화세력을 말살할 의도를 갖고 이미 2월에 복권조치가 취해진 김대중 선생을 '내란음모죄'로 구속하였고, 군사재판에서는 '국가보안법'에 걸어 사형을 선고하였다. 이는 한일 간 정치결착에도 배치되는 만행이었다.

한민통은 합법적 운동의 가능성을 박탈당한 본국 민중의 뜻을 대변하여 전두환 군사정권의 죄상을 온 세계에 고발하고 단죄하는 활동을 각방으로 전개하였다. 광주민중항쟁 기간 중 그 의로운 투쟁을 적극 지지 성원해 온 한민통은 신군부의 무력탄압으로 광주항쟁이 좌절된 직후인 6월 1일 긴급대표자회의를 열고 엄중한 사태에 대처하는 활동방침을 채택하였다. 회의 결정에 따라 일본 전국 각지에서 광주학살을 규탄하는 집회를 개최하고 6월 10일에는 광주학살규탄 희생자 추도집회를 열었다. 특히 한민통은 광주시민들의 영웅적인 투쟁모습과 탄압군의 포학무도한 살인만행의 현장을 녹화한 자료들을 모아 영화 '한국 1980년—피의 항쟁'을 제작하고 6월 10일부터 일본각지에서 상영운동을 대대적으로 벌였다. 한민통은 또한 이 영화를 유럽과 미주의 동포민주단체에게도 보내 그곳에서도 상영운동을 벌이게 하여 반 전두환 투쟁의 국제적인 전선을 넓혀나갔다.

이처럼 한민통 일본본부는 한국 내 민주화운동에 대한 적극적인 지원 활동을 펼쳤으며 한국 민주화운동을 전세계에 알려서 반독재 민주화를 위한 여론 조성 및 연대 활동을 전개하였다.

3. 국제적 연대 활동

한민통 일본본부 활동 중에서 중요하게 언급할 부분은 국제적 연대 활동이다. 국제적 연대 활동은 해외 교포사회와의 연계와 외국인들과의 연계 등 두 가지 측면에서 살펴볼 수 있다.

우선 해외 교포사회와의 연계 활동을 살펴보도록 한다. 박정희 정권이 유신을 선포한 이후 미국과 일본에는 김대중 선생을 중심으로 해서 한민통이 결성되어 해외 교포사회 내의 민주화운동이 활성화되었다. 그리고 유럽에서도 박정희 정권에 대한 비판적 여론이 조성되면서 점차적으로 교포사회 내의 민주화운동이 전개되었다. 이와 같은 상황에서 해외 교포사회 내의 민주화 세력 사이의 연계 움직임이 가시화되었다.

1977년에 본국의 민주세력은 3월에 '민주구국헌장'을 발표한 데 이어 4월 15일 '민주헌장서명추진본부'를 결성하였다. 한민통 일본본부는 이에 합세하여 해외에서도 민주구국헌장서명운동을 벌이기로 결정하고 그 조직적 대책으로써 '민주구국헌장서명운동 해외동포추진위원회'를 결성하였다. 서명운동은 세계적 범위에서 전개되었으며 그해 8월에는 도쿄에서 해외동포운동에서는 처음으로 '해외한국인민주운동대표자회의'를 개최하여 해외민주단체의 연합체인 '민주민족통일해외한국인연합(한민련)'을 결성하였다. 한민련이 결성됨으로써 해외민주세력은 보다 강화되었으며 국제연대운동에 있어서도 각종사업을 세계적 규모에서 벌여 나갈 수 있는 튼튼한 보루를 구축하게 되었다.

또한 한민통 일본본부는 한국의 민주화와 인권을 옹호하는 외국인 및 국제단체와의 협력을 통해서 한국 민주화운동을 전개하였다. 우선 일본 내에서의 활동을 살펴보면 일본의 연대세력은 한민통과 함께 김대중 구명운동, 재일한국인정치범 석방운동, 한국노동자들의 투쟁을 지원하는 활동, 일본정부의 한반도정책 시정을 위한 투쟁을 줄기차게 벌였다.

그리고 한민통 일본본부는 연대운동을 세계적 범위로 넓히기 위한 활동도 전개하였다. 한민통은 한일연대세력의 협력하에 1976년에 도쿄에서 '한국문제긴급국제회의'를 개최하였다. 회의는 8월 12일부터 14일까지 3일간에 걸쳐 열렸으며 16개국에서 저명인사 60여 명을 포함하여 500여 명이 참가하였다. 회의에서는 박정희 정권의 철권통치를 신랄하게 비판하고 민주화와 조국통일을 위해 싸우는 국내외 한국민의 투쟁을 지지하며 김대중 선생을 비롯한 양심수의 석방과 미국의 동북아 정책을 규탄하는 각국 대표의 연설이 이어졌으며 그와 같은 내용을 담은 결의문을 채택하였다. 결의문은 마침 인도에서 개최 중이던 비동맹수뇌자회의에 전보로 보내졌으며 비동맹수뇌자회의는 그 결의문을 공식 문건으로 접수하였다. 한국 민주화운동 사상 처음으로 열린 한국문제긴급국제회의를 계기로 한국문제에 대한 국제적인 관심이 비상히 높아졌으며 미국, 서독, 프랑스에 한국문제에 관한 국제회의가 연달아 개최되면서 국제연대의 틀이 크게 형성되었다.

또한 1981년 5월 민중항쟁 1주년에 즈음하여 한민통 일본본부는 5월 16일부터 18일까지 3일간에 걸쳐 도쿄에서 '한국민주화 지원 긴급세계대회'를 성대히 개최하였다. 대회의 규모도 컸다. 회의에는 27개국 3개 국제기관에서 연 1,600여 명이 참가하였다. 회의에서는 한민통 상임대표이며 한민련 공동의장인 배동호 선생이 '반독재 민주화와 통일을 위한 한국민중의 투쟁에 대하여'라는 제목으로 기조보고를 한 데 이어 각국 대표들이 차례로 연단에 나와 전두환 정권의 폭정과 그를 지지하는 미국 및 일본정부를 통렬히 비판 규탄하고 한국 민중의 투쟁이 승리하도록 적극 노력하겠다는 결의를 표명하였다. 대회의 관련 행사로서 윤이상 선생이 작곡 작사한 '광주여 영원히!'의 연주회와 이응로 화백의 '광주영혼과의 담화'를 테마로 한 회화전 등이 열렸다. 이 대회를 통해 전두환 정권의 실상이 전세계에 여지없이 드러났다. 이같은 국제회의는 82년 5월과 83년 5월로 이어지면서 줄기차게 개최되었다.

그뿐만 아니라 한민통과 한민련은 또한 사회주의인터(SI 의장 빌리 브란트 서독 수상)와의 관계를 계속 강화해 나갔다. 그 노력의 결과로 1980년부터는 SI옵서버 자격을 인정받아 SI간사회나 총회에 매번 초청받아 참가하였으며 회의에서 한국문제에 관한 특별 연설도 할 수 있게 되었다. 이는 국제연대운동에서 거둔 중요한 성과였다. 그리고 회의에서는 정세에 맞추어 한국문제에 관한 특별 결의문을 채택하게 하였다. 그래서 1980년 6월 13일부터 15일까지 노르웨이 오슬로에서 진행한 사회주의인터 간사회와, 같은 해 11월 13일부터 16일까지 스페인 마드리드에서 개최된 사회주의인터총회(참가국 61개국)에서 한국문제 특별 결의문이 채택되기도 하였다. 그 외에도 한민통, 한민련의 요청에 따라 SI가맹국들이 전두환 정권에 대한 여러 압력을 가하기도 하였다. 이처럼 한민통 일본본부는 국제적인 민주세력과의 연대를 통해서 반독재 민주화운동을 전개하였다.

국제민주세력과의 연대를 도모하여 한국민중의 자주, 민주, 통일에 대한 광범한 지원역량을 마련하는 것은 우리의 구국운동을 승리로 이끌기 위한 필수적 조건이다. 그러나 한민통이 결성되기 전에는 일본의 경우를 놓고 말하더라도 한국민중의 민주화투쟁에 대한 연대운동은 없었다. 그런 면에서 한민통 일본본부의 국제 연대 활동은 한국 민주화 운동사에서 큰 의미를 갖는다.

4. 한통련으로 개편

군사독재정권에 맞선 국내외 민주화운동으로 인해 1987년 6월 항쟁을 통해서 한국은 민주화의 길로 접어들게 되었다. 물론 아쉽게도 1987년 대선에서 민주 진영의 분열로 인해 선거에서는 패배하였지만 그 후 한국의 민주화는 점진적으로 발전하는 모습을 보였다. 그리고 민주화 투쟁의 궁극적인 목표를 한반도 분단해소에 역점을 두는 자주, 평화, 통일 운동이 한국 내에서도 활발하게 전개되었다.

물론 한민통을 비롯한 해외 교포사회 내에서는 이미 1970년대부터 군사독재정권의 모순을 근본적으로 해소하기 위해서는 한반도의 평화적 통일이 중요하다는 인식을 갖고 있었다. 이와 같은 인식은 군사독재정권의 강력한 사상통제에 억압받고 있던 1970년대 한국 내에서는 이론적으로 심화되지는 못하였고 운동 차원으로 분출되지는 못했다.

그런데 1980년 들어서 광주항쟁을 거치면서 분단 모순에 대한 이해가 심화되고 이것이 1980년대 중반부터는 사회운동으로 나타나게 된다. 1980년대 후반에 들어서서 한국 내의 민주화가 초보적인 진전을 이루고 국제적인 냉전해체가 가시적인 성과를 거두게 되자 국내외에서 통일 운동이 본격적으로 전개된다. 이와 같은 정세발전에 따라 한민통은 해외민족민주세력의 중추적 조직으로서 자기 위상을 뚜렷이 확립하고 본국의 민족민주운동과의 연계를 강화하면서 자주 · 민주 · 통일의 새 지평을 열어 나가기 위해 재일한국인통일연합(한통련)으로 개편하게 된다.

한통련의 주요 활동을 소개하면 다음과 같다. 1990년 2월에 전민련은 대의원대회에서 1989년에 노태우 정권의 방해로 성사시키지 못한 '조국의 평화와 통일을 위한 범민족대회(범민족대회)'를 90년에는 반드시 성사시키고 90년대를 통일의 연대로 빛내기로 결정하였다. 전민련은 이러한 사실을 한통련에 통보하면서 일본에서도 범민족대회 추진본부를 결성해 달라는 요청을 해왔다. 한통련은 전민련의 요청을 수용하여 1990년 3월에 '범민족대회 일본지역추진본부'를 결성한데 이어 4월에는 '해외본부'를 발족시켰다. 범민족대회를 위한 남북해외의 3자 접촉이 제기되었으나 노태우 정권의 방해로 두 번에 걸쳐 시도된 3자 접촉이 실현되지 못하고 부득이 북과 해외, 남과 해외라는 2자 간 접촉의 형태로 진행 할 수밖에 없었다. 범민족대회의 준비는 이러한 형식으로 마무리지었다. 이 과정에서 해외는 남과 북을 잇는 튼튼한 다리 역할을 해왔다.

이와 같이 한통련을 비롯한 해외운동세력은 남과 북 사이를 연결시키는 교량 역할을 수행하여 '범민족대회'의 준비를 추진시켰다. 동시에 일본에서 '범민족대회 지지 해외한국동포대회'를 개최하여(1990.7.1)해외동포들의 통일에 대한 열의를 더욱 높이고 노태우 정권에게 강한 압력을 가하였다. 이러한 과정을 거쳐 8월 15일 판문점에서 '조국의 평화와 통일을 위한 범민족대회'가 분단이래 처음으로 성대하게 개최되었다. 이때 한통련은 처음으로 북한을 방문하고 판문점 대회에 참가하여 온 겨레의 통일열망에 부합되는 활동을 적극 전개함으로써 범민족대회의 성과적인 진행에 크게 기여하였다. 범민족대회의 결의에 따라 그해 11월 베를린에서 처음으로 남과 북과 해외대표들이 참가하는 3자회담이 이루어지고 여기에서 '조국통일범민족연합(범민련)'의 결성이 선포되었다.

이후 한통련은 해마다 열린 '범민족대회'에 빠짐없이 참가하였다. 한통련은 또한 1992년부터 매년 독자적으로 8 · 15를 전후하여 일본 주요도시들에서 '통일마당'을 개최하여 왔다. 이제 '통일마당'은 동포단합의 마당, '한일연대'의 마당으로 정착되어 우리 동포와 일본 시민의 뜨거운 지지와 사랑을 받는 행사로 발전되고 있다.

온 겨레의 통일 열망은 2000년대 들어서자 조국통일의 이정표가 되는 6 · 15남북공동선언을 탄생시켰다. 2000년 6월 15일 평양에서 열린 남북 정상회담과 그 결과로 발표된 6 · 15남북공동선언은 드디어 '우리 민족끼리'의 시대를 열어 놓았다.

이어 2007년에는 또다시 평양에서 남북정상회담이 개최되어 10 · 4 공동선언이 발표되었다. 10 · 4선언은 6 · 15남북공동선언의 정신에 따라 자주통일과 민족공동 번영의 길로 나아가는 실천적 과제를 명시한 역사적 선언이었다.

이에 앞서 2005년 3월에는 6 · 15남북공동선언을 실천하기 위한 남과 북과 해외는 연대 공조 조직으로서 '6 · 15공동선언실천 민족공동위원회'가 금강산에서 결성되었다. 한통련은 이 조직의 결성과정에서부터 참가하였으며 결성이후에는 6 · 15남북공동선언의 기본정신인 '우리 민족끼리'의 기치를 높이 들고 민족공조로 자주통일을 앞당기기 위한 활동을 활발하게 전개했다. 한통련은 통일의 방식으로서 '적화'도 '승공'도 아닌, 즉 체제통일이 아닌 민족통일의 방식인 연방제 통일을 주장하고 있다.

V. 맺는 말

한민통 일본본부의 역사와 그 활동에 관한 글을 쓰고 나서 돌이켜 보니 유신체제로부터 5공 및 6공으로 이어진 그 엄혹한 군사독재하에서도 초지를 굽히지 않고 꿋꿋이 멀리 달려온 한민통 일본본부와 한통련의 활동을 이 글에서 다 담지 못한 아쉬움이 남는다.

한민통 일본본부는 위에서 소개한 것 이외에도 반외세 자주화, 반전평화운동, 인권옹호와 정치범의 석방운동, 민족교육을 비롯한 재일동포의 권익옹호문제에 대하여서 많은 힘을 기울여 왔으며 자랑할 만한 공적도 남겼다. 훗날 이에 대하여서도 소개할 기회가 있을 것으로 믿는다.

현재 민족적으로 당면한 최대의 과제는 한반도의 평화적 통일이다.

평화적 통일을 이뤄내서 민족의 번영과 동북아의 평화를 이뤄낼 수 있도록 모든 노력을 경주해야만 한다. 한민통 일본본부의 자랑스러운 역사를 이어받은 한통련은 앞으로도 변함없이 우리 민족의 평화적 통일을 위하여 더욱 노력할 것이라고 생각한다.

제4장

김대중 납치사건과 일본정치

이토 나리히코(伊藤成彦) | 일본 중앙대학교 명예교수

I. 납치 직전: 일본인에게 전하는 메시지 "한국 민주화를 향한 길"

한국의 현실을 이해하려면 박정희 정부가 과연 어떤 정부이며 또 그런 독재정권이 어떻게 성립되었는가를 살펴볼 필요가 있을 것입니다. 하지만 그에 앞서 한국국민들이 이토록 민주주의를 열망하고 있는데도, 또 아시아에서 일본 다음가는 교육수준을 자랑하는데도 불구하고 한국에서 좀처럼 민주주의가 뿌리내리지 못하는 원인이 대체 무엇인지 짚어보고자 합니다. 그 첫째 이유는 한국의 민주주의는 우리 한국인들의 힘으로 쟁취한 것이 아니라는 점으로, 바로 이것이 근본적인 문제입니다. 여러분도 아시다시피 영국은 지금의 민주주의를 확립하기까지 300년 이상이나 되는 긴 세월 동안 무수한 피를 흘렸습니다. 프랑스에서는 왕정의 압제에 맞서 봉기한 민중들이 바스티유 감옥으로 몰려가면서 불렀던 행진곡이 지금의 국가(國歌)가 되

> 었습니다. 미국은 민주주의와 독립을 성취하기까지 무려 156년이나 걸렸습니다. 물론 한국인도 3·1 독립운동을 비롯해 중국과 미국 등지에서 벌인 항일독립운동, 광주 학생운동 등의 주인공입니다. 그러나 한국의 민주주의와 해방은 근본적으로 연합군의 승리에 따라 외부로부터 주어진 것이었기에, 우리 힘으로 충분한 대가를 치르고 얻은 것이라고 하기는 어렵습니다. 곧 제 손으로 민주주의를 쟁취한 역사적 전통이 없기 때문에, 민주주의를 지키려는 주체적 노력과 국민적 자각 역시 부족한 것입니다. 우리 한국인에게는 바로 이런 요소가 근본적으로 결여되어 있습니다.[1)]

1973년 8월 8일, 필자는 갓 발매된 『세계(世界)』를 펼쳐 들었다가, 잡지에 게재된 야스에(安江) 편집장과 김대중씨의 인터뷰를 읽고 큰 감명을 받았다. 민주주의 역사에 관한 김대중씨의 깊은 조예가 느껴졌고, 한국의 역사 및 현재상황에 가하는 그의 예리한 비판과 반성이 필자에게는 곧 일본의 역사와 현실에 대한 비판으로 다가왔기 때문이다.

김대중씨의 말은 계속 이어졌다.

> 그 둘째 이유로는 불행히도 우리 한국인에게는 지도자 복이 그다지 없었다는 점을 들 수 있습니다. 민주주의가 성립하려면 두 가지 조건이 전제되어야 합니다. 하나는 자력으로 쟁취한 자유고, 또 하나는 인도의 사례에서 보듯 탁월한 리더십입니다. 그런데 한국은 지도자 운에서 너무도 박복했지요. 이제껏 한국의 집권자라고 할 만한 사람은 초대 대통령 이승만과 박정희 현 대통령 둘밖에 없습니다. 중간에 장면 내각이 잠시 성립하긴 했지만 불과 8개월 만에 막을 내렸죠. 따라서 한국의 정치체질에 책임져야 할 사람은 이승만과 박정희 두 사

---

1) 김대중, 『민주구국의 길: 강연과 논문 1973-1980』(신교출판사(新教出版社), 1980), pp. 45-46.

> 람인데, 이들은 국민의 의사를 존중해야 한다는 민주주의적 사고방식과는 거리가 먼 자기중심적인 지도자들입니다. 이들의 이력을 훑어보면 일반 한국국민들과는 판이하게 다르다는 것을 알 수 있습니다. 이승만은 대한제국 말기에 미국으로 망명해 40년 가까이 그곳에 머물다가 왔으니, 한국국민들에 대해서는 극히 무지한 상태였습니다. 한국을 바라보는 그의 시각은 일제 말기에서 한 발짝도 나아가질 못했습니다. 더군다나 무조건 그를 추켜세우는 추종자들에게 둘러싸여 있는 통에, 이승만의 사고는 점점 더 국민과는 유리된 방향으로 흐르고 말았습니다. (중략)
>
> 한편 박정희는 아시다시피 구(舊) 만주군과 일본사관학교를 거쳤고, 해방 이후에도 쭉 군인으로 살았던 사람입니다. 만사를 획일화된 틀로 바라보는 것이 군대식 사고의 특징이라, 다양성 속에서 합일을 모색하는 민주주의 방식이 박정희에게는 그저 혼란스럽고 거추장스럽게만 보였겠지요. 여기에 종신집권에 대한 야욕이 더해져 결국에는 국민의 숨통을 조이는 무시무시한 독재정치를 펴게 된 것입니다.[2]

이처럼 김대중씨는 극히 냉정한 눈으로 정적(政敵)을 평가하면서 이승만 전 대통령과 박정희 대통령의 성격을 혀를 내두를 만큼 정확하게 분석했다. 이 인터뷰를 읽는 동안 전후 일본의 정치 지도자들, 요시다 시게루(吉田茂) 총리를 비롯해 하토야마 이치로(鳩山一郎), 이시바시 단잔(石橋湛山), 기시 노부스케(岸信介), 이케다 하야토(池田勇人), 사토 에이사쿠(佐藤栄作), 다나카 가쿠에이(田中角栄) 등 역대 일본총리들의 얼굴이 필자의 머릿속을 하나씩 스쳐갔다.

요시다 시게루는 신 헌법을 탄생시킨 총리로, 흰 버선과 엽궐련을 즐기고 오오이소(大磯) 지역에서 살았다는 것 등 귀족적 취향이 돋보인다는 점에서는 이승만 전 대통령과 닮았다. 요시다는 헌법제정회의에

---

2) 위의 책, pp. 46-47.

서 "전쟁포기에 관한 본 안(헌법)의 규정은 직접적으로는 자위권을 부정하고 있지 않으나, 제9조 제2항에서 일체의 군비와 국가 교전권을 인정하지 않는다고 한 결과 자위권 발동으로서의 전쟁과 교전권 모두 포기한 것이 됩니다. 근래 일본이 치른 전쟁은 대부분 자위권의 명목으로 일어났습니다. 만주사변도 그러하고 대동아전쟁도 그러합니다."라는 연설로 헌법 제9조의 비무장화를 주장했다. 그러나 이후 미국의 재무장 압력에 굴복해 소위 자위대라는 이름으로 군대를 신설함으로써 "재무장은 없을 것입니다"라는 스스로의 공약을 깨고 미국추종 외교의 길을 열어젖혔다.

역대 총리 중 유일하게 촉망받았던 인물은 야스쿠니 신사 폐지와 중일수교를 부르짖은 골수 자유주의자 이시바시 단잔이다. 하지만 안타깝게도 질병 때문에 불과 두 달 만에 총리직을 요시다 시게루에게 내주어야 했다. 그 이래로 일본정치는 한국과 같은 개인 독재체제와는 다르되 자민당 일당체제로 운영되어 왔다. 1999년부터는 국회의석수가 과반수를 넘어서지 못해 공명당과 연정을 구성하긴 했으나, 이윽고 2009년 8월 총선거에서 민주당에게 참패해 정권을 넘겨주기까지 50년이 넘는 세월 동안 독재적인 보수장기집권 체제를 유지해 왔다.

한국의 정치적 현실을 조목조목 짚어내는 김대중씨의 발언은 필자에게 일본의 현실을 따끔하게 비추는 거울처럼 느껴졌다. 1971년 4월 야당대표로 한국 대통령선거에 출마했던 김대중이라는 사람이 이렇게나 민주주의에 대한 생각이 깊은 정치인이었던가 하는 놀라움과 함께, 김대중씨는 필자의 가슴에 강한 인상을 남겼다.

김대중씨는 한국의 정치를 결정짓는 데 작용한 '그 셋째 이유'로 대미정책을 꼽는다.

> 제 2차 세계대전 후 미국은 많은 후진국들에게 가히 민주주의의 성지와도 같은 나라로 떠올랐습니다. 미국도 처음에는 이들 국가에 민주주의를 이식시키고자 무던히도 애를 썼던 것은 사실입니다. 그런

> 데 동서냉전이 심화되자 미국은 반공정책을 너무 강하게 내세운 나머지, 반공노선에 동조하기만 하면 아무리 부패한 정권이나 독재정권이더라도 무기와 자금을 제공하면서 원조를 계속했습니다. 반공을 내건 본래 목적은 민주주의 수호일진대, 민주주의를 탄압하는 독재정권을 반공이라는 미명으로 원조하다니 앞뒤가 안 맞는 말이죠. 미국의 이러한 모순된 정책이 한국의 독재정치를 키운 겁니다.[3)]

한미관계를 설명하는 이 말은 필자에게 미일관계를 돌아보게 했다. 아울러 한일관계도 돌이켜보지 않을 수 없었다. 일본은 미국의 지지를 등에 업고서, 과거의 식민지 지배에 대해서는 한 마디 언급도 없이 한일기본조약을 체결했다. 그뿐만 아니라 미국의 동지로서 박정희 독재체제 지원에 가담하는 형태로 한국에 대한 신 식민지 지배에 나섰다. 이를 두고 김대중씨는 다음과 같이 말한다.

> 한일국교가 정상화되자 이번에는 일본이 미국의 그릇된 정책을 따라하기 시작했습니다. 정치적으로는 미국이 한 수 위라고 할까, 그래도 미국은 야당을 슬쩍 내세우면서 한국의 민주주의를 옹호하는 태도도 보였는데, 일본은 노골적으로 박정희 정부를 지지했지요. 박정희가 본격적인 독재에 돌입한 것은 1969년 이른바 삼선개헌을 통해서입니다. 삼선개헌에 대비해 국회의석수 3분의 2 이상을 확보하고자 박정희는 1967년 선거에 총력을 다했죠. 한일회담은 1965년에 이루어졌는데, 박정희 정부가 독재체제에 들어가 정치적 부패의 길로 치닫기 시작한 것이 바로 그 이후부터입니다. 이상의 세 가지 문제점이 한국에서 민주주의가 제대로 정착하지 못한 근본원인이라고 생각합니다.[4)]

---

3) 위의 책, p. 47.
4) 위의 책, pp. 47-48.

Ⅱ. 한국과 일본의 공통된 결함을 꾸짖는 김대중씨의 자기비판

김대중씨는 한국에서 민주주의가 정착하는 데 실패한 근본적 원인으로 첫째, "자력으로 쟁취한 민주주의"가 아니었기에 "민주주의를 지키려는 주체적 노력과 국민적 자각이 부족했다"는 점. 둘째, "국민의 의사를 존중하는 뛰어난 민주적 지도자 복이 없었다"는 점. 셋째, "반공노선에 동조하기만 하면 아무리 부패한 정권이나 독재정권이더라도" 지원했던 미국의 외교정책 및 한일 국교정상화 이후 "그런 미국의 그릇된 정책을 따라 하기 시작한" 일본의 정책. 이렇게 세 가지를 들고 있다.

김대중씨는 한국의 민주주의 확립과 정착을 바라는 준열한 자기비판의 관점에서 이 세 가지 요인을 들었는데, 그렇다면 일본의 경우는 어떤가?

일본의 민주주의 역시 "자력으로 쟁취한 민주주의"라고 당당하게 호언할 수는 없다. 일본제국의 신민 대부분은 제국정부의 부국강병 정책에 순순히 따랐다. 그 결과 대한제국과 중화민국 등 근린국가들에 대한 침략정책에 동조한 꼴이 되고 말았다. 그러한 정책의 비극성과 한계는 자명했음에도 불구하고, 일본은 제1차 세계대전 후의 독일이나 제2차 대전 후의 이탈리아처럼 온 국민이 단결해 전쟁의 막을 내리고 구체제를 전복시켜 민주주의를 확립하지는 못했다. 곧 전후 일본에 도입된 민주주의는 패전의 결과물로, "배급된 자유"라는 말이 유행하기도 했다.

심지어는 새로운 일본 건설의 중추가 되어야 할 헌법마저도, 당시 일본정부가 작성한 초안은 제국헌법과 별 차이가 없었다. 일본 지식인 단체인 '헌법연구회'의 초안이 신 헌법의 밑그림이 되었다고는 하나, 전후 일본사회 형성에 결정적인 의미를 지닌 헌법전문(前文)과 헌법 제9조, 5대 개혁은 모두 점령군의 힘을 빌려 겨우 실행되었다. 더욱 한심하고 부끄러운 것은, 김대중씨처럼 이러한 현실을 가열하게 꼬집는 자기비판을 일본 정계에서는 거의 찾아볼 수 없다는 점이다.

점령군의 민주화 정책에 따라 구 체제의 핵심 지도층이 공직에서 추방되고, 5대 개혁을 거쳐 노동운동과 부인운동, 학생운동 등이 생겨났다. 이런 운동들이 서로 연대해서 헌법수호 및 평화운동을 주도하는 등 전후 일본의 민주주의를 지탱하는 버팀목 역할을 했는데, 그것도 1960년 5월의 안보투쟁까지였다. 그해 6월에 발발한 한국전쟁을 계기로 일본경제가 급속한 부흥과 발전의 길로 접어들자 구 체제로의 복귀 움직임이 가속화되었다. 이를 가리켜 '역(逆) 코스'라고 한다.

1957년 2월 이시바시 총리가 병환으로 물러난 후 기시 노부스케가 새 총리대신으로 취임했다. 기시는 만주의 식민지배에 놀라운 수완을 발휘한 위인이요, 1941년에는 도조(東条) 내각의 상공대신으로서 대동아전쟁을 추진한 바 있다. A급 전범으로 체포돼 복역하던 중 풀려난 그는 한국전쟁 시기 중 공직추방령이 해제되자 정계로 복귀했다. 1955년 자유당과 민주당의 보수합동 결과 탄생한 자유민주당(자민당)의 초대 간사장을 맡았으며, 자민당 총재에 이어 총리대신 자리에까지 오른 풍운아다. 기시의 총리 취임은 구 체제의 부활을 상징하는 것이었다. 또 그는 만주국 시절 만주군관학교에서 수학했던 다카키 마사오(高木正雄) 중위, 곧 박정희와도 안면이 있는 사이라서 박정희를 흡사 자신의 양자처럼 살갑게 대하면서 한일 간 '검은 유착' 관계를 맺었다.

김대중씨는 『세계』지와의 인터뷰에서 "박정희가 본격적인 독재에 돌입한 것은 1969년 삼선개헌을 통해서입니다. 삼선개헌에 대비해 국회의석수 3분의 2 이상을 확보하고자 1967년 선거에 총력을 다했죠"[5] 라고 말했는데, 삼선개헌에 필요한 "국회의석수 3분의 2 이상을 확보"하는 과정에서 물심양면으로 박정희 군사정권을 지원했던 것이 다름아닌 기시 노부스케의 친동생 사토 에이사쿠가 이끄는 일본정부였다.

---

5) 위의 책, pp. 47-48.

이처럼 일본 정계는 일본 민주주의의 미성숙을 반성하기는커녕, 오히려 기시 노부스케와 박정희의 유착관계를 통해 한반도 분단의 고정화에 일조하고 한국에 대한 신 식민지 지배를 자행했다. 다음 절에서는 그 과정을 간략하게 훑어 보기로 하겠다.

Ⅲ. 기시 노부스케 – 박정희 연합으로 탄생한 한일기본조약 체제와 '검은 유착' 관계

1973년 8월 8일 벌어진 김대중 납치사건으로부터 꼭 10년이 흐른 1983년 8월, 일본정부는 '김대중씨 체포감금탈취사건 특별조사본부'를 해산한다고 발표했다. 이를 정부측의 김대중 납치사건수사 종결로 받아들인 일본인들은 시민 차원에서라도 진상규명을 계속 추진해야 한다는 데 뜻을 모았다. 우쓰노미야 도쿠마(宇都宮德馬) 전 참의원의원을 비롯한 초당파 국회의원, 목사, 대학교수, 저널리스트 등 54명으로 구성된 '김대중씨 납치사건 진상조사위원회'가 발족했다. 위원회는 미국으로 망명한 김대중씨를 찾아가 당시의 상황을 직접 묻기도 하고, 납치사건 당시 국무성 한국부장이었던 레너드 등 여러 관계자들에게서 정보를 수집하면서 조사를 진행했다. 그 결과물이 1984년 호로푸 출판사에서 『김대중 사건의 진상』이라는 책으로 출간되었다. 제1장 〈사건의 배경〉에는 1961년 군사정변을 일으켜 정권을 잡은 박정희 장군이 그 해 11월 기시 노부스케 등 예전 만주군관학교 시절의 '상사'들에게 초청돼 도쿄를 찾는 장면이 다음과 같이 그려진다.

> 쿠데타로 정권을 잡은 해인 1961년 11월 12일, 박정희는 케네디 미 대통령을 방문하러 워싱턴으로 향하는 길에 도쿄에 잠시 들러 이케

> 다 하야토와 회담했다. 그때 박정희는 "도후쿠(東北) 지방이나 가고시마(鹿児島) 출신 일본인보다 훨씬 유창한 일본어"를 구사하면서 "대일 국교정상화"에 대한 강한 의욕을 나타냈다. 도쿄에 머문 시간은 고작 30시간 남짓했지만, 그동안 박정희는 일본 외무성에 특별히 요청해서 만주국 군관학교 시절의 교관과 동기들을 불러모아 오랜만에 친교의 정을 나누었다. 그런가 하면 기시 노부스케, 이시이 미쓰지로(石井光次郎), 아카기 무네노리(赤城宗徳) 등 자민당 유력인사들과도 만나 고급요정에서 회식을 즐겼다. 그 석상에서 박정희는 "메이지 유신의 지사(志士)가 된 기분으로 나랏일에 임하고 있다. 나는 일본육사 출신으로 강한 군대 양성에는 일본식 교육이 좋다고 생각한다"고 힘주어 말했다. 그의 일본정신 찬미가 도를 지나친 나머지 오히려 일본측 참석자들이 머쓱할 정도였다고 한다. 이처럼 특이한 정신구조를 지닌 박정희의 대일협상에서 두드러지는 특징은, 정식 외교채널보다는 자신의 그런 정신구조를 좋아해 주고 이용하려 드는 일본측 인맥—곧 과거 조선과 만주국 등에 대한 대륙침략을 주도했던 일본 보수파 정치인이나, 검은 베일에 가려진 '막후 괴물'들과의 변칙적인 이면협상을 중시한다는 점이었다.[6)]

그리하여 기시 노부스케와 박정희를 주축으로 한 '그림자 루트'가 구축됐다. 한국측에서는 이것을 어떤 눈으로 보았을까.

> 5 · 16 군사 쿠데타 직후 한일회담의 연내타결 기대감에 부풀어 있던 박정희 정부는 합의내용을 둘러싼 한일 간의 이견과 양국 국내사정으로 인해 타결이 차일피일 미루어지자, 김종필 중앙정보부장을 일본에 급파했다. 김종필은 1962년 11월 12일 오히라(大平) 외무대신과

---

6) 김대중씨 납치사건진상조사위원회 편, 『모든 보고: 김대중 사건』(호루푸 출판사, 1987), pp. 81-82.

메모를 주고받는 비밀회담 끝에 가까스로 조약 체결조건에 관한 합의를 이끌어냈다. 한일회담의 가장 큰 이슈는 대일청구권 문제와 어업문제였다. 한국 군부의 최대 관심사이기도 했던 청구권 문제는 김-오히라 메모를 통해서 무상공여 3억 달러, 재정차관 2억 달러, 상업차관 1억 달러로 합의됐다. 어업문제도 '이승만 라인'으로 불리던 평화선의 폐지와 한국해역 축소 쪽으로 기울어갔다. 이듬해인 1963년 말에 실시된 제5대 대통령선거에서 승리를 거머쥐어 민정이양 후 집권에 성공한 박정희는 정권의 사활을 걸고 반드시 한일회담을 타결시키겠다는 강한 의지를 보이며 1964년 초부터 협상 마무리에 박차를 가했다.[7)]

박정희 군사정부의 등장과 함께 기시 노부스케를 중심으로 한 일본 식민지 지배세력들과 '검은 유착' 관계가 형성되면서 한일회담은 급물살을 탔다. 한편 일본사회당과 총평이 주축을 이루는 일본 노동운동 측은 한일관계의 이런 새로운 전개양상에 대해 반대의 뜻을 표명하고, 한국 군사정권과의 국교정상화에 반대하는 집회와 시위를 유도했다. 필자도 거기에 참여한 적이 있는데, 한일국교수립 반대시위의 규모는 1960년까지 일본열도를 휩쓸었던 안보투쟁과는 비할 바가 못될 만큼 초라했다. 1965년 6월 기어이 체결되고 만 한일기본조약은 한국하고만 국교를 정상화하기로 함으로써 남북한 분단에 쐐기를 박는 역할을 했다. 그러나 일본국민 대다수는 이에 전혀 무관심하다시피 했다.

한편 한국에서는 젊은이들과 학생들을 중심으로 거센 반대운동이 일어났다. 한국의 역사책에서 당시 분위기를 읽어보기로 한다.

군사정권의 음모로 추진된 한일회담에 격렬하게 반대하는 움직임이

---

7) 모쿠세이샤(木犀者) 다카사키 소지(高崎宗司) 역, 『한국민중사 현대편 1945-1980』(1987), p. 175.

전국적으로 확산돼 갔다. 1964년 3월부터 정당과 각종 사회단체 및 애국시민들이 굴욕적인 대일외교 반대 범국민투쟁위원회 등을 결성해 전국유세에 돌입했다. 3월 24일에는 서울대학교 문리학부 교정에서 민족반역적인 한일회담 즉각 중지와 도쿄에 체류 중인 매국 모리배 즉시귀국, 평화선 사수 등을 요구하는 학생집회가 열렸다. 수백 명의 학생들이 운집한 가운데 제국주의 일본과 민족반역자 대표의 인형을 불사르는 화형식이 거행된 데 이어 가두시위가 펼쳐졌다. 5천여 명의 학생과 수만 명을 헤아리는 시민들이 참여한 이 시위는 4 · 19 혁명 이후 최대규모의 집회이자 민정이양 후 최초의 데모로 기록됐다. 군부 지배 이래 계속 축적되어 왔던 부정부패와 사회 경제적 불안, 정보 탄압정치에 대한 반발이 반일감정을 도화선으로 마침내 폭발했던 것이다. 학생들을 앞세운 거국적 반대운동의 열기로 인해, 3월 한일회담 타결, 4월 협정조문 작성, 5월 협정조인이라는 정부측의 계획은 크게 틀어지고 말았다.

그 후 학생운동은 서서히 반정부적 성향을 띠게 되었다. 1964년 5월 20일, 서울대학교 문리학부에 모여든 수천 명의 학생과 시민들은 "5 · 16 군사 쿠데타는 4 · 19 혁명의 민족적, 민주적 이념에 대한 전면적 도전이자 노골적인 민중탄압의 시초였다"라고 선언한 다음, 군부정권이 집권 초기 내걸었던 '민족적 민주주의'는 이미 죽었다는 뜻에서 그 장례식을 거행했다. 이를 계기로 다시금 불붙은 학생운동은 이윽고 6 · 3 학생운동으로 발전했다. 1964년 6월 3일, 서울 시가지를 가득 메운 약 1만 명의 군중은 매국외교를 규탄하며 박정권의 퇴진을 요구했다. 한일회담 타결은 둘째 치고라도 정권의 존립 자체가 위태로워지자, 박정희는 헬리콥터를 타고 청와대로 날아온 주한 미국대사와 주한 미군사령관의 조언을 참고로 이날 저녁 8시를 기해 서울 일대에 비상계엄령을 내리고 대대적인 탄압에 돌입했다. 이날 선포된 비상계엄령 이후 박정희 정권은 반정부시위 진압에 으레 군대를 동원하게 되었다.[8)]

한국의 학생 및 시민들이 일으킨 한일회담 반대운동의 양상은 일본에는 단편적으로만 전해졌다. 그래도 필자는 일본과는 비교도 안 될 만큼 거센 반대가 한국에서 일어나고 있음을 감지했다. 더불어, 1964년 병으로 물러난 이케다 하야토의 뒤를 이어 기시 노부스케의 친동생인 사토 에이사쿠가 총리로 취임한 것이, 한일 국교정상화를 향한 박정희 정부의 노력에 강한 힘을 실어주었다는 사실 또한 알 수 있었다. 한국에서는 이러한 흐름을 다음과 같이 기록하고 있다.

> 군부정권은 국민의 저항을 무력으로 진압하고서 1964년 말부터 한일회담을 재개했다. 1965년 봄에는 한일기본조약과 각종 부속협정이 가조인되었고, 6월 22일에는 마침내 본 조인에 들어갔나. 그리하여 8월 14일, 공화당의원들만이 출석한 가운데 한일협정이 국회에서 비준되었다. 범국민투쟁위원회와 학생운동을 중심으로 한 한국시민들은 조인반대운동, 비준저지투쟁, 비준무효화 투쟁 등으로 격렬하게 맞섰다. 그러나 박정권이 철저한 탄압으로 민중저항을 무력화시킨데다 야당분열로 인해 대중적 투쟁을 계속 이끌어갈 만한 조직적 기반이 취약했기 때문에 결국 그 뜻은 좌절되고 말았다.[9]

일본의 식민지 지배에 대해서는 한 마디 언급조차 않으면서 남북한 분단 현실에 쐐기를 박는 한일기본조약은 이런 식으로 체결된 것이다.

---

8) 위의 책, pp. 175-177.
9) 위의 책, p. 177.

Ⅳ. 대통령선거: 박정희 정부와의 한 판 승부

『세계』지에 게재된 인터뷰에서 김대중씨가 지적했듯이, 박정희 정부는 한일기본조약 강제성립으로 일본의 물심양면 지원을 얻게 됐다. 그리고 이를 디딤돌 삼아 1967년 총선에서 "공개투표, 대리투표, 대량득표, 폭행과 협박 등 대대적인 부정행위가 판치는 투표 결과 여당인 공화당은 개헌에 필요한 의석 수 3분의 2 이상을 확보하는데 성공했다."[10)]

민중들은 삼선개헌을 저지하고자 범국민적 투쟁을 펼쳤으나 결국 1969년 9월, 공화당은 국회에서 삼선개헌안을 단독표결에 부쳐 통과시켰다.

앞에서도 말했듯이 박정희 정부는 삼선개헌을 통해 공공연한 독재체제로 나아가게 되는데, 박정권에게 커다란 불안요소로 다가온 것이 1969년 1월 출범한 닉슨 정부의 아시아 정책이었다. 존슨 대통령이 이끌던 민주당 정권 말기부터 이미 미국은 정치적, 군사적, 경제적 비전을 상실한 상태였다. 베트남 전쟁의 장기화로 미국 내 반전운동은 나날이 격렬해지고, 전선에 파병된 군인들의 사기는 떨어질 대로 떨어져 있었다. 이에 닉슨 대통령은 취임 반 년 후인 1969년 7월 25일 괌에서, 아시아 지역에 대한 미국의 부담을 가급적 줄인다는 취지의 닉슨 독트린을 발표하고 '베트남전의 베트남화' 계획을 내놓는다. '베트남전의 베트남화'란 남 베트남으로 하여금 북 베트남과 맞서 싸우게 한다는 전략이다. 하지만 사실상 남 베트남에는 대전능력도 전의도 없었기 때문에 1965년 이래로 한국군이 미군 대신 투입돼 전투업무를 담당하고 있었다. 1966년까지 베트남에 파병된 한국군인 수는 5만 5천 명에 달했고 베트남전은 한국에게 귀중한 외화벌이 기회가 되었다. 어쨌든 미국 입

10) 위의 책, p. 180.

장에서 볼 때 베트남전은 완전한 실패작이었기에 닉슨 정부는 평화협상을 서둘렀다.

이와 발맞추어 닉슨 정부는 주한미군 감축과 '두 개의 한국 정책', 오키나와 시정권 반환 등에 따른 미국의 부담 줄이기에 나서면서 중국과의 화해방안도 모색했다.

이처럼 미국의 아시아 정책 대전환으로 인해 박정희 정권의 기반이 흔들리고 박정희가 거의 유일한 믿을 구석으로 기시 및 사토 등 일본정부와의 '검은 유착' 관계에 더 한층 의존하던 상황에서, 한국은 1971년 4월 총선에 돌입했다.

당시 상황을 짐작할 수 있는 근거로 1969년에 나온 미일공동성명이 있다. 그해 11월 21일 닉슨 대통령과 시토 총리는 워싱턴에서 회담을 가진 후 공동성명을 발표했는데, 여기에는 '한국조항'이라 해서 "한국의 안전은 일본의 안전에 매우 긴요"하다는 표현이 나온다. 이것은 일본정부가 주한미군의 재정적 부담을 얼마 정도 부담하기로 했으니 주한미군 철수계획은 물린다는 미일 양국의 합의로 해석된다. 실제로 이듬해인 1970년 3월 닉슨 정부는 주한미군 철수 1단계로 1개 사단 2만 2천 명을 한국에서 철수시켰으나 더 이상의 미군 감축은 없었다.

이러한 때에 김대중씨가 야당대표로 대선에 출마했다. 3월 23일에 선거가 공시됐고 그로부터 약 한 달 후인 4월 27일 투표가 치러졌다. 김대중씨가 박정희 정권에 도전장을 내민 한국 대통령선거가 일본에는 과연 어떤 식으로 비쳤을까. 당시 아사히 신문의 보도를 인용해 보기로 한다. 아사히 신문은 선거전 개시 직후인 3월 24일자 조간에 이카리 이키라(猪狩章) 특파원이 전송한 기사를 게재했다. "한국 대선 시작" "야당 추격 어디까지" "조직력에서 앞서가는 여당" "김대중 후보, 긴장 풀고 대항"이라는 네 줄 표제가 달린 여덟 단짜리 기사였다. 표제만 봐도, 자의적으로 헌법을 뜯어 고치고 압도적인 조직력을 과시하면서 대통령 3선 사냥에 나선 박정희 후보에 맞서, 야당 신민당 후보로 나선 김대중이 과연 어디까지 표차를 줄일 수 있을지 다소 회의적으로 보고 있는 시각이 느껴진다. 이카리 특파원은 연달아 한국 뉴스를 전해 왔다. 민주수호 투쟁위원회와 민주수호 전국청년학생연맹을 결성해 군사훈련 반대를 외치며 기동대와 몸싸움을 벌이던 중 수백 수천 명의 학생들이 검거됐다는 소식, 시위 현장에서 시위대가 박정희의 선거유세 차량에 돌을 던졌다는 이유로 연행됐다는 소식 등이었다. 결전의 날이 1주일 앞으로 다가온 4월 20일에는 이런 기사가 실렸다.

> 한국 육군보안사령부는 20일, 그동안 국립 서울대와 사립 고려대를 거점 삼아 북한의 스파이 노릇을 하고 있던 학생 36명과, 부산을 중심으로 노동자와 어민 조직을 결성해 활동하던 스파이 15명 총 51명을 체포해 취조 중이라고 밝혔다. 한국 대통령선거가 거의 막바지에 접어든 무렵 나온 이 발표에 따르면, 대학을 거점으로 움직이던 스파이에게는 군사교련 반대와 박 대통령 삼선 반대 등의 데모를 획책하라는 지령이 내려졌으며, 부산 지역의 스파이에게는 청와대 조리사를 포섭해 정부 요인을 암살하라는 지령 등이 떨어졌다고 한다.

이 기사를 보면, 대선이 코앞으로 다가온 시점에서 자신감을 상실한 박정희 정부가 그 탈출구로 '북한 스파이설'을 유포했음을 알 수 있다. 즉 박 대통령 삼선에 반대하는 학생운동과 김대중 후보의 선거운동을 '북한의 책모'로 묶어 버림으로써 탄압의 근거를 마련한 셈이다.

총선으로부터 2년이 지난 후 김대중씨는 당시 상황을 이렇게 술회했다.

> 그때까지만 해도 저는 국제적으로 무명에 가까웠고, 한국 내에서도 대통령감인지 아닌지 제대로 실력을 인정받지 못하던 상태였습니다. 그런데 선거전이 시작되자 예상을 훨씬 뛰어넘는 많은 국민 분들이 지지와 성원을 보내 주셨습니다. 이슈로 떠오른 선거공약도 전부 야당후보인 제가 제시한 것들이었습니다. 남북교류, 평화통일, 공산

> 권과의 외교, 한반도 전쟁억제에 대한 4대국 보장, 향토예비군 폐지, 대중경제, 수업료 등 의무교육과정의 국민부담 일체폐지 등등, 제가 내놓은 정책들이 전부 화제를 불러 일으켰지요. 여당 측의 주장 중 국민들이 일리 있다고 받아들인 것은 "한국 같은 나라에서는 군대의 지지 없이 정권 안정은 불가능하다. 군대의 지원사격이야말로 한국 대통령에게 요구되는 으뜸가는 자격이다" 라는 것이 유일했습니다. 하지만 그런 군대에서 박정희는 제게 무릎을 꿇었습니다. 재미있는 점은 소위 박정희 근위사단으로 불리던 수도경비사령부에서도 제가 박정희를 앞질렀다는 것입니다. 박정희는 부정선거로 제게 패배를 안겼지만 사실상 패자는 그라는 사실을 모든 국민들이 알고 있었습니다.[11]

이카리 특파원이 전하는 한국의 상황을 다시금 보자. 투표 다음날인 4월 28일자 아사히 신문에는 "박정희 후보 초반 앞서가"라는 표제와 나란히 "분실된 투표용지 2천 매 이상"이라는 표제가 실렸고, "신민당이 일찌감치 경고했던 바대로" 전국 각지에서 "부정투표와 투표 방해" 등이 저질러졌다는 내용이 보도되었다. 그날 석간신문을 통해서는 "무효 및 부정득표 속출!" "김 후보 당사자의 투표도 무효"라는 사실이 밝혀졌다. 그러다가 29일 정오를 넘겨서는 한국 중앙선거관리위원회가 "개표를 모두 마쳤다"면서, "박정희 후보가 약 634만 표를 얻어, 김대중 후보를 약 94만 7천 표 앞질렀다"고 전했다.

김형욱은 1961년 박정희가 일으킨 5 · 16 군사 쿠데타에 참여했고 김종필의 뒤를 이어 한국중앙정보부(KCIA) 부장에 올랐으며 1967년 총선 당시 서독에 머물고 있던 윤이상과 이응로 등 많은 문화계 인사들의 납치사건을 진두지휘하기도 한, 박정희 사단의 핵심인물이었다. 1971년 총선 때 이후락에게 중앙정보부 부장 자리를 빼앗기고 권력의 중심

---

11) 『민주구국의 길: 강연과 논문 1973-1980』, pp. 52-53.

부에서 밀려나 미국으로 망명한 김형욱은, 이후 박정희 정부의 치부를 들추는 폭로자로 변신한다. 김형욱은 1977년 6월 22일에 열린 미국 하원의 프레이저 청문회에서 박정권의 비리 폭로와 함께 이렇게 증언했다. "만약 총선에서 대대적인 부정이나 간섭이 없었다면 김대중 후보가 대통령으로 선출됐을 것이다."[12)]

김형욱은 1979년 10월 7일 파리에서 홀연히 종적을 감추었는데, 그의 실종을 두고 박정희 정권에게 암살당한 것이라는 추측이 유력시됐다. 그는 자신의 유서라고도 할 수 있는 회고록 『권력과 음모』에, "박정희의 김대중 말살계획이 행동화되기 시작한 것은 적어도 1971년 4월 28일 동틀 무렵, 다시 말해 제7대 대통령선거 개표가 완전히 끝나기도 전이었다"고 기록했다.[13)]

V. 유신헌법체제와의 투쟁

대통령선거에 이어 1971년 5월 25일에는 제8대 국회의원 선거가 실시됐다. 이 선거에서 여당인 민주공화당은 과반수를 넘는 123석을 얻었지만, 야당 신민당이 개헌 저지에 필요한 마지노선인 65석보다 훨씬 많은 85석을 획득함으로써 전세는 다시금 여당 쪽에 불리하게 기울었다. 그 와중에 김대중씨의 목숨을 노린 교통사고가 일어났다. 전국 각지를 돌며 유세 중이던 김대중씨의 승용차를 느닷없이 대형 트럭이 들이받은 것이다. 운전수가 재빨리 핸들을 꺾은 덕분에 구사일생으로 목숨은 건졌으나, 이 사고로 김대중씨는 영영 오른쪽 다리를 잘 못쓰게

12) 『모든 보고: 김대중 사건』, p. 51.
13) 김형욱, 『권력과 음모』 일본어역(고도출판(合同出版), 1980), p. 231.

되었다.

한편 1969년에 취임한 닉슨 미국 대통령은 그해 7월 '괌 독트린=닉슨 독트린'을 발표하면서 미국의 재정적 부담을 덜기 위해 긴장완화 정책으로 선회한다는 뜻을 밝혔다. 이에 따라 베트남전 종결, 미-중 수교, 두 개의 한국 정책, 주한미군 감축 등, 미국의 대외정책에 대대적인 변화가 나타났다. 1971년 총선에서 남북화해를 주장한 김대중 후보를 힘겹게 누르고 재선에 성공한 데다 닉슨 정부의 이러한 정책 전환에 불안감을 느낀 박정희 정부는, 정권유지를 위해 남북 접근정책을 펼치기 시작했다.

1972년 2월, 남북 적십자 간에 처음으로 실무자 회담이 열린 데 이어 6월 5일에는 남북 적십자회담 예비회의를 통해 본회의의 의제를 정했고, 6월 16일에는 본회의 의제를 최종 확인했다. 그 사이 비밀리에 평양을 방문한 이후락 중앙정보부장이 5월 2일 김일성 주석 등과 회담을 했고, 5월 26일 김일성 주석은 '남북조선 통일정책'을 제시하였다. 5월 29일에는 박성철 북한 제2부수상이 비밀리에 서울을 찾아 박정희 대통령, 이후락 중앙정보부장과 회동했다. 그리고 7월 4일에는 '조국통일 3원칙'으로 구성된 남북공동성명(7 · 4 공동성명)이 발표되었다.

김대중씨는 "한국의 역사를 뒤바꿀 중대한 문제를 국민의 합의도 거치지 않고 박 대통령과 중앙정보부 부장 단 둘이서 추진"한 것에 대해, "이런 식으로 일을 처리하는 것은 국민의 이득과 국민의 뜻에 반하는 짓이며, 이를 실행에 옮길 경우 돌이킬 수 없는 사태에 빠질 우려가 있다"고 생각했다. 그래서 7 · 4 공동성명 발표 이후, 조국통일의 취지에는 찬성하되 이와 관련해 염려되는 점들을 지적한 성명을 냈다. 그 내용은 "첫째, 국가비상사태 선언 및 같은 시기에 공포한 국가보위법의 즉각 철폐", "둘째, 민주적 내정정책", "셋째, 다음 대선에 박정희 불출마 및 정권 위양(委讓) 공약"을 속히 단행하라는 것이었다. 이 기자회견에서 김대중씨는 "남북한 UN 동시가입"이라는 제안을 한국 최초로 내놓았다.[14)]

7·4 공동성명으로부터 3개월이 흐른 10월 17일, 김대중씨가 우려하던 일이 끝내 터지고 말았다. 박정희 대통령은 전국에 계엄령을 내린 다음 국회해산, 정치활동 금지, 헌법의 일시 정지 및 신 헌법 제정, 비상각의에 의한 입법 등을 특별 선언했다. 이는 김대중씨가 예상했던 코스로, 박정희 독재체제 강화를 위한 쿠데타에 다름없었다.

이때 김대중씨는 지난해 국회의원 선거유세 도중 교통사고를 위장한 암살미수 사건으로 다친 다리의 치료차 10월 11일부터 9일 예정으로 일본에 체류 중이었다. 한국의 소식을 접한 그는 즉시 귀국하고자 했으나 "지금 돌아오면 위험하니 당분간 일본에 머물러 있으라"는 한국 내 지인들의 충고를 따르기로 했다. 김대중씨는 새삼 각오와 결의를 다지며 10월 18일 다음과 같은 유신 반대성명을 발표했다.

〈성명서(유신체제에 대해)〉

박정희 대통령의 이번 조치는 통일을 내세워 자신의 독재적 종신집권을 노리는 경악할 만한 반민주적 조치다.

이는 완전히 헌법에 위배되는 행위임과 동시에, 한국 내 민주적 역량의 성장을 통해 북한과 호각을 이루는 입장에서 하루라도 빨리 조국통일을 달성하고자 하는 국민들의 염원을 무참히도 짓밟는 행위다.

나는 박정희 대통령의 행위가 국제여론으로부터 준엄한 비판을 받기를 바라며, 민주적 자유를 열망하고 이승만 독재정부를 타도한 위대한 한국민의 힘에 의해 (그의 의도가) 반드시 완전한 실패로 끝날 것임을 확인하는 바이다.

1972년 10월 18일

도쿄 김대중[15)]

---

14) 김대중, 『나의 자서전: 일본에 전하는 메시지』(일본방송출판협회, 1995), p. 332.

15) 위의 책, p. 339.

이 성명을 낸 후 김대중씨는 일본과 미국의 정치인들을 만나 한국의 민주화 및 남북 평화통일에 관한 비전을 설명하고 지지를 얻는 활동에 전념하기로 결심한다. 당장 실행에 들어간 그는 미국과 일본을 분주히 오가는 생활을 했다. 11월 13일 미국으로 건너가 에드워드 케네디 상원의원, 마이크 맨스필드 상원의원, 휴 스코트 공화당 의장을 비롯해 하버드 대학의 에드윈 라이샤워 교수와 제롬 코헨 교수 등을 만나 이야기를 나누었고, 1973년 1월 5일 일본으로 돌아왔다.

1972년 10월 11일 일본입국 당시에는 한국국회의원 여권과 비자가 있었지만, 한국 국회해산으로 비자도 무효가 되어 버렸다. 그래서 일본 재입국 시에는 가나야마 마사히데(金山政英) 전 주한 일본대사가 신원 보증인으로 나서 60일짜리 비자를 발급해 주었다.

일본에서는 아시아 아프리카 연구회의 주재자인 우쓰노미야 도쿠마 의원이 회원 수십 명을 소집해 김대중씨의 강연을 청했다. 우쓰노미야 의원은 저서 『일본은 새로운 멍을 만들지 마라—한일 정상화를 위한 제안』의 서문에서, 김대중씨를 처음 만났을 때 받은 인상을 다음과 같이 회고한다.

> 망명과 다름없는 처지로 일본에 체류 중이던 김대중씨를 처음 만난 것은 11월 6일이었다. 한국문제에 대한 나의 기본적 자세는 한국민족 전체와 우호관계를 수립하자는 것이다. 이제까지 조선민주주의인민공화국은 세 차례 방문한 적이 있으나 한국에는 가보지 못했다. 한국의 정치인인 김대중씨를 만날 수 있었던 것은 한국민족 전체와의 우호라는 나의 원칙에 비추어 지극히 큰 행운이었으며, 그 한 번의 만남으로 우리는 평생의 지기가 되었다. 휴전선의 긴장을 풀고 한국민에게 자유를 되찾아주어야 한다는 그의 주장은 나의 원래 주장과도 합치되며, 북한 김일성 주석의 생각과도 같았다. 이 두 사람이라면 남북 평화통일의 로드 맵을 놓고 진솔하고 허심탄회한 이야기를 나눌 수 있으리라. 이 두 사람의 만남이 성사된다면 UN 가입, 주

한미군 문제, 평화협정과 불가침조약 문제, 남북교류 등에 대해서도 이견은 이견으로 인정하고 일치점을 찾아낼 수 있을 것이다.[16)]

우쓰노미야가 이 서문을 쓴 것은 1974년 12월이다. 그로부터 26년이 지난 2000년 6월 15일; 서문에 담긴 바람은 현실로 이루어졌다. 김대중 대통령과 김일성 주석의 아들인 김정일 국방위원장이 남북정상회담에 임한 것이다. 병상에서 그 광경을 지켜본 우쓰노미야는 이제 여한이 없다는 듯 7월 1일 향년 93세로 영면에 들었다.

다시 26년 전으로 돌아가자. 김대중씨는 1973년 3월 다시 미국으로 떠났다가 그해 7월 13일에 일본으로 돌아왔다.

VI. 일본 재입국과 납치

당시 외무성 아시아국 참사관이었던 나카에 요스케(中江要介)는 1973년 8월 29일 열린 참의원 외무위원회에서, 김대중씨의 일본 입국 이전 및 입국시의 상황을 이렇게 설명했다.

비자가 없으셔서 법무대신의 상륙특별허가에 따라 일본상륙 허가를 받으셨습니다. 먼저 20일간의 체류자격이 주어졌고, 이후 세 차례에 걸쳐 체류기간을 갱신하셨습니다. 3월에 미국으로 출국하셨는데 김대중씨의 여권 유효기간은 2월 27일로 만료되기 때문에 적십자 국제위원회 주일대표사무소에서 발급한 신원증명서를 받으셨습니다. 미

16) 우쓰노미야 도쿠마, 『일본은 새로운 멍을 만들지 마라: 한일 정상화를 위한 제안』(닛신출판부(日新出版部), 1974), p. 112.

> 리 준비하셨던 재입국 허가증과 적십자 국제위원회의 신원증명서를 가지고 7월 10일에 일본으로 들어오셨다고 들었습니다.[17)]

이번 개헌안은 한마디로 말해서 독재적 군림과 영구집권의 야망에 불탄 박 대통령의 목적을 달성시키고, 직접선거로는 도저히 승리할 가능성이 완전히 없어진 그의 완벽한 당선을 노린 일종의 총통제 개헌이다. 이에 따라 그가 작년 대통령 선거 당시 자신의 3선을 국민에게 호소하면서 '이번이 마지막'이라고 말한 국민과 세계에 대한 공약은 휴지조각이 되고 말았다. 나는 선거 당시 "만약 이번에 평화적으로 정권교체가 되지 않으면, 박 정권의 교체 가능성은 완전히 말살되며 가공할 만한 총통제 시대가 온다"라고 되풀이 경고했는데 불행하게도 이 예언이 적중했다.

지난 1월 때와 마찬가지로 이번에도 가나야마 전 주한 일본대사가 신원보증인이 되어 주었다. 가나야마 전 대사가 김대중씨의 신원보증인이었다는 것은 김대중씨의 신원, 곧 안전과 인권에 대한 책임이 가나야마 개인을 넘어서 일본정부에 있다는 사실을 의미한다.

일본에 들어온 김대중씨는 늘 3중의 감시하에 놓여 있었다. 하나는 일본경찰이요, 또 하나는 한국중앙정보부(KCIA)며, 마지막 하나는 재일한국대사관원이자 KCIA 요원인 김동운(본명 김병찬)의 의뢰를 받은 밀리언 자료서비스회사의 쓰보야마((坪山)와 에무라(江村)였다. 이 둘은 일본 자위대 출신으로 퇴직 당시 계급은 각기 소령(三佐)과 하사관(二曹)이었다.

김대중씨는 마침 일본에 있던 라이샤워 하버드대 교수로부터 하버드대학 특별연구원 초청을 받았다. 그는 조심스럽게 거처를 수시로 옮겨가면서 일본의 정치인과 저널리스트들을 만났는데, 『세계』지와의 인터뷰도 이 무렵 이루어졌다. 그러던 중 1973년 8월 8일 오전 11시경,

---

17) 1973년 8월 29일자 중의원 외무위원회 의사록.

김대중씨는 도쿄 도심에 자리 잡은 호텔 그랜드팔레스를 찾았다. 그 호텔 22층 2212호실에 묵고 있던 한국 민주통일당 당수 양일동 의원을 만나기 위해서였다.

12시 조금 지나 역시 예전부터 알고 지내던 사이인 김경인 의원이 합세했고, 세 사람은 함께 식사를 했다. 오후 한 시쯤 김대중씨가 양일동 의원에게 작별인사를 하고 김의원과 함께 2212호실을 나서는 찰나, "2210호실에서 세 사람, 2215호실에서 세 사람이 나오더니 우리를 둘러쌌다. 그중 두 명이 김경인 의원을 2212호실로 밀어 넣었고 나머지 넷은 나를 2210호실로 끌고 갔다. 그들은 나를 방에 감금하고 테이블 위에 눕혔다. 눈과 입을 막고 마취제 같은 것을 들이마시게 했다. 의식이 몽롱해졌지만 완전히 마취된 것은 아니었다. 얼마 후 두 남자가 내 양팔을 부축해 방에서 데리고 나가 엘리베이터에 탔다."[18)]

지하주차장까지 끌려간 김대중씨는 대기하고 있던 스카이라인 2000 시나가와 55 모 2077 승용차 뒷좌석에 강제로 태워졌다. 납치범들이 그를 끌고 사라진 후, 현장에서 일곱 점의 유류품이 발견됐다. ① 영양제인 신(新) 글로몬트 드링크제 병(속에는 마취제 페노바르비탈 용액이 3분의 1 가량 남아 있었음). ② 32구경 권총용 실탄 7발이 든 탄창(3발은 미국 레밍튼사 제조품, 4발은 스미스 앤 웻슨사 제조품). ③ 드류 잭(등산용 배낭) 2개. ④ 키스링(등산용 배낭) 1개(갈색). ⑤ 로프(13미터). ⑥ 대형 갈색봉투. ⑦ 외국산 담배(켄트, 폴몰 30개비) 등이다.[19)]

이들 유류품은 김대중씨를 덮쳐 2210호실로 끌고 간 범인들이 그를 마취제로 재운 뒤 살해하고 시체는 토막 내어 가방에 나눠 담은 채 운반할 계획이었다는 추리를 뒷받침하기에 충분했다. 그런데 납치 현장을 김경인 의원이 목격하는 바람에 계획이 틀어졌다. 살해계획을 변경해 일단 김대중씨를 호텔 밖으로 끌고 나온 범인들은 대기 중이던 승용

18) "김대중 진술조서," 『마이니치 신문』, 1973년 9월 1일자 석간.
19) 『모든 보고: 김대중 사건』, p. 213.

차에 그를 태우고 서쪽으로 내달렸다.

김대중씨 납치 소식을 접하고서 가장 기민하게 움직인 사람은 우쓰노미야 의원이었다. 우쓰노미야는 논문 「김대중 사건의 허구와 진실」에서 당시 상황을 이렇게 전하고 있다.

> 8월 8일 두 시 조금 넘었을 때 김대중씨 납치사건을 알리는 김경인 의원의 전화를 받았다. 나는 정적(政敵)이 꾸민 정치적 살해 음모임을 직감했다. 당장 경찰에 전화를 걸까 하다가 '아니지. 지난번에 기무라 도시오(木村俊夫) 대의사(代議士. 기무라 도시오는 사토 내각에서 관방장관을 역임한 인물)가 8일 오후 2시에 김대중씨하고 만나기로 했다잖아. 혹시 기무라 의원 만나러 간 거 아닐까? 공연히 일을 시끄럽게 만들면 안되지.' 하고 생각을 고쳐먹고, 일단 기무라 의원에게 연락을 해봤다. 만나기로 한 장소에 김대중씨가 아직 안 나왔다고 한다. 김대중씨 신변에 변고가 일어난 게 분명하다는 판단이 들어 경시청 경비부장에게 긴급수배를 부탁하고 니카이도(二階堂) 관방장관에게도 전화를 넣었으나 마침 자리를 비운 상태였다. 그래서 고토다(後藤田) 관방부장관에게 중대한 일이므로 수사를 독려해 주십사 부탁했다. 두 당국자는 긴급수배에 들어가겠다고 약속했다. 그런 후 비서인 무라카미(村上)를 현장에 급파했다. 비서가 도착했을 때는 아직 경찰들이 깔리기 전이었기 때문에, 그와 거의 동시에 도착한 김대중씨의 비서에게 110번으로 긴급전화를 걸게 했다.[20]

다시 말해, 김경인 의원에게서 김대중씨 납치소식을 듣고 신속하게 수사 지시를 내린 것은 일본정부도 경찰도 아니라 우쓰노미야 의원이었다. 경찰은 그의 지시에 따라 사건수사에 나선 것이다. 우쓰노미야의 기록은 다음과 같이 이어진다.

---

20) 『일본은 새로운 멍을 만들지 마라: 한일 정상화를 위한 제안』, pp. 35-36.

> 보고를 듣고 난 후 나는 즉시 다카하시(高橋) 경찰청 장관에게 전화해 전국의 공항과 미군기지 공항에 긴급수배를 내려달라고 요청하고, 하네다(羽田)공항 경찰서장에게도 직접 전화해 출국자 명단 확인을 의뢰했다. 그리고 나서 재일한국거류민단 도쿄 본부 간부와 함께 다나카 법무대신을 찾아가 사건에 관해 대략 설명한 다음 인도적인 관점에서, 그리고 국가주권의 견지에서 엄밀히 수사해 달라고 요청했다. 에사키(江崎) 국가공안위원장에게도 전화를 걸어 내가 알고 있는 한도 내에서 최대한 자세히 상황을 설명하고 도움을 청했다.[21]

이처럼 우쓰노미야 의원은 원래대로라면 응당 일본총리가 했어야 할 일을 자신이 직접 나서서 신속하고 정확하게 처리한 것이다.

VII. 청람회(青嵐会)의 모략

김대중씨를 납치한 범인들을 한시라도 빨리 체포해 그의 안전과 자유, 인권을 지킴과 동시에 일본의 주권도 지키고자 우쓰노미야 의원이 동분서주하고 있던 8일 밤, "기묘한 정보"가 귀에 들어왔다.

> 이날 늦은 밤 양일동 민주통일당 당수를 만나러 김대중씨 납치 현장인 그랜드팔레스 호텔 22층으로 갔더니, 경시청 외사과(外事課) 직원이 양일동씨를 붙들고 계속 사건상황을 캐묻고 있었다. 아래로 내려가 호텔 로비에서 시오타니(塩谷) 의원하고 한숨 돌리고 있던 중 신문기자들로부터 실로 기묘한 정보를 들었다. 이 사건은 김대중씨의

---

21) 위의 책, p. 36.

자작극으로, 내일이면 아시아 아프리카 연구회에 나타날 것이라는 소리였다. 김대중씨한테 이런 일을 꾸밀 이유가 없을뿐더러 사기 따위와는 거리가 먼 인품의 소유자라 믿었기에 그럴 리 없다고 딱 잘라 말했다. 한쪽으로는 '차라리 저 말이 사실이라면! 아무렇지 않은 모습으로 내일 연구회에 나온다면 얼마나 좋을까' 하는 마음도 들었다. 하지만 아무래도 그런 일은 없을 것 같아서 양일동 의원에게 대신 연구회에 참석해서 사정 설명이라도 해주십사 부탁을 드렸으나 거절당했다. 다음날인 8월 9일 두 시, 24명의 의원이 참석한 가운데 아시아 아프리카 연구회가 열렸으나 물론 김대중씨는 끝까지 나타나지 않았다. 서울에서 가진 기자회견에 따르면 그 무렵 그는 발에 무거운 추가 달린 채 바다 위에 있었다고 한다.[22]

우쓰노미야는 김대중 자작극설이 초동 수사를 지연시키고 수사를 방해하려는 목적에서 의도적으로 유포된 거짓정보가 아닐까 의심을 품게 된다.

이번 사건을 통틀어 가장 희한하다 싶은 점은, 김대중 자작극설이 사건 초기부터 끈질기게 입에 오르내렸고 현재까지도 완전히 사라지지 않고 있다는 것이다. 이러한 자작극설 혹은 조작설 때문에 수사의 초점이 흐려졌고 초동 수사도 지체된 게 아닌가 의심스럽다. 이 때문에 김대중씨를 찾아내는 것이 늦어져 그를 잃게 되면 어쩌나 하는 두려운 마음에서, 에사키 공안위원장과 다카키 경찰청장관에서 수 차례 전화로, 혹은 직접 만나서 정황상 자작극설은 근거가 희박하다고 주장했다. 어느 시점에서부턴가 수사가 본격적인 궤도에 오르긴 했으나 자작극설 때문에 수사에 많은 혼란이 빚어졌다는 것은 부인할 수 없는 명백한 사실이다.[23]

---

22) 위의 책, p. 37.

김대중 자작극설을 의도적으로 유포한 주체는 자민당 내 강경파(매파)인 청람회였다. 청람회는 김대중 납치사건 발발 직전인 1973년 7월, 이시하라 신타로(石原愼太郎), 나카가와 이치로(中川一郎), 모리 요시로(森喜朗), 하마다 고이치(浜田幸一), 와타나베 미치오(渡辺美智雄), 와타누키 다미스케(綿貫民輔), 야마사키 다쿠(山崎拓) 등 자민당 우파 31명이 창설한 우익정책집단으로, 다나카 가쿠에이 총리가 이끈 중일수교에 대한 반발과 일본 공산당의 세력확장에 따른 위기감에서 조직되었다. 청람회라는 이름을 지은 것은 이시하라 신타로며, 설립취지서에는 "무익한 논의에 빠지는 일 없이 목숨 걸고 실천한다"라는 말과 함께 손가락을 베어 찍은 이들의 지장이 남아 있다. 취지문에서 알 수 있듯이 청람회는 정책집단이라기보다는 실력행사 집단에 가까웠다. 실제로 이 그룹은 일본 정가의 폭력집단으로 통했는데, 이후 기시 노부스케와 후쿠다 다케오(福田赳夫)의 비호를 등에 업고 자민당 주류를 이루게 된다.

청람회는 온건파(비둘기파)인 아시아 아프리카 연구회와는 성격이 정반대였다. 중국보다 대만정부를 지지하는가 하면, 한반도에서는 박정희 군사독재정권에 힘을 실어주고 있었다. 그러니 박정희 정부의 음모로 납치당한 김대중씨의 사건 수사를 훼방하려는 뜻에서 그런 허위정보를 흘렸을 것이라는 우쓰노미야의 분석은 정곡을 찌른 것이라 할 수 있겠다.

1976년 후쿠다 정권이 들어서고 나카가와 이치로가 농림부 대신으로 내각에 입성하는 등 핵심멤버들이 자민당 주류로 편입됨에 따라 청람회는 점차 해체되어 갔다. 나카가와가 후쿠다의 뒤를 이어 자민당 총재 경선에 출마하겠다는 뜻을 밝히자 청람회의 잔존세력들은 최대한 그를 밀어 주려 했다. 하지만 나카가와는 총재 경선에서 참패했고 1983년 스스로 목숨을 끊는 길을 택했다.

---

23) 위의 책, pp. 37-38.

그런 와중에 다나카 전 총리의 록히드 스캔들(1976)이 터지면서 자민당은 부정부패의 상징으로 떠오르게 되었다. 이에 금권정치라는 악습의 고리를 끊겠다는 일념으로, 아시아 아프리카 연구회 회장인 고노 요헤이(河野洋平) 이하 니시오카 다케오(西岡武夫), 야마구치 도시오(山口敏夫), 고바야시 마사미(小林正已), 아리타 가즈히사(有田一寿) 등 6명은 자민당에서 탈당해 신자유클럽을 결성했다. 우쓰노미야 의원도 김대중씨 납치사건 및 록히드 뇌물사건을 다루는 자민당의 처리방식에 맹렬한 비판을 가했다. 그는 록히드 스캔들의 진상규명에 앞장선 미키 총리를 끌어 내리려는 당의 작태에 염증을 느껴, 자민당 탈당과 함께 중의원의원직에서도 물러났다.

이처럼 김대중 납치 사건은 자민당 정권의 고질적 부패를 들추는 계기가 되었다. 그런데 사실 부패한 것은 자민당뿐만이 아니었다. 일본 정치와 관료들, 곧 일본의 행정 전체가 썩을 대로 썩어 있었던 것이다. 외면하고 싶어도 짚고 넘어가지 않을 수 없는 현실이니, 김대중씨 납치 당시로 되돌아가기로 한다.

Ⅷ. 용금호 선상에서 처음으로 예수 그리스도에게 부탁 "살려 주세요"

김대중씨를 실은 한국영사관 승용차는 고속도로를 타고 서쪽으로 내달렸다. 오오쓰(大津)와 교토(京都)를 지나 당도한 곳은 고베시 히가시나다구(神戸市東灘区)에 위치한 엑셀 오카모토라는 맨션 302호로, 범인들은 이곳을 '안가(安家, 한국 중앙정보부의 安全家屋을 의미)'라 불렀다. 오사카 한국 총영사관의 박종화 영사가 쓰는 집이었다.

김대중씨의 진술에 따르면 "이 집에 한 시간 가량 머물렀는데, 출발전 범인들은 내 몸을 뭔가로 둘둘 싸고 손발을 묶었다. 구두도 벗기고 운동화로 갈아 신겼다. 다시 차를 타고 가다가 한 시간쯤 후에 해안에 도착했다. 그때가 아마 8일 밤 11시쯤일 것이다. 모터보트를 타고 한 시간 가량 이동해 큰 배에 옮겨 탔다"고 한다.[24)]

김대중씨 납치사건 진상조사위원회의 조사에 의하면, 김대중씨는 안가(安家)에서 요트항(港)(西宮市鳴尾港)으로 이동한 다음, 376마력짜리 고속정 야마하 28CR에 태워져 연안에 대기 중이던 한국정보부 공작선 용금호로 옮겨진 것으로 추측된다.[25)]

다시 김대중씨 본인의 진술을 들어보자.

> 꽤 큰 배인 모양으로 양 옆으로 흔들리지도 않았다. 1000마력 이상은 되는 배인 것 같았다. 배에 타자 눈과 입을 막았던 테이프는 떼어 주었지만 손은 머리 위에 깍지 낀 형태로 다시금 꽁꽁 묶고 오른팔에 추를 매달았다. 양 발도 묶고 50킬로그램은 족히 되는 무거운 추를 달았다. 범인들은 "던질 때 풀리지 않게 잘 묶어라." "담요에 싸서 던지면 떠오르지 않는다더라." "상어" 등등의 얘기를 주고 받았다. 말에서 경상도 지방 악센트가 묻어났다. 이제 곧 바다에 수장되겠구나 싶었다. 예수 그리스도에게 늘 기도는 드렸지만 이제껏 개인적인 부탁을 드린 적은 없었다. 이때 처음으로 나는 "살려 주십시오" 하고 간절히 빌었다. 이대로 죽으면 국민들의 기대에 부응하지 못한다는 안타까움도 들었다.
>
> 세찬 엔진소리와 함께 배가 출발했을 때 "비행기" 하는 소리를 들었다. 해상자위대 아니면 미군비행기라고 했는지도 모르겠다. 기분 탓인지 하늘에서 빨간 불이 깜빡깜빡 거리는 것 같기도 했다. 그 이후로 나를 죽이려는 낌새는 더 이상 보이지 않았다. 이제 살았구나 생

24) 『모든 보고: 김대중 사건』, p. 219

25) 위의 책, p. 223.

각했다.[26]

김대중씨의 진술을 곧이곧대로 받아들인다면, 그가 바다에 내던져지기 직전인 위기일발의 순간에 소형비행기 혹은 헬리콥터가 나타났고, 살인계획을 중지하라는 지령이 납치범들에게 떨어진 것으로 보인다. 그때 시각이 8월 8일 자정을 넘긴 늦은 밤으로 김대중씨 납치 소식이 일본과 미국정부에 전해진지 10시간도 더 지난 시점이었으니, 그럴 마음만 먹는다면 비행기든 헬리콥터든 충분히 띄울 수 있었을 것이다. 현장에서 비행기 혹은 헬리콥터 출현의 증거가 발견되지 않은 것은 그 사실을 공공연히 알리기 곤란한 양국 정부의 입장 탓이리라. 따라서 필자는 그야말로 기적적으로 죽음을 모면했다는 김대중씨의 진술을 사실이라고 믿으며 또 믿어야 한다고 생각한다.

그렇게 위기를 넘긴 김대중씨는 8월 13일 밤 서울 동교동 자택 근처에서 겨우 풀려났다. 그가 상처투성이 몸을 이끌고 살아 돌아왔다는 소식을 듣자마자 자민당 아시아 아프리카 연구회 소속 이시이 하지메(石井一) 대의사 등 의원 세 명이 자택으로 달려가 김대중씨를 만났다. 현 참의원의원인 이시이 씨는 2009년 4월 입을 열어, 김대중씨를 문안했던 당시 상황을 생생하게 전했다.

IX. 납치사건의 본질과 한일 양국 정부의 은폐공작

김대중씨 납치사건은 시간의 흐름에 따라 세 가지 국면을 거쳤다. 첫 번째 국면은 1973년 8월 8일 오후 한 시경 도쿄 그랜드팔레스 호텔 22

26) 위의 책, pp. 226-227.

층에서 한국정보부 공작원 6명에게 납치됐다가, 사건 닷새 만인 13일 심야 초췌한 모습으로 서울 자택에 돌아오기까지의 기간이다. 그 사이 그는 두 차례 죽음의 위기를 맞았다. 유류품으로 미루어보건대, 범인들은 2210호실에서 그를 바로 살해할 계획이었으나 배웅 차 나온 김경인 의원이 납치 현장을 목격하는 바람에 당초 계획을 변경했다. 김 의원 덕분에 김대중씨는 일단 위기를 면한 것이다. 두 번째 위기는 납치 당일 밤에 찾아왔다. 용금호 선상에서 바다에 수장될 뻔했는데 때마침 나타난 비행기 덕분에 이 계획 역시 중단됐다. 그리하여 김대중씨는 상처투성이가 된 몸으로 간신히 살아 돌아올 수 있었던 것이다. 이 납치사건은 1971년 총선 이후 한국 민주화의 선봉장으로 나서 사사건건 현 체제에 반기를 들었던 김대중을 제거하고자 박정희 정부가 꾸민 짓이 분명했다.

두 번째 국면은 김대중씨의 생환 후 1차적으로 사건에 관한 정치적 마무리가 지어진 그해 11월 2일까지다. 그 기간 동안 한일 양국정부는 사건의 본질을 은폐하고 김대중씨를 자택연금 시키는 등 사건을 무마시키려 들었다. 김대중씨가 돌아온 다음날인 8월 14일, 각료회의에서 에사키 국가공안위원장이 한 발언이다. "외무성을 통해서 김대중씨의 일본 재입국을 한국정부에 요청한다. 이것이 안 될 경우는 담당 공무원을 서울로 파견에 사건경위를 청취한다. 이마저 안 될 경우는 한국 측의 수사경과를 수시로 보고받도록 한다." 공안위원장의 이 같은 소극적인 태도를 보아 할 때, 일본정부는 처음부터 김대중씨의 일본송환은 포기한 것이나 다름없었다. 9월 5일에 사건현장에서 한국대사관 일등서기관인 김동운의 지문이 검출되자 일본정부는 그의 신병인도를 요구했으나 김동운은 이미 한국에 들어간 뒤였다. 9월 7일 열린 중의원 본회의에서 사건 후 처음으로 각 당 대표 질문이 이루어졌는데, 요네다 토고(米田東吾) 사회당 의원의 질문에 다나카 총리는 이렇게 대답했다.

> 향후 새로운 한일관계를 어떻게 할 것인가, 한일관계 및 한국경제원

> 조 중단 문제 등등에 관한 발언이 나왔습니다만, 이번 사건의 진상을 규명하고 국내외적으로 납득할 만한 해결책을 모색하는 것이 우리 일본정부의 기본방침이라는 점은 익히 말씀 드린 바와 같습니다. 정부는 한국과의 우호관계 유지가 불가피하다고 여기고 있으며, 한국에 대한 기본정책을 바꿀 뜻은 없습니다. 한국에 대한 경제원조는 한국 민생안정을 위한 것이지 특정 정권의 옹호를 위한 것은 아닙니다.[27)]

이후로 "한국과의 우호관계 유지"라는 기본방침에 입각해 사건을 해결하고자, 가네야마 마사히데(金山正英) 전 주한 일본대사를 비롯해 기시 노부스케, 이시이 미쓰지로, 야쓰기 가즈오(矢次一夫) 등 한일협력위원회 위원들과 마에다 요시노리(前田義德) NHK회장, 히야마 히로(檜山広) 마루베니(丸紅) 상사 회장 등이 밀사로 한국을 방문했다. 그 해 11월 1일 김용식 외무장관은 기자회견에서 "김대중 납치사건을 둘러싼 일본정부와의 외교적 충돌이 마무리됐다"는 말과 함께 다음 내용을 전했다.

> 1) 김동운 주일 한국대사관 일등서기관은 이번 사건의 관여 의혹이 짙으므로 면직하며, 수사 결과에 따라 법적인 책임을 묻는다.
> 2) 향후 국외에서 김대중이 한 언행에 대해서는 반국가적 언행이 아닌 이상 추궁하지 않는다.
> 3) 김종필 총리가 일본을 찾아 직접 사과하고 사정을 설명한다.

다음날인 2일, 박정희 대통령의 친서를 들고 방일한 김종필 총리는 다나카 총리와 만나 "외교상 모든 일이 매듭지어졌음을 확인했다"고 발표했다. 과연 양국 정부 간에 어떤 협상이 이루어진 것일까.

---

27) 위의 책, p. 266.

그로부터 약 32년의 세월이 흐른 2006년 2월 6일, 한국정부는 약 1만 7천 페이지 분량에 이르는 과거 외교문서(1952~1974) 191건을 공개했다. 그중에는 1973년 11월 2일 다나카-김종필 사이에 오간 회담 기록 13페이지도 있었다. 당시 마이니치 신문 서울 특파원으로서 김대중 납치사건을 추적하고 있던 후루노 요시마사(古野喜政)가 쓴 논문에서 그 일부를 인용하기로 한다.

〈1973년 11월 2일(금요일) 오후 2시 반~3시 45분 한국정부 외무부문서〉

- 다나카 가쿠에이: 한국정부의 발표를 보고 한국 측의 성의를 높이 평가하며, 오늘 아침 각료회의에서 이로써 김대중 사건은 일단락 짓기로 정식승인을 얻었습니다. 미온적인 처리라고 항의하는 대신도 있었습니다. 특히 다나카 법무대신에게는 단단히 일러 두었습니다. 저로서는 몇몇 가지 사항을 확실해 해두어야 합니다. (써온 내용을 읽듯이)
  첫째, 수사는 한일 양국이 힘을 합쳐 계속해야 한다. (둘째는 생략) 셋째, 수사가 추진돼 김동운의 행위에 공권력 개입 사실이 판명될 경우는 새로이 문제를 제기할 수밖에 없다. 넷째, 김동운에 대한 수사는 그의 체포 및 기소 등을 포함한다.
- 김종필: 지금 하신 말씀은 이 말대로 하겠다는 뜻입니까, 아니면 '다테마에(建前: 표면상 방침 혹은 겉으로 해두는 말—역자주)'입니까?
- 다나카: 다테마에입니다.
- 김종필: 방금 하신 말씀은 새로운 내용이 아니라 일단 '다테마에'로 하신 말씀으로 이해하겠습니다.
- 다나카: 김 총리님도 진작부터 잘 아시다시피, 저하고 오히라 외무대신은 김대중 납치사건을 이유로 한국에 대한 기본정책을 변경해서는 절대 안 된다고 주장해 왔습니다. (중략) 그(김대중)는 일본에 오지 않으리라 봅니다. 어쨌든 그 사람이 일본에 안 왔으면 좋

겠습니다.

• 김종필: 일본 측 수사본부는 어떻게 하실 셈입니까?

• 다나카: 수사본부는 서서히 해산시킬 겁니다. 당장 없앨 수는 없잖습니까? 그러니 미쓰이(三井) 수사본부장(당시 경시청 공안부장. 최종직책은 경찰청 장관)도 승진시켜 주고 당분간은 적당히 놔둘 생각입니다. 이쪽도 최대한 신경 쓰고 있으니 믿어 주십시오.

• 김종필: 잘 알겠습니다.

• 다나카: 다 끝난 얘기를 자꾸 하는 것도 무의미하니 이제 이 문제는 '파'로 합시다. "나도 이젠 예전과 달라졌으니까요(私も開き直ったから)."

• 김종필: 지난번에 홀인원 하시더니 거기서 자신감을 얻어서 "달라지셨다"는 뜻입니까?

• 다나카: 홀인원은 우연이었지만 지금 하는 말은 진심입니다.[28)]

다나카 가쿠에이와 김종필, 한일 양국을 대표하는 두 총리에게, 무참히 짓밟힌 김대중씨의 인권이나 침해 당한 일본의 주권 문제는 안중에도 없었다. 협상 당시는 물론이요 그 이후로도 다나카 총리가 한국정부로부터 막대한 뇌물을 받아 챙겼다는 소문이 끊이질 않았다. 필자는 1983년과 84년에 김대중씨 납치사건 진상조사를 위해 미국을 찾아, 김대중씨 당사자를 비롯해 여러 사람들로부터 이런저런 이야기를 들었다. 납치사건 당시 미국 국무성 한국부장이었던 레너드는 이렇게 말했다.

> 1973년 9월부터 10월에 걸쳐 한일협상이 암초에 부딪히자, 한국정부는 식민지 지배와 강제징용 문제, 사할린 문제 등 일본 제국주의의

---

28) 후루노 요시마사(古野喜政), "김대중 납치사건과 일본의 책임," 『세계』, 2008년 2월호, p. 205.

과거 행적을 규탄하는 거센 여론에 부채질을 했다. 그런 한편으로 다나카 총리에게 거액의 돈을 건넸다는 사실은 주한 미국대사관의 보고에서 확인할 수 있다. 뇌물전달 역할을 맡은 사람은 찰리 최와 조중훈 대한항공 사장이었다.[29]

2002년에는 전 니가타현(新潟県) 의회의원이자 에쓰잔회(越山会: 1953년 다나카 가쿠에이의 후원회로 설립된 정치단체—역자 주) 회장인 기무라 히로야스(木村博康)가 쓴 「나는 보았다 다나카 가쿠에이 4억 엔 수령 현장」이라는 글이 『문예춘추』(文芸春秋) 2월호에 실렸다. 이 글에서 기무라는 1973년 가을, 이평희 한일의원연맹 간사장이 다나카 총리의 자택으로 찾아와 박정희 대통령의 친서와 함께 현금 4억 엔을 건네는 현장에 입회했노라고 밝혔다.[30] 결국 검은 돈이 한일 간 "정치적 매듭"의 배경이었다. 실로 정치적 퇴폐의 극치라 아니할 수 없다.

X. 한일 양국 정부의 어두운 그늘 파헤쳐져

필자는 이 글에 〈김대중과 일본정치〉라는 제목을 붙였다.

김대중씨는 한국정치의 발전과 민주화를 위해 목숨을 걸고 싸워온 정치인으로, 엄밀히 말해 일본정치는 그의 활동영역이 아니다. 그러나 서두에서 말했듯이, 한국정치의 발전과 민주화에 투신한 김대중씨의 활동은 일본 정치의 겉과 속 역시 예리하게 비추고 있다. 김대중씨 납치사건을 통해 드러난 일본정치의 어두운 그늘은 1973년 11월의 '정치

---

29) 『모든 보고: 김대중 사건』, p. 316.
30) 『문예춘추』, 2002년 2월호, p. 103.

적 매듭'을 넘어서 더더욱 커져가기만 했다.

1974년 8월 15일 서울 국립극장에서 광복절 기념행사가 열렸는데, 박정희 대통령을 노린 총탄에 영부인 육영수 여사가 머리를 맞아 숨지는 소동이 벌어졌다. 권총을 지니고 있던 재일한국인 청년 문세광이 현장에서 체포됐다. 한국경찰은 문세광이 재일한국청년동맹 회원이며 그가 소지한 권총은 오사카부경(大阪府警) 다카쓰(高津) 파출소에서 훔친 것이라고 발표했다. 그러나 문세광은 키 180센티미터, 몸무게 80킬로그램의 거구로 움직임이 둔한 데다가 심한 근시여서, 도저히 먼 거리에서 저격을 할 만한 인물로는 보이지 않았다. 그럼에도 경찰은 그가 박정희 대통령을 암살하라는 북한의 지령을 받고 일본에서 건너왔다고 밝혔다. 문세광은 체포 직후 열린 재판에서 사형선고를 받고 사건 발생 4개월 후인 12월 20일 처형당했다.

문세광 사건은 김동운 서기관의 김대중 납치사건 관여 의혹으로 인해 한국정부가 일본정부에게 지고 있던 '빚'을 털어버리게 했다. 한국정부는 다나카 내각에 사죄특사 파견을 요청했다. 그러자 일본정부는 시이나 에쓰사부로(椎名悦三郎) 자민당 부총재를 특사로 파견했다. 시이나는 일본의 식민지 지배에 대한 사죄 없이 한일 간 수교를 성립시킨 1965년 한일기본조약 체결 당시 협정문서에 서명한 주역이었다. 이와 거의 때를 같이 하여 다나카 총리의 뇌물 스캔들이 터졌다. 다나카의 실각 후 시이나 부총재가 차기 자민당 총재로 미키 다케오를 지목함에 따라(일명 '椎名裁定') 미키 내각이 탄생했다. 신임 총리는 김대중 납치사건은 여전히 미해결 상태라는 입장을 견지하면서, 그 이후로 중단된 한일 정기각료회의가 재개되려면 먼저 김대중 사건이 완전하게 해결돼야 한다고 주장했다. 한국정부는 "김대중 납치사건은 이미 해결 완료"라는 입장을 고수했다. 한국에서는 수사본부도 해체된 지 오래였다. 양국 정부의 뜻이 첨예하게 대립하는 가운데 미야자와(宮沢) 외무대신이 1975년 7월 23일 방한해 김동조 외무장관과 회담했다. 일본에 돌아온 미야자와 외무대신은 김 외무장관에게서 받은 구상서(口上書)

두 건의 내용을 발표했다. 김동운 및 박정희 대통령 저격사건과 관련된 외교문서였다.

〈김동운에 관한 구상서〉

1. 김동운에 대해서는 사건 후 우선 해직하고 수사를 실시하였으나 만족스런 결과가 나오지 않아 작년 8월 14일을 기해 수사를 일시 중단했다.
2. 그 이후로도 비밀리에 수사를 계속하였으나 혐의사실을 입증할 만한 확증을 찾아내지 못해 불기소처분하였다.
3. 그렇다고는 해도 본 건의 수사 결과 도쿄에서 본인이 취한 행동은 일본 경찰 당국의 혐의를 사는 등 국가 공무원으로서의 자질이 결여되어 있고 품위에 어긋나는 것이라고 판단되어 공무원직을 그만두게 하기로 했다.

〈박정희 대통령 저격사건에 관한 구상서〉

1. 작년에 발생한 박정희 대통령 저격사건에 대해 일본정부는 작년 9월 시이나 특파대사를 통해서 수사결과에 따라 법을 어긴 자는 엄중히 처벌할 방침임을 전했다. 또한 한국정부의 전복을 기도하는 테러활동 등이 조총련 같은 단체의 구성원에 의한 것이든 아니든 간에, 단속으로써 그러한 범죄행위의 방지에 최선을 다할 방침이라는 뜻을 설명했다.
2. 박정희 대통령 저격사건 발생 후 이미 1년 가까운 시간이 경과하였으나, 상기 방침에 따라 수사를 계속 진행하면서 필요한 조치를 강구해 줄 것과 그 결과를 한국정부에 통보해 줄 것을 일본정부에 요청하는 바이다.

김대중씨 납치사건과 문세광 사건을 "맞트레이드" 하자는 제안이었다. 정작 당사자인 김대중씨에 대해서는 일언반구 아무런 언급이 없음에도 불구하고 미야자와 외무대신은 "한국정부로서는 최대한의 권한을 행사한 것이라고 해석해 이 건은 마무리짓기로 결정했다"고 밝혔다. 이것이 1973년 11월 2일의 '정치적 해결'의 뒤를 잇는 두 번째 정치적 타결로, 한일 양국 정부는 이로써 김대중 납치사건은 완전히 종지부를 찍었다는 입장을 취하게 된다.[31)]

그러나 이 무렵, 김대중씨를 납치한 한국 중앙정보부 공작원들의 명단이 미국 측에 전달됐고, 미 하원의 프레이저 위원회는 1976년 3월부터 연속 청문회를 열었다. 특히 1977년 6월에 열린 청문회에는 김형욱 전 중앙정보부장이 출두해, 김대중 납치 및 암살계획을 꾸민 사람들의 실명을 밝혔다. 이 같은 소식을 접한 일본 국내에서도 일본정부에 대한 비판이 쇄도했다.

한편 한국에서는 박정희 독재정권에 반기를 든 반정부운동이 급속히 퍼져나갔다. 한국 민주화를 요구하는 민중의 목소리가 날로 높아가는 가운데, 1979년 10월 26일 박정희 대통령은 김재규 중앙정보부장이 쏜 총탄에 쓰러졌다.

박정희 대통령의 죽음과 더불어 군사독재정치도 막을 내린 듯 보였다. 12월 8일을 기해 대통령긴급조치 9호가 폐지되고, 김대중씨도 가택연금에서 풀려나 오랜만에 자유의 몸이 되었다. 김대중씨는 12월 17일 일본대사관을 찾아 스노베 료조(須之部量三) 대사를 만났다. 그는 "이제 상황이 원상복귀 되었으니 납치사건을 근본적으로 해결해 주었으면 한다"는 바람이 담긴 편지를 오히라 총리에게 전해 달라고 부탁했다. 그러나 스노베 대사에게서 돌아온 것은 "그 사건은 이미 양국 정부 사이에서 정치적으로 해결되었다. 진상해명은 앞으로도 계속될 것이며, 이 사건에 한국 공권력이 개입했다는 사실이 밝혀진다면 정치적 해결을 재고할 것"이라는 실망스러운 대답이었다.[32)]

---

31) 『모든 보고: 김대중 사건』, pp. 355-356.
32) 위의 책, pp. 406-407.

한편 '서울의 봄'에는 다시금 암운이 드리워지고 있었다. 박정희의 후계자 자리를 노린 전두환 보안사령관이 12월 12일 밤 정승화 계엄군 사령관을 강제연행하고 군부의 주도권을 장악한 것이다. 전두환은 이듬해 4월 14일에 중앙정보부 부장대리를 겸임한 데 이어, 5월 17일 밤에는 전국에 비상계엄령을 내리고 국회와 대학을 폐쇄했다. 김대중, 김종필, 문익환 등 많은 정치인과 민주화운동 지도자들이 잡혀 들어갔고, 광주시 시위 진압에는 전두환 사령관 직속의 공수부대 특전단이 투입됐다.

민주화운동을 탄압함과 동시에 핵심 지도자인 김대중씨를 제거하려 드는 새로운 움직임이었다. 특히 광주시가 탄압의 표적이 된 까닭은, 김대중씨의 지지기반인 광주의 민주화운동을 말살함으로써 그를 철저히 밟아 주려는 속셈에서였다. 김대중씨는 군사재판에 회부됐고 수많은 광주시민들이 특전단의 무차별 총격에 처참하게 스러져 갔다.

광주시를 피비린내로 뒤덮은 특전단의 만행과 이에 맞선 광주시민들의 저항운동은 광주 민주화운동으로 익히 알려져 있으니 이 글에서는 설명을 생략하기로 하고, 김대중씨 납치사건을 둘러싼 정치적 해결과도 연관성이 깊은 군사재판 과정에 초점을 맞추겠다.

한국 계엄사령부는 1980년 5월 22일과 31일에 중간수사 결과를 발표했다. 김대중은 박정희 대통령 암살에 따른 권력 공백기를 틈타 '민주화 추진 국민운동'이라는 미명으로 학생데모를 선동하고, 복직된 교수와 학생들을 이용해 정권을 잡으려고 음모를 꾸미는 등, 내란 및 국가전복을 기도한 반역자라는 내용이었다. 계엄사령부는 7월 4일 김대중씨 등 38명을 군법회의에 회부한다고 발표했는데, 이때도 죄목은 국가전복 음모죄였다.

그런데 이에 앞선 6월 12일 오히라 일본총리가 돌연 세상을 떠났다. 7월 17일 새로 스즈키 젠코(鈴木善幸) 내각이 출범했고, 내각이 꾸려지기까지 총리 임시대리를 맡았던 이토 마사요시(伊東正義) 관방장관이 외무대신 직에 올랐다. 김대중씨의 군사재판은 이미 7월 12일부터 진행되고 있었기에 신 내각은 서둘러 일본정부의 입장을 전했다. 스즈키 총리와 이토 외무대신은 지난 1973년 11월 제 1차 정치적 타결 당시 한국정부가 "일본과 미국에서 김대중이 한 언행에 대해서는 책임을 묻지 않는다"고 약속했던 것을 거듭 상기시켰다. 이에 한국정부는 기소장에 기재된 일본체류 중의 언행은 어디까지나 '배경설명'이므로 약속에 위배되는 점이 없다고 답했다. 하지만 내란음모죄만으로는 사형판결을 내릴 수 없었기에 군사법정은 기소장을 두 가지 버전으로 작성했다. 일본정부 측에 제시한 기소장에는 내란음모 죄명을 전면에 내세웠지만, 실제로는 일본체류 기간 중 한국민주회복통일촉진회의라는 "반국가단체"를 설립하고 그 의장이 된 것을 문제 삼아 국가보안법 제1조 위반 명목으로 사형을 선고했던 것이다.

한국 군사법정은 제1심과 제2심 모두에서 김대중씨에게 사형판결을 선고했고, 이듬해인 1981년 1월 23일에 열린 대법원 심리는 김대중 피고의 상고를 기각하고서 사형판결을 확정지었다. 제1차 정치적 타결 당시 일본과 한 약속은 깡그리 무시한 채 군사법정과 대법원이 김대중씨의 사형을 확정한 것이다. 그런데 판결이 내려진 지 불과 1시간 후에 열린 각료회의에서 한국정부는 피고 12명 전원에 대한 감형과 함께 김대중씨도 무기징역으로 감형시킨다고 결정했다. 여기에는 출범한지 얼마 되지 않은 레이건 정부의 입김이 작용했다. 김대중씨의 감형을 조건으로 레이건 정부가 전두환 대통령의 워싱턴 예방을 수락한 것이다.

XI. 끝맺으며

필자는 1979년 11월 초, 김대중씨의 구명을 촉구하며 재일한국인단체가 모은 100만 명의 청원서명을 친구인 사사키 히데노리(佐々木秀典)와 함께 UN 인권위원회에 제출했다. 제출 직후 치러진 미국 대선에서 카터 후보가 낙마하고 레이건 후보가 대통령으로 당선됐다. 우리는 침울한 기분에 잠겼다.

그랬는데 이듬해 미국정부의 영향력 행사로 김대중씨가 사형을 면했다는 소식을 듣고, 전 세계를 감동시킨 "김대중씨를 죽이지 마라"는 외침을 레이건 정부도 무시할 수 없었군 하는 생각이 들었다. 동시에 미국 정치에는 다양한 얼굴이 있음을 새삼 깨달았다.

김대중씨 납치사건에 대한 미국측의 태도를 봐도 알 수 있다. 한국중앙정보부 공작원들에 의해 두 번씩이나 죽음의 문턱에까지 갔던 김대중씨가 무사히 살아 돌아올 수 있었던 것은 미국인들의 발 빠른 대처 덕분이었다. 그런데 그들이 김대중씨의 생명을 구하고자 기민하게 움직였던 까닭은 그와의 교제를 통해 그가 얼마나 뛰어난 민주주의 지도자인지 알고 감화되었기 때문이리라. 그런 뜻에서, 김대중씨와 진정 마음으로 통하는 교제를 할 수 있었던 일본인은 우쓰노미야 의원이 유일하지 않았나 한다.

교제라고는 해도 우쓰노미야 의원이 김대중씨와 직접 얼굴을 맞대고 이야기를 나눈 적은 별로 없다. 우쓰노미야의 기록에 따르면 두 사람이 처음 만난 것은 1972년 11월 6일이라고 한다. 김대중씨는 암살 시도로 인한 교통사고로 1971년 5월 선거유세 도중 오른다리에 심한 부상을 입었고, 치료차 1972년 10월 11일 9일간의 예정으로 일본에 왔다. 그런데 귀국을 앞둔 18일 박정희 대통령이 국회해산 및 헌법정지와 함께 유신헌법을 발표했다. 영구집권을 노린 쿠데타였다. 한국에 돌아가는 것을 포기하고 일본에서 한국 민주화운동의 명맥을 이어가기로 결심한 김대중씨는 도움을 청하고자 우쓰노미야 당시 중의원의원을 찾아갔다.

우쓰노미야는 김대중씨의 첫인상을 이렇게 술회했다.

> 초면인 당신을 보고 감탄한 것은, 이렇게 절망적인 상황에서도 자유와 민주주의에 대한 확신을 조금도 잃지 않고 한국민의 능력과 가능성을 절대적으로 믿는 모습을 보여 주셨기 때문입니다. 한국민을 괴롭히는 폭정과 정치적 부정부패에 대한 당신의 분노 역시 너무도 순수합니다. 눈빛은 상대방을 속일 수가 없습니다. 순수한 열망으로 불타는 눈, 국민의 행복과 자유를 위해서라면 죽음도 불사하겠다는 눈, 진정한 애국자의 눈을 당신에게서 보았습니다. 당신을 통해서 한일 양국간에 한 점 더러움도 없는 진실한 유대관계가 생겨날 수 있으리라는 생각까지 듭니다.[33)]

처음 만난 자리에서 우쓰노미야 의원과 김대중씨는 한일 양국 간의 "한 점 더러움도 없는 진실한 유대관계"를 맺었다. 두 번째 만남은 1973년 1월 5일에서 3월 사이에 이루어졌다. 김대중씨는 우쓰노미야 의원과 만난 후 1972년 11월 13일 미국으로 건너갔다. 미국에서 그는 임병규, 임창영 등 재미교포들을 비롯해 라이샤워 교수, 코헨 교수 등 미국학자들 및 미 국무성 내 한국 담당자들을 만났고, 뉴욕이나 시카고 등지에서 강연을 하기도 했다. 1973년 1월 5일 일본으로 돌아온 김대중씨는 3월에 시라카바호(白樺湖)와 하코네(箱根)에서 재일한국민주화운동 인사들을 만난 다음 3월 25일 다시 미국으로 떠났다.

우쓰노미야 의원이, 자신이 주재하는 아시아 아프리카 연구회에 나와 연구회 회원인 국회의원들 앞에서 강연을 해주도록 김대중씨를 초

---

33) 우쓰노미야 도쿠마, "김대중씨에게 부치는 편지」(1973년 8월 28일)," 『아시아에 서다』(고단샤(講談社), 1978).

청한 것이 이들의 두 번째 만남이었다. 김대중씨는 "자민당 국회의원들 중 적잖은 분들이 내 이야기를 경청해 주셨다"면서 기무라 다케오(木村武雄), 아카기 무네노리 등을 언급했다. 이어서 강연 당시의 상황을 이렇게 회상한다.

> 특히 우쓰노미야 도쿠마 의원은 선생께서 주재하시는 아시아 아프리카 연구회의 회원들을 수십 명이나 불러모아 내가 한국에 관한 이야기를 할 수 있는 자리를 마련해 주시는 등, 내 평생 잊지 못할 만큼 큰 도움을 주셨습니다. 진정 은인으로 생각하며 늘 감사 드립니다.[34]

두 사람이 세 번째로 만난 것은 김대중씨가 납치되기 직전인 1973년 8월 4일이었다. 우쓰노미야 의원은 8월 9일 한 번 더 아시아 아프리카 연구회에 나와 강연을 해달라고 김대중씨에게 청했다. 8월 4일에 만나 그에 관한 상의를 한 것 같다. 그런데 김대중씨가 납치되는 바람에 그 후 한참 동안 만날 기회가 없었다. 1984년, 미국으로 망명한 김대중씨를 우쓰노미야 의원이 찾아간 것이 둘의 마지막 만남이 되었다. 우쓰노미야는 「김대중씨와 10년 만에 이야기를 나누다－역경에도 굴하지 않는 자유와 평화의 정치인」이라는 논문에서 그 만남을 다음과 같이 술회하고 있다.

> 이번에 미국을 찾은 목적 중 하나는 10년 만에 김대중씨를 다시 만나 이야기를 나누는 것이었다. 1973년 8월 8일 김대중씨가 한국 군사정부에 의해 납치당한 이후로 나는 그의 구출과 사건의 정확한 해명을 위해 최대한의 노력을 아끼지 않았다. 자민당을 탈당하고 중의원의원을 사직한 것도, 김대중씨 사건을 다루는 일본정부의 대응을 보고 적잖은 불만을 느낀 것과 무관하지 않다. 나는 이 사건에 진지하게

---

34) 『나의 자서전: 일본에 전하는 메시지』.

> 접근하고자 했으며, 그로 인해 내 정치생명이 끝나는 것도 마다하지 않았다.
>
> 미국 방문 중 김대중씨와 이야기를 나눌 기회가 총 네 번 있었는데, 한국에 민주주의가 뿌리내리게 하고 군사정권의 부패와 억압을 물리치지 않는 한 한국 국민에게 밝은 미래란 없다는 그의 굳은 신념은 10년 전과 조금도 달라지지 않았다. 또 광주시민학살의 주동자를 절대 용서하지 않을 것이라 했다. 김대중씨는 평화통일의 전제로 한국의 민주화를 내걸었다. 먼저 한국이 군사정부를 문민정부로 이행하고 국민의 삶의 질 향상을 보장하는 공정한 체제를 구축한 다음 통일을 제안한다면, 북한도 삼엄한 경계를 풀고 변화에 순응하는 자세를 취하지 않을 수 없으리라는 주장이었다. 김대중씨와 대화할 때마다 항상 느끼는 바지만, 그는 뼛속까지 투철한 자유주의자이며 반 군국주의자인 동시에, 가장 좋은 의미에서 진정한 민족주의자요 애국자다.[35)]

1998년 한국 대통령으로 선출된 김대중씨는 1984년 우쓰노미야에게 깊은 감명을 선사했던 자신의 주장을 그대로 관철했다. 2000년 6월 그는 평양을 방문해 김정일 국방위원장과 역사적인 남북정상회담을 치르고 남북공동성명을 발표했다. 남북화해 및 통일로 향하는 길을 활짝 열어젖힌 것이다.

우쓰노미야는 1906년 9월생이고 김대중씨는 1924년 1월생이니 나이로는 김대중씨가 18살 어리다. 하지만 이 두 사람은 나이차를 뛰어넘어 진심으로 서로를 존경했다. 김대중씨는 우쓰노미야를 가리켜 "진정

---

35) 우쓰노미야 도쿠마, "김대중씨와 10년 만에 이야기를 나누다: 역경에 굴하지 않는 자유와 평화의 정치인," 『폭병손민(暴兵損民): 왜 군확에 광분하는가』(도쿠마쇼텐(德間書店).

은인으로 생각하며 늘 감사 드린다"고 했고, 우쓰노미야는 김대중씨가 "뼛속까지 투철한 자유주의자이며 반 군국주의자인 동시에, 가장 좋은 의미에서 진정한 민족주의자요 애국자"라고 했다. 서로를 향한 말만 보아도 이들의 두터운 우정이 느껴진다.

우쓰노미야는 김대중씨를 "현대 아시아의 쑨원"이라 보았다. 「김대중씨에게 부치는 편지」에는 이런 구절이 나온다.

> 김대중씨, 당신을 적극적으로 맞아들이는 일본이 될 것인지 아니면 서울로 끌려간 당신을 그냥 외면하는 일본이 될 것인지, 일본정치는 지금 중대한 기로에 서 있습니다. 위안스카이를 지지하는 일본이 될 것이냐 쑨원을 지지하는 일본이 될 것이냐 하는, 메이지 40년대에 일본을 망설이게 했던 양자택일의 순간이 다시금 찾아온 것입니다. 저는 김대중씨 당신이 쑨원의 입장에 처해 있다고 생각합니다.[36)]

1973년 8월에 우쓰노미야가 일본인에게 제기한 "메이지 40년대의 양자택일"이란, 2010년을 맞이하는 오늘날의 일본에도 적용되는 말이다.

---

36) "김대중씨에게 부치는 편지" 참조.

제5장

한일 기독교인 연대운동

쇼지 쓰토무(東海林勤) | 목사

I. 들어가며

1970년대와 1980년대에 한국의 민주화운동 및 그 관계자들을 접했을 때, 우리 일본시민은 큰 충격과 함께 진한 감동을 맛보았다. 괄목할 만큼 당당하고 빛나는 모습으로 한국인 그리고 한국민족이 우리들 앞에 우뚝 선 것이다. 신선한 발견이었다. 한국의 과거와 현재에 대해 갚아야 할 빚이 큰 나라의 국민인 동시에 동시대를 살아가는 한 인간으로서, 우리는 한국의 민주화운동에 힘을 보태야 한다는 마음의 소리에 이끌려 기꺼이 연대하기로 했다.

한국에서는 개신교와 천주교 양측 모두가 민주화운동에서 중요한 역할을 담당했다. 그들의 굳건한 신앙과 치열한 투쟁에 일본의 기독교인들은 크게 감동했으며, 민주화운동에 몸 담은 사람들의 요청에 따라 그들을 지원하기 시작했다.

Ⅱ. 전사(前史)

1950년대 중반부터 일본의 기독교인들은 제2차 세계대전 당시 일본이 저지른 만행에 대한 국제사회의 준엄한 심판과 마주하게 됐다. 그런 가운데 1960년대에 들어서면 세계교회협의회(WCC: 개신교 국제협력조직. 스위스 제네바에 본부 위치)가 이른바 '하나님의 선교(missei dei)'를 내세운다. '하나님의 선교'란 하나님은 교회의 주님일 뿐만 아니라 온 누리의 주님이시며 정의와 사랑이 넘치는 사회구현을 위해 이 땅에 오셨으니, 주님의 역사에 참여하는 것이 우리들 교인의 소명이라는 선교사상이다. 한편 천주교회는 제2차 바티칸 공의회(1962~65)에서 사회와 타 교파 및 종교에까지 열린 교회를 지향한다는 뜻을 밝힘과 더불어, 각국과 각 교구마다 '가톨릭 정의와 평화협의회'를 조직해 정의와 인권, 평화 문제에 힘썼다.

일본기독교단(이하 '일 기교단' 혹은 '교단'으로 표기. 2차 대전 중에 여러 교파가 합쳐져 만들어진 개신교 최대 교파)은 교단의 체질개선이라는 구호와 함께 평화헌법 옹호와 핵무기 근절 및 군축을 부르짖었으며, 일본기독교협의회(NCCJ: 일 기교단 등 여러 교파 및 단체가 가입된 협의체) 또한 이와 유사한 활동을 벌였다.

그런데 한국에서는 일본보다 한 발 앞서서, 훗날 민주화 투쟁으로 발전하게 되는 여러 활동들을 남다른 결의로써 추진해 나가고 있었다. 가톨릭 노동청년회(JOC)와 개신교 도시산업선교회(UIM: 이후 도시농촌선교회(URM)로 명칭변경)는 1962년에서 65년에 걸쳐, 경제개발이라는 미명하에 인권을 유린당해 온 노동자와 농민, 도시영세민들을 돕기 위한 활동을 펼치는 한편으로 노동현장에서 학생교육에 힘썼다. 한국기독교학생총연맹(KSCF)은 1964년 6월, 한일회담 반대투쟁을 주도하기도 하였다.

1. 죄책감과 사죄, 그리고 행동

1) 한국교회의 한일조약 반대

1965년 7월 1일, 한국기독교장로회를 중심으로 한 목사들은 서울 영락교회에서 집회를 열고 한일협정반대성명을 발표했다. 이 성명의 주된 내용은 다음과 같다.

> 일본은 과거의 식민지지배에 대한 사죄를 거부하면서, 청구권이 아닌 경제협력으로 자신의 과오를 무마하려 들고 있다. 한일협정은 일본에 의한 국권강탈을 합법화하고 경제적인 재 식민지화를 꾀하는 수작이니 이에 반대한다. 한국정부는 응당 탄압을 멈추고 자유로운 여론에 따라야 할 것이며, 국민은 독립국가의 주권자로서의 위신을 견지하면서 상호이해와 공동사회건설을 위한 화해를 지향해야 할 것이다.
>
> 우리는 독재와 부정부패에 항거하며 경제와 문화, 도덕, 정치 등 모든 부문에 대한 외세의 예속을 물리치는 바이니, 오로지 기도와 봉사로써 조국 역사건설에 공헌하고자 하는 것이 우리의 뜻이다.

저명한 목사와 지도자 169명이 서명한 이 성명은 곧 일본에 전하는 강한 항의였다. 이 성명은 한국이 처한 경제문제를 상세히 서술하면서, 일본이 사죄 없이 "주권자의 위신"을 침해하고 굴욕을 가한 데 대해 항의하고 있다. 한국인에게는 민족의 존엄성과 직결되는 문제였다.

또한 이 성명은 일본이 나아가야 할 바른 길도 제시하고 있다. 그 길이란 "지난날의 잘못을 회개하고 새로운 역사건설을 위한 선의의 봉사와 협력을 약속하는 것"이다. 이처럼 한일협정반대성명은 일본의 참회 및 새로운 한일관계를 위한 행동을 촉구하였다.

2) 일본교회의 전쟁책임고백과 그 후

한일조약체결에 대해 일본 기독교계가 공식적으로 자국과 교회의 죄책감을 표명한 것은 1965년 9월 25일, 일본기독교단총회 의장인 오무라 이사무(大村勇) 목사의 사죄가 처음이었다.

한국기독교장로회 총회의 초청으로 방한한 오무라 의장은 이날 일본교회(교단과 NCCJ를 통틀어) 대표로 첫 인사를 하게 되었다. 그런데 대의원들이 일본교회 대표의 인사를 받는 것에 이의를 제기한 탓에 3시간을 꼼짝없이 대기해야 했고, 간신히 연단에 섰을 때는 회장 내 공기가 싸하게 얼어붙은 상태였다.

"태평양전쟁이 종결되기 전 36년간에 걸쳐 일본의 식민통치하에서 신음했던 여러분들께, 일본정부와 일본국민이 범한 수많은 정치적 잘못과 인권모독에 대하여 일본교회를 대표해 깊은 참회와 더불어 진심으로 사죄를 표합니다. 특히 종교 및 교육과 관련된 행정과 시책의 경우, 잘못된 방침으로 인하여 막대한 희생을 야기했다는 점은 감히 무어라 변명의 말씀조차 드릴 여지가 없습니다. 일본국민을 대표해서 주님께 용서를 구하는 바입니다."

이 말과 함께 오무라 의장이 깊숙이 고개 숙인 순간 회장의 분위기는 싹 달라졌다. 사람들이 일제히 일어서는가 싶더니 박수소리가 울려 퍼졌다. 의장의 연설에서 언급된 "종교와 교육에 관련된 행정 및 시책"으로 인해 "막대한 희생을 야기했다"는 것은, 조선총독부의 천황숭배와 신사참배 강요, 황민화 교육, 창씨개명, 일본기독교단과 조선기독교단 병합 정책 등에 일본기독교단이 자발적으로 협조했다는 점과, 이에 맞서 항거한 조선교회의 목사 50여 명이 순교한 사건을 이르는 말이었다.

오무라 의장의 뒤를 이어 총회 의장직을 맡은 스즈키 마사히사(鈴木正久)는 교단총회와 상의원회(常議員會)의 의결을 거쳐 1967년 부활절에 '제2차 대전 당시 일본기독교단이 저지른 전쟁책임에 대한 고백(이하 '교단 전쟁책임 고백'으로 표기)'을 발표했다. 그 발표의 요지는 다음과 같다.

> 1940년, 일본정부는 전쟁수행을 위해 교파통합과 전쟁협력을 여러 교파에 국책으로서 요청했다. 각 교파들은 교파의 존속을 꾀하는 뜻에서 국가의 명대로 연합했고, 그 결과 일본기독교단이 탄생했다. 그러니 교단은 성립 자체로 침략 전쟁에 협조하는 죄를 범한 셈이다. 자신들의 이러한 나약함과 그릇된 판단에도 불구하고 "하나님의 섭리"가 작용하여 교단이 성립되고 오늘날까지 존속할 수 있었으니, 이에 "감사와 경외감과 책임을 통감"한다. 더 나아가 교단은 국가의 죄악을 감시해야 하는 '파수꾼'의 사명을 저버리고 오히려 교단의 이름으로 전쟁을 지지했기에, 그 죄에 있어서는 일본정부와 별다를 바가 없다. 그러므로 하느님께 용서를 빌며 전 세계, 특히 아시아 국가들과 교회, 아시아의 형제자매들과 일본의 동포들에게 용서를 구한다. 일본이 다시금 우려되는 방향으로 나아가고 있는 이 시점을 맞아, 두 번 다시 동일한 과오를 저지르지 않고 올바른 사명을 완수할 것을 결의하며 기도를 올린다.

이러한 전쟁책임 고백은 교단의 성립 자체에 대한 자기부정이요, 전쟁에 가담한 죄를 스스로 인정하고 하나님의 긍휼히 여기심에 따른 재생의 뜻을 표하는 것이었다. 같은 해 10월, 일본기독교단은 서울에서 대한예수교장로회와 기독교대한감리회, 한국기독교장로회와 선교협약을 체결하였다.

교단의 전쟁책임 고백 이후 일본의 여러 교파와 단체, 기독교교회협의회(NCC), 학교, 교회와 교구들이 잇따라 이와 흡사한 고백을 했다. 한층 더 구체적이고 심화된 표현으로 전쟁책임을 토로하는 가운데, 일본교회가 짊어지고 있는 과제를 되돌아보는 기반이 다져졌다. 뿐만 아니라 "전쟁책임 고백의 실질화" 곧 고백내용의 실천에도 박차가 가해졌다. 1970년 전후로 일어난 야스쿠니 신사 국영화 저지운동이 일례다. 한국기독교교회협의회(KNCC) 내 국제관계위원회(위원장: 길진경)는 1971년 6월, '일본기독교인의 야스쿠니 신사 국가관리 반대운동을 지지하는 성명'을 일본기독교협의회(NCCJ) 쪽에 보냈다. 일본 기독교인들은 불교자들과 헌법학자, 역사학자 등과 공동투쟁을 벌여 야스쿠니 신사 국영화 법안의 국회상정을 네 차례나 저지했고 결국 철회하게 만들었다.

한편 일본교회는 재일한국인 및 재일조선인이 진학과 취업, 연금 등에서 차별을 당하는 현실에도 눈을 돌려, 조직적으로 이 문제의 개선에 힘썼다. 재일대한기독교회(KCCJ)가 NCCJ의 가맹교회로서 1955년부터 다른 교파들과 관계를 맺었다는 점은 주목할 만하다. 이 자체가 타 교파와의 화해 및 문제제기를 의미하는 것이기 때문이다. 1965년에 오무라 의장이 한국교회로부터 정식초청을 받았던 것도, 이와 같은 네트워크 축적에 기반해서 이루어진 일이었다.

1970년대 초반, 재일교포 2세인 박종석이 거대기업 히타치(日立)의 취직차별을 제소했을 때도 KCCJ와 NCCJ, 특히 KCCJ 가와사키(川崎) 교회 소속 이인하 목사의 열성적인 도움 덕분에 한국을 비롯해 캐나다와 미국 등지의 연대를 끌어낼 수 있었고, 그 결과 재판은 박종석의 승소로 끝났다.

그러나 일본교회의 전반적인 문제가 완전히 해소된 것은 아니었다. 특히 교단 내에서는 교회의 죄를 인정하고 싶지 않은 목사와 신도들이 교단의 전쟁책임 고백에 거센 반발을 표하기도 했다.

III. 1973년 이후의 한국 민주화 운동과 일본 기독교계와의 연대

1. 한국문제기독교도긴급회의 결성과 그 활동개요

1) 김대중씨와의 만남

1973년 2월 어느 날, 당시 NCC의 총 간사(훗날 일본기독교단 총 간사)였던 나카지마 마사아키(中嶋正昭) 목사의 부름으로, 필자를 비롯한 몇 사람이 니시와세다(西早稲田)에 위치한 일본기독교회관에서 김대중씨와 만났다. 김대중씨는 긴장한 기색이 역력한 모습으로 회의실에 들어오자마자 군사독재 아래에서 고통 받고 있는 한국의 힘겨운 현실과 이에 맞서는 투쟁에 대해 열변을 토했다. 만남의 시간은 짧았지만, 우리는 그의 역사적인 통찰력과 흔들림 없는 신앙에서 오는 투철한 사명감에 깊은 감명을 받았다.

2) 1973년 한국 그리스도인 선언과 박형규 목사 등의 구속

1973년 6월 하순, 5월 20일에 작성된 기밀문서 '1973년 한국 그리스도인 선언'이 우리들에게 전달되었다.

한국 그리스도인 선언은 권력의 절대화를 하나님에 대한 반역으로 본 신학자들이 이에 맞서 싸우는 것이야말로 신앙인의 사명이라고 판단해 봉기하기로 했다는 장렬한 투쟁선언이었다. 전 세계 교회가 이 선언에 열렬한 지지를 보냈고 연대를 다짐했다.

그런데 지하에서 조심스럽게 흘러나온 이 선언을 입수한 한국정부가 즉각 서울 제일교회의 박형규 목사를 체포했다는 비보가 전해졌다. 권호경 부목사와 한국기독학생총연맹(KSCF) 소속 학생 10명도 함께 체포돼 고문을 받았다. 4월 부활절에 남산공원에서 열리는 초교파 모임의 기도회 이후 군사정권을 비판하는 선전물을 배포하려 했던 계획이 발각돼 내란예비 음모죄로 잡혀간 것이다.

박형규 목사는 도쿄신학대학 출신이다. 오시오 세이노스케(大塩清之助) 목사를 비롯한 동창생들이 지원회를 결성해 서명과 지원금 모금에 나섰고, 재판도 꼬박꼬박 방청하면서 박 목사의 가족들과 교회 측에 힘을 북돋워 주었다. 두 차례에 걸쳐 동창생 네 명과 그 외 여러 명이 직접 한국을 찾기도 했다. 이런 정성이 닿았는지 박 목사는 9월에 징역 2년을 선고 받았다가 느닷없이 보석으로 풀려 나왔다. 애초부터 철저히 날조된 사건이었던 데다가 한국기독교교회협의회(KNCC)와 한국교회여성연합회가 박 목사에 대한 전면지지를 표명하고 나섰고, 공판이 열릴 때마다 일본과 미국에서 달려온 사람들을 비롯해 수백 명에 이르는 방청인이 몰리는가 하면 세계교회협의회(WCC)와 아시아기독교협의회(CCA), 각국의 NCC 등지에서 박 목사의 보석을 요청하는 탄원이 대통령에게 끊임없이 날아 들었기에, 당국이 방침을 바꾼 것이다. 박형규 목사의 석방은 국제 기독교 연대가 이루어낸 값진 승리였다.

3) 김대중 납치사건

이처럼 일본 기독교계의 눈길이 한국에 쏠리기 시작한 1973년 8월 8일, 김대중씨가 도쿄 도심의 호텔에서 백주 대낮에 납치되는 경악할 만한 사건이 벌어졌다. 충격을 받은 NCC 유지들은 한 자리에 모여 우선 김대중 구출국민회의(시민집회)에 참여하기로 했다. 이어서 김대중씨의 무사복귀와 진상규명을 한국정부에 요청할 것과, 한일각료회의 개최를 중지해줄 것을 일본정부에 호소했다. 그러나 일본정부는 한국중앙정보부(KCIA)가 이 사건에 관여했다는 증거를 포착했으면서도 애매모호한 태도로 일관했고, 두 가지 조건을 달아 손을 쓰는 데 그쳤다. 그 조건이란 첫째, 김대중씨의 출국과 이동의 자유를 보장할 것과, 둘째, 그의 해외활동(특히 일본 내 한국민주회복통일촉진국민회의와의 관계)에 대한 죄를 묻지 않는다는 것이었다.

한일 양국정부 모두 김대중씨를 보호하려는 뜻이 없어 보였다. 일본

정계로서는 민주와 통일을 부르짖는 김대중씨의 생명과 인권보다는, 박정희 군사정권으로부터 얻어낼 수 있는 정치적 · 경제적 이득 쪽이 더 구미가 당겼던 것이다.

4) 한국 기독교교회협의회의 인권선언과 이를 향한 지지

그해 11월 24일, 한국기독교교회협의회(KNCC)의 인권문제협의회는 '인권선언'을 발표했다. 이 선언은 민주화운동이 근본적으로 곧 인권 투쟁임을 공언했다. 인권선언 발표를 전후해서 여러 교회와 학생단체의 성명과 선언이 잇따라 NCCJ 측에 날아 들었다. NCCJ와 대학, 기독교 유지들은 이처럼 김대중씨를 열렬히 지지하는 편지와 성명을 한국에 전달했다.

재일한국기독교청년회 전국협의회는 "한국의 학생과 지식인, 기독교인들의 민주화 투쟁 지지, 김대중씨의 자유와 인권 회복, 한일각료회의 중지, 동포를 멍들게 하는 관광정책 규탄" 등의 성명을 낸 데 이어, 긴자(銀座)의 스키바야시 공원(数寄屋橋公園)에서 10일 동안 단식투쟁과 유인물을 배포하고, 외무성을 질책하는 데모를 벌였다. 스키바야시 데모는 신문을 통해 전국적으로 보도되기도 했다.

한편 NCCJ 여성위원회(간사: 야마구치 아키코, 山口明子)와 일본 기독교부인교풍회 회원들은 '아시아 여성들의 모임'이라는 시민단체 및 관광노동연맹 조합원들과 연대해 여름 이후로 한국 기독교여성연합회(회장: 이우정 서울여자대학교 교수)와 꾸준히 연락을 취하면서, 매춘관광에 반대하는 집회와 공항에서의 유인물 배포활동을 전개했다.

5) 긴급회의 결성집회

1973년 12월에는 아이카와 다카아키(相川高明) NCC 의장, 시라야나기 세이이치(白柳誠一) 가톨릭도쿄대사제(훗날 추기경)를 앞세운 신구교회 지도자 84명이 호소인으로 나서, 이듬해 1월 15일 도쿄 신주쿠(新宿)구에 위치한 일 기교단 시나노마치(信濃町) 교회에서 한국문제기독교도긴급회의(이하 '긴급회의'라고 함) 결성집회를 열었다. 각지에서 온 160여 명이 집회에 참가했다. 이카리 이키라(猪狩章) 전 아사히 신문 서울 특파원과 고스기 가쓰지(小杉尅次) 재일대한가와사키교회 부목사의 강연을 비롯해 여러 명의 발제와 토의가 이어졌고 성명이 채택되었다. 긴급회의 대표로 나카지마 마사아키 목사가 선출됐고 10명의 위원이 선임됐다. 사무국은 NCC 내에 두고 실행위원회 방식으로 활동을 펼치기로 했으며, 주 1회 위원회를 소집하며 유료회원제로 운영하기로 결정했다. 1975년부터는 사무국 스태프를 두기로 했는데, 초대 스태프로 뽑힌 인물이 현 NCC 총 간사인 이지마 마코토(飯島信)다.

긴급회의에서 채택된 성명의 요지는 "한국 기독교인들의 신앙과 투쟁으로부터 충격과 더불어 참여를 촉구 받았다. 김대중씨 납치사건이 시사하는 바와 같이 민주화운동은 일본에 대한 항의 표명이기도 하다. 깊은 회개의 뜻으로 한국의 민주화운동과 연대하면서 재일한국인 및 조선인에 대한 차별과 싸우고 매춘관광 저지에 힘쓰겠다"는 것이다.

6) 정보센터 기능 수행

명칭에서도 알 수 있듯이, 긴급회의에는 속히 처리해야 하는 긴급한 과제가 주어졌다. 바로 정보센터로서의 역할이었다.

① 도시산업선교회(UIM) 목사들의 선언

1973년 12월, 개헌을 요구하는 목소리가 커지자 이에 위협을 느낀 박정희 정부는 철저한 탄압정책을 폈다. 이에 따라 1974년 1월 8일 대통령긴급조치 제1호와 제2호가 발동됐다. 헌법에 대한 논의를 일체 금하며 이를 어긴 자는 군법회의에 회부해 15년 이하의 징역 및 자격정지를 명한다는 내용이었다. 박정희 정부는 외국인 특파원의 보도에도 동일한 벌칙을 적용한다고 엄포를 놓았다. 두려움을 느낀 사람들은 입을 다물 수밖에 없었다.

이 암울한 침묵을 깨부순 것은 UIM에 몸 담은 김경락, 조승혁, 인명진 등 젊은 목사 11명이었다. 이들은 1월 17일 기독교회관에서 열린 기도회 석상에서 "국민을 우롱하는 1 · 8 비상조치의 즉각 철회와 개헌논의의 자유, 유신체제 폐지 및 민주적 질서회복"을 요구하는 선언을 전격 발표해 군사독재정권에 맞섰다. 현장에서 체포되긴 하였으나 목숨을 건 이들의 행동은 절망으로 가득 차 있던 사람들의 가슴에 새로운 결의를 불러 일으켰고, 학생들의 봉기가 뒤를 이었다.

이 소식을 접한 긴급회의는 23일에 기독교회관에서 기자회견을 열었다. 이후 줄기차게 이어지는 기자회견의 출발점이었다. 회보를 통해서 이러한 뉴스를 전하는 작업과 더불어, 비밀리에 자료를 운반하는 활동도 시작됐다. 민주화운동을 사람들에게 널리 알리고 연대와 지원을 호소하는 것이 긴급회의에 주어진 가장 중요하고도 급선무의 과제였다. 한국에서 투쟁을 벌이는 이들에게 필요한 것은 무엇보다도 신속한 지원이었기 때문이다. 정신적인 지원도 물론 중요했지만, 점차 불어나는 구속자 및 해고자, 그들의 가족에 대한 물질적 지원도 필요했다.

② 한국에서 보내온 메시지

같은 해 2월 15일에 열린 기자회견에서는 '일본인에게 보내는 메시지'가 공개됐다. 한 통은 한국 기독교지도자 일동이 보내온 것이었다. 한국의 비정상적인 상황에 무감각해지는 것을 경계하면서 지난날의 과오에 대한 속죄의 뜻으로 지원에 힘쓸 것을 교회에 당부하고, 한국정부의 압박에 굴하지 말고 한국민의 굳은 뜻과 힘겨운 생활상을 일본국민들에게 전해주기를 언론에 부탁하는 내용이었다.

서울대의 모 학생회가 보낸 편지도 있었다. "일본 언론계와 양심적인 시민들이 김대중씨 납치사건의 진상을 파헤치면서 그의 목숨을 앗으려는 국제적 음모에 맞선 것은 정의의 발로이자 한일친선의 초석이 되었다. 국민을 적대시하는 정권이 오래 가지 못할 것임은 자명한 사실이다. 일본국민들이여, 다 함께 일어나 우리와 손잡고 힘차게 걸어나가자"는 내용이었다.

또 다른 한 통은 한국 그리스도인 일동이 보낸 것으로, "얼마 전 자유와 민주주의를 요구하는 성명을 냈다는 이유만으로 성직자들에게 중형이 부과되었다. 박정희 정부는 온갖 수단을 동원해 한국국민들의 목을 죄고 있다. 눈물을 흩뿌리며 기도를 올리려 해도 나오는 것은 절규뿐이다. 그러나 하나님께서 우리와 함께 계시나니 최후의 승리는 우리의 것이다. 고독한 싸움을 거듭하는 한국의 형제자매들을 위해 기도하고 함께 싸워 달라. 온 천하의 기독교인들에게 한국의 사태를 알리고 기도로써 힘을 보태 달라"는 내용이 담겨 있었다.

기자회견에서 긴급회의가 공개한 이 편지들은 신문과 〈아사히 저널〉에 게재되어, 지원의 폭을 넓히는 데 큰 공헌을 했다.

7) 정보선전 및 기타 활동들

긴급회의가 정보센터 기능을 담당하게 된 것은 다음과 같은 이유에서였다.

첫째, 한국과 관련된 정보는 주로 한국기독교교회협의회(KNCC)에 수합되는데 한국과 가장 근접한 NCC는 도쿄에 소재해 있다. 또 김관석 총무와 나카지마 총 간사의 우정을 바탕으로 한일 NCC가 결성되었다.

둘째, 도쿄를 거점으로 국제적인 활동을 펼치는 명석한 한국 기독교인들이 모여 있다.

셋째, 한국 기독교인들의 신앙과 행동에 일본 기독교인들이 깊은 감동을 받았다.

넷째, 과거 일본이 저지른 잘못에 대한 책임감에서 일본 기독교인들은 한국의 민주화운동에 대한 지원과 연대에 참여하기를 희망한다.

이러한 내면적인 동기와 더불어 또 하나 중요한 이유가 있었다. 바로 일본과 한국은 지리적으로 가까울뿐더러 정치, 경제, 역사, 문화적으로도 밀접한 관계를 맺어 왔다는 점이다. 특히 일본정부의 정책이 한국의 민주화를 저해하는 요인이 되기도 한 만큼, 정부와 국내여론에 한국 민주화운동의 필연성을 자각시키는 것은 비단 기독교인뿐만 아니라 일본국민 모두의 책임으로도 인식되었던 것이다. 다행히 우수한 인재들과 시민단체의 진심 어린 협조와 조력이 더해져, 긴급회의는 정보센터로서의 역할을 다할 수 있었다.

8) 정보선전 활동의 주축

1972년, 지명관씨(『사상계』 주필, 도쿄여자대학 교수, 한림대학교 대학원 교수, 한림대학교 일본학연구소 소장 역임)가 일본으로 건너왔다. 지명관씨는 이듬해 『세계』(이와나미 신서, 편집장 야스에 료스케 安江良介) 5월호에 TK생이라는 필명으로 '한국으로부터의 통신'이라는 글을 실었다. '한국으로부터의 통신'이 고정칼럼으로 연재되기 시작한 8월호부터는 16년 동안 단 한 차례도 빠지지 않고 한국정부의 압제에 맞서는 한국 학생들과 지식인, 종교인, 민중들의 빛나는 투쟁과 고난을 전함으로써 한국에 대한 사람들의 인식을 크게 뒤바꾸었다.

또 신교 출판사(新教出版社)에서 간행된 수많은 저서들과 월간지 『복음과 세계』(사장 모리오카 이와오(森岡巖), 편집자 가이누마 노부(貝沼信)의 기고를 통해서도 민주화운동의 의미를 전파하며 이에 대한 이해를 넓히는 데 힘을 쏟았다. 서울대학교에서 학생운동을 체험한 오재식씨(아시아기독교 협의회(CCA) 및 도시농촌선교회(URM) 국제관계부 담당간사)는 1970년 전후의 암담한 시기에 한국기독교학생총연맹(KSCF) 간사로서 학생운동을 이끈 인물이다. 셈에도 밝았던 오재식씨는 유능한 인재를 발굴해서 새로운 운동을 조직하고 발전시키는 데 천부적인 재능을 발휘했다.

강문규씨(아시아 세계 기독교학생연맹WSCF 간사, 후일 한국 YMCA 총 주사主事, WCC 중앙위원)는 국제적인 네트워크를 활용해 한국 민주화운동의 글로벌화에 힘썼다. 김용복씨(프린스턴 대학교 신학박사 취득, CCA-URM 기관인 아시아자료센터(DAGA) 스태프)는 WCC의 핵심두뇌로 중추적인 역할을 담당하면서 다국적 기업과 민중에 관한 예리한 논의를 전개했다. DAGA 스태프로 활약한 사람으로는 김용복씨

이외에도 선교사인 패리스 하비와 구라타 마사히코(藏田雅彦) 등이 있었다.

필자도 근래에 들어서야 알게 된 사실인데, 1973년에 발표된 '한국 그리스도인 선언(신학선언)'의 초안 작성을 담당했던 인물이 다름아닌 지명관, 오재식, 김용복씨였다. 이 초안은 서울에 있던 김관석 NCC 총무에게 전해졌고, 싱가포르에서 개최된 CCA 총회에서 검토를 거친 후 전 세계 각지에 공표되었던 것이다.

긴급회의는 연 10회 발행된 회보『한국통신』을 통해서 한국 민주화운동에 관한 자세한 정보와 일본시민들과의 연대활동, 실행위원의 논설 등을 18년간에 걸쳐 전했다.

그 밖에도 숱한 집회와 기도회, 긴급회의, 데모, 단식투쟁, 장시간 토론집회(teach-in), 가두서명과 캠페인, 실행위원 보고 및 연설 등이 각지에서 이어졌다. 정치범으로 몰리거나 직장에서 쫓겨난 사람들을 위한 엽서와 편지, 크리스마스 카드 보내기, 지원모금 등도 계속되었다.

한국에서 금서로 지정된『세계』와『복음과 세계』를 몰래 한국으로 옮기는 등, 한일 양국을 오가는 자료 운반활동도 점차 활기를 띠었다. 신교출판사는 1970년대와 80년대에『복음과 세계』의 거의 매 호마다 한국 민주화운동에 대한 성명과 논문들을 실었고 엄청난 수의 단행본을 출간했다. 모리오카 사장과 가이누마 편집자는 출판사업을 통한 연대라는 사명감으로 온 정성을 쏟아 부었다.

이와 같은 자료전달 및 지원활동들은 나카지마 목사와 김관석 총무의 두터운 친분을 바탕으로 도쿄 거주 한국인들의 지시에 따라 신중하게 실행되었다. 같은 인물이 양국을 거듭 왕복하면 감시의 표적이 될 수 있으므로 번갈아 가며 자료운반을 담당했다.

9) 기타 단체들과의 연대

긴급회의 구성원들에 비해 온건한 성향의 사람들도 참여하기 쉽도록 1974년 9월에는 한일 기독교인 연락협의회가 설립되었다. 긴급회의도 참여단체로 힘을 보탰다. 연락협의회의 대표로는 아리마 노부오(有馬信夫) 주교, 이인하 목사, 무교회의 정지인씨, 이노우에 요시오(井上良雄) 일 기교단 사회위원장이 선출됐다. 연락협의회는 강연회 등을 개최하는 한편, '한국 기독교인들과 연대하는 기도회'와 합동으로 매년 네 차례씩 촛불시위를 벌였다. 촛불시위에는 100명에서 200명 가량이 참가했다. NCCJ는 KCCJ와 연합으로 NCC 교육부 회의실에서 목요기도회를 열었는데, 이 기도회는 10년 이상 계속되었다.

긴급회의는 처음부터 단독행동보다는 일본 가톨릭 정의와 평화협의회(이하 '정평협'으로 표기. 담당주교 아리마 노부오, 회장 모리타 소이치森田宗一, 사무국장 후카미즈 마사가쓰深水正勝 신부) 및 한일련대연락회의(훗날의 한일련대위원회. 이하 '한일련'으로 표기. 대표 아오치 신青地晨, 사무국장 와다 하루키和田春樹)와 공동으로 움직이는 때가 많았다. 천주교와 개신교가 이처럼 단단한 우정으로 맺어져 힘을 합치기는 처음이었다. 긴급회의와 정평협은 정세분석과 판단, 관공서를 상대로 한 공동행동에서 한일련의 도움을 받았다. 한일련은 긴급회의에 수집되는 자료를 활용했다. 긴급회의와 정평협, 한일련 세 기관이 공동주최하는 집회와 가두운동은 점차 활기를 더해갔다. 집회 참여인원이 1,000명을 넘어서는 때도 있었으며, 1980년에서 82년 사이에 열린 "김대중씨를 죽이지 마라!"는 캠페인 역시 대규모로 전개되었다. 성명과 각종 요청문도 가끔씩 삼자 공동명의로 발표됐다.

기독교에 거의 접해본 적이 없는 사람들도 철야기도회와 단식투쟁에 자발적으로 동참하는 등 기도의 힘에 큰 믿음을 보여 주었다. 이 모든 활동의 밑바탕에 한국 기독교인들의 실천적 행동에 대한 감동이 깔려 있었음은 두말할 나위도 없다.

10) 국제적인 연대

긴급회의는 한국 측의 국제조직과도 연계해서 활동을 펼쳤다. 한국 기독교민주동지회(회장: 캐나다 주재 김재준 전 한신대학장, 사무국장:

제네바 주재 박상증 WCC 간사, 후일 CCA 총 간사)는 외국에서 조국의 민주화운동을 지원하는 한국인과 그 지지자들, 단체 책임자 등과 교류하면서 수시로 국제회의를 개최했다. 전 세계에서 수십 명에 이르는 사람들이 회의장으로 모여들었다. 도쿄에서 활동하던 지명관, 오재식, 강문규, 김용복씨, 이인하 목사 등도 참가했다. 1981년 4월 서독 바트 볼에서 열린 국제회의에는 일본의 사카모토 요시카즈(坂本義和) 도쿄대학 교수 겸 전 스톡홀름 국제평화연구소(SIPRI) 회장과 와다 하루키 도쿄대학 교수가 연사로 초빙되었다. 국제정세의 흐름 속에 한국 민주화운동을 명확히 자리매김하고 동시에, 주로 북한과의 관계를 놓고 한국이 나아가야 할 방향과 시책에 관한 논의가 이루어졌다.

한국기독교민주동지회는 1970년대 후반부터 일본 NCC 사무소 내에서 영문판 뉴스레터 『Korea Communique』(편집: 데이비드 서터화이트 외)와 한국어판 회보 『민주동지』(1984년부터 김경남씨가 편집 담당)를 간행하기 시작했다.

선교사 부부들이 자료운반과 공판방청에 동참해 주었을 뿐만 아니라, 한국의 민주화운동에 관한 내용을 자국어로 번역해 세상에 널리 알리는 데도 큰 몫을 담당했다. 패리스 하비, 데이비드 스웨인, 아이코 카터(이상 미국), 파울 슈나이스(독일), 그리고 미처 언급할 수 없을 만큼 숱한 인사들이 한국 민주화를 위한 국제교류에 귀중한 힘을 보태주었다.

Ⅳ. 1974년부터 광주항쟁까지

1974년 4월 한국을 발칵 뒤집어놓은 전국민주청년학생총연맹(민청학련) 사건이 일어나기까지의 민주화운동 전개와 가시밭길, 일본 기독교계의 지원 등에 대해서 자세하게 다룰 만한 여유는 없다. 이 절에서는 동아일보 기자들을 중심으로 한 자유언론투쟁과 민주구국선언 운동, 그리고 노동자 인권투쟁에 관해 간략히 정리하기로 한다.

1) 자유언론수호투쟁

1974년 10월, 한국의 동아일보 및 조선일보 기자들은 자유언론수호를 위한 장렬한 투쟁에 들어갔다. 이이누마 지로(飯沼二郎) 교토 대학 교수와 구라즈카 타이라(倉塚平) 메이지 대학 교수(한일련 위원)는 '동아일보를 지원하는 모임'을 대표해서, 해고된 동아일보 및 조선일보 기자 200여 명에 대한 지원을 호소했다. 일본 각지에서 공감과 격려의 목소리가 높아졌고, 일본인으로서 느끼는 반성과 공동투쟁 의지, 일본 저널리즘에 대한 비판 등도 가세해 캠페인이 이어졌다. 일본 NHK는 동아일보 논설주간과 나눈 대담을 방영했으며, 지원모임 회보의 편집 담당자는 동아일보 기자들의 투쟁을 가교 삼아 한일 양국의 시민들 사이에 굳건한 유대관계가 생성되었다고 썼다. 이노우에 요시오 일 기교단 사회위원장이 직접 한국을 찾아, 교단 사회위원회와 한일재일특별위원회가 모금한 지원금을 전달하기도 했다.

2) 민주교단선언과 그 이후

1976년 3월 1일, 서울 명동성당에서 신구교회 합동으로 3·1절 기념 미사 및 기도회가 열렸다. 그 자리에 참석한 천여 명의 사람들 앞에서 이우정 한국 기독교여성연합회 회장이 민주구국선언을 낭독했다. "1919년 3월 1일 전 세계에 울려 퍼진 대한독립 만세의 함성이 지금 이 자리에 선연히 되살아나고 있음"을 천명한 후, 민주화운동의 기본목표로 유신체제 철폐, 국민이 주인 되는 민주주의, 국민이 스스로의 경제력을 키우는 산업민주주의를 꼽고, 이와 더불어 조국통일이야말로 지상과제임을 선포하였다(출처: 『한국민주화투쟁 자료집』, pp. 254-59).

이 선언이 발표된 다음날인 3월 2일, 긴급회의는 일본에서 기자회견을 열고 선언문 전문을 공개했다. 이후 3월과 4월에 걸쳐 한일련과 정평협이 공동주최하는 집회(3회), 기도회, 데모 등이 진행됐다. NCC 총회는 한국 NCC 총회에 격려와 지원의 뜻을 전했으며, 일 기교단 서중국 교구 총회 측은 '선언지지와 즉시석방 요구'의 성명을 냈다. 같은 해 8월 23일에는 일본교회 대표 8명이 일본 외무성의 아시아국 차장을 만나 대 한국정책의 방향전환을 촉구하면서 미키(三木) 당시 일본총리와 미야자와(宮沢) 외무대신에게 전하는 요청서명부를 건넸다. 이어서 26일에는 교회대표 2명이 박정희 대통령 앞으로 된 서명부와 구속자 후원자금을 지참하고 한국으로 건너왔다. 이들은 일심판결 공판과 기도회에 참석해 구속자 가족들을 위로했다. 이날 정오 긴자의 스키바야시 공원에서는 기독교인 13명이 3일간의 단식투쟁에 돌입하는가 하면 가두선전 활동도 실행됐다. 일 기교단 총회는 같은 해 11월 18일 박정희 대통령에게 전하는 유감의 성명과 함께 교단과 협약관계를 맺은 3개 교파 앞으로 보내는 '통감과 경의'의 성명을 발표했다.

3) 노동자 및 농민 투쟁

1970년 11월 13일, 22살의 청년 전태일이 "우리는 기계가 아니라 사람이다!"라고 외치며 분신 자살하는 사건이 일어났다. 쥐꼬리만한 월급을 받으면서 열악한 작업환경에서 혹사당하는 여직공들의 인권을 위해 장렬히 산화한 것이다. 전태일의 죽음은 한국 노동운동의 시발점이 되었다. 그러나 노동자들이 한국 민주화운동의 전면에 나서기까지는 좀더 시간이 필요했다. 그로부터 7년이 흐른 1977년 3월 10일, 명동성당에 모인 1,500여 명의 노동자와 기독교인들은 노동자 인권선언을 발표했다.

이 집회와 인권선언은 1976년부터 전국 각지에서 투쟁을 벌여오던 노동자들과 농민이 마침내 하나로 결속하여 민주화운동의 선두로 나선 획기적인 사건이었다. 1977년 서울 평화시장, 1978년 인천 동일방직, 1979년 부산 YH 무역 여성 노동자 농성에 이르기까지, 이들은 어떤 일에도 기죽는 법 없이 치열하게 싸웠다.

긴급회의와 교단 한일재일특별위원회는 한국 여성 노동자에 대한 지원을 촉구했고, 정시제(定時制) 고등학교에 다니면서 일하는 일본 여성 노동자 등이 흔쾌히 이에 화답해 주었다.

지원금과 함께 전달된 편지 한 통을 여기에 소개한다.

> 저도 주간 정시제고등학교에 다니고 있는 여공입니다. 이 글을 읽고 있노라면 '우리도 사람이란 말이다' 하고 부르짖는 소리가 들려오는 기분이 듭니다. 한국 노동자들이 받는 부당한 대우는 몇 년 전 일본의 상황과 똑같습니다. 지금은 조금 나아졌다고는 해도, 여전히 휴일 출근과 형편없는 임금을 강요당한다는 점에서는 한국의 여성 노동자들과 별 다를 바 없는 처지입니다. 그래서 완전히는 아니더라도 그들의 기분을 조금은 이해할 수 있으며 동감합니다. 분명 지금이야말로 우리가 하나 되어 이런 부당한 취급에 반론을 제기하고 함께 싸워나가야 할 때라고 생각합니다. 전태일씨의 말처럼 우리는 사람이니까요.

기독교부인교풍회의 다니가와 세이코(谷川静子) 회장은 한국기독교여성연합회 총회에, NCCJ 상의원회에서 파견되는 형태로 해고 여성 노동자들을 돕고 싶다는 뜻을 전했다. 한국정부의 압제하에서 힘든 시기를 견디고 있던 기독교인 가족들이 보내온 비통한 기도가 전해지면서, 지원을 요청하는 목소리에 힘을 실어 주었다.

1980년 1월 15일, 창설 6주년을 맞아 긴급회의는 다음과 같은 요지의 성명을 냈다.

> 지난 6년 동안 우리는 한국 기독교인들로부터 귀중한 가르침을 얻었다. 하나님이 억압받는 민중을 사랑하신다는 것. 교회는 민중에게서

> 배우고 민중에게 봉사해야 한다는 것. 사회정의를 추구하는 것이야말로 복음신앙의 본질이라는 것. 그리고 투쟁에 깃든 고난의 의미와 부활의 희망 등을 배울 수 있었다. 어려움이 커질수록 민주화 운동은 들불 마냥 더욱 확산되어 갔으며, 민중은 자유와 정의의 이름으로 떨치고 일어났다.

그리고 노동운동의 성과로는 "한일교회가 서로 교류하는 길이 열리고 일본교회가 한국교회의 도움 요청에 형제자매 된 마음으로 응답하였다는 점, 가톨릭교회와도 한마음으로 움직일 수 있었다는 점, 미국과 독일 등 전 세계 교회들과 연대할 수 있었다는 점" 등을 꼽았다. 성명의 내용은 다음과 같이 이어진다.

> 우리는 이 활동을 통해, 일본의 경제진출로 한국민중들이 극심한 수탈에 시달리고 있다는 점, 이와 관련된 일본 매스컴의 보도에 조작이 숨어 있다는 점, 노동조합조차 이 문제를 총체적으로 무시해 왔다는 점을 알게 되었다. 그런 한편으로 한국문제에 대한 바램을 함께 하는 수많은 시민과 노동자, 기자들을 만날 수 있었던 것은 좋은 경험이었다. 앞으로는 한국의 기독교인과 민중들을 향한 지원을 넘어서서, 아시아 지역의 기독교인 및 민중투쟁을 향한 지원으로 한층 범위를 넓혀가고 싶다.

4) 5 · 17 광주 민중항쟁

박정희 대통령이 피살된 후 한국국민들이 안도의 숨을 내쉴 겨를도 없이 군부는 곧바로 흉포한 모습을 드러냈다. 1979년 11월 24일, 민주청년협의회와 기독교청년협의회(EYC)가 명동 YMCA 회관에서 결혼식을 가장한 1,000명 민주화 요구대회를 개최했다. 이 사건으로 함석헌 회장을 비롯한 주최자 96명이 국군보안사령부에 연행돼 잔인한 폭행을 당했다.

민주화 세력은 오랫동안 지속된 계엄체제하에서 숨을 죽이고 있었으나, 이윽고 더 이상 참을 수 없게 된 학생쟁의와 학생운동이 꼬리를 물고 일어났다. 1980년 5월 10일 서울대 학생들이 궐기한 데 이어, 15일에는 여러 대학 학생들과 시민이 집결한 가운데 10만 명 규모의 데모가 열렸다. 전국적으로 시위 참여자 수는 15만 명에 달했다. 시위학생들이 서울에서 열린 전국학생회장 모임에서 앞으로의 행동계획을 결의한 17일 밤, 전두환 계엄사령관은 김대중씨 등 정치인과 재야인사, 종교인들을 대거 체포했다. 그리고 18일 0시를 기해 비상계엄령을 전국으로 확대하여 학생 및 시민들의 숨통을 조였다.

광주의 학생들이 이에 항의하자 군부는 공수부대를 급파해 전남대와 조선대 학생들을 닥치는 대로 구타했다. 여기에 대들던 학생과 시민들에게까지 무차별 총격과 폭행이 가해져, 5월의 광주는 붉은 피로 물들었다.

5) 두 번의 국제회의

광주항쟁과 연관된 일본 측의 연대에 대해서는 본서에서 별도로 상술하기로 하고, 이 절에서는 김대중씨 구조를 위해 열린 긴급국제회의 두 건만 소개하고 넘어가기로 하겠다.

(1) 김대중씨의 생명을 우려하는 긴급국제회의

김대중씨에 대한 전두환 정권의 적개심이 점차 노골적으로 드러나기 시작한 가운데, 군법회의 최종심 판결의 날이 다가왔다. NCCJ와 가톨릭 정평협은 1980년 12월 10일과 11일 양일에 걸쳐 도쿄의 국제문화회관에서 '김대중씨의 생명을 우려하는 긴급국제회의'를 공동 개최했다. 이 회의에는 코르넬리어스 폰 하일 독일 복음주의교회총회 의장, 존 커밍즈 미국 가톨릭 정평협 담당주교 등, 미국과 캐나다, 서독, 호주, 뉴질랜드에서 온 대표 9명이 참석했다. 일본 쪽에서는 국회의원 우쓰노미야 도쿠마(宇都宮德馬) 등 10명, 오에 겐자부로(大江健三郎) 등

문화 예술계 인사 14명, 그리고 주최자인 시라야나기 세이이치 대주교 이하 기독교인 7명 등이 참석했다. 첫날은 김대중씨의 생명보호 및 자유회복을 토로하면서 각국의 활동상황을 보고하고 성명을 채택한 후 기자회견을 열었다. 저녁에는 '김대중씨를 죽이지 마라! 시민서명운동'이 주최한 긴급국제시민집회에 나가 시민운동가들과 얼굴을 맞댔다. 이틀째인 11일에는 향후의 행동방향을 토의한 다음 주최자와 해외대표들이 총리관저를 찾아 관방 부장관에게 김대중씨 구명을 촉구하였으며 기자회견으로 일정을 마무리했다.

비록 준비기간은 짧았으나, 해외대표들은 김대중씨의 안위를 걱정하는 각국 시민들과 교회의 간절한 소망을 담아 일본까지 한달음에 달려와 주었다. 일본측 참석자들 역시 당파와 입장을 초월해서 김대중씨의 생명보호와 바람직한 한일 양국관계, 더 나아가 세계평화와 인도(人道)를 바라는 마음으로 하나가 되었다. "참가자들은 한국민이 당하고 있을 고통과 그들의 투쟁과 기도에 깊은 감동을 받았으며, 늘 자신을 돌아보고 참회해야 하는 자의 입장에서 상호책임과 앞으로 해야 할 일들에 관해 이야기를 나누었다."(출처: 「김대중씨의 생명을 우려하는 긴급국제회의 보고서」, 동(同) 회의 사무국 편집, NCC 내, 1981년 3월 1일).

긴급국제회의의 참여자의 수는 매스컴 관계자 약 40명을 더해도 90명이 채 되지 않았다. 그러나 회의의 중심에는 "김대중씨에게 자유를!" '김대중씨를 죽이지 마라! 시민서명운동'이 굳건히 자리잡고 있었으며, 김대중씨 구명운동에 동참한 일본시민들과 국제조직 및 시민단체가 든든한 지원세력을 이루었다. 한국에 있는 김대중씨 본인과 그의 동지들 및 가족, 민주화운동에 투신한 사람들도 존재감을 더해 주었다. 긴급국제회의는 이러한 단체와 개인들의 염원이 한 순간이나마 거센 소용돌이를 일으키면서 집결돼, 하나의 기도로 완성된 결과라고 할 수 있겠다.

국내외의 거센 반발에 전두환 정권도 뜻을 굽히지 않을 수 없었다.

전두환 대통령은 1981년 1월 23일 김대중씨에 대해 일단 사형확정판결을 내렸다가 불과 두 시간 만에 각의결정을 거쳐 무기형으로 선고를 바꾸는가 하면, 이듬해인 1982년 3월에는 징역 20년 형으로 감형하는 등, 몇 번씩이나 판결을 번복했다. 그해 12월 김대중씨는 가족을 동반하고 미국으로 망명했다.

(2) '한국 및 필리핀의 인권상황과 아시아의 평화' 국제회의

1983년 11월 11일부터 12일까지 도쿄의 죠스이 회관(如水会館)에서 NCCJ와 가톨릭 정평협의 주최로 '한국 및 필리핀의 인권상황과 아시아의 평화'라는 표제의 국제회의가 열렸다. 그해 8월 마닐라 공항에서 베니그노 아키노 필리핀 상원의원이 암살된 사건과 뒤이어 터진 소련의 대한항공기 격추사건, 한국 각료를 노린 랑군 폭탄테러 등으로 인해, 동아시아 정세가 극히 불안정하고 위태롭던 시절이었다. 아시아 지역의 당면문제를 짚어보고 앞으로 어떻게 해야 좋을지 함께 논해 보자는 뜻에서 이런 국제회의를 열게 된 것인데, 여기에는 아키노 상원의원처럼 독재정권과 맞서 싸우다가 미국 망명길에 올랐고 귀국 타이밍을 엿보고 있던 김대중씨의 안전을 염려하는 마음도 깔려 있었다.

필리핀에서 Sr.크리스틴 탄 등 4명, 한국에서 김소영 NCC 총무 등 2명, 태국에서 똠바이 똠빠오 변호사, 미국에서 패트리샤 델리안 전 인권문제 담당 국무차관보 등 3명, 스위스에서 닐 맥더봇 국제법률가협회 총간사 등이 참여했다. 일본 쪽에서는 국회의원인 도이 다카코(土井たか子) 등 6명, 야스에 료스케 등 문화계 인사 9명을 비롯해, 이인하 NCJ 의장과 아리마 노부오 정평협 담당주교 등 7명이 주최자로서 참석했다. 스미야 미키오(隅谷三喜男) 도쿄대학 교수가 "경제개발과 민중의 목소리"라는 표제의 기조연설을 한 데 이어, 에드 가르시아 교수의 "필리핀의 경제 및 정치상황", 이문영 전 고려대 교수의 "한국민중의 수난과 희망" 발제가 이어졌다. 이튿날인 12일에는 델리안 전 국무차관보가 "미국의 정책과 아시아 인권문제"에 대해, 에밀리오 캐플런이

"필리핀 민중 입장에서 본 일본과 미국"에 대해 각기 보고했다. 값진 발언들과 함께 풍성한 의견이 오고 간 자리였다.

이 국제회의에서 발표한 성명의 요지는 다음과 같다.

> 미국과 소련이 경쟁적으로 핵 군사력을 확장해 나가는 가운데, 미국의 전략에 말려든 일본도 군사력 확장에 가세하는 바람에 한반도에는 긴장감이 고조되고 있다. 미국은 군사기지 확보와 경제적 지배의 목적으로, 일본은 자원과 노동력, 시장 확보의 목적으로 필리핀과 한국 등의 독재정권과 손을 맞잡고 있다. 이들 국가에서는 정치적 부패와 빈부격차 확대, 인권탄압이 날로 심해지기만 한다. 일본과 미국의 시민과 기독교인들은 물론이요 다른 나라 시민들도 연대해서 정치개선을 촉구해 나가야 할 것이다. 반핵과 군축, 민중을 살찌우는 경제정책 실현을 위해 앞으로 나아가자.

회의가 반쯤 진행되었을 때 김대중씨와 김영삼씨가 보낸 메시지가 낭독되어 참가자들의 사기를 북돋웠다. 그 메시지에서 김대중씨는 이렇게 말했다.

"우리가 힘을 합치면 미국과 일본의 그릇된 정책을 바로잡을 수 있습니다. 자유, 정의, 인간존엄을 확립하고자 하는 역사의 확고한 흐름을 거스를 수 있는 자는 그 어디에도 없습니다. 그러므로 머지않아 우리의 목적은 달성될 것입니다. 또한 그 어떤 독재자도 학대 받는 민중들의 단결과 국가를 넘어선 연대를 억누르지는 못합니다."

V. 민족통일 문제

1. 민주화운동 속에서 통일 지향

1979년과 80년에 걸쳐 전두환 정권이 자행한 숙군(肅軍) 쿠데타 및 광주 시위 무력진압 등을 미국이 묵인한 점을 두고 국민들은 울분을 터뜨렸다. 전두환 군사독재 정권을 지지하면서 남북분단에 따른 이득을 챙기려 드는 미국과 일본의 정책에 비난이 쇄도했다.

1976년, 문익환 목사는 민주와 통일을 하나로 보는 '민주구국선언'의 초안을 작성했다. 그는 1982년 12월 특별사면으로 나온 후 긴급회의를 통해 일본 기독교인 앞으로 다음 메시지를 전해 왔다.

> 한국의 모든 문제와 고난의 근원에는 국토분단, 민족분단의 현실이 자리하고 있습니다. 한국의 평화통일이 이루어지지 않는 한 하나님 왕국의 평화는 영원히 한국에 깃들 수 없습니다. …… 한반도의 통일 없이는 동아시아의 평화와 세계평화도 있을 수 없습니다. 부디 한반도에 하나님 왕국의 평화가 강림할 수 있도록 일본 그리스도인들께 많은 기도와 도움을 부탁 드립니다.

각종 강연과 회의, 집회응원 등으로 동분서주하던 문익환 목사는 1984년에 '민주통일 국민회의'를 조직하고 의장직을 맡았다. 이듬해 3월 다른 전국조직과 합동으로 '민족통일 민중운동연합'을 결성하고서도 부득불 의장 이상의 직책은 맡지 않으면서 조국통일 운동을 적극 추진하였다. 이보다 조금 앞선 1985년 2월, 귀국을 단행한 김대중씨는 즉각 신병을 구속당하고 연금상태에 놓이게 됐다. 한국신민당과 민주화추진협의회(민추협)는 1986년 2월부터 대통령 직선제 개헌을 요구하는 100만 명 서명운동에 들어갔다. 1980년대의 민주화운동은 70년대와는 판이하게 다른 양상으로 전개되었다. 각계 각층 집단들의 결속으로 탄생한 전국 규모의 거대조직이 전두환 정권의 퇴진을 부르짖으며 압박을 가했다. 경찰의 탄압이 심해질수록 민중의 저항 역시 더욱 거세졌다. 1987년 5월에는 민주헌법쟁취 국민운동본부가 탄생했고, 6월에는 국민평화 대행진이 시작되었다. 마침내 6월 29일, 여당대표 노태우가 언론의 자유와 대통령 직선제 등 8개 항목으로 구성된 시국 수습안을 발표했다. 다음날 전두환 대통령은 이를 수락하기로 했다. 이것이 소위 6월 민중항쟁이다. 그리고 김대중씨는 7월 10일 사면복권되었다.

2. WCC와 NCC의 활동

한편 긴급회의는 가톨릭 정평협 및 한일련과 함께 일본과 미국의 정책 변경을 끈기 있게 요구했다. 그러나 광주사태는 미일 양국 정부에는 분단정책을 바꿀 뜻이 없다는 냉혹한 현실을 뼈저리게 느끼게 했다. 레이건 미 대통령과 나카소네(中曽根) 일본총리는 전두환 정부에 대한 지지를 노골적으로 표명하면서 한국의 분단을 기정사실화하고 자국의 이득을 챙기는 데 몰두했다.

WCC는 한반도 경계선의 긴장 완화야말로 세계평화를 위해 가장 먼저 해결해야 하는 과제라고 판단했다. WCC는 1983년, 한국기독교교회협의회(KNCC)의 요청에 따라 국제회의 준비에 들어갔고, 이듬해인 1984년 10월 가나가와현 고텐바(神奈川県 御殿場)의 YMCA 도잔소(東山荘)에서 '동북 아시아의 평화와 정의'라는 주제로 국제회의를 개최했다. 조선기독교도연맹(KCF)의 대표는 참석하지 못한 대신 축하전보를 보내왔다. 회의 결과 향후 WCC가 CCA의 협조를 얻어 북한을 방문하고 교류 가능성을 탐색하는 등 상호신뢰 관계를 구축해 나간다는 방침이 정해졌다.

1986년 9월 20일부터 5일간 WCC 주최로 스위스 그뤼에에서 '평화에 대한 기독교적 관여의 성서적, 신학적 기초'라는 세미나가 열렸다. 이 세미나는 남북한 기독교 대표가 처음으로 한 자리에 모인 장이 되었다. 남북한 교회 대표 10명을 포함한 각국 교회 대표와 WCC 간부 등 총 22명의 참가자들은 세미나를 통해 매우 뜻깊은 대화를 나누었다. 특히 조국분단으로부터 41년이라는 긴 세월이 흘러서야 겨우 자리를 함께 하게 된 남북한 기독교인들은 같은 신앙 아래 평화를 다짐하고 함께 기도드리며 하나님의 성찬을 나누었다.

처음에는 다소 긴장된 공기가 흐르다가 점차 민족통일에 관한 의견도 자유로이 오가게 되었다. 서로간의 입장 차는 좁히지 못했지만 상대방의 주장을 진지하게 경청하는 자세가 돋보였다. 그들의 모습에 세미나장 내의 공기도 한층 부드러워졌다. 마지막 예배와 성찬을 마친 남북한 기독교인들은 서로 굳세게 얼싸안았다. 성찬은 화해의 잔치로 마무리되었다. 언젠가 반드시 이루어질 민족통일의 기쁨과 환희를 그들은 한 발 앞서 맛본 셈이다. 이처럼 1986년 열린 국제 세미나는 남북한 사람들은 물론이요 동아시아 시민 모두가 한 마음 한 뜻으로 지향해야 할 평화통일의 밝은 미래를 엿보게 했다.

필자도 NCCJ 평화위원장으로서 그 세미나에 초청받았다. 나라별 발언 자리에서 필자는, 일본 교회가 힘의 주님을 숭배해 온 지난날의 잘못을 참회하고 약자들과 더불어 나아갈 수 있도록, 그리고 일본정부가 과거의 식민지 지배와 전후 한국분단에 대해 반성하고 사죄하며 한민족의 통일과 행복에 이바지할 수 있도록 온 힘을 다하겠다는 뜻을 밝혔다.

WCC, CCA와 KCF의 교류, 각국 교회와 KCF 간의 교류는 날이 갈수록 더 활발해졌다. KCCJ 주최로 수 차례에 걸쳐 교류가 이루어졌고, NCC도 대표단(마에지마 무네토시 前島宗浦 NCC 총 간사, 스미야 미키오 NCC 기독교 아시아 자료센터 이사장, 나카지마 마사아키 교단 총간사)을 파견하는가 하면 NCC-KCF 대표단 교환 등에 활발히 참여했다.

이와 같은 국제적인 흐름 속에서 특히 눈여겨볼 만한 것이 한국 NCC가 발표한 성명이다.

3. '민족의 평화와 통일에 대한 한국기독교교회 선언'

1981년 KCCK와 독일 복음주의교회연합은 서울에서 한-독 교회협의회를 열었는데, 이 모임에서 NCCK 내에 통일문제위원회를 설치하자는 제안이 나왔다. 1983년 일본에서 돌아와 NCCK에 몸 담고 있던 오재식 씨는 통일위원회 간사와 선교훈련원 간사를 겸임하게 됐다. 1986년부터 다섯 차례의 대회를 열고 성명안 작성 팀 9명이 14개월을 꼬박 매달려 심의한 결과, '민족의 평화와 통일에 대한 한국기독교교회 선언'이 탄생했다.

1988년 2월 29일, 한국기독교교회협의회 총회는 만장일치로 이 선언을 채택했다.

선언은 '신앙고백'으로 시작해서 '한국교회의 전통'과 '민족분단의 현실'로 이어진다.

> 하나님께서 한반도에 복음을 내리시고, 예수 그리스도의 십자가와 부활을 믿는 우리들을 자녀로 받아 주셨으며, 남북한 교회가 민족해방을 위해 하나로 단결해 선교의 뜻을 펼 수 있게끔 인도하여 주셨다. 우리들 선교사의 사명은 민족분단과 대립을 극복하고 통일과 평화를 달성하는 것이다. …… 한국교회는 일제치하와 조국분단, 전쟁과 군사독재정권 아래서도 민족의 독립을 수호하고 정의와 평화와 인권을 지키기 위해 힘써 왔다. …… 한민족은 전 세계적인 정권 구조 및 이념대립의 속죄양으로서 고통 받아 왔으며, 지금도 동포에 대한 적개심을 서로 버리지 못하고 있다.

그 뒤에는 성경의 구절들을 들어가면서 아래와 같은 고백을 하는 '분단과 증오에 대한 죄책 고백'이 따라 나온다.

1) 분단이라는 구조적 죄악으로 인하여 우리는 같은 피를 나눈 동족을 미워하고 속이고 살인하였으며, 그 죄를 정치와 이념의 이름으로 오히려 정당화하는 이중의 죄를 범해 왔다. 분단은 전쟁을 낳았고 우리 기독교인들은 전쟁방지라는 명목으로 군비증강에 찬동하는 죄를 범했다. 그 결과 외세에 대한 의존이 한층 더 심해져, 끝내는 민족적 자존심을 포기하는 반민족적 죄악까지 범하기에 이르렀다.
2) 남북한 교회는 오랜 역사 동안 면면히 이어져 온 민족통일 운동의 흐름을 외면했을 뿐만 아니라, 각각의 체제가 강요하는 이념을 절대적인 것으로 우상화함으로써 하나님의 절대적 주권에 대한 반역죄를 저질렀다. 특히 남한 교회는 북한 공산정권을 적개시한 나머지 북한동포들 및 우리와 이념을 달리하는 동포들을 저주하기까지 했다. 이것은 분단으로 고통 받는 이웃에게 무관심한 죄라 아니할 수 없다.

'민족의 평화와 통일에 대한 한국기독교교회 선언'은 이러한 죄책 고백을 바탕으로, 7 · 4 남북공동성명(1972)에서 제시한 '자주, 평화통일, 민족대단결'이라는 3대원칙에 더해 새로이 인도주의와 민중참여를 통일의 기본원칙으로 내세운다.

1) 통일은 민족과 국가의 공동선(善) 및 이익뿐만 아니라 인간의 자유와 존엄성을 보장하는 것이어야 한다. 국가와 민족은 인간의 자유와 복지를 보장하기 위해 존재하는 것이며, 이념과 체제 또한 인간을 위해 생겨난 것이다. 그러므로 인도주의적인 배려와 조치를 가장 먼저 고려해야 하며, 어떤 이유로도 그 시행이 유보되어서는

안 된다.

2) 통일법안을 작성하는 논의과정에는 민족구성원 전체의 민주적인 참여가 보장되어야 한다. 특히 분단체제하에서 가장 큰 고통을 겪었고, 민족구성원의 가장 큰 부분을 차지함에도 불구하고 항상 의사결정 과정에서 배제되어 왔던 민중의 참여를 최우선적으로 보장해야만 한다.

1)은 민족과 국가는 인권보장을 위해 존재한다고 천명한다. 인권보장이라는 말 대신 '인도주의'라는 표현을 쓴 까닭은, 이산가족 상봉이나 남북간 긴급경제협력 등에서 일반적으로 사용되는 '인권'이라는 말보다 더 광범위한 배려와 조치를 가리키기 위함이다. 2)는 1976년 발표된 '민주구국선언'에서 이미 강조한 "국민으로부터 나오는" 민주주의, 곧 민중주의를 남북한 각 체제와 양자간 대화 및 협의에 적용시킬 것을 강력히 요구하고 있다.

위와 같은 원칙에 기초하여 이 선언은 정부에 대한 적극적인 건의를 내놓는다. 그중 특히 일본과의 관계에서 다음 두 가지 사항이 눈길을 끈다.

첫째, 긴장완화 및 평화증진책으로 1) 휴전협정을 평화협정으로 전환할 것, 불가침조약 협의, 2) 한반도의 평화와 안정을 위한 국제적 보장과 미군철수 및 UN군 사령부 해체, 3) 남북한 군축과 평화산업으로의 전환, 4) 한반도 비핵화와 한반도를 겨냥하는 핵무기의 전면폐기 등을 제안하고 있다는 점.

둘째, 민족의 자주성 실현을 위해 1) 남북 간 및 국제적 회담과 협약은 외국정부의 간섭에 휘둘리는 일 없이 주체성을 지켜야 하며, 2) 남북한 양국은 민족의 삶과 이득에 반해 체결된 모든 협정 및 조약을 수정 혹은 폐기해야 한다고 주장하고 있다는 점.

마지막으로 '민족의 평화와 통일에 대한 한국기독교교회 선언'은 교회의 과제를 제시한다. 장차 찾아올 통일의 희망을 "요벨의 해(禧年:

50년마다 기쁨의 나팔(요벨) 소리가 울려 퍼지면 모든 사람이 일체의 빚으로부터 풀려나 가족의 품으로 돌아간다는 규칙. 구약성서 레위기 25장, 신약성서 누가복음 4장 19절 참조)"에 빗대면서, 남북한 양국 교회의 힘찬 전진을 촉구하고 있다.

위 선언은 일본에도 직간접적인 문제의식을 던져 주었으며, 이후 남북한 교회를 비롯해 국제회의에까지 강한 영향을 미쳤다. 국제적으로도 높은 평가를 얻었다. 뿐만 아니라 '민족의 평화와 통일에 대한 한국기독교교회 선언'이 토로하는 진실되고도 투철한 죄책 고백은 남북한 양국 국민들의 긴장된 마음을 누그러뜨리고 정부 차원의 대화 재개에도 박차를 가했다. '민족의 평화와 통일에 대한 한국기독교교회 선언'은, 땅 위에서 이루어지는 하나님의 역사를 상징하며 개혁을 일으키는 주체가 곧 교회임을 명실공히 보여 주는 사례로 남았다.

한편 재일대한기독교회(KCCJ)는 같은 해인 1988년 7월 5일, '민족통일에 관한 재일대한기독교회총회선언'을 냈다. 한국기독교교회협의회(KNCC) 선언이 제시한 통일의 5대 기본원칙을 그대로 받아 들인 다음, 차별철폐와 인권옹호, 사회정의 실현을 위해 싸울 것이며 재일본대한민국민단(민단)과 조총련, 귀국동포간의 화해와 조국통일 추진에 힘쓰겠다는 결의를 새로이 다지는 선언이었다. KCCJ는 이듬해부터 2000년까지 일곱 차례에 걸쳐 한국의 여섯 교파와 KCF 대표들을 초빙해 '조국의 평화통일과 선교에 관한 기독교인 회의'를 개최했다.

그 이후 오재식씨는 한국총재로 취임해 달라는 월드비전(국제적인 기독교 구호조직)의 요청을 받아들여, 대북시민지원활동에서 중추적인 역할을 수행했다. 우선 북한 각지에 우동공장을 짓고 밀가루를 전달했다. 공장건설에서부터 우동 생산과 분배, 소비에 이르는 모든 과정을 해당 지역 주민들이 공평하게 책임지고 관리하는 시스템을 만들었다. 또 농업지도 전문가들을 북한에 파견해 씨감자 생산기술 보급에도 힘썼다. "민중이 역사의 주인공"이라는 믿음을 인도적인 협력으로 실천한 것이다. 월드비전 일본 지부(대표 미네노 다쓰히로峯野達弘 목사)도

이를 도왔고, 일본 NCC도 야마모토 도시마사(山本俊正) 총 간사의 열렬한 협력하에 국제부에서 매년 북한 식량지원 모금운동을 벌여 정성을 보탰다. 일본기독교단 니가타(新潟) 교회(하루나 야스노리春名康範 목사, 가와무라 구니히코川村邦彦)는 독자적인 모금에 니가타현 농민들의 온정을 더해 2004년까지 쌀 1,300톤을 북한에 지원했고, 이후로도 지원을 계속하고 있다(『북한의 식량위기와 기독교』, 도미사카(富阪) 기독교센터 편저(신칸샤(新幹社), 2008) 참조).

한국문제기독교도긴급회의는 1991년 말 해산했다. 한국의 정치적, 사회적 상황이 크게 달라지면서 정보센터로서의 소임도 끝났다고 판단했기 때문이다. 군인 출신의 두 대통령이 이끌었던 소위 개발독재 덕에, 1980년대 중반에 들어서면 한국민중의 경제적 생활수준이 상당히 향상된다. 그러나 그러한 성과가 독재정권이 뜻했던 정권안정을 가져다 주지는 않았다. 오히려 그 반대로, 다소 빈곤한 생활 속에서도 자주적인 의식을 잃지 않고 자유를 요구하는 새로운 중산층과 시민층이 점차 늘어났고, 이에 따라 한국의 민주화운동은 각계 각층의 민주화 세력들이 참여하는 거대한 시대적 조류로 자리잡았다. 1987년 6월에는 200만 명에 가까운 인원이 서울 시가지를 가득 메운 가운데 평화대행진이 전개되었다. 한국의 민주화 실현이 눈앞으로 다가온 순간이었다. 민주화 세력은 다양한 과제들과 씨름하면서 시민참여연대 등의 연합체를 형성해 한국의 정치판도를 조금씩 바꾸어 나갔다.

긴급회의와 한국 기독교인들 간에 형성되었던 교류 행보는 한일 NCC 협의회 이하 NCC 여성, URM, 재일외국인인권과 관련된 각 위원회, 교육부 이사회와 청년협의회, 각 교파 및 단체 등이 이어가게 되었다. 기독교인들의 시민운동 참여는 재일외국인 인권문제, 일본군 위안부와 같은 전후 보상문제, 일 국기와 기미가요 강제 반대운동, 시민이 주도하는 한일 역사이해와 문화교류 등으로 한층 다양화되었으며, 반전평화 운동과 야스쿠니 반대운동도 계속되었다.

현재 한일 양국 간에는 개인적인 유대관계는 말할 것도 없으며, 교회, 학교, 대학, YMCA와 YWCA 등을 중심으로 한 단체간 교류가 매우 활발히 이루어지고 있다. 일 기교단 햐쿠닌쵸(百人町) 교회와 한국기독교장로회 잠실 중앙교회, 일 기교단 니시카타쵸(西片町) 교회와 한국기독교장로회 서울 제일교회처럼 교회 단위로 꾸준한 교류를 하고 있는가 하면, 일 기교단 도쿄교구 북지구와 한국기독교장로회 서울노회처럼 교구 단위로 교류가 오가는 곳도 있다.

VI. 끝맺으며: "민중으로부터"

일본이 한국민족에게 저지른 죄는 너무나도 무거워 도저히 속죄할 길이 없다. 일본 기독교계가 지난 20년 동안 나름의 속죄를 시도하긴 했으나, 일본의 조선침략과 강제 식민지 통치로 인해 한국인들이 흘렸던 무수한 피와 눈물에 비하면 감히 비할 바가 되지 못한다. 그들의 피와 눈물 한 방울 한 방울에는 민족 전체의 깊디깊은 슬픔이 배어 있기 때문이다.

그런데도 북한의 김정일 국방위원장은 일본을 상대로 한 교섭에 나서, 고이즈미 전 총리의 미흡하기 짝이 없는 사죄를 받아 주었다. 이것이 경제적인 이유상 어쩔 수 없는 선택이었음을 일본정부는 알아야 한다. 그렇다고는 해도, 북한이 일본의 사죄를 받아 주었다는 사실은 북한주민들이 일본 혹은 일본인을 한 인간으로서 용서하기 시작했다는 뜻으로 해석해도 무방할 듯하다.

일본정부가 이 점을 겸허히 인정하고 자국이 범한 죄와 그 책임자를 명확하게 밝힌다면, 그리고 상대방이 납득할 수 있을 만한 형식으로 사죄와 보상을 시도한다면, 북일 양국 간에 대등한 인격체로서의 대화가 성립될 수도 있을 것이다. 그런 대화를 통해 일본이 더욱 죄책감을 가지고 새로운 양국관계 구축에 힘쓸 때 비로소 과거의 앙금도 어느 정도 해소될 것이며, 이번에는 북한 쪽에서 먼저 화해를 요청하는 손을 내밀 것이다.

잊어서는 안 될 가장 중요한 점은, 누구보다 쓰라린 시련과 모진 수모 속에서 눈물을 삼켜야 했으면서도 화해를 향한 의사결정 과정에서는 늘 소외되어 있었던 사람들, 곧 참된 의미에서 '당사자'라 할 수 있을 사람들의 존엄성과 명예를 중시해야 한다는 것이다. 이들의 뜻과 감정을 무시한 채 정치적인 면에서만 양국관계 개선을 꾀한다면 그 결과는 당사자들에게 화해가 아니라 또 한 번의 커다란 굴욕으로 다가가게 될 것이다. 정부 차원에서 이루어지는 속죄와 보상도 그렇지만, 특히 개인에 대한 전후 보상에서는 이 점을 명심, 또 명심하기 바란다. 겉으로 보이지 않아도 속으로는 곪아 터졌을 그들의 상처와 설움을 이해하고 그들의 호소에 성실하게 응해야 한다. 가해국이 피해국 국민들의 명예회복에 발벗고 나서는 것은 그 민족에 대한 존경의 표시라는 의미에서도, 개인 차원의 전후 보상은 매우 중요하다.

일본의 기독교는 메이지 시대 초기까지만 해도 사교(邪教)로 치부되었고, 이후에도 기독교인들은 '예수쟁이'라고 폄하 받는 종교적 소수자로 살아야 했다. 그런 이유에서 일본 교회는 교회의 유지와 발전을 위해 천황제 지배에 순응할 수밖에 없었고, 비 국민 취급을 면하고자 국가정책에 적극 협조했다. 그 과정에서 자신들과 마찬가지로, 혹은 그 이상으로 소외되고 핍박 받던 재일한국인 및 조선인 문제는 완전히 도외시했다는 것이 문제다.

천황숭배와 이웃을 무시하는 행위는 표리일체와도 같은 것이다. 같은 나라 안에서 살고 있는 재일한국인의 현실조차 눈에 들어오지 않았으니, 당시의 일본 교회가 한반도의 한국인 사정이나 아시아 국민의 상황을 제대로 인식했을 리 만무하다. 예수 그리스도를 섬기는 한국 기독교 민주인사들은 이 점이 일본 기독교계의 잘못이요 죄임을 가르쳐 주었다. 그런데도 오늘날 우리는 과거와 똑같은 과오를 재일한국인과 북한주민들에게 되풀이하고 있지는 않은가.

일본 기독교인 및 교회는 자신의 죄를 다시금 뉘우치고 속죄의 행동에 나서야 한다. 먼저 교회는 재일외국인 특히 재일한국인과 조선인에 대한 차별철폐를 사회선교 활동의 최우선 과제로 삼아야 한다. 물론 쉽지 않은 일이겠지만, 고난 속에 연마되어 더욱 찬란한 빛을 발하는 재일한국인 및 조선인들의 인간됨은 교회의 노력에 힘을 북돋워줄 것이다. 교회는 일본정부와 국민에게 인도적 차원의 대북협력과 제재해제를 요구함과 동시에 국교협상에도 나서, 식민지 지배에 대한 사죄와 보상을 명문화한 조약이 양국간에 체결될 수 있게끔 가교 역할을 해야 한다. 또한 한국과의 관계에서도, 사죄 없이 이루어진 1965년 한일협정의 개정 혹은 최소한의 시정을 꾀해야 할 것이다.

이제 전쟁으로 평화가 실현되는 시대는 지났다. 그렇다면 일본의 군축과 동아시아의 비핵화, 한국과 북한과 오키나와를 사정권으로 하는 핵미사일 조준중지 등을 통해 국제적 안보태세를 확립하는 한편으로 미군철수를 요청하는 등, 무력이 아니라 공정과 신의에 기반한 평화를 지켜나가는 자세가 필요하다. 그러려면 상대방의 존엄성과 명예를 중시하고 자국의 잘못은 깨끗이 인정하는 열린 대화와 구체적인 시책 마련이 무엇보다도 중요하다. 이 점은 앞서 언급한 한국기독교교회협의회(KNCC)의 '민족의 평화와 통일에 대한 한국기독교교회 선언(1988)'에 명시되어 있다. 일본과 한국의 기독교인 및 교회는 서로 연대해서 이러한 과제들에 임해야 한다.

2007년 김대중씨가 일본 리츠메이칸(立命館) 대학에서 한 강연의 구절을 인용하는 것으로 이 글을 끝맺고자 한다.

> 일본의 올바른 역사인식 안에서 다시금 한일우호협력의 아름다운 새 역사를 만들어 나갑시다. 한반도와 동북아의 평화를 위해 함께 노력합시다. 동북아와 동남아를 아우르는 동아시아 공동체 구상에서 한국과 일본이 중추적인 역할을 맡아야 합니다.

제6장

지식인 및 시민들의 한일연대운동(1974~1978)

와다 하루키(和田春樹) | 일본 동경대학교 명예교수

I. 『세계』지와 한국문제(1960~1973)

일본인에게 한국은 먼 나라였다. 전쟁은 싫다는 사고를 지닌 일본국민들은 한국전쟁의 무대였던 나라 따위 별로 생각하고 싶지도 않았던 것이다. 일본의 좌익 지식인에게는 사회주의권에 속하는 조선민주주의인민공화국(북한) 쪽이 차라리 더 친밀하게 느껴졌고 이해하기도 수월했다. 1950년대 말부터 일어난 소위 '귀국운동'은 본래 남한 출신인 재일조선인이 좀더 나은 생활을 찾아 북한으로 터전을 옮긴 것을 말하는데, 일본인들은 재일조선인의 북송을 문제해결의 한 수단쯤으로 여겼다.

한국에 대한 일본 지식인과 시민들의 관심은 1960년 4월에 발발한 학생운동을 기점으로 비로소 불붙기 시작했다. 일본조선연구소의 데라오 고로(寺尾五)가 『세계』 7월호에 「일본과 한국은 동일한 태풍의 영향을 받는다」라는 글을 실었는가 하면, 이듬해인 1961년에는 같은 연구소 소속 후지시마 우다이(藤島宇)가 남한에 관한 글을 두 차례 기고했다. 1961년은 한국으로 건너가 『민족일보』를 창간한 재일조선인 조용수가 영문도 모른 채 체포돼 사형에 처해진 해이기도 하다. 조용수 사건을 계기로 일본 문화인들은 곤경에 빠져 있는 한국 인사의 구명운동에 나서게 되었다. 1962년, 한일협상이 큰 틀의 합의에 도달했다는 것이 알려지자 뒤늦게 여론의 관심이 한국 문제에 쏠렸고, 『세계』도 12월호에 한일협상에 관한 특집을 마련했다. 1965년에 한일조약이 조인되기까지 이러한 일본 내 관심은 줄곧 이어졌다.

한일조약 반대운동이 일본에서 한창 고조되었던 1965년, 사람들 사이에서 가장 많이 읽혔던 책으로 일본조선연구소가 펴낸 『북-중-일 3국 인민연대의 역사와 이론』(1964)과, 요미우리 신문의 연재를 묶은 『다큐멘터리 조선인: 일본현대사의 어두운 그림자(1965. 6)』가 있다.

『3국 인민연대』의 서문에서 편집자는 통일을 부르짖는 남한의 저항적 지식인의 이름을 두셋 가량 소개하고 싶다고 말한다. 그래 놓고서 대표적인 반정부 인물로 든 사람이 '캉샤켄('함석헌'을 일본식으로 읽은 것-역자 주)'이다. 한국인의 이름을 일본식 한자 발음이 아닌 한글 발음 그대로 읽는 것조차 생소하던 시절이었기 때문이다.

『민족일보』의 관계자로 일본 망명을 택한 손성조의 책 『망명기』(미스즈 쇼보みすず書)도 1965년에 출판되어, 처음으로 한국의 정황을 일본에 속 시원히 알려 주었다. 손성조는 여러 사람의 도움으로 체류자격을 얻었다. 그가 소속된 통일조선신문사(사장 이영근)는 조총련과도, 민단과도 거리를 둔 입장에서 『통일조선신문』과 『통일조선연감』을 잇따라 내놓았다. 이들 읽을거리는 한국에 관한 정보를 최초로 일본에 전해 준 중요한 자료다.

그런데 한일조약 반대운동으로 후끈 달아올랐던 한국에 대한 관심은 1966년부터 베트남 반전운동이 점차 거세어지는 가운데 서서히 식어갔다. 『세계』에도 신문기자가 쓴 한국 관찰기가 뜸하게 게재될 따름이었다. 이런 분위기 속에 나카가와 노부오(中川信夫)가 등장해 『세계』지에 꾸준히 한국 문제에 관한 글을 기고하기 시작했다. 나카가와는 일본국적을 취득한 조총련계 재일조선인이었다.

변화의 흐름은 1972년 7월 야스에 료스케(安江良介)가 『세계』의 편집장 자리에 앉으면서부터 본격화되었다. 야스에는 예전부터 한국문제에 관심이 높았을 뿐만 아니라, 미노베 료키치(美濃部亮吉) 도쿄도지사 비서로 잠시 일했던 시절 조선대학교 인가에 힘을 써 준 적이 있어서 조총련 측의 신망도 두터웠다. 야스에는 지사 자리에서 물러난 미노베의 방북을 추진했고, 『세계』 1972년 2월호에 그의 방북기를 게재했다. 9월에는 직접 북한을 찾기도 했다. 야스에의 북한 방문 기록은 그해 12월호를 장식한 특집 「조선민주주의인민공화국의 주장」의 일부로 실렸다.

또한 1972년은 한국의 야당 정치인이자 대선후보였던 김대중과 야스에의 인연이 시작된 해이기도 하다. 「통제되지 않는 권력은 악이다」라는 김대중의 글이 『세계』에 처음 실린 것은 1972년 3월호였다. 그해 10월 박정희 정부가 소위 10월 유신을 통해 군사독재체제 굳히기에 들어가자, 김대중은 유신 반대성명을 냄과 동시에 일본으로의 망명 아닌 망명을 택했다. 야스에는 지명관 전 『사상계』 편집주간과도 가까운 사이가 되었다. 지명관은 10월 군사 쿠데타 후 일본으로 건너와, 도쿄를 거점으로 활동하고 있던 기독교인 네트워크에 합세한 참이었다. 야스에는 지명관에게 투고를 청했고 지명관은 이를 받아들여 『세계』 1973년 3월호에 「베트남 전쟁과 한국」이라는 글을 기고했다. 이 글은 민법학자 김순일이라는 필명으로 게재되었다. 야스에와 지명관, 기독교인 네트워크의 합작품으로 탄생한 것이 그 유명한 TK생의 「한국으로부터의 통신」이다. 「통신」은 1973년 5월호에 실린 것을 시작으로 계속 연재되었다. 『세계』 73년 5월호에는 「한국의 현실을 염려한다」는 제목으로 최초의 한국특집이 기획되었다. 우쓰노미야 도쿠마(宇都宮德馬) 자민당 참의원의원의 글이 중점적으로 다루어졌고, 김순일이라는 필명

으로 쓴 지명관의 논문 「한일조약체제의 재검토」도 실렸다.[1)]

우쓰노미야 도쿠마, 덴 히데오(田英夫), 고노 요헤이(河野洋平) 등 김대중과 연을 맺은 일본 정치인들을 비롯해, 나카지마 마사아키(中嶋正昭) 목사, 쇼지 쓰토무(東海林勤), 스미야 미키오(隅谷三喜男) 등 지명관과 가까운 기독교협회 인사들이 『세계』지를 구심점 삼아 뭉쳤다. 그러나 이들에게 주목하는 사람은 거의 없었다. 일본 지식인과 시민들의 관심은 여전히 베트남 전쟁에 쏠려 있었다. 하지만 학생운동과 1970년 미일안보조약 개정 반대운동이 좌절된 데 이어 1972년 2월 연합적군파 사건(신 좌익 테러조직인 연합적군파의 조직원들이 1972년 2월 19일부터 10일간 나가노현 산중의 아사마 산장에서 인질극을 벌이며 경찰과 대치했던 사건-역자 주)이 터지자, 시민운동에 대한 낙담과 절망도 커져갔다.

Ⅱ. 김대중 납치사건이 던진 충격

1973년 8월 8일, 한국 정치인 김대중이 훤한 대낮에 도쿄 중심부의 그랜드팔레스 호텔에서 납치당하는 사건이 발생했다. 이 소식은 수많은 사람들에게 충격을 가했다. 마침 그 날 저녁 무렵, 베트남 전쟁 반대운동을 지속적으로 펼쳤던 시민단체 대표들이 하마마쓰쵸(浜松町)에 위치한 일본적십자 본사 앞에 모였다. 민간방송 50개 사가 추진해 온 '베트남 어린이들에게 사랑의 손길을-1억엔 모금' 캠페인이 성공리에 끝나, 민방련과 일본적십자는 남북평등을 기원하는 뜻에서 모금액

1) 지명관, 『경계선을 넘는 여행』(이와나미 쇼텐(岩波書店), 2005); 『추도집 야스에 료스케: 그 사람과 사상』(간행위원회, 1999).

의 절반을 사이공 적십자에 전달하기로 했다. 그런데 일본 시민단체는 그 해 1월 조인된 파리평화협정이 남베트남 사이공정부와 북베트남 하노이정부, 그리고 베트남 임시혁명정부 3자 사이에 체결되었다는 점을 존중해야 한다는 입장이었다. 임시혁명정부의 존재도 무시해서는 안 되므로 모금액을 3등분해 달라는 요청을 하고자 이날 시민단체 대표들이 일본적십자 본사 앞에 집결한 것이었다. 그곳에 요시카와 유이치(吉川勇一) 사무국장이 달려와 김대중 피랍 소식을 전했다.[2] 그때만 해도 그 자리에 모인 이들 중 김대중을 아는 사람은 별로 없었다.

이 무슨 우연의 일치인지, 피랍 당일인 8월 8일은 김대중과 야스에 편집장의 대담 「한국 민주화의 길」이 실린 『세계』 9월호가 시중에 발매된 날이었다. 그 대담을 통해 일본인들은 수난의 십자가를 짊어진 한국 정치인의 목소리를 비로소 접했다. 김대중은 민주주의에 대한 열정을 토로했고 한일관계에 관해 언급하면서, 일본사회당이 북한하고만 교류하고 한국에는 무관심하다는 점을 비판했다. 그처럼 날카로운 지적을 한 사람이 현재 생사 여부조차 알 수 없는 상태라고 한다. 김대중에 대한 관심은 단숨에 치솟았다.[3]

『세계』 9월호에는 정경모라는 재일한국인이 쓴 「한국 제2의 해방과 일본의 민주화」도 수록되어 있었다. 그로부터 얼마 후 정경모는 한민통에서 펴내는 기관지 『민족시보』의 편집장 자리에 올랐다.[4] 한일협정이 체결된 1965년으로부터 무려 8년이라는 시간이 흘렀는데도 일본인에게 한국은 여전히 미지의 나라였다. 자신들이 한국에 대해 아무 것도 모른다는 사실 자체가 충격이었다. 그런 상황이었던 만큼, 그 다음 호부터 『세계』지에 정식 연재되기 시작한 TK생의 「한국으로부터의 통신」은 한국의 실정이 궁금한 일본인들에게는 마른 목을 축여주는 단비

---

2) 와다 하루키, "한국 인식의 누락," 『일본 요미우리 신문』, 1973년 9월 24일자.
3) 김대중, "한국 민주화의 길," 『세계』, 1973년 9월호.
4) 정경모는 1924년 태생으로, 게이오 대학에서 수학하고 1970부터 일본에 거주하고 있다. 정경모, 『어느 한국인의 마음』(아사히신문사, 1972).

와도 같았다.[5)]

납치된 지 5일이 지난 8월 13일, 김대중은 범인들에게서 풀려나 서울 자택으로 돌아왔다. TV에 비친 그는 몹시도 초췌한 모습으로 울먹이고 있었다. 구사일생으로 살아 돌아오긴 했으되 그를 노리는 적의 무시무시함을 뼈저리게 느끼게 한 사건이었다. 한편으로는 일본정부와 경찰이 어째서 납치범들의 차량을 도중에 저지하지 못했는지 의혹을 떨쳐버릴 수가 없었다.

일본 쪽에서 행동에 나서기까지는 다소 시간이 걸렸다. 8월 23일이 되어서야 아오치 신(青地晨), 이이누마 지로(飯沼二郎), 오에 겐자부로(大江健三郎), 오카베 이쓰코(岡部伊都子), 오다 마코토(小田実), 오오카 쇼헤이(大岡昇平), 구보 게이노스케(久保圭之介), 고나카 요타로(小中陽太郎), 사사키 히데노리(佐々木秀典), 쓰루미 슌스케(鶴見俊輔), 나카노 요시오(中野好夫), 나카무라 다케시(中村武志), 후지시마 우다이, 모리 쿄조(森恭三), 요시카와 유이치, 그리고 필자 와다 하루키 등 일본 지식인 78명이 서명한, 김대중의 일본 재입국을 요청하는 성명이 발표됐다. 이 성명은 "이번 납치사건은 인간의 자유에 대한 공공연한 도전에 다름 아니다"고 전제한 다음, 다음과 같은 요구사항을 제시했다.[6)]

(1) 일본경찰은 김대중씨 피랍의 경과를 명확히 밝혀라.
(2) 일본정부는 한국중앙정보부(KCIA)의 일본 내 활동을 일체 용납해서는 안 된다.
(3) 한국정부에 김대중씨와 그 가족들의 안전확보를 요구한다.
(4) 한일 양국 정부는 김대중씨를 속히 일본으로 데려올 수 있도록 배려해 달라.

---

5) 지명관, "국제공동 프로젝트로서의 한국으로부터의 통신," 『세계』, 2003년 9월호.
6) 『세계』, 1973년 10월호.

이 성명은 피랍 현장인 그랜드팔레스 호텔에서 열린 기자회견 석상에서 저널리스트 겸 평론가 아오치 신 등 6명에 의해 발표되었다. 이들 6명을 비롯해 성명에 이름을 올린 78명 가운데는 베트남 반전운동에 진력했던 지식인들이 적지 않았다.

김대중은 자신이 의장을 맡은 한국민주회복통일촉진국민회의(한민통) 일본 본부가 출범하기 전날 밤에 납치됐다. 한민통의 중심부에는 재일한국인 활동가인 배동호, 김재화, 정재준, 조활준, 곽동의, 김대중씨의 고향친구인 김종충, 김대중씨의 보디가드인 김군부 등이 포진해 있었다. 이들이 일본사회에 김대중 구명을 호소하면서 발로 뛰어다닌 것이 이번 성명 발표를 비롯한 구명운동 활성화에 크게 기여했다.[7]

자유주의적 아시아주의자이자 김대중과 평소 친분이 두터웠던 우쓰노미야 자민당의원이 특히 열성적으로 나섰다. 덴 히데노리 사회당의원도 적극적이었다. 개신교 계열의 일본기독교교단 총 간사인 나카지마 마사아키와 일본기독교협의회(NCC) 총 간사 쇼지 쓰토무 등도 그 해 1월 김대중과 만나 안면을 튼 사이였다. 이들 기독교 인사들을 포함한 78명의 서명인을 중심으로 '김대중씨를 구하는 회'가 만들어졌다. 그러던 중 9월 5일 범행 현장에서 김동운 주일한국대사관 일등서기관의 지문이 검출되었다는 일본 경시청 발표가 났다. 이번 납치가 한국중앙정보부의 소행이라는 사실은 공공연한 비밀이 되었다.

'김대중씨를 구하는 회'는 그의 일본 재입국을 강력히 요청했다. 한국의 공적 기관이 일본 영토 내에서 납치 소동을 일으킨 것은 명백한 일본 주권 침해이므로, 일본에서 피랍된 사람을 원상 복귀시키라는 요구였다. 그러자 과거 강제합병으로 한국의 국권을 강탈했던 일본이 자국의 주권 침해 운운하는 것은 어불성설이라는 반론이 터져 나왔다. 다른 한편으로 한국은 인권 의식이 낮은 국가라며 경멸하는 태도도 일본

---

7) 정재준, 『김대중 선생 구출운동 소사(小史)』(현대인문사, 2006), pp. 125-132.

사회에 확산됐다.[8)]

1973년 10월 9일부터는 우쓰노미야 의원이 위원장을 맡고 있는 중의원 결산위원회가 한일 유착 문제를 본격적으로 파고 들기 시작했다. 이들의 시도는 큰 파장을 몰고 왔다. '김대중씨를 구하는 회'는 10월 26일 '베트남에 평화를! 시민연합(이하 '베평련')'에 가입된 작가 고나카 요타로를 한국으로 파견해, 김대중의 일본 재입국을 요청하는 성명을 김종필 총리 비서관에게 전했다.[9)]

그러나 그런 보람도 없이 11월 2일 김종필 총리가 방일해 다나카 총리와 회담한 것으로 김대중 납치사건은 흐지부지 종결되고 말았다. 김종필 총리는 사죄를 표명하고, 앞으로는 김대중의 해외활동에 관해서는 책임을 묻지 않겠노라고 약속했다. 물론 그가 한국을 떠나는 것은 용인하지 않았다. 일본정부가 이 내용을 그대로 받아들임으로써 양국 정부 간에는 소위 정치적 타결이 이루어졌다. '김대중씨를 구하는 회'의 아오치 신, 고나카 요타로, 요시카와 유이치, 와다 하루키 등은 이날 총리관저를 방문해 항의문을 냈다. 11월 18일에는 정치적 타결에 반발하면서 김대중의 일본 재입국을 요청하는 국민집회가 열렸다. '김대중씨를 구하는 회' 이외에 김대중 사건의 진상을 규명하는 회, 김대중씨를 생각하는 법률가 모임, 김대중 문제를 생각하는 기독교인 모임, 김대중 사건을 생각하는 학생 모임 등이 집회에 참여했다. 집회 장소인 요미우리 강당은 약 500명의 인원으로 가득 찼다. 그러나 이 집회는 결의문도 미리 갖추지 못했고, 한민통과 재일한국청년동맹(한청동)의 도움을 얻어 겨우 조직적인 개최가 가능했을 만큼 준비가 부실했다.

이후에도 계속 한일 간 정치적 타결을 노리던 다나카 정부가 12월 말에 한일각료회의를 재개한다고 하자, 이에 항의하는 국민집회가 12월 14일 요미우리 강당에서 열렸다. 참여인원은 300명 가량이었다. 이 집

---

8) 와다 하루키, 『한국민중을 바라보는 것』(소쥬샤(創樹社), 1981), pp. 33-35.
9) 고나카 요타로, "'김대중을 구하라': 서울 방문기," 『주간 산케이』, 1973년.

회를 주최한 것은 덴 히데오 의원이 연락책을 맡은 '김대중씨의 일본 재입국을 실현시키는 국민협의회'였는데, 사실 이 단체는 이름만 내건 조직이었다. 이 집회에서는 필자의 원안을 바탕으로 한 집회결의가 채택되었다. 한국에 대한 경제원조에 반대한다는 것이 결의문의 주된 내용이었다.

> 일본정부가 약속한 경제원조는 장차 한국 민중의 투쟁을 더욱 심하게 진압하는 자금으로 사용될 것이다. 대 한국원조에서 단물을 빨아먹으려 드는 일부 일본 정치인들과 기업, 한국에 진출한 300여 개의 일본회사, 한국여성들을 욕보이는 일본인 관광객들은 이러한 경제원조를 바라고 있는지도 모른다. 그러나 민주주의와 자주적 발전을 추구하면서 분연히 떨치고 일어선 한국 민중들과 더불어 올바른 한일관계를 기원하는 일본 국민의 입장에서 보건대, 이는 결단코 용인해서는 아니 될 일이다.
>
> 이것은 우리 일본의 현재 모습과 일본인의 국민적 품성에 관한 문제다. 우리는 한일각료회의에 반대하고자 남은 기간 동안 전력을 쏟아 행동할 것임을 이 자리에서 결의하는 바이다.[10)]

그 다음날인 12월 15일에는 동일한 단체의 주최로 도심 시위가 열렸고 150여 명이 참가했다. 이를 무시하듯이 한일각료회의가 재개된 12월 26일 당일에는 아오치 신과 필자 등 7명의 주도로 히비야 공원(日比谷公園)에서 항의 시위가 일어났다.

이 기간 동안 특히 주목을 끈 것은 한국 기생관광 반대운동이었다. 1973년 12월 19일, 한국 이화여자대학교 학생들이 김포공항에서 매춘관광 반대시위에 나서자, 이에 화답하여 일본기독교부인교풍회의 다

10) 아오치 신, 와다 하루키 편저, 『한일연대의 사상과 행동』(현대평론사, 1977), pp. 90-91.

카하시 기쿠에(高橋喜久江) 등 여성 기독교인들이 '기생관광에 반대하는 여자들의 모임'을 조직했다. 이들은 하네다 공항(羽田空港)에서 한국행 관광객들에게 매춘관광에 반대하는 유인물을 배포했다. 유인물에는 한국 여대생들의 호소문을 인용해, 과거 일본이 숱한 조선 처녀들을 종군위안부로 끌고 갔다는 사실이 적혀 있었다. "그 땅에, 오늘날은 돈만 있으면 무슨 짓을 하든 상관없다는 것마냥 떼를 지어서 이웃나라 여성들을 욕보이러 간다."[11)]

III. 시민운동의 출발

지속적인 운동을 전개하려면 자립적인 운동조직이 필요하다는 인식이 일본 내에 서서히 자리잡았다. 제일 먼저 움직인 것은 기독교계였다. 1974년 1월 한국문제기독교도긴급회의(이하 '긴급회의')가 결성되었다. 긴급회의는 기관지 『한국통신』을 통해서 한국의 민주화운동 및 관련 서적들을 소개했다. 그로부터 약 두 달이 지난 3월 28일, 한국 민주화운동과 연대하는 운동조직 결성을 위한 모임이 참의원 의원회관에서 열렸다. '김대중씨를 구하는 회' 관계자를 포함해 국회의원들과 비서, 기독교인, 변호사, 학생 등이 참여했다. 장시간의 논의 끝에 '일본의 대 한국정책을 바로잡고 한국 민주화 투쟁과 연대하는 일본연락회의(이하 '연락회의')'라는 명칭이 정해졌다.

단숨에 읊기 힘들 정도로 긴 이 명칭에서 당시 운동의 흐름을 엿볼 수 있다. 훗날 아오치 신은 『한국통신 뉴스』 1호에 "한국의 자유와 민

---

11) 다카하시 기쿠에, "한국의 여성 기독교인들과 연대하여," 『기생관광: 성 침략을 고발한다』(1974. 4).

주화를 위한 투쟁에 연대하는 우리의 활동은 일본의 대 한국정책에 반대하는 운동이 될 수밖에 없다. 이 두 가지는 긴밀히 연결되어 있기에 따로 떼놓고 생각할 수 없다"고 연락회의의 결성 취지를 밝혔다. 이날의 논의 결과 오는 4월 18일에 결성집회를 열기로 했다.

그런데 집회를 2주가량 앞둔 4월 3일, 서울에서 학생들이 들고 일어났다. 전국민주청년학생총연맹(민청학련)은 궐기선언과 함께 「민중의 소리」라는 선동시를 곳곳에 뿌렸다. 박정희 정부는 대통령긴급조치 4호를 발동하고, 주모자는 최고형인 사형에 처한다는 말로 학생들을 겁주려 했다. 한국 쪽의 뉴스가 가져다 준 충격이 채 가시기도 전인 18일, 연락회의는 당초 예정대로 결성집회를 열고, 필자가 원안을 작성한 결성선언을 채택했다.

> 그러나 굴복을 모르는 한국 민중들은 이와 같은 탄압에 맞서는 투쟁에 나섰다. 전국민주청년학생총연맹의 궐기는 봄을 갈구하는 반정부 민주화 민중혁명의 시작을 알리는 신호탄이다. 이 투쟁이 지닌 무게가 우리의 심금을 울린다. 또한 우리는 재차 배포된 유인물에 담긴, 한국을 먹잇감으로 삼고 있는 일본인에 대한 비판에 주목한다.
> 일본의 돈은 한국 민중의 고혈을 빨아 먹으면서 무럭무럭 자라나 일본으로 다시 흘러 들어온다. …… 기시 노부스케(岸信介)며 야쓰기 가즈오(矢次一夫) 같은 로비스트들이 암약하고 있다 돈의 힘만 믿고 한국여자들을 능욕하는 일본 기생관광객은 한일 양국 정부의 공범자나 다름없다. ……
> 14년 전 4월 19일은 이승만 독재정권을 쓰러뜨린 4월 학생혁명이 일어났던 날이다. 그들이 흘린 엄청난 피의 의미를 새삼 통감함과 더불어, 우리는 시기의 재림을 예감한다. 곧 찾아올 그 시기를 맞아, 일본을 변혁시킴으로써 한국 민중의 중압을 조금이나마 덜어주는 것이 우리의 의무라고 생각한다. 이는 우리들 자신이 새롭게 거듭나기 위해서 가장 필요한 일이기도 한다. 우리는 새로운 결의로써 오늘 이

> 자리에 모였다. 우리는 '일본의 대 한국정책을 바로잡고 한국 민주화 투쟁과 연대하는 일본연락회의'를 널리 조직하여 지속적인 운동에 힘쓸 것이다.[12)]

그러나 결성집회에서는 누구를 대표로 할 것인지 정하지 못했다. 집회를 마치고 아오치 신과 필자가 서로 상의한 끝에, 아오치가 사무운영 대표를 맡고 필자가 사무국장을 맡기로 했다. 그리고 이 잠정적 합의가 정식 결정으로 굳어졌다.

그때 아오치 신은 65살이었다. 사가현(佐賀県) 출신으로, 그의 아버지는 러일전쟁 당시 뤼순전투에서 물러섬을 모르는 용맹으로 이름을 떨친 맹장이었다. 아버지에 대한 반발심에서 반골기질을 키워나간 아오치는 저널리스트의 길을 택했고, 2차 대전 발발 전에는 『중앙공론』의 편집차장도 지냈다. 그러다가 1944년 1월, 저널리스트 회의를 공산당 재건 모의로 꾸며댄 요코하마 사건에 연루돼 투옥당했다. 옥중에서 허위 자백을 강요받던 중, 그는 모진 고문에도 무릎 꿇지 않는 한 조선인 청년에게서 깊은 인상을 받았다고 한다. 종전 후 독립 저널리스트로 뛰던 아오치는 원죄(억울한 죄) 문제에 관심을 갖게 됐다. 이런 사람이 김대중을 찾아 한국을 몇 차례 오가다가 그의 구명을 호소하는 단체의 대표를 떠맡기로 한 것이다. 아오치는 글을 써야 먹고 살 수 있는 사람이었다. 그러나 그는 대표 취임과 동시에 일체의 집필활동을 중단했다. 맡기로 했던 오하라 마고사부로(大原孫三郎: 일본의 기업가)의 전기 집필마저 고사하고, 선불로 받은 인세도 고스란히 반납했다.[13)]

한편 당시 필자는 36살이었고 도쿄대학 사회과학연구소 조교수로 일하고 있었다. 1968년부터 도쿄 북서부의 변두리에서 '오오이즈미(大泉) 시민의 모임'이라는 지역 차원의 베트남전 반대 시민운동에 참여

12) 아오치 신, 와다 하루키 편저, 앞의 책, pp. 122-123.
13) 『아오치 신 추도문집: 스승님은 우리와 함께 살아 계신다』(1985).

해 왔다. 한일 문제에 관심을 두게 된 계기는 한일 청구권 문제를 둘러싼 속칭 '구보타 망언(1953)'이다. 아직 젊은 나이에 이런 거국적 운동 조직의 중책을 맡게 되어 부담감도 컸지만, 뒤로 물러서지는 않겠다는 각오로 임했다.

아오치 신을 도와 사무운영을 담당할 사람들로 고나카 요타로, 시미즈 도모히사(清水知久, 일본여자대학 교수), 구라쓰카 타이라(倉塚平, 메이지 대학 교수), 가이 료이치(甲斐良一, 출판사 사원), 가와타 야스오(川田泰代, 앰네스티) 등이 뽑혔다. 그리고 베평련에서 뛰던 젊은이들과 모치다 나오토(持田直人), 나카베 히로시(中部博), 고바야시 다케시(小林たけし), 구니타 게이코(国田敬子) 등이 필자가 이끌 사무국 식구들로 합세했다.

1965년에 탄생한 베평련은 베트남 전쟁에 반대하는 시민운동단체로, 기존과는 전혀 다른 운동 양식과 문화를 창출해 전국에 퍼뜨린 주역이다. 1973년 1월 파리평화협정 조인으로 목표를 달성했다고 판단한 베평련은 그해 10월을 기해 정례데모를 그치고 이듬해 1월 26일 해산 집회를 열었다.

하지만 그 후에도 꺼지지 않고 계속 타오르고 있던 베평련의 에너지가 이번에는 한일 연대운동으로 흘러 든 것이다. 갓 발족한 연락회의는 가구라자카(神楽坂)에 위치한 구 베평련 사무소의 한 켠을 빌려 사무소를 차렸다. 『한일연대 뉴스』 창간호는 1974년 6월 1일에 발간되었는데, 연락처는 아오치 신의 자택으로 기재되었다.

IV. 김지하를 구하라

1974년 6월 7일, 한일연대연락회의는 이틀 전부터 진행된 김대중 선거법 위반 재판에 항의하면서, 이와 함께 한국 대사관을 상대로 민청학련 사건 관계자들의 석방 요구 시위를 벌였다. 연락회의가 주최한 첫 시위에 100여 명 정도가 참여했다. 15일부터는 민청학련 사건 재판이 시작됐다. 재판 시작 직후 우리는 민청학련 궐기 당시 뿌려진 장시 「민중의 소리」 전문을 입수하는 데 성공했다. 이번 사건의 배후조종자로 지목돼 피고석에 세워진 김지하가 쓴 시 같았다. 이 시는 김지하가 쓴 것이 틀림없다고 단정하는 『가디언』지 기자 와이먼트의 글이 6월 16일자 요미우리 신문에 실리기도 했다. 연락회의는 21일 기자회견을 열고 시의 전문을 공개했다. 「민중의 소리」는 한국 민중의 분노를 표출하면서 박정희 정부를 정면에서 고발하고 규탄하는 선동시였다. 이튿날 각 신문마다 관련기사들이 났다. 아사히 신문이 "김지하 작인가"라는 소극적인 보도자세를 취한 데 비해, 요미우리 측은 김지하가 쓴 시라며 대서특필하고 『주간 요미우리』에 전문을 싣기까지 했다.

나중에 알고 보니, 「민중의 소리」는 김지하가 쓴 것이 아니라 당시의 학생운동 지도자 중 하나인 장기표가 쓴 시였다. 어쨌든 이 시는 김지하가 쓴 시로 유명세를 탔고, 6월 27일 연락회의가 주최한 첫 집회에서 배우 사토 히데오(佐藤英夫)가 낭독함으로써 일본 시민들의 뇌리에 더욱 강하게 각인되었다.[14]

김지하의 시집은 일찍이 1971년에 중앙공론사를 통해 일본에 소개되었다.[15] 한국문제에 어느 정도 관심이 있는 사람이라면 벌써 그의 시

---

14) 이 시기의 운동에 관한 내용은 와다 하루키, "김지하 등을 죽이지 마라: 1974년 여름," 『계간 삼천리』 1호(1975년 봄)를 참조하기 바란다.

15) 김지하, 시부타니 센타로(渋谷仙太郎) 역, 『긴 어둠의 저편으로』(중앙공론사, 1971).

를 읽었음직했다. 1972년 장시 「비어」가 문제시되어 김지하가 체포 당했을 때 일본 지식인들이 그에 대한 지지를 표명한 적도 있다. 베평련의 대표 오다 마코토와 김지하의 작품집 출간을 담당한 편집자 나카이 마리에(中井毬栄)가 나섰고, 쓰루미 슌스케와 작가 마쓰기 노부히코(真継伸彦), 가나이 가즈코(金井和子)는 결핵으로 마산에 요양 중이던 김지하를 찾기도 했다. 그때 일본 지식인들과 김지하가 맺었던 친분이 이번 구명운동에 큰 힘을 발휘했다. 마쓰기 노부히코는 오다 마코토와 의논해, 오에 겐자부로 등 작가 다섯 명의 이름으로 된 항의성명을 내기로 했다. 유감스럽게도 이 성명은 그다지 관심을 끌지 못했다. 요미우리 신문만이 기사로 다루어 줬을 뿐이다.

1974년 7월 9일, 김지하를 비롯한 민청학련 사건 피고 7명에게 사형이 구형됐다는 뉴스가 날아들었다. 이튿날 오다 마코토와 아오치 신, 마쓰기 노부히코, 오에 겐자부로, 쓰루미 슌스케, 히다카 로쿠로(日高六郎) 등은 재일조선인 및 한국인 작가 김달수, 김석범, 정경모 등과 함께 긴급 기자회견을 열었다. "「오적」「비어」「구리 이순신」 등을 접하면서 김지하에게 존경의 뜻을 품게 된 우리는 이 시인이 극형에 처해지는 데 항의한다"는 선언과 함께, '김지하 등을 구하는 회'를 만들어 구명운동에 전력하겠다는 성명이 발표됐다. 촘스키, 사르트르, 보부아르 등도 여기에 동조한다는 서명을 보내왔다. 그런데도 13일에 한국정부가 김지하 등에게 사형판결을 내리자 작가들은 다시금 모여 머리를 맞댔다. 마쓰기 노부히코가 단식투쟁을 제안했고, 김석범이 "마쓰기씨가 하시겠다면 저도 동참하겠습니다"라며 적극 호응했다.

그리하여 마쓰기 노부히코와 김석범, 김시종 등은 7월 16일부터 스키야바시 공원(数寄屋橋公園)에서 단식투쟁에 돌입했다. 재일조선인 작가 이회성이 달려와 가세했다. 구 베평련 운동가들과 연락회의 소속 청년들이 단식투쟁과 관련된 실무를 맡았다. 일단 치쿠마 출판사(筑摩書房)에서 빌린 텐트를 공원에 무작정 친 다음, 단식투쟁을 벌이는 다섯 사람이 그 안에 들어가 앉았다. 이렇게 판을 벌여놓고 나서 실무적인 준비를 진행했다. 한청동이 다다미와 텐트 한 개를 빌려 주었다. 도쿄 중심부에 자리잡은 공원 한 켠, 끊임없이 사람들이 오가는 길목에 일본인 2명과 한국인 3명이 곡기를 끊고 버티고 앉았고 이들을 응원하는 젊은이들이 분주하게 유인물을 배포하면서 서명과 모금을 호소하자, 사람들의 관심도 서서히 높아졌다. "김지하 등을 죽이지 마라"는 호소에 마음이 끌린 시민들은 자발적으로 발을 멈추고 서명운동에 동참해 주었다.

단식투쟁은 19일로 막을 내렸다. 3일 동안 무려 100만 엔 이상이 모였다. 이날 한국 대사관을 상대로 열린 시위에 참여한 인원도 1,000명을 넘어섰다. 연락회의는『한일연대 뉴스』호외를 내고, 피고인의 이름과 각기 구형 받은 형을 나란히 실었다. 김지하, 이철, 류인태, 인민혁명당 당원들에게는 사형판결이 내려졌고, 김효순(한겨레 전 편집국장)과 서중석(성균관대 교수) 등은 무기징역 형을 받았다. 호외 뒷면에는 쓰루미 슌스케가 쓴「김지하, 최초의 말」이 실려 있었다. 1972년 마산에서 처음 만났을 때 김지하가 했던 말을 옮긴 것이었다. "Your movement cannot help me. But I will add my voice to help your movement." 이 말은 곧 한일 연대운동의 기본정신이 되었다.

194년 7월 20일, 김지하 등 피고 5명은 무기징역으로 감형 처분을 받았다. 23일 열린 기자회견에서 아오치 신 연락회의 대표는 민청학련 사건 피고들이 한 법정진술의 요지를 발표했다. 김지하는 이렇게 말했다고 한다.

"오로지 유신독재 타도만이 우리 민족을 구하는 길이다. 유일한 희망은 학생들이다. …… 학생운동에 보탬이 된다면 무슨 일이든 하고 싶다."

7월 25일 요미우리 강당에서 한일연대연락회의와 '김지하 등을 구하는 회'의 공동주최로 '김지하 등 모든 피고를 석방하라. 죽이지 마라' 집회가 열렸다. 1,200명 규모의 강당이 발 디딜 틈도 없이 꽉 찼다. 오에 겐자부로가 김지하의 시 두 편을 낭독했다. 그는 자필로「황토길」

의 첫 머리를 베껴 쓴 색지 10장을 사무국에 내놓으면서, 이것을 팔아 구명운동 자금으로 써달라고 부탁했다.

27일에는 스키야바시 공원에서 제2차 단식투쟁이 펼쳐졌다. 쓰루미 슌스케, 김달수, 미술평론가 하리우 이치로(針生一郎), 사학자 이진희 등 4명이 단식투쟁에 들어갔다. 지난번 투쟁에서 요령을 터득한 실무진은 비에 약한 다다미 대신 스티로폼을 바닥에 깔았다. 노숙자들에게 한 수 배운 셈이다. 실무 담당 청년들은 헌신적으로 단식투쟁을 뒷바라지했다. 투쟁은 30일로 종료되었다. 이번에도 단기간 동안 100만 엔에 달하는 거금이 모였다. 그날 밤 조국통일 재일지식인 간담회와 한일연대연락회의가 공동주최한 '민족시인 김지하의 양식' 집회가 요미우리 강당에서 열렸다. 강당은 역시 입추의 여지 없이 가득 찼다. 쓰루미 슌스케는 "내 삶이 다하는 날까지 이런 기세로 나아가고 싶다"는 말로 청중들을 감동시켰다.

돌아오는 8월 8일은 김대중 납치사건 1주년이었다. 8일 낮, 김지하 등을 구하기 위한 국제위원회 일행이 1만 7천여 명의 이름이 빼곡히 적힌 서명부를 들고 하네다 공항에서 한국으로 출국했다. 단장은 히다카 로쿠로였다. 방한단에는 미국에서 날아온 노벨 의학상 수상자 조지 월드도 끼어 있었다. 이날 오후에는 김대중 피랍 현장인 그랜드팔레스 호텔에서, 나리타 도모미(成田知巳) 사회당위원장, 미야모토 겐지(宮本顕治) 공산당위원장, 다케이리 요시카쓰(竹入善勝) 공명당위원장, 아오치 신, 오다 마코토의 5자 회담이 열렸다. 이 회담은 오다의 노력으로 성사된 것이었다. 이들은 한국의 모든 정치범 석방과 대 한국원조의 근본적 재검토를 촉구하는 공동운동의 첫 걸음으로 집회와 시위를 벌이자는 데 뜻을 모았다. 아오치 신과 오다 마코토의 대리인 자격으로 필자 와다 하루키가 사회당 및 공산당 국민운동 책임자들과의 협의를 거쳐 집회와 시위 준비를 진행했다. 마침내 9월 19일, 메이지 공원(明治公園)에서 국민대집회가 열렸다. 사회당, 공명당, 공산당의 세 당수와 아오치 및 오다가 무려 3만 명에 달하는 시위대의 선두에 서서 거리를 행진했다.

1974년 7월부터 9월 사이 마치 질풍노도처럼 전개된 한일 연대운동은, 베트남 반전 시민운동을 통해 축적된 힘이 한국문제라는 새로운 토양을 만나 꽃을 피워낸 것이라고 할 수 있겠다. 또한 한일 연대운동이 독자적인 운동으로 나아갈 수 있다는 가능성을 증명해 보인 것이기도 했다. 1974년 말, 필자는 한일 연대운동이 일본인과 한반도 사람들 간의 새로운 관계구축을 위한 제 3의 찬스라는 확신을 밝혔다. 그동안 우리는 1945년 8월 15일에 찾아온 첫 번째 찬스와 1965년 한일조약 체결 당시에 찾아온 두 번째 찬스를 모두 아깝게 놓쳐 버렸다. 이번 찬스야말로 절대로 놓쳐서는 안 된다는 것이 필자의 주장이었다.[16)]

V. 동아일보 지원운동

1974년 10월 24일, 사내에 정보기관원들이 상주하면서 모든 기사를 검열하는 현실을 더 이상 참을 수 없다며 동아일보 기자들이 자유언론실천선언을 발표했다. 회사까지 이들의 투쟁에 합세하자 정부 당국은 동아일보 광고주들에게 압력을 가해 광고를 끊게 했다. 그 결과 12월 26일부터 동아일보는 광고란이 텅텅 빈 채 발행되었다. 이 무렵 홍승만 동아일보 논설주간의 인터뷰가 NHK를 통해 방영됐다. 그 인터뷰를 보고 감명 받은 일본시민들 사이에서 동아일보의 투쟁을 지지하는 목소리가 일기 시작했고, 이이누마 지로 교토대학 교수와 구라쓰카 타이라 메이지 대학 교수를 중심으로 12월 28일 '동아일보를 지원하는 모임'

16) 와다 하루키, "한국민중을 바라보는 것: 역사로부터의 반성," 『전망』 1974년 12월호; 훗날 『한국민중을 바라보는 것』(소쥬샤, 1981)에 재수록됨.

이 결성되었다. 참여자 전원이 동아일보를 정기 구독함으로써 동아일보사를 지원하자는 운동이었다. 당시의 한국신문은 한자와 한글을 섞어 썼기 때문에 한국어를 전혀 몰라도 한자만 보면 기사의 내용을 대강 어림짐작할 수 있었다. 그래도 동아일보 집단 구독은 한국어를 배워야겠다는 강한 동기부여가 되었고, 이에 부응해 한일연대연락회의는 한글강좌를 열기로 했다. 일본 근현대사 연구자인 다카사키 소지(高崎宗司) 교수가 강사로 초빙되었다.

그러는 사이 1975년 새해가 밝았다. 한동안 백지상태였던 동아일보 광고란에 1월 27일부터 한국 시민들의 격려광고가 실리기 시작했다. 광고내용은 일본 시민들에게 더욱 깊은 감동을 주었다.

> "윤정이한테 줄 생일선물로 동아 메달을 골랐습니다."
> - 윤정이 엄마아빠
>
> "봤노라 싸웠노라 이겼노라" - 동아일보 수도권 취재반
>
> "기쁨에 찬 봄의 발소리가 들려옵니다." - 종로 2가에 사는 어느 가족
>
> "부정과 불의를 뿌리뽑자!"
> - 서울대 문리학부 국사학과, 동양사학과, 서양사학과 학생 일동
>
> "멋쟁이 동아!" - 모 여고 교사 삼총사
>
> "장차 태어날 우리 아이들이 자유와 행복을 맘껏 누릴 수 있도록, 이 작은 지면을 바칩니다." - 어느 신혼부부

동아일보 광고란을 가득 채운 한국 시민들의 격려 메시지는 「동아일보를 지원하는 모임 뉴스」 제1호와 2호에 번역 소개되어 널리 알려졌다. '동아일보를 지원하는 모임'에는 성금과 함께 일본 시민들의 응원 편지가 계속 날아 들어왔다.

"용감하게 분연히 일어선 동아일보 기자님들의 활동자금에 극히 작은 보탬이라도 된다면 저의 월급도 보람될 것 같습니다. …… 모쪼록 오래오래 이 운동의 등불을 환히 밝혀 주십시오. …… 이웃나라의 교훈을 마음에 깊이 새겨 우리 아이들의 미래를 지켜나가겠습니다."

- 가나가와(神奈川)의 여교사

"이 세상 어느 한 지점에라도 자유와 평화가 없다면 일본과 저 역시 진정한 자유와 평화를 누릴 수 없습니다. 하물며 바로 옆 나라에서 벌어지고 있는 사태라면 더 말할 것도 없습니다. 미력하나마 보탬이 되고자 세뱃돈과 용돈을 성금으로 보냅니다. 오늘 야당 대표가 국민투표에 항의해 단식투쟁에 들어갔다는 뉴스를 보고서…… 남편 2천 엔, 아들(초 5) 5백 엔, 딸(초 4) 5백 엔, 저 2천 엔"

- 가나가와에 사는 주부

"부끄러운 얘기지만, 김대중 납치사건이 일어나기 전까지는 한국에 대해 전혀 관심이 없었습니다. 저는 소위 전중파(戰中派: 제2차 대전 중에 10대 후반에서 20대까지의 청년기를 보낸 세대 - 역자 주)인지라, 현재 한국의 정치적 상황이 2차 대전 당시의 일본 상황과 너무도 닮아 있다는 것에 위기감이 듭니다. 조선에 대한 일본의 침략 과거를 스스로 비판하는 사람들은 한국의 현실을 우려하는 반면, 전쟁과 침략에 대한 비판의 목소리를 지워 버리려는 세력이 날뛰면서 한국정부를 밀어주고 있습니다."

- 가나가와, 연구원[17]

앞에서도 언급했듯이, 동아일보를 지지하는 뜻에서 구독을 시작한 사람들은 지면을 읽어 내려가는 사이 한글을 배우고 싶다는 욕구에 사

17) 아오치 신, 와다 하루키 편저, 앞의 책, pp. 190-191, p. 194.

로잡혔다. 연락회의는 다카사키 교수를 모셔 초급 한국어 강좌를 열었다. 필자도 그 강좌에서 처음 한국어 공부를 시작했다.

VI. 김지하의 호소: 「일본 민중에게 하는 제안」

박정희 정권은 1975년 2월, 공산주의자를 제외한 민청학련 사건 피고들에게 전원 석방 조치를 내렸다. 김지하를 비롯한 학생운동 지도자들은 겨우 풀려날 수 있었다. 김지하는 3월 1일 일본 특파원에게 「일본 민중에게 하는 제안」을 전달했다. 연락회의는 그 테이프를 받아 공개함과 동시에, 내용을 녹음해서 판매하기 시작했다. 김지하의 문장이 한국어 학습 교재로 사용될 수 있게끔 유도한 것이다.

「일본 민중에게 하는 제안」에서 김지하는 지금으로부터 56년 전인 1919년 3월 1일을 떠올리며 다음과 같이 호소하고 있다.

> 그날 우리는 당신들 일본민족을 그저 원수로 여겨 보복을 가하고자 했던 것이 아닙니다. 자신의 주권과 독립을 비폭력적이고 평화적인 형식으로 선포함으로써, 피해자인 우리 한민족뿐만 아니라 잔인 무도한 가해자인 당신들 일본민족을 동시에 구하고자 했던 것입니다.

이어서 김지하는, 그럼에도 불구하고 일본민족은 과거 식민지 지배보다도 더 악질적인 수법으로 한민족의 생존을 위협하고 있다고 비난하면서, 그 예로 마산 수출자유지역에서 불거진 노동자 착취와 기생관광을 꼽는다. 김지하는 이제 "비장한 각오"로 이런 문제들에 임해야 할 때가 왔다고 힘주어 말하면서, "한일 양국 민중의 참된 공동투쟁이야말로 우리와 당신들을 동시에 구하고 동시에 인간답게 만드는 유일

한 활로"라고 주장했다.[18]

김지하의 제안에 자극을 받은 연락회의는 '한일문제 시민 세미나'라는 연속강좌를 구상하고, 시나노마치(信濃町)의 신세이회관(生 館)에서 매주 한 번 세미나를 열기로 했다. 1기 세미나는 1975년 5월 16일부터 7월 18일까지 총 10차례 열렸는데, 첫 시간에는 아오치 신이 "나의 반생에서 만난 한국인과 조선인"이라는 주제로 강의를 했고, 세 번째 시간에는 정경모가 나서 "한국의 가곡에 관하여"라는 세미나를 진행했다. 날카로운 필치로 이름을 떨친 평론가 정경모에게 가수의 소질도 다분하다는 사실을 그때서야 알았다. 정경모는 김지하의 시 「묶인 손들의 기도」에 곡을 붙인 노래를 일본에 처음 소개하기도 했다.

그러나 현실은 결코 녹록지만은 않았다. 3월 13일, 김지하는 반공법 위반으로 재차 연행되었다. 4월 4일에 한국정부는 자신이 공산주의자임을 인정한 김지하의 자필진술서를 공개했다. 물론 고문으로 받아낸 억지 자백이었다. 베트남의 완전 공산화 소식이 들려오면서 심리적인 중압감이 높아진 박정희 정부는 끝내 4월 9일 미석방 상태의 인혁당 당원 7명을 처형하기에 이르렀다. 민청학련 사건의 배후와는 전혀 무관한 좌익주의자들을 타당한 이유도 없이 단지 본보기 삼아 사형에 처한 것이다. 일본정부가 한국에 234억 엔을 원조하기로 결정한 바로 다음 날에 벌어진 일이었다. 이를 두고 연락회의는 "일본정부가 사형집행 사인을 내린 것이나 다름없다"고 비난했다. 4월 18일에 열린 항의집회에는 600여 명이 몰려들었다.

이대로 가다가는 김지하도 처형되는 게 아닌가 걱정스러웠다. 5월 17일부터 35명이 참여한 대대적인 단식투쟁이 벌어졌다. 연락회의의 단식투쟁에 참여한 적 있는 경험자들을 비롯해 오에 겐자부로, 이데 마고로쿠(井出孫六), 도미야마 다에코(富山妙子), 나카무라 다케시, 히다카 로쿠로, 정경모 등 문화 예술계 인사들이 대거 동참했다. 거리시위

18) 위의 책, pp. 202-208.

도 연일 열렸다.

김지하를 구하기 위한 투쟁의 현장에, 김지하가 옥중에서 작성한 양심선언과 옥중메모가 전해졌다. 위험을 무릅쓰고 한국에서 이 문서들을 빼내 온 사람은 김정남이었고, 문서들은 기독교 네트워크의 비밀경로를 거쳐 가톨릭 정의와 평화협의회 평신도인 재일한국인 실업가 송영순의 손에 건네졌다. 김지하의 양심선언은 가톨릭 정의와 평화협의회(담당사제 아리마 노부오相馬信夫)에 의해 공개됐고, 옥중메모는 김지하의 작품집 출간 편집자 나카이 마리에에게 전달된 후 '김지하 등을 구하는 회'에 의해 공개되었다. 필자는 나카이 편집자를 거드는 한편으로 송영순과도 부지런히 연락을 취했다.

한일연대연락회의는 1975년 6월부터 다카다노바바(高田馬場)에 위치한 빵집 2층을 빌려 독립 사무실을 내고 연대운동에 한층 박차를 가했다.

Ⅶ. 공해수출 반대운동과 한일조사의 활동

그런가 하면, 억압받는 한국 민중을 돕는 구원활동이나 한일관계의 역사에 대해 공부하는 활동과는 전혀 색깔이 다른 움직임도 있었다.

1974년 4월, 도야마 화학공업이 근처 주민들의 원성에 이기지 못해, 수은을 사용하는 머큐로크롬 제조공장을 폐쇄하고 생산 본거지를 한국으로 이전하기로 했다. 이 사실을 알게 된 젊은이들은 '도야마 화학의 공해수출을 저지하는 실행위원회'를 조직해 4월 27일 본사 앞에서 시위를 벌였다. 그 무렵 도쿄대학 공학부 조교인 우이 쥰(宇井純)이 대학 내에 '공해원론'이라는 자주강좌를 열고 공해반대 시민운동에 뜻을 품은 청년들을 가르치고 있었는데, 도야마 화학의 공해수출에 결사반대하고 나선 청년들도 대부분 그 강좌 출신이었다. 거센 반대에 부딪친 도야마 화학 측은 4일 후 이전계획 중지를 발표했다. 젊은 시민 운동가들은 환희에 젖었다. 그러나 그 기쁨도 잠시, 이번에는 일본화학공업이 울산에 중크롬산소다 제조공장 설립을 추진 중이라는 정보가 입수됐다. 도야마 화학의 공해수출을 저지하는 실행위원회는 고토구 가메이(江東区亀戸)에 위치한 일본화학 본사 앞에 진을 치고 1974년 9월 28일부터 울산공장 설립에 반대하는 시위를 벌였다. 전 베평련 단원인 이시이 스미오(井上澄夫)가 반대시위를 이끌면서 연락회의에도 도움을 청했다. 이시이의 요청으로 이 운동에 관심을 갖게 된 연락회의는 기꺼이 공해수출 반대운동에 협조하기로 했다.

반대시위가 점차 열기를 띰에 따라, 그동안 일본화학이 가메이, 오시마(大島), 고마쓰가와(小松川) 등 본사 공장 주변의 부지와 하천에 맹독성 크롬 찌꺼기를 무단 배출해 왔다는 사실이 드러났다. 이 사실을 알고 분노에 사로잡힌 근처 주민들은 1975년 7월 '보쿠토(墨東)에서 공해를 몰아내는 시민 모임'을 결성하고 공해수출 반대운동에 동참했다. 일본화학의 폐기물 무단배출 행위를 도쿄도가 공식발표하자 6가 크롬 공해가 사회적 문제로 떠올랐다. 일본화학에서 근무했던 적이 있는 노동자들도 여기에서 용기를 얻어 '피해자들의 모임'을 만들었다.[19]

다시 말하자면 한국으로의 공해수출에 반대하는 운동이 일본 내에 일면서 일본 주민들은 비로소 공해 피해의 심각성을 인지해 들고 일어날 수 있었고, 더 나아가 자칫 생명이 위험할 수도 있는 작업환경에서 일하면서도 불평의 말 한 마디 못했던 일본 노동자들이 함께 뭉쳐 자기 목소리를 내는 계기까지 마련된 셈이다. 이처럼 공해수출 반대운동은 이웃나라의 시민을 돕는 것이 사실은 자신을 살리는 길이라는 한일 연

---

19) 이와 관련된 사항은 이시이 스미오, "우리는 공해수출과 맞붙기 시작했다," 『전망』, 1974년 11월호와 "'도둑잡기' 논리를 넘어서: 일본화학의 크롬 무단방출과 한국으로의 공해수출," 『전망』, 1975년 12월호를 참조하기 바란다.

대운동의 기본신념을 제대로 입증해 보였으며, 시사하는 바가 무척 크다고 할 수 있겠다.

일본화학을 상대로 한 시위는 1976년 1월에 50회를 넘겼다. 그런데 한국정부가 설립 인가를 내준 탓에 그해 봄부터 울산공장은 조업에 들어갔다. 비록 저지하는 데는 실패했지만, 공해수출 반대운동은 이후 한국으로의 공해 확산에 어느 정도 제동을 거는 역할을 수행했다.

한일관계에 내포된 문제를 조사하고 밝혀내는 활동도 전개되었다. 평론가인 야마카와 아키오(山川曉夫)와 자유기고가 사토 다쓰야(佐藤達也) 등을 중심으로 조직된 '시민의 손으로 한일 유착을 바로잡는 조사활동'(한일조사)은 1975년 4월 30일 기자회견을 열어 힘찬 포부를 알렸다. 1975년 10월부터 발행된 『한일조사』의 발간에는 많은 젊은이들의 힘이 더해졌다.

Ⅷ. 민주구국선언 관계자들에 대한 항의운동

1976년 3월 1일 한일련(한일연대연락회의)은 지난해에 김지하가 내놓은 「일본 민중에게 하는 제안」에 화답하는 형식으로, '일본인과 3·1 독립운동'이라는 토론집회를 개최했다. 3·1 운동에 대한 색다른 시각을 선보인 이 집회에서 필자는 「비폭력 혁명과 억압민족」[20] 이라는 글을 발표했다. 한일 연대운동을 통해 일본인들의 역사인식에 변혁이 나타나는 과정을 더듬으면서 3·1 독립선언에 대한 새로운 이해를 촉구한 글이었다.

마치 미리 약속이라도 한 듯 바로 이날 한국에서는 명동대성당에서

20) 와다 하루키, "비폭력 혁명과 억압민족," 『전망』, 1976년 9월호.

민주구국선언이 발표되었다. 한국정부는 구국선언에 서명을 한 사람 등 관계자들을 무자비하게 탄압하기 시작했다. 3월 8일 김대중씨 부부마저 연행되자 한일련은 즉각 '김지하 등을 구하는 회'와 함께 기자회견을 열고 한일련에서 작성한 성명과 김지하 시인의 모친인 정금성 여사의 호소문을 발표했다. 3월 23일부터 김지하에 대한 재판이 재개되었다. 민주구국선언 관계자들의 재판도 비슷한 시기에 시작됐다. 한일련은 이 두 재판을 쟁점으로 연대운동을 펼쳤다. 6월부터는 민주구국선언과 관련된 피고 전원의 석방을 요구하는 서명운동을 시작했다. 때를 같이 하여 한청동도 민주구국선언을 지지하는 100만 명 서명운동에 들어가 이 운동을 일본 전국으로 확산시켰다. 11월에는 목표로 했던 100만 명 서명 모으기에 성공했다.

1976년에는 이와 같은 활동들을 지지대 삼아 일본 각지에서 한일연대 운동조직이 탄생했다. 6월 28일, 나고야시(名古屋市)에서 '한국 민주화 투쟁과 연대하면서 재일한국인 정치범을 구원하는 한일 연대 아이치(愛知) 현민의 회'가 발족했다. 9월 15일에 한일연대 가나가와 민중회의가 정식 출범한 데 이어, 10월 16일에는 한일연대 요코스카(橫須賀) 회의가 출범했다. 10월 17일에는 시즈오카((靜岡) 대학의 후지모토 오사무(藤本治) 교수를 대표로 하는 시즈오카 한일인민연대회의가 탄생했다.

한일련은 여러 집회를 한민통과 공동 개최했다. 1976년 4월 8일 히비야 공회당에서 열린 '김대중 사건에서 록히드 스캔들까지: 한일 유착과 부패의 구조를 파헤치는 한일시민 대 강연회'에는 600여 명이 몰려들었다. 록히드 사를 둘러싼 뇌물수수 의혹은 그해 2월 미 상원 청문회의 증언에 의해 사실로 확인되었고, 다나카 전 총리가 체포되는 전대미문의 대소동으로 이어졌다. 4월 8일의 강연회에서 정경모는 박정희 대통령이 김대중 납치사건을 얼렁뚱땅 무마하고자 다나카 전 총리에게 3억 엔을 건넨 사실을 폭로했다. 7월 4일에는 '한일관계와 남북통일 문제'라는 심포지엄이 토라노몬(虎ノ門) 공제회관에서 개최되었다. 아

오치 신과 필자가 한일련 대표로 참석해 "대 한국정책의 전환이 시급하며, 남북통일에 대한 적대시는 용납할 수 없다"는 내용의 보고를 했다. 이 글에는 "과도기적으로는 대한민국과 함께 조선민주주의인민공화국과도 국교를 재개할 필요가 있다"는 주장이 나온다. 그 글에서 우리가 주장하고자 했던 바는, 북한과의 수교를 고려할 때는 "일본의 식민지 지배는 법에 어긋나는 부당한 지배였다. 우리가 당신들에게 가한 고통에 대해 깊이 사죄한다"는 원칙에 입각해 접근해야 한다는 것이었다.[21)]

12월 결심에서 김지하는 징역 7년 형을 선고 받았다. 최종진술 기회가 주어졌을 때 김지하는 "눈부시게 빛나는 '아테네의 봄'이 대한민국에도 찾아 들고 있다"고 운을 뗀 뒤, 그러한 변화의 흐름을 타고 "북쪽에도 '프라하의 봄'이 도래할 것이다"라고 담담하게 말을 끝맺었다. 지켜보던 우리는 그의 진술에 깊은 감명을 받았다.

1977년 3월 1일에 설립된 '아시아 여성들의 모임'은 비 기독교 계열 운동단체로 독특한 활동을 펼쳤다. 아사히 신문사 기자인 마쓰이 야요리(松井やより), 화가 도미야마 다에코, 도이 다카코(土井たか子) 의원의 비서인 고토 마사코(五島昌子), 일본기독교협의회(NCC) 사무국의 야마구미 아키코 등이 모임의 핵을 이루었다. '기생관광에 반대하는 여자들의 모임'을 모태로 한 단체라고 할 수 있다. '아시아 여성들의 모임'은 기관지 『아시아와 여성해방』에서 설립 취지를 다음과 같이 밝혔다.

> 지난 날 중국과 한반도를 비롯한 아시아 각국을 침략해 살인, 갈취, 겁탈 등 온갖 잘못을 범한 장본인은 다름아닌 우리의 육친이요, 벗이요, 연인이었습니다. 우리는 더 이상 남편이나 연인을 경제적 수탈과

---

21) 『현대의 눈』. 1976년 10월호에 게재됨. 아오치 신, 와다 하루키 편저, 앞의 책, pp. 400-417에도 수록되었음.

> 성 침략의 첨병으로 외국에 내보내고 싶지 않습니다. ……우리는 오늘 이 자리에서 아시아의 자매들에게 깊은 사죄의 뜻을 표명함과 더불어, 그들의 투쟁으로부터 배우고 그들과 연대하여 일본여성의 투쟁을 완성시키겠노라는 결의를 새로이 다지는 바입니다.

도미야마 다에코는 강제징용 노동자를 주제로 한 판화를 제작하는가 하면 작곡가이자 피아니스트인 다카하시 유지(高橋悠治)와 협업해 음악이 어우러지는 슬라이드 쇼 작품을 제작하는 등, 독자적인 활동분야를 개척해 나갔다. 종군위안부 문제도 도미야마의 작품세계에서 비중 있게 다루어졌다. '아시아 여성들의 모임'은 정치적 메시지가 담긴 도미야마의 작품활동을 전격 지원했다.

IX. 조사와 고발, 그리고 번역

한일 연대운동은 1976년부터 한일 유착에 대한 비판 및 이에 빌붙어 사리사욕을 챙기려는 친한파에 대한 비판으로 기울어졌다. 비난의 화살은 시이나 에쓰사부로(椎名悦三郎)를 향했다. 시이나는 기시 노부스케와 만주군에서 함께 근무한 적 있고, 일본에 돌아와서는 도조(東条) 내각의 상공대신 자리에 오른 기시를 보좌해 상공차관이 됐다. 종전 후에는 외무대신 직위를 차지했고 1965년 한일협정 조인서에 서명한 당사자이기도 하다. 아오치 신은 1976년 6월 18일자 마이니치 신문에 기고한 글에서, "록히드 사건을 철저히 추적하다 보면 틀림없이 부패한 한일 유착관계에 도달하리라는 것이 한일문제를 다루는 우리의 공통된 인식"이라고 잘라 말했다. 시이나 에쓰사부로가 한국에서 정치자금을 건네 받았다는 의혹에 대해서도 썼다. 야마카와 아키오는 『한일저널』 6월 18일호 지면을 빌어, 아오치가 제기한 의혹이 자민당 내 가와시마파(川島派)에 속한 장로 대의사(代議士)의 증언에 근거하고 있음을 밝히면서 시이나의 행적을 고발했다. 같은 6월에 발간된 『한일연대 뉴스』21호에는 필자의 글 「한일련은 시이나와 대결한다」가 첫머리 글로 게재되었다. "전범이자 한국 상대 로비스트인 시이나 등을 추방하라"는 구호가 함께 실렸다.

시이나 측은 이쪽의 공격을 맞받아쳐, 6월 29일 아오치와 야마카와를 명예훼손으로 고소했다. 두 사람은 7월 1일 공동결의를 내고, 시이나의 고소를 오히려 한일 유착 단죄를 위한 심판의 장으로 삼겠노라는 강한 의지를 표명했다. 아오치는 독립 저널리스트인 자신의 입장을 "목줄에 매이지 않은 개"에 빗대면서, 시이나를 고발한 자기의 행위는 "충분히 각오하고 한 일"이자 "한일문제에 천착해 온 지난 3년간의 총결산이요, 25년에 걸친 문필생활의 총결산이기도 하다"고 강조했다.[22] 흔들림 없이 의연한 태도는 그가 이끄는 한일연대연락회의에도 큰 영향을 미쳤다.

연락회의는 1977년 2월부터 정례시위를 시작했다. 전년도 말에 출범한 후쿠다 다케오(福田赳夫) 내각에는 다나카 다쓰오(田中竜夫), 미하라 아사오(三原朝雄), 우노 소스케(宇野宗佑), 하세가와 시로(長谷川四郎) 등 한일의련(한일의원연맹) 부회장 4명이 포함되어 있었다. 연락회의는 신 내각을 '최악의 친한파 내각'이라고 비난하면서 내각 퇴진을 요구하는 시위를 매일같이 했다. 이 시위는 이듬해 3월까지 총 14번 열렸다.

1977년 8월 8일의 집회를 기점으로, 연락회의는 다른 단체 및 개인들과 뜻을 모아 김대중 피랍사건의 진정한 해결과 국회 내 진상조사 위원회 설치를 요구하는 탄원 서명운동을 재개했다. 서명운동 위원회는 아오치 신, 아카쓰카 후지오(赤塚不二夫), 이이누마 지로(飯沼次郎), 이치

22) 아오치 신, 와다 하루키 편저, 앞의 책, pp. 387, 398.

카와 후사에(市川房枝), 사사키 히데노리, 스미야 에쓰지(住谷悅治), 나카지마 마사아키, 나카노 요시오(中野好夫), 히다카 로쿠로, 혼다 슈고(本多秋五), 마쓰우라 소조(松浦総三), 마쓰모토 세이쵸(松本清張), 미야자키 시게키(宮崎繁樹), 유아사 하치로(湯浅八郎) 등 14명으로 꾸려졌다. 이토 나리히코(伊藤成彦), 시노다 겐조(篠田健三), 쇼지 쓰토무, 시미즈 도모히사(네리마練馬), 후루야 요시코(古屋能子, 신주쿠新宿), 그리고 필자가 사무국을 맡았다. 우쓰노미야 도쿠마 자민당 의원을 비롯해 노다 데쓰(野田哲) 사민당 의원, 나카가와 요시미(中川嘉美) 공명당 의원, 다치키 히로시(立木洋) 공산당 의원 등도 동참해 힘을 실어 주었다. 당초 목표로 잡은 것은 10만 명이었는데 총평과 의논 끝에 목표치를 30만 명으로 높였다.[23]

그런데 9월 1일부터 서명운동을 개시했는데도 10월 21일 시점까지 모인 서명은 2만 9,405명에 불과해,[24] 목표치의 10분의 1에도 채 미치지 못했다. 그만큼 일본시민들의 관심이 이 문제에서 멀어졌다는 방증으로, 서명운동은 고전을 거듭했다.

이런 가운데 연락회의 내에서는 한국 민주화운동에 몸담고 있는 지식인과 저널리스트들의 활동을 소개하는 작업이 추진되었다. 계간지 『창작과 비평』에 실린 주요 논문을 일본어로 번역해 일본인들도 읽을 수 있게 하자는 계획으로, 필자와 다카사키 소지가 주도했다. 『창작과 비평』 1977년 가을호(45호)의 권두를 장식한 글은 '분단시대의 민족문화'라는 주제 아래 강만길, 김윤수, 리영희, 백낙청 등이 이야기를 주고받은 좌담회 기록(300매 분량)이었다. 이런 글을 소개하면 한국 민주주의 운동을 이끄는 지식인들의 생각과 사상을 좀더 많은 일본 시민에게 알릴 수 있을 것 같았다.

그런데 번역작업을 추진하던 중 반공법 위반 사건에 관한 뉴스가 전

---

23) 『한일연대 뉴스』, 35호(1977. 9. 15).
24) 『한일연대 뉴스』, 36호(1977. 11. 2).

해졌다. 1978년 2월의 일이었다. 창작과비평사에서 펴낸『8억 인과의 대화』와 한겨레사에서 발간한 평론집『우상과 이성』이 불온서적으로 낙인 찍히면서, 저자 리영희를 비롯해 출판 책임자 백낙청까지 줄줄이 잡혀 들어갔다는 것이다. 이 소식을 접한 필자는『한일연대 뉴스』40호에「진실이 궤변으로 보이는 때: 리영희와『전환시대의 논리』」라는 글을 기고했다. 창작과비평사는 꿋꿋하게『창작과 비평』1978년 봄호(47호)의 첫머리에 한국 민주화운동을 선도하는 기수 중 한 사람인 박형규 목사와 백낙청의 대담「한국 기독교와 민족 현실」(240매 분량)을 게재했다. 이 글은 한국문제기독교도긴급회의에 의해 즉각 전문 번역되었다.

필자와 다카사키 교수는『창작과 비평』논문선집의 번역 출판을 서두르기로 했다. 아오치는 요코하마 사건으로 같이 수감되었던 고모리타(小森田一記)를 설득해, 그가 운영하는 사회사상사에서 논문선집을 출판할 수 있게끔 주선해 주었다. 교토 대학에서 조선사를 전공한 미야지마 히로시(宮嶋博史)와 미즈오 나오키(水野直樹)가 번역작업에 합세했다. 필자가 번역한 것 중에 백낙청의 창간사「새로운 창작과 비평의 자세」가 있다. 이 글의 말미에서 백낙청은 이렇게 말한다.

> 이상이 말라 비틀어지고 대중의 소외와 타락이 심한 사회일수록 소수 지식인의 지혜와 양심에 모든 것이 걸려 있다는 사실을 우리는 안다. 지식인이 그 책임을 다하려면 일단 만나서 서로의 성의를 확인한 다음 그로부터 힘을 얻어 새로운 창조와 저항의 자세를 가다듬을 수 있는 거점이 필요하다.

이 글을 읽고서 필자는 새삼 한국 지식인의 정신적 강인함에서 깊은 가르침을 얻었다.

X. 한일연대위원회로의 개편

한일연대연락회의의 구성원 가운데 어느 정도 나이가 지긋하다 싶은 사람은 아오치 신, 중년이라고 할 만한 사람은 필자와 시미즈 교수, 다카사키 교수 정도였고, 나머지는 전부 혈기왕성한 청년들이었다. 지지자들이 보내준 성금과 회보 구독료 등으로 어떻게든 연락회의의 살림을 꾸려가 보려고 애썼으나, 모금운동도 점점 여의치 않아지면서 적자가 쌓이기 시작했다. 불어나기만 하는 적자를 메우려 대표와 사무국장이 매달 상당한 자비를 지출해야 하는 상황까지 왔다. 회보에 실리는 회계보고는 이런 실정과는 동떨어져 있었다. 도저히 이대로는 연락회의를 유지하기 어려웠다.

한일 연대운동 자체가 정체기에 빠졌다는 점도 부인하기 어려웠다. 사정이 점차 곤란해지고 있던 무렵, 사무국장인 필자가 연구 때문에 1978년 10월부터 1년가량 소련에 가게 되어 연락회의의 개편이 불가피해졌다. 그래서 한일연대연락회의는 지식인을 주축으로 하는 한일연대위원회와 한일조사 그룹, 그리고 청년운동으로 분리되었다. 1978년 6월 15일 『한일연대 뉴스』는 44호를 최종호로 폐간됐다. 다카다노바바의 사무소도 폐쇄되었다. 한일연대위원회는 당분간 아오치 신의 자택을 사무소로 쓰기로 했고, 한일조사 그룹은 신주쿠구 햐쿠닌쵸(百人町)에 사무실을 열었다.

한일연대위원회는 아오치, 필자, 다카사키 교수, 시미즈 교수, 구라쓰카 교수, 쓰루미 슌스케, 나카이 마리에, 히다카 로쿠로 등으로 구성됐고, 회보 『한일연대』를 정기적으로 간행했다.

필자와 다카사키 교수가 추진해 왔던 『창작과 비평』지의 번역작업은 1978년 여름 대충 마무리되었다. 필자는 해설 작업까지 마친 뒤 아쉽게도 책이 완성되는 것은 보지 못하고 소련으로 출국했다. 다카사키 교수가 후반 편집을 담당한 『분단시대의 민족문화: 한국 『창작과 비평』논문선집』은 이듬해인 1979년 8월 세상에 나왔다.

〈역자가 덧붙이는 말〉

1. 한국에서는 대체로 재일한국인과 재일조선인을 재일교포로 통칭해서 부르는 경향이 있지만, 와다 하루키와 이시자카 고이치 등은 재일한국인과 재일조선인이라는 표현을 구분해서 사용하고 있는 것 같습니다. 그래서 가급적 원문의 표현 그대로 번역했습니다. 단 서승·서준식 형제 사건은 한국에서 재일동포 유학생 간첩단 사건으로 널리 알려졌기 때문에, 서승과 서준식은 재일조선인으로 번역하되 이들 형제 사건은 '재일동포 유학생 간첩단 사건'으로 번역했습니다.

2. 마찬가지로 여러 논문에서 조선과 한국이라는 명칭이 섞여서 나타나고 있습니다. 식민지 지배 혹은 과거사와 관련된 경우는 조선으로, 그 외의 경우는 한국으로 통일해 번역했습니다. 간혹 등장하는 '대한민국'은 대한민국 그대로 번역했습니다. 북한과 대비시키는 뜻에서 남한이라는 표현을 쓴 경우도 있는데, 가급적 한국으로 옮겼습니다.

3. 원문에서는 日韓으로 일본이 한국보다 앞에 위치하지만, 국가별 표기법의 차이를 고려해 번역할 때는 한일로 통일했습니다. 단체명 번역도 마찬가지입니다.

(예: 日韓連帯連絡会議→한일연대연락회의)

4. 조직 명칭: 와다 하루키의 논문에서 중심을 이루는 운동조직이 日本の対韓政策をただし韓国民主化闘争に連帯する日本連絡会議 =日韓連帯連絡会議입니다. 원문에서는 日韓連帯会議라고 줄여 부르는데, 번

역에서는 임의로 '연락회의'로 줄여서 번역했습니다. 이시자카 고이치의 논문에는 日韓連連라는 명칭이 두 번 등장하는데, 아마 위의 한일연대연락회의를 지칭하는 듯합니다. 와다 하루키의 글 후반부에 등장하는 日韓連이라는 명칭 역시 문맥상 한일연대연락회의의 줄임말로 보이지만, 확인된 근거가 없어 우선 '한일련' 그대로 번역합니다.

제3부

전두환 시대의 한일관계와 김대중

• 제7장 '김대중 내란음모사건'과 일본사회의 대응: 구명운동을 중심으로 — 정근주

• 제8장 김대중 구명운동과 일본사회의 움직임: 법조계와 주요 변호사들의 활동을 중심으로 — 사사키 히데노리

• 제9장 1970년대부터 80년대까지의 한국 민중운동과 일본 — 이시자카 고이치

제7장
'김대중 내란음모사건'과 일본사회의 대응: 구명운동을 중심으로

정근주 | 와세다대학교 교수

I. 들어가며

이 글에서는 1980년 5월 17일, 전두환 신군부에 의해 일어난 '김대중 내란음모사건'에 대한 일본정부 및 사회 각계의 대응, 그리고 일본 전국에서 전개된 구명운동에 대해 다루고자 한다.

특히 1973년의 '납치사건'을 계기로 결성된 시민 및 지식인이 중심이 된 일한연대위원회, 크리스천 그룹, 노동계에 있어서 최대 조직이었던 일본노동조합 총평의회(이하, 총평), 재일 한국인 단체인 한국민주회복통일촉진국민회의 일본본부(이하, 한민통) 등의 활동을 중심으로 서술하기로 하겠다. 구체적으로는 이들 조직의 김대중 구명운동에 대한 전개과정 및 내용을 소개하고 다음과 같은 점을 분석하고자 한다. 즉 '김대중 내란음모사건'에 대하여 일본정부 및 시민사회는 어떻게 인식하고 대응했는가, 또한 그러한 대응의 배경에는 무엇이 있었는가에 대해 고찰하고자 한다.

이러한 고찰을 통해 한국 민주화운동에 대한 일본 시민사회의 관련 상황 및 연관성을 파악하고, 나아가서는 현대 한일관계사에 대한 이해를 심화시키는 데 일조할 것을 본 연구의 목적으로 하겠다.

II. '김대중 내란음모사건'의 전개

1. 사건의 추이

1980년 5월 17일 밤, 전두환 신군부의 쿠데타에 의한 비상계엄령이 18일 0시를 기하여 전국으로 확대되고, 김대중 등 24명이 체포됐다. 이때 김대중은 내란음모, 내란선동, 계엄법 위반, 국가보안법 위반, 반공법 위반, 외환관리법 위반의 혐의로 육군본부 계엄보통군법회의에 구속, 기소되었다. 22일, 계엄사령부는 다음과 같은 내용의 '김대중 수사 중간보고'를 발표했다. 김대중이 "대중선동 정부전복의 구체적인 실천을 위해서 학원소요 사건을 민중봉기로 유도 발전시키도록 기도했다" 등의 내용이다. 이어서 7월 4일, 계엄사령부는 〈김대중 등 내란음모사건 수사 결과〉[1]를 통해 군법회의에 회부될 것을 공표하여, 최고 사형에 해당하는 혐의로 김대중은 생명의 위기에 처하게 되었다.

1) 수사결과인 〈내란음모 활동 개요〉에 의한 '광주사건 배후 조종' 혐의는, 김대중이 전남대 복학생 정동년에게 자금으로 500만 원을 건넸다고 날조되었다. 그러나 김대중은 그를 만난 적도 없었으며, 정동년이 고문을 견디지 못해 2번의 자살 미수를 일으킨 끝에 한 자백이 그 증거가 됐다. 달리 증거는 일체 없었으며, 오히려 김대중은 5월 13일부터 15일에 걸쳐 전국적으로 학생 데모가 절정에 달하자, 학생과 노동자들에게 사회질서 유지를 위해 데모를 자제하도록 호소한 바 있다(『경향신문』, 1980년 5월 13일자; 『조선일보』, 1980년 5월 17일자).

특히 그 후의 한일관계 및 일본 측 구명운동에 있어서 쟁점이 된 것은, '반국가단체 구성 및 수모자'로서 지적된 혐의이다. 이 혐의는 국가보안법 위반, 반공법 위반에 해당되는 것으로 김대중과 한민통의 관계를 그 구실로 하고 있다. 즉 김대중이 일본에서 한민통을 결성한 후, 그 의장 취임을 승낙하여 '용공 세력'과 결탁한 것을 가리킨다. 이 일에 대해 김대중은 한민통 결성 전에 일본에서 납치되었으며, 의장직도 수락한 적이 없다고 혐의를 부인했다.

이 점은 재판에 있어서 가장 중요한 쟁점이 되는데, 뒤에서 언급하듯이 신군부 측의 발표는 일절 근거 없는 주장이었을 뿐만 아니라, 1973년 납치사건 때 이 사건을 '해결'하기 위해 한일양국 간에 했던 정치결착마저도 무시한 행위이다. 주지하다시피 같은 해 11월 제1차 정치결착 때, "일본 체재 중의 언동에 대한 책임은 묻지 않는다"고 합의한 바 있다. 이 일과 관련해 1980년 7월 9일에 일본 외무성은, 신군부 측이 수사결과 중에서 "해외에서의 언동"을 문제시하고 있는 기술에 강한 관심을 가지고 있음을 표명함과 동시에 "주의 환기"하고 있다.[2)]

이러한 김대중의 체포 및 그 죄명에 대해 당시 함께 체포되었던 한승헌 변호사[3)]는, "전두환 등 소위 신군부의 정권 탈취에 가장 큰 장애가 되는 김대중씨를 제거하는 것이 목적이었다"고 간주하고 있다. 한승헌은 "사형집행을 위해" "내란음모도 엄청난 범죄이지만, 그 죄명만으로는 사형을 선고할 수가 없으니까 국가보안법상의 반국가단체 구성 및 수괴로 얽어놓았던 것이다"[4)]라고 설명하고 있다.

8월1일, 김대중 등 23인은 군법회의로 기소될 것이 발표되어 14일에 첫 공판, 9월 11에는 결심 공판이 열려 사형이 구형되었다. 13일에는 2시간 동안 최후진술이 있었는데, 17일 한민통 일본본부 의장이었다는

---

2) 『朝日新聞』, 1980年 7月 10日.
3) 한승헌 변호사는 2003년 특별 재심에 의해 '헌정 질서 파괴 범죄의 행위를 저지 · 반대한 행위'로 인정되어 무죄 판결을 받았다.
4) 한승헌, 『분단시대의 법정』(범우사, 2006), p.118.

이유로 국가보안법 제1조 적용에 의해 한국 보통군법회의는 김대중에게 구형대로 사형, 다른 23인의 피고에게도 구형대로 최고 징역 20년의 판결을 내렸다. 공소하였으나 11월 3일에 기각되었고, 81년 1월 23일에 대법원은 상고를 기각하며 사형을 확정했으나, 직후 임시각료에 의해 무기징역으로 감형 결정되었다.[5] 김대중의 사형은 면하게 된 결과였으나 대법원 측이 군법회의의 위법 투성이인 판결을 거부하지 않고 인정한 것은 한국사법의 커다란 오점이었다고 할 수 있다. 그 후 김대중은 3월에 전두환이 대통령에 취임한 후 징역 20년으로 감형되고, 82년 12월 13일에는 형 집행이 정지되어 미국으로 강제 망명하게 된다.

사형 확정 후의 감형에 대한 배경에 관해서는, 레이건 측과 전두환 측의 협상이 성사된 것이 크게 작용했다는 견해가 강하다. 즉, 전년도 12월에 세계은행의 한국 융자 연장이 결정됐다는 보도가 있은 후, 사형은 면할 거라는 추측이 있었던 것이다.[6] 그리고 또 한 가지의 배경으로는 무기징역으로의 감형 이유에서도 잘 알 수 있듯이〔각주 5의 ①을 참조〕, 해외 여론의 반응을 들 수 있겠다. 특히 일본을 중심으로 한 시민레벨의 운동은 구명을 위한 여론 형성에 적지 않게 영향을 끼쳤다고 할 수 있다.

2. 일본정부 및 언론계의 대응

그동안 일본정부 및 언론계의 대응은 어떠했을까? 초기 대응은 한국

---

5) 감형 이유로는 다음과 같은 점을 들었다. ①우호국 등으로부터 인도적 견지에 의한 관용을 호소하는 의견이 있었다. ②김대중 자신이 국민에게 사죄하여 선처를 구하는 탄원서를 제출했다. ③ 이 사건이 구시대 정치의 슬픈 유산이며, 새로 발족하는 제5공화국의 평판을 더럽힐 필요가 없다. 『朝日新聞』, 1981年 1月 24日.

6) 한승헌, 앞의 책, p.120; 和田春樹, 『韓国からの問いかけ ―ともに求める』(思想の科学社, 1982), p.149.

및 김대중 문제에 그다지 개입하지 않고, 정관하는 태도를 보였다. 6월 12일자 『아사히 신문(朝日新聞)』에 의하면, 기우치 아키타네 외무성 아시아 국장은 "한국의 현재 상황이 양국 간 우호관계에 영향을 주지 않을 것이며, 일본의 한국에 대한 정책에는 어떤 변경도 없다"고 말하고 있다. 또한 후술하겠지만 7월 5일에 일한연대위원회 및 크리스찬 그룹이 외무성에 "일본 체재 중의 언동"에 관한 정치결착건에 대해 물었을 때도 "검토하고 있지 않다" 는 애매한 답변이 돌아왔다.

국회에서는 8월 12일 참의원 내각위원회에서 광주민중항쟁 및 '김대중 내란음모사건'에 대해 처음으로 언급했는데, 야당 측은 정부의 "미지근한 대응"[7]과 '납치사건' 때의 정치결착 내용에 반하고 있음을 비판했다.[8] 그러나 이토 마사요시 외상 및 기우치 아시아 국장은 "어려운 정세"임을 인식하면서도 "한국의 국내 문제"라고 하며, "지켜보겠다", "신중히 대처"하겠다는 답변으로 일관했다.[9]

이러한 일본정부의 태도는 동 사건에 대한 불간섭, 전두환 체제에 대한 묵인적 자세를 나타낸다고 할 수 있을 것이다. 와다 하루키는 이러한 일본 측의 "과묵" 한 초기 대응에 대해, 일본정부와 외무성이 동 사건의 "가담자" 입장에 있으며, "그 책임은 매우 중대하다"고 비판했다.[10]

한편 자민당 아시아 · 아프리카 문제 연구소의 기무라 도시오 회장과 시오타니 가즈오 사무국장은 8월 1일, 이토 외상 및 미야자와 기이치 관방장관을 방문하여 "정부로서 최악의 사태가 일어나지 않도록 대응

---

7) "일본정부 전체의 대응은 다른 여러 외국에 비해 매우 뜨뜻 미지근하다, 약하다"(야타베 오사무, 사회당), 『第92回　議院 閣委員　議事 』閉1 , 1980年 8月 12日, pp.18-19. "아직 탄생도 하지 않은 정권에 전면적으로 협력한다"(다마키 에이이치, 공산당), 『第92回　衆議院法務委員　議事 』第2 , 1980年 8月 27日, pp.9-10.
8) "정치결착이라는 것이 사실상 어겨지고 있다."(가와카미 타미오, 사회당), 『第92回国会衆議院外務委員会国会議事録』第2号, 1980年 8月 19日, p.8.
9) 『第92回国会参議院内閣委員会国会議事録』閉1号, 1980年 8月 12日, pp.17-19.
10) 和田春樹, 『韓国民衆をみつめること』(創樹社, 1981), pp.151-152.

책" 을 요구했다.

여전히 일본정부는 대한 정책의 전환이나 공식적 항의를 한다든가 하는 한국정부에 대한 강경한 대응은 하지 않았지만, 점차 조금씩 태도에 변화를 보이게 된다. 7월 22일, 외무성은 9월에 예정된 한일각료회의의 연기를 결정했다. 또한 8월 12일의 참의원 내각위원회에서 이토 외상은 "사형이라도 되면 김대중 사건에 관한 정치결착을 수정하라는 소리가 일본 국내에서 일어날 지도 모르고, 그렇게 되면 한일관계에 금이 간다"고 하며, 이러한 우려를 한국 측에 전했다고 밝혔다.

사형 판결의 공소 기각 후에는 그러한 대응의 변화가 보다 눈에 띄게 나타났다. 10월 4일까지 일본 전국에서 50개 이상의 지방의회가 "김대중씨의 생명 구출을 위한 긴급조치를 요구하는 의견서" 등을 의결했다.

또한 11월 23일, 스즈키 젠코 수상은 최경록 주일 한국대사에게 김대중 문제에 대해 우려를 표명했으나, 이것은 한일관계에 있어 커다란 마찰로까지 발전했다. 스즈키 수상의 발언이 한국 국내에서 외교 협박 및 내정간섭이라며 격렬하게 공격받고, 12월 4일에는 스즈키 수상의 인형화형식까지 벌어진 것이다. 게다가 3일에는 이나야마 요시히로 경단련 회장이 김대중이 처형되면 원조도 곤란하다고 말했다. 이 발언에 대해서도 역시 한국에서는 "경제협력 중단과 협박"이라고 비판을 받았지만, 아이러니하게도 동시에 일본에서의 구명 움직임이 "거족적 양상"이었다고도 보도되었다.[11] 이렇듯 무개입에 가까웠던 초기의 정부대응으로부터의 변화는 시민운동 측의 끈질기고 적극적인 활동이 적지않게 영향을 미쳤다고 할 수 있다.

한편 73년 '납치 사건' 때, 센세이셔널한 반응을 보였던 주요 신문 및 잡지는, 이번에도 역시 한국 정세와 김대중의 위기적 상황에 대해 많은 지면을 할애했다. 서울지국이 폐쇄된 신문사도 있었다. 잡지 『세계(世

---

11) 『조선일보』, 1980년 12월 5일자.

界)』의 야스에 료스케 편집장이, 이 잡지의 9월호에 실린 연재물 "한국으로부터의 통신"을 인용하여 김대중에게 가해진 고문 정보를 시민강좌에서 이야기했는데, 이 내용을 보도한 것 때문에 아사히 신문과 시사통신의 서울지국이 폐쇄된 것이다. 당시 일본국내의 신문들은 김대중 구명운동을 대대적으로 보도했다.

이러한 움직임이 있던 반면, 저널리스트 중에는 계엄사령부의 김대중 및 광주민중항쟁에 관한 보고 또는 그것을 보강한 내용의 괴문서를 바탕으로, 비우호적인 주장을 펼치는 사람들도 있었다.[12] 특히 김대중이 '용공활동'을 했다는 발표내용을 강조하는 기사를 다수 게재한 산케이 신문 컬럼니스트 시바타 미노루를 들 수 있다. 시바타는 『중앙공론(中央公論)』 8월호에 쓴 "광주 소란의 배경에 있는 것"에서도, 계엄사령부의 조사보고서를 인용하여 '김대중=빨갱이' 론을 논증하려 애쓰고 있다. 이 글은 당연히 전두환 신군부 측이 매우 기뻐할 만한 성격의 내용이었으며, 조선일보 7월 2일자에 "일본 언론인이 본 한국 소요의 배경"이라는 제목으로 소개되었다. 시바타는 『코리아 평론(コリア評論)』 9월호에서도 "김대중은 한국의 암이다"라는 견해가 한국에 "꽤 많다"는 의견에 "반론할 여지가 거의 없다"라고까지 기술하는 중상모략 수준의 글을 쓰고 있다.

이러한 상황은 마치 박정희 정권 시대에 한국정부와 밀월 관계를 유지함으로써 결과적으로 독재정권을 지원한 소위 '친한파'라 불렸던 인사들을 떠올리게 한다. 실제로 자민당의 보수파이자 '친한파' 정치가인 가네마루 신은, 8월 22일에 스즈키 수상과 만났을 때 전두환과의 회담 내용을 전하면서 "일련의 숙청 조치는 국민에게 호감과 환영을 받았으며, 전두환 체제는 안정되어 있다"고 말하고 있다. 그리고 한국내 경제문제의 중요성을 전하며 그 지원을 도모하는 의미로 한일 정기 각

12) 괴문서의 내용과 그에 기초한 기사의 자세한 소개는, 和田春樹, 『韓国民衆をみつめること』, pp.125-152를 참조.

료회의를 신속히 개최할 것을 요청했다.[13]

또한 김대중 및 '내란음모사건'에 대해 비우호적이고 냉소적인 반응을 보인 언론인으로서 아사히신문 기자 출신인 다나카 아키라[14]와 마이니치신문 기자인 시게무라 도시미츠[15]를 들 수 있다. 이들은 '내란음모사건'을 비민주적이고 특수한 한국정치 풍토에서 일어난 권력투쟁이라는 견해로 설명하고 있다. 즉 김대중과 신군부세력을 권력을 추구하는 '동질자' 부류로 간주하는 논조이다.

이러한 일본 내의 일부 논조는 김대중을 통해 애써 시민 레벨로 확대되어 가고 있던 한국 민주화운동을 지지하는 움직임에 찬물을 끼얹는 언동이었다고 하지 않을 수 없다.

Ⅲ. 일한연대위원회와 크리스천 그룹의 '김대중을 죽이지마' 운동

'김대중을 죽이지마' 운동은 다음 3개의 조직이 중심이 되어 전개된 운동이다. 일본의 지식인 및 시민운동 조직인 일한연대위원회(日韓連帯委員会), 개신교와 가톨릭 단체로 구성된 크리스천 그룹 즉, 한국문제 기독교인 긴급회의(韓国問題キリスト者緊急会議)와 일본 가톨릭 정의와 평화협의회(日本カトリック正義と平和協議会)가 그것이다. 일한

13) 『朝日新聞』, 1980年 8月 23日.

14) 『朝日新聞』, 1980年 6月 5日 석간을 참조. 또한 그는 "'台風の目' 金大中氏 — 大衆動員と策略の才"(『産経新聞』, 1980年 6月 9日)이라는 제목의 기사에서 시바타와 대담을 한 바 있다.

15) 그는 김대중이 "대중 동원과 조직 구성에 있어서는 특이한 재능을 가진 정치가"이므로 "군의 시행 방식으로 보자면 위험하기 짝이 없게 비쳐진다"고 말하고 있다(『毎日新聞』, 1980年 6月 10日).

연대위원회는 1973년 '납치 사건'이 직접적인 계기가 되어 결성됐는데, 1978년 6월에 해산한 일한연대연락회의[16]가 같은 해 11월에 재발족됐을 때의 새 명칭이다.[17] 동 위원회의 구성원은 노동계 측과의 연계 조직인 '김대중씨 구출 일본연락회의(7월에 결성)' 일원으로 활동하게 되는데, 이 일본연락회의의 운동 내용은 편의상 다음 절에서 총평의 구명운동과 함께 소개하겠다.

김대중 체포 후의 일한연대위원회와 크리스천 그룹의 대응은 빨랐다. 5월 21일, 한국문제 기독교인 긴급회의는 광주 정보를 발표하는 기자회견을 하고, 일한연대위원회는 긴급성명 발표를 결정했다. 일한연대위원회와 크리스천 그룹은, 1973년의 '납치사건' 발생 후 진행된 구명운동 때 공동 행동을 한 일도 있었기 때문에, 신속하게 상호 연락하여 한국 및 김대중 문제에 있어서 공통인식하에 활동해 갔다.[18]

5월 23일, 아오치 신, 시미즈 도모히사, 와다 하루키 등 15인은 일본정부 및 외무성에 17일에 일어난 쿠데타를 반대할 것과 김대중 등의 안전에 대해 관심을 표명할 것을 요구하는 성명을 다음과 같이 발표했다.[19] ① 이번 쿠데타를 지지하지 않는다고 천명하여 민주주의를 원하는 한국 국민의 소망에 적대하지 않도록 해야한다. ② 김대중씨 등 체포된 사람들의 신변 안전에 중대한 관심을 가지고 있다고 표명해야한다.[20] 이 성명은 26일에 다카시마 마스오 외무차관에게 전달되었다.

---

16) 대표 · 아오지 신, 사무국장 · 와다 하루키. 80년 이후 활동의 상세한 내용은 와다가 쓴 장을 참조.

17) 일한연대위원회는 1988년 4월 18일, 노태우의 6 · 29선언에 의한 한국내 정치상황 변화와 활동의 한계에 대한 반성 및 새로운 활동의 필요성을 느끼고 활동을 종식한다.

18) 크리스천 그룹의 활동에 대한 상세한 내용은 제5장에서 소개되었으므로, 여기에서는 두 조직의 공동활동을 중심으로 기술하기로 하겠다.

19) 清水知久 · 和田春樹編, 『金大中氏たちと共に ―三世代市民運動の記録』(新教出版社, 1983), p.15.

20) 和田春樹, 『韓国からの問いかけ ―ともに求める』(思想の科学者, 1982), pp.18-19. 이 성명을 발표한 기자회견 석에는 그 밖에도 쇼지 쓰토무, 쓰루미 슌스케, 작가

6월 3일에 300명 규모의 시민 집회 '한국의 새로운 쿠데타에 항의하여 민주화운동을 지지하는 시민 모임'을 시작으로 많은 집회와 강연 등이 열렸다. '내란음모 사건'에 대한 일본 시민운동의 대표적 슬로건이 된 '김대중을 죽이지마'라는 문구는 26일 정해졌는데, 일한연대위원회와 기독교인 긴급회의 측이 7월 10일에 있을 시민집회를 준비하는 과정에서 채용됐다.[21)]

7월 4일에는 일한연대위원회, 한국문제 기독교인 긴급회의, 일본 가톨릭 정의와 평화협의회의 등 세 조직이 처음으로 합동 성명을 발표했다. 주된 내용은 일본정부가 전두환 정권의 음모를 도와 지지하고 있는 것에 대한 비판, 민주주의를 갈구하는 한국 민중에 대한 지지를 주창하고 있다.[22)]

다음 날인 5일에는 아오치 신, 쇼지 쓰토무, 히다카 로쿠로, 와다 하루키 등 4명이 도이 다카코 사회당 중의원 의원의 중재로 외무성의 다카시마 마스오 차관을 방문하여 위 성명을 전달했다. 이때 아오치는 "정치 결착 때의 약속은 살아 있는 것인가. 지난번 발표는 이 약속에 저촉되지 않는가"라는 질문을 했지만, 다카시마 차관으로부터는 "그것은 대답할 수 없다", "아직 검토하지 않았다"는 답변이 되돌아올 뿐이었다.[23)]

10일, 일한연대위원회와 한국문제 기독교인 긴급회의가 주최한 시민집회 '광주의 죽은 자들 · 김대중씨와 우리'가 열려, 약 1,200명이 모인 가운데, 강연과 슬라이드 상영(도미야마 다에코 제작, 「쓰러진 이들

오에 겐자부로 등이 출석했다.

21) 和田春樹, 위의 책, p.45.

22) 성명을 발표한 각 조직의 대표적 인사는 이하와 같다. 아오치 신, 시미즈 도모히사,히다카 로쿠로, 와다 하루키(이상, 일한연대위원회), 오시오 세이노스케, 쇼지 쓰토무, 나카지마 마사아키(이상, 한국문제 기독교인 긴급회의), 모리타 소이치(이상, 일본 가톨릭 정의와 평화협의회). 清水知久 · 和田春樹編, 앞의 책, pp.17-18.

23) 和田春樹, 『韓国からの問いかけ ―ともに求める』, p.48.

에 대한 기도-광주 1980년 5월(倒れたものへの祈祷-光州1980年5月)」) 등이 이루어졌다. 그들에게 있어서 "진정한 의미에서 우리들의 출발 모임"[24]이 된 이 집회에서, '김대중씨를 죽이지마' 시민 서명운동이 제안되었다.[25] 이 운동에는 일한연대위원회의 아오치 신, 일본 가톨릭 정의와 평화협의회 나카지마 마사아키와 더불어 참의원 의원인 이치카와 후사에 등 3명이 발제인이 됐다. 그리고 바로 운동을 시작해, 21일에는 도쿄 다카다노바바에 사무소를 개설하고, 『서명운동 뉴스(署名運動ニュース)』를 발행했다. 8월 6일에는 도쿄 치요다 구에서 '김대중씨를 죽이지마'라고 소망하는 시민 모임을 열었는데, 약 6백 명이 참가했다.[26] 8일은 '납치사건' 7주년이 되는 날로, 상기 그룹 이외에 총평, 한민통 등 각 구명운동 조직이 주최하는 '김대중씨를 죽이지마! 국민대회'가 열려 1만 5천 명이 참가했다.

9월 1일, 아오치 · 이치카와 · 오에 겐자부로 등은 서명 제1차 분으로 4만 명의 서명을 미야자와 관방장관에게 제출했다. 동시에 열린 기자회견에서 김대중에 대한 극형은 한일관계의 기초를 파괴하는 일이라는 내용을 포함한 성명을 발표했다. 19일에는 김대중에 대한 사형 판결에 항의하는 시민집회가 열렸는데, '정치결착' 때의 약속이 짓밟혀진 것을 인정하고 항의하도록 일본정부에게 요구하고, "우리들은 김대중씨를 죽이지 못하게 하겠다"고 결의했다. '정치결착' 위반을 확인하기 위한 판결문을 한국정부가 일본정부에게 제공하지 않는다는 것이 신문에서도 다루어져 관심을 모았다. 크리스천들은 10월 9일~10일에 신노초 교회에서 한국 연대 철야기도회를 실시하고, 시민운동의 구성원도 참가했다. 고등 군법회의에서 제2심이 시작되자, 10월 31일에는 시민집회 '김대중씨의 생명과 자유를 위하여'가 열렸다.

---

24) 위의 책, p.50.
25) 清水知久 · 和田春樹編, 앞의 책, p.21.
26) 『朝日新聞』, 1980年 8月 7日.

11월 3일, 2심에서도 사형이 언도됐다. 운동 측의 위기감은 한층 더해졌다. 11월 5일, 긴급회의와 일한연대위원회는 기자회견을 열어 서울에서 도착한 '군사법정 피고 가족의 호소'를 발표했다. 11월 14일, 이그나시오 교회에서 '김대중씨 등 한국 정치범의 석방을 요구하는 기도회'가 열렸고, 기도회가 끝난 후에는 촛불 데모 행진이 실시됐다. 11월 28일 '김대중씨를 죽이지마! 시민 궐기 집회'에서는, 작가 이회성, 가수 고무로 히토시와 가미조 츠네히코, 평론가 나카노 요시오 등이 발언하고, 와세다 · 게이오 대학교 등 8개 대학의 학생 그룹이 '학생 공동성명'을 발표했다. 12월 4일부터 시민 서명운동 측이 다카다노바바 역 앞에 천막을 치고 집회를 시작하자, 지나가는 시민들의 응원과 성금이 줄을 이었다고 당시 집회에 참가했던 와다 하루키와 다카사키 소지는 증언하고 있다.[27] 운동에 직접 관여한 조직 외에 당시 일본 내의 일반 시민들의 관심과 반응을 엿볼 수 있는 부분이다.

12월 10일 · 11일에는 '김대중씨의 생명을 우려하는 긴급 국제회의'가 열려, 미국 · 서독 · 호주 · 뉴질랜드 등으로부터 각국 대표가 출석했다. 일본 측에서는 시민그룹 외에 정계로부터 다나카 이사지 전 법무상, 우쓰노미야 도쿠마(자민당), 아스카다 이치오(사회당), 덴 히데오(사민련), 고노 요헤이(신자유클럽) 등의 여야 국회의원, 후일 노벨 문학상 수상자가 되는 작가 오에 겐자부로도 출석했다. 그야말로 '김대중 문제는 세계 문제'[28]가 됐음을 알 수 있다. 17일, 스미야 미키오 도쿄여자대학 학장과 이소무라 에이이치 도요대학 학장이 기자회견을 하고, 전국 72개 대학 학장들이 김대중에 대한 극형에 반대하는 내용의 성명을 발표했다. 24일에는 와세다 봉사원에서 '김대중씨를 위한 크리스마스' 집회가 있었다. 와다 하루키가 안병무의 '미래를 위한 크리스

---

27) 和田春樹, 앞의 책, p.135. 정근주, 2010년 2월 7일, "다카사키 소지(高崎宗司) 1차 구술," 연세대학교 김대중도서관.

28) 清水知久 · 和田春樹編, 앞의 책, pp.58-59 와다의 말이다.

마스'를 인용하여 '김대중에게 크리스마스를'이라는 뜻으로 진행했으면 한다고 밝혔다. 집회 후에는 촛불 데모가 이루어졌다.

다음 해 1월 23일, 대법원 판결 후에 정해진 무기 감형 소식을 듣고 '김대중씨를 죽이지마' 운동은 일단락을 맞이했다. 그리고 4월 11일부터는 '김대중씨 등에게 자유를' 운동으로 전환해 가게 된다.

이 시민 그룹이 김대중 구명운동에 열심이었던 것은, 우선 '내란음모사건' 이 1973년 납치사건의 연장선상에 있었기 때문에, 그의 문제를 일본 및 일본인 자신이 해결해야 할 과제라고 파악하고 있었기 때문이다.[29] 그들의 운동에 대해 당시에도 냉소적인 반응을 보이는 사람들도 있었고, "이웃 나라를 조작 가능한 지역으로 간주하는 사고"[30]라는 지도자 의식을 내포한 것이라는 견해도 있다. 그러나 위의 시민 그룹이 형성된 1974년 당시, 조직의 정식 명칭은 '일본의 대한 정책을 바르게 하고 한국의 민주화 투쟁에 연대하는 일본연락회의' 였다. 이 명칭에서도 알 수 있듯이, 한국을 바꾸는 것이 아닌 일본의 정책을 바꾸는 것이 위 그룹의 "근본적 목표"[31]였던 것이다. 그리고 그들의 운동 기록에는 "일본인의 인식, 학습의 운동"[32] "자긍심 회복을 위한 공동 사업"[33] "우리가 다시 태어나기 위한 연대"[34] 라는 표현들이 눈에 띈다. 이 표현들을 보면, 그들의 운동이 적어도 한국 문제에 있어서 "배움"과 "자

29) "이웃의 불행에 자기들의 나라가 책임을 져야한다는 인식도 원래부터 존재했다", "납치 사건의 처리가 엉터리였다는 생각은 일반적이었다", "이웃의 불행을 엿보면 그것이 내일은 자신들의 불행에 연결된다는 연대의 감정도 생겼다. 이 나라의 우경화, 국가주의화를 두려워하는 마음이 '김대중을 죽이지마'라는 목소리로 이어졌다"(和田春樹, 앞의 책, p.167).

30) 鄭大均, 『日本のイメージ』(中公新書, 1998), p.97.

31) 류상영, 2005년 9월 30일, "와다 하루키(和田春樹) 1차 구술," 연세대학교 김대중 도서관.

32) 日韓連帯員会, "意見'金大中氏拉致事件十年をふりかえって'," 「会報」(号外), 1983年 8月 1日.

33) 清水知久, "金大中事件以後十年をかえりみて② —恥から誇りへの学校," 「シアレヒム」, 1984年 8月号, pp.16-17.

34) 和田春樹, 앞의 책, p.38.

기반성"의 자세를 내재하고 있었다고 할 수 있겠다.

Ⅳ. 총평의 구명운동과 김대중씨 구출 일본연락회의

운동의 양상에 있어서 1970년대의 구명운동 때와 가장 다른 점이 총평의 적극적인 활동이다. 총평은 이미 사건 전의 80년 1월 30일에도 김대중의 원상회복을 요구하는 등, 그에 대한 관심을 나타냈다.[35] 또한 이시자카 고이치의 논문에서도 언급된 신도 마코토와의 인터뷰에 의하면, 총평이 적극적으로 운동을 전개한 배경 중 하나에는 잡지 『세계』의 편집장인 야스에 료스케의 권유가 있었다고 한다.[36]

본격적으로 구명운동이 전개된 것은 7월 11일에 마키에다 모토후미 전 총평 의장과 다테야마 도시후미 중립노련(中立労働組合連絡会議) 의장을 발기인으로 하여 '김대중씨 구출 긴급각계대표자회의'가 개최된 즈음부터이다. 이 회의에서 총평과 일한연대위원회 등, 약 40개의 노동 및 시민단체에서 '김대중씨 구출 일본연락회의(金大中氏救出日本連絡会議. 이하, 일본연락회의)'를 발족시킬 것이 결정되어, 국민에게 호소하는 어필이 채택됐다.

일본연락회의는 노동계 측과 시민운동 측을 연계하는 조직이라 할 수 있다. 이 조직의 대표가 된 것은 아오치 신, 마키에다 모토후미 등이었다. 이날은 우츠노미야 도쿠마, 아스카타 이치오, 간 나오토, 나카야마 치나츠 등 정치가도 참가했다. 마키에다 의장은 "김대중씨 문제

---

35) 『総評新聞』, 1980年 2月 8日.
36) 이시자카 고이치(石坂浩一), "신도 마코토(新藤 允) 1차 구술," 2009년 3월 4일, 연세대학교 김대중도서관.

에는 일본정부는 물론 일본국민이 중대한 책임을 가지고 있으며, 정당 정파를 넘어 폭넓게 여론을 환기시켜 커다란 운동을 일으켜 가고자 한다" 고 말해, 역시 이 상황을 일본의 문제로 받아들이는 방침을 표명했다. 이 회의에서는 ① 당면목표, 천만 서명운동, ② 일본정부와 미국 및 한국 대사관에 제안, ③국제관계 조직에 호소, ④ '김대중 납치사건' 7주년에 해당하는 8 · 8 국민 대집회 개최 등, 앞으로의 구체적인 행동 방향을 확인하고 운동을 전개해 가게 된다.[37] 21~24일에 개최된 제 61차 정기대회에서는 총평의 전조직에 걸친 서명운동, 김대중 석방요구, 전국 지역별 관련집회 개최 등의 내용을 포함한 김대중 구출을 위한 긴급결의가 채택됐다. 또한 일본민간방송 노동조합연합회도 21일의 제 51회 정기대회에서 김대중의 즉시 석방과 서울지국 재개를 요구하는 결의를 채택했다.

군법회의에 기소된 8월 이후에는 활동에 더욱 위기감이 나타난다. 8월 8일은 1973년 '납치사건'의 7년이 되는 날이었는데, 일본연락회의 주최로 '납치사건 7주년 김대중씨를 죽이지마! 국민대회'가 도쿄의 히비야 야외음악당에서 열려, 1만 5천 명이 모였다. 아오치 신이 주최자 대표로 인사를 했다. 사회당, 공산당, 사민련 각 당 대표, 우츠노미야 도쿠마 등이 발언했다. 도미즈카 미츠오 총평 사무국장은 11일, 8월 말까지 천만 서명 달성을 촉구하는 '총평 긴급 요청'을 발표하고, 21일 간사회에서는 서명을 집약할 것과 정부에 대해 즉시 석방을 요청하도록 요구할 것을 확인했다. 한국 군사당국이 빠른 템포로 김대중을 말살하려고 한다는 판단에서였다.[38]

9월 4일의 일본연락회의 제2회 총회에서는, 일본정부에 대해 한국에 대한 원조정책을 중지할 것과 군법회의의 비정상성을 표명할 것을 요구했다. 동시에, 지금까지 모인 72만여 명의 제1차 서명을 수상 관저에

37) 『総評新聞』, 1980年 7月 18日.
38) 『総評新聞』, 1980年 8月 29日.

전달하고, 한국대사관 앞에서 전두환 대통령 취임 탄핵 데모를 실시하며 항의했다.[39] 8일부터 14일까지는 '전국통일행동 데이'로 하고 전국에서 일제히 호별 방문 및 가두에 의한 서명 활동을 실시했다. 17일에는 위 연락회의 주최로 '김대중씨 구출을 위한 1만 명 집회'가 도쿄 히비야 야외 음악당에서 열렸던 바, 1만 7천 명이 모였다.[40] 주최자를 대표한 연설에서 마키에다 의장은 "김대중 문제는 강 건너 불 구경할 문제가 아니다. 일본의 민주주의가 걸렸다"고 주창하고 있다.

공소 기각 후의 11월 5일 총회에서는 '김대중씨를 죽여서는 안 된다'고 하는 전국민을 향한 호소문을 채택하고 206여만 서명을 수상 관저에 제출했다. 총평 제2회 평의회에서는 11월 이후의 중점적인 대처안으로써 보다 폭발적인 국내외 여론의 환기, '김대중씨 구출 전국 답파 순회', 파업 실시 등의 운동 형식을 확대할 것이 제기되었다. 그 외에도 최종심 판결 시, 일본 노동자 계급으로서 한국에 경제적 제재 조치를 취하는 행동도 제기됐다.[41] 11월 13일에는 일본연락회의 주최로 '제 2심 사형판결 항의, 김대중씨를 죽이지마! 11 · 13 국민대회' 가 열려 6,000명이 참가했다. 11월 27일에는 일본연락회의 주최로 히비야 야외 음악당에서 전국 총결기 대회가 실시됐다. 아오치 신이 주최자로서 인사말을 하고 이토 나루히코, 우메바야시 히로미치, 와다 하루키 등이 발언했다.

총평의 주목할 만한 항의 활동으로서는 전항만노조(全港湾労組)의 하역 거부 파업을 들 수 있다. 27일의 전국 총궐기대회에서 마키에다 의장은 "전항만을 중심으로한 한국 제품 우송 거부 및 파업으로써 한국정부에게 항의한다"고 호소한 것이다.[42] 이러한 총평의 방침에 대항하여 한국노동조합총연맹에서는 11월 28일, ① 일본 제품 보이콧, ②

---

39) 『総評新聞』, 1980年 9月 11日.
40) 『民族時報』, 1980年 9月 21日.
41) 『総評新聞』, 1980年 11月 13日.
42) 『総評新聞』, 1980年 12月 4日.

일본에 대한 하역 거부, ③ 한국 진출 일본 기업 내에서의 노동자 대우 개선 투쟁을 하겠다고 발표했다. 그러나 총평 측은 12월 1일 전항만노조의 하역 거부 파업을 중심으로 행동할 것과, 대한노동총동맹에 협력과 연대를 촉구하는 메시지를 보내기로 정했다.[43] 그리고 4일, 한국 화물의 하역을 거부하는 집회를 열고 8일에는 전항만노조 니가타 지부가 한국 화물선으로의 우송 거부 파업을 실시했다. 또한 국철노조(国鉄労組) 및 국철동력차노조(国鉄動力車労組)는 5일, 1분간 기적을 울려 재판 결과에 항의했다.

같은 날 12월 5일, 일본연락회의는 히비야 야외음악당에서 국민대회를 열었다. 약 7,000명이 모인 이 대회에서 아오치는 판결이 연기된 것은 일단 승리라고 인사했다. 12월 22일에 메이지 공원에서 실시된 국민대회에는 1만 명이 참가했는데, 아오치는 전두환이 멈췄지만 느슨해져서는 안 된다고 호소했다. 감형이 보도된 1981년 1월 23일의 항의 집회에서 도미즈카 총평 사무국장은 "실질적으로는 사형과 다름없으며, 용서할 수 없다. 완전 석방까지 투쟁하자"고 호소했다. 그리고 총평은 특사 조치를 "미국 방문을 앞에 둔 뻔한 연극"이라고 비판하고, 이후에는 김대중의 원상회복과 자유를 요구하는 운동을 '81 국민 봄 투쟁' 의 가장 큰 정치 과제로 전개해 갈 것을 결정했다.[44]

총평 및 일본 노동계의 구명운동은 이 조직이 일본정부에 비판적이고 사회당을 지지했던 데다가, 전두환 정권을 '파쇼'라 규정하여 그에 대항하는 존재로 김대중이 있었기에 투쟁 활동을 전개하기 쉬웠던 일면이 있다. 그러나 그뿐 아니라 총평 안에는 "한국의 정치상황은 국경을 초월한 인간사회의 공통과제"이며, "관계가 깊은 나라"에서 일어난 상황을 "묵시할 수는 없다"[45]는 인식을 가지고 있었다. 그리고 무엇

43) 『総評新聞』, 1980年 12月 11日.
44) 『総評新聞』, 1981年 2月 6日.
45) 도미즈카 사무국장의 "사무국장 코너"의 문장, 『総評新聞』, 1980年 8月 29日.

보다 김대중 사형은 일본에 영향을 끼친다[46]는, 일본인 자신의 문제로서 인식하고 있었기 때문에 적극적이고 구체적인 행동이 가능했다고 보여진다.

V. 한민통의 대응과 김대중선생 구출대책위원회

한민통의 대응은 다른 조직에 비해서도 가장 빨랐는데, 5 · 17 사태 직후인 18일부터 항의 집회가 열렸다. 한민통 등 재일 민주 7개 단체[47]는, 김대중을 비롯한 민주인사의 체포 및 전국 계엄령 선포에 항의하여 '최규하 · 전두환 등의 군사 폭정에 항의하는 재일한국인 대회'를 도쿄에서 열었다. 같은 날 이들 단체는 "5 · 17 사태는 5 · 16 쿠데타의 재연이며, 전두환을 필두로 하는 한국군 일부의 반역 분자의 만행은 절대로 용서할 수 없다"는 긴급성명을 발표했다. 도쿄 · 오사카 · 교토 · 도카이 지역에서 예정돼 있던 '개헌 투쟁 심포지엄'을 '최규하 · 전두환 등의 군사 폭정을 규탄하는 지구 집회'로 변경하고, 25일부터 27일에 걸쳐 각지에서 실시했다.

또한 23일, 한민통 일본지부는 기자회견에서 계엄사령부의 중간 발표는 김대중의 "살해를 목적으로 한 것"이라는 인식하에, 전두환 정권의 퇴진과 미국의 김대중에 대한 구제책을 요구했다.[48] 『민족시보

46) "한국의 민주화가 짓밟히는 것은 물론, 일본에 있어서도 같은 결과를 초래하는 것이 된다. 그러므로……판결의 이름을 빌린 살인을 절대 용서해서는 안된다." 『港湾労働』, 1980年 11月 25日.

47) 재일 7개 단체란, 한민통, 민단 도쿄지부, 민단 가나가와현지부, 한국청년동맹, 대한부인회, 민단 자주수호위원회, 민족통일협의회를 가리킨다.

48) 『民族時報』, 1980年 5月 25日.

(民族時報)』 6월 5일자에서는, "김대중은 공산주의자가 아니다," 그는 "철저한 자유민주주의자이며" "애국자"임을 주장했다. 그리고 한민통과의 관계에 대해서는, 한민통이 "조총련의 배후조종을 받아 민단을 파괴하고" "북한에 몇차례에 걸쳐 왕래했다"는 계엄사령부의 발표는 "허위의 사실을 날조했다"고 반론하며 절대로 용인할 수 없다고 발표했다.[49]

7월 14일에는 '김대중선생 구출위원회(金大中先生救出対策委員会, 이하, 구출위)'가 재결성되었다. 1973년 납치사건을 계기로 발족한 '김대중선생 구출대책위원회'는 5·17 쿠데타가 일어나기 약 2개월 전인 1980년 3월 24일에 해산했었다. 그러나 급변한 한국 정세 및 김대중의 위기적 상황을 맞아 재결성에 이른 것이다(위원장 정재준 한민통 부의장). 곽동의 구출위 사무국장은, 사태가 73년의 '납치사건' 보다 더욱 심각하며 전두환 세력이 김대중을 "반드시 살해하려 할 것"이며, 구명을 위해서는 종래의 운동 이상으로 운동을 확대해 갈 필요성이 있다고 설명했다.[50] 구출위에는 한민통 외에 재일 민주 7개 단체도 참가했다.[51]

국제사회를 향한 호소를 위해 한민통 구출위는 7월 26일부터 9월 14일까지 UN 인권위원회에 제소할 20만 명 서명운동을 실시했다. 동시에 시작한 천막 투쟁은 8월 3일까지 계속되어 구출위 운동의 주축이 되었다.[52] 8월 1일, 김대중이 기소된 소식이 들어오자 3일까지 도쿄 스키야바시 공원에서 단식 투쟁을 실시하고, 구출위와 재일 민주 7개 단체는 단식투쟁 선언을 발표했다.

---

49) 이 반박문은 1971년의 '녹음 사건'을 조작하여 민단을 분열시키고 "간부를 용공분자로 몰아넣은 장본인은 KCIA였다"고 하며, "우리의 친척까지도 여권 발행을 거부당한 상황에서 어떻게 북한에 갈 수 있었다는 건가"라고 설명하고 있다.

50) 『民族時報』, 1980年 8月 1日.

51) 『民族時報』, 1980年 7月 15日.

52) 『民族時報』, 1980年 8月 1日.

13, 14일에는 '김대중선생 구출과 한국 민주화를 위한 긴급 해외 한국인 대표자 회의'가 개최되어, 8개국에서 백 명 이상의 대표가 참가했다.[53] 이 회의에서는 '범해외 한국인 민주구국선언'을 발표하고, 널리 해외동포가 연합하여 투쟁을 위해 일어날 것을 호소했다.[54] 또한 14일과 18일에는 일본정부와 카터 미국 대통령에게 김대중 신변의 자유를 위해, 한국정부에 대한 지원을 중지할 것을 요청하는 메시지를 발표했다.

사형이 선고된 후인 17일의 긴급성명에서는 한민통이 공산주의와는 분명히 거리를 둔 애국 단체임을 주장하고, '반국가단체'가 아니라고 강조했다. 10월 5일에는 '김대중 구출 · UN 요청단 파견 · 한일연대 전국집회'가 열렸는데, 정재준 구출위원장을 비롯한 5명은 100만 명 서명을 달성하면 UN에 전달할 예정이었다. 그러나 다음 날 한국 외무부의 김태지 아시아 국장이 주한 일본대사관에 한민통 간부의 출입국 허가를 하지 않도록 요청하여 출국할 수 없게 되었다.[55] 결국 24일에 100만 명 이상의 서명이 달성되어 11월 2일에는 이토 나리히코 중앙대 교수와 사사키 히데노리 변호사가 대리로 전달하기에 이르렀다.

2심에서도 사형 판결이 내려지자, 도쿄의 시미즈타니 공원에서 이에 항의하는 '김대중씨가 위험하다! 사형판결 규탄! 국회청원 11 · 8 한일연대 긴급집회'가 열렸다. 이 집회에서 한일 양 정부를 규탄하고, 일본정부가 김대중의 석방 및 원상회복에 대한 요구를 하도록 촉구하는 내용의 11만 명 청원서를 가지고 데모 행진을 한 후, 국회에 제출했다. 12월 5일, 구출위는 '김대중씨를 죽이지마! 사형 저지 결사 단식 투쟁'에 무기한 돌입했다.

---

53) 본 회의에 일본 이외에서 각지역 대표로 참가한 인사로는 한민통 수석의장이자 광주민련 상임고문인 임창영, 한민통 구주지역 의장이자 재서독 민련 고문 윤이상, 한민통 캐나다 지역 의장이자 국제태권도연맹 총수 최홍희 등이 있다.

54) 『民族時報』, 1980年 8月 25日.

55) 『民族時報』, 1980年 10月 21日.

1981년 1월 23일, 사형에서 무기징역으로 감형된 조치에 대해서는 "우리들 투쟁의 승리"라고 평가하면서도 "전두환에 의한 치졸한 정치 연극에 지나지 않는다"고 비판하고, "무조건적 완전 석방"을 요구하며 주일한국대사관 및 전국 각지에서 항의하는 데모를 실시했다. 그 후의 투쟁은 전두환 정권에 대한 규탄 및 반미를 내용으로 하는 '반독재, 반외세 투쟁'의 양상을 보이게 된다.[56)]

이상에서 살펴본 바와 같이 한민통의 구명활동은 타조직과 연계하면서 대체적으로 그들과 비슷한 내용의 활동을 전개했다. 그러나 한민통 활동에 있어서 특징적이었던 것은, 다음 두 가지에 대해 자신들의 운동 정당성을 강조 및 설명하는 일면이 종종 엿보였던 점이다.

첫번째는 앞에서 말한 긴급성명의 발표 내용에서도 알 수 있듯이, 한민통이 '반국가단체' 가 아닌 것에 대한 설명이다. 한민통 기관지인 『민족시보(民族時報)』 8월 1일자에서 조활준(한민통 사무총장)은 "정부를 참칭하거나 국가를 변란할 목적으로 결성되었다"고 한민통이 지칭된 것에 대해, "일본 한민통도 미국 한민통도 과거에 망명 정권적인 정부를 참칭하거나 이야기한 적은 없다"고 주장했다.

두번째는 김대중씨와 한민통의 관계에 대한 설명이다. 김대중씨에게 사형이 선고되자, 9월 26일에 한민통 상무위원회는 '김대중씨와 한민통과의 관계' 라는 성명을 발표했다. 이 성명에서는 ① 한민통 결성의 경위, ② 김대중의 의장 추대 문제, ③ 한민통의 성격 등에 대해 견해를 밝혔다. 그중에서 의장 추대는 본인 부재 중에 한민통 측이 독자적으로 진행시켰던 것으로, 그 후 김대중의 주변인물로부터 "의장으로 되어 있다면 사퇴하고 싶다"고 3번에 걸쳐 본인의 뜻이 전달됐다고 처음으로 밝혔다. 한민통이 바로 그에 응하지 않았던 것은, 납치사건 관련 구명운동에 끼칠 영향도 고려하여 정세의 추이를 파악하면서 검토했기 때문이며, 1980년 3월에 김대중이 복권되어 어쨌거나 정치활동을

---

56) 『民族時報』, 1981年 2月 1日 및 1981年 3月 1日을 참조.

할 수 있게 됐으므로, 같은 달 24일의 임시 중앙위원회에서 의장 추대를 철회했다고 설명했다.[57)]

다른 조직에 비해 한민통이 구명운동을 하면서 위와 같은 설명에 많은 수고를 해야했던 이유는, 말할 것도 없이 사형 판결의 구실이 된 혐의에 한민통의 이름이 거론됐기 때문이다. 한민통의 적극적인 구명운동에는 다른 조직의 내부 상황과는 또 다른 당사자 의식도 작용했다고 할 수 있겠다.

Ⅵ. 나오며

이상에서 서술한 바와 같이, 구명운동에 임한 조직은 여러가지이며 그 조직의 본래 목적이나 성격도 다양하다. 그러한 사회 각계의 사람들이 김대중 구명이라는 동일 목표하에, 커다란 의견 차이 없이 때로는 연계하면서 적극적으로 운동을 펼쳤다. 다른 조직과의 연합 방식을 비교적 그다지 좋아하지 않는 일본 시민운동단체의 성격으로 봐도 주목할 만한 점이다.

1981년 1월 9일에는 도쿄에서 기록영화 '지금이야말로 자유를! 김대중씨를 구출하자'가 처음으로 상영되었다. 이 영화는 전년도 11월에 열린 제23회 라이프찌히 국제기록 · 단편영화제에서 르포르타주 부분의 최고상인 에곤 에르빈 키쉬(Egon Erwin Kisch) 상을 수상했다.

본문에서 다룬 3개의 조직을 포함하여 일본사회 전체에 있어서, 이 정도로 한 사람의 한국 정치가를 위한 구명운동이 활발하게 전개된 배경에는 이하와 같은 점을 들 수 있다. 첫째, '내란음모사건' 이 1973년

---

57) 『民族時報』, 1980年 10月 1日.

'납치사건' 의 연장선상에 있으며 일본과 관련이 있었던 점, 둘째, 이 사건이 인권문제와 민주주의라는 보편적 가치와 관련된 문제였던 점, 셋째, '납치사건' 당시에 결성된 시민운동 그룹이 존재하여 신속하고 조직적인 활동을 전개할 수 있었던 점 등이다.

그러나 일반 한국인 중에는 이러한 설명만으로 그토록 열심히 대처한 일본 시민 및 지식인의 행동을 이해하기에는 불충분하다는 생각이 드는 사람들이 많을 것이다. 그것은 일본 시민사회에 대한 이해 부족의 측면뿐 아니라, 일본사회에 있어서의 김대중의 존재에 대한 한국 국민의 인식 부족에 기인하는 면이 있겠다. 한일관계의 제문제에서 보여지는 양국민의 여전한 상호이해 부족에 의해 일어나는 현상이라고도 할 수 있겠다. '김대중과 한일관계'를 테마로 한 연구가 이러한 인식의 차를 좁히는 데 일조하는 작업이 되었으면 한다.

본고는 한정된 지면을 통해 일본 정계 및 시민사회의 여러 조직을 다루어야 했고, 활동중인 관련자와 진행중인 정치적 쟁점이 있다는 현실적 문제 등으로 서술에 한계가 있었기에, 충분한 학술적 분석이 이루어지지는 못했다. 각계의 반응과 대응방식을 소개하여 전체상을 이해하기 위한 재료를 제시하고자 했다는 것으로 위안을 삼고자 한다. 그리고 그러한 작업을 위해 필요한 관계자들에 대한 인터뷰와 자료의 수집·정리, 심도있는 분석을 통하여 본 연구를 계속 보완해 갈 것을 앞으로의 과제로 삼겠다.

제8장

김대중 구명운동과 일본사회의 움직임:
법조계와 주요 변호사들의 활동을 중심으로

사사키 히데노리(佐々木秀典) | 변호사

I. 조선 혹은 한국 문제와의 인연

필자는 1961년 사법시험에 합격해 1962년부터 2년간 사법연수생 시절을 보냈다. 이 기간 동안 한일조약 체결을 위한 제5차 한일회담이 진행됐는데, 한국과 일본에서는 각기 찬반양론이 들끓었다. 이런 사회적 분위기 속에 1962년 가나가와현(神奈川県)에서 조선인 고등학생이 집단폭행을 당해 사망한 것을 시작으로, 도쿄 도내와 도쿄 근교에서 조선인 고등학생을 대상으로 한 집단폭행 사건이 잇따라 터졌다. 결코 우발적인 사건이 아니었다. 가해자는 각기 달랐지만 매우 의도적이고 조직적으로 저질러진 악질적인 집단범죄였고, 더군다나 일본 전체로 확산될 우려도 컸다. 그래서 변호사를 중심으로 한 조사단이 구성돼, 경찰 수사와는 별도로 각 사건들을 조사하기 시작했다. 이 조사에 협조한 법률가 단체 중에 청년법률가협회(청법협)[1]가 있었는데, 그곳의 회원이었던 필자는 협회 측의 협조요청을 받아들여 치바현(千葉県)에서 발생한 상해사건 조사단에 합류했고 변호사들과 함께 사건을 수사했다.

이 경험을 계기로 필자는 재일조선인 및 재일조선인총연합회(조총련), 민족학교의 존재를 알게 되었고, 이들과 조선민주주의인민공화국(북한)과의 관계에 관심을 갖게 되었다. 또 북한과 대한민국이 38도선을 경계로 분단되어 있기 때문에 일본에 거주하는 한국민족도 서로 조국이 다르다는 사실을 배웠고, 이들의 민족적 비극을 초래한 원인, 곧 일본의 한반도 침략과 식민지 지배 역사, 제2차 세계대전 이후의 미-소 대립과 맞물려 발발한 한국전쟁, 그 이후로 한반도에서 전개되어 온 남북한 관계 등에 대한 관심이 커졌다. 조선인 학생을 노린 폭행사건 조사활동에 참여했던 변호사 및 학자, 시민운동가들을 중심으로 1963년 9월 '재일조선인의 인권을 지키는 모임'이 결성됐다.

변호사로서 갓 발을 내디딘 나도 그 모임에 가입했다. '재일조선인의 인권을 지키는 모임'은 조총련과의 연대를 바탕으로 재일조선인의 각종 권리옹호활동을 펼침과 더불어 그들의 법적 지위와 관련된 문제들을 연구했다. 그 성과가 1964년에 『재일조선인의 법적 지위』라는 제목으로 출판되었다. 재일조선인의 생활과 사회보장, 강제송환조치를 비롯한 입국관리의 문제점들, 영주권, 국적문제 등을 폭넓게 다룬 책으로, 당시에는 아직 재일조선인을 정식으로 다룬 연구서적이 나온 적이

1) 청년법률가협회(청법협): 1954년 일본 자위대 창설과 더불어, '전쟁의 영구적 포기'와 '군비 및 교전권의 포기'를 선언한 제9조의 규정 등 현행 헌법의 전면적 개헌을 꾀하는 정치적 움직임이 점차 실체를 드러내기 시작했다. 일본 민주주의와 평화의 위기를 감지한 젊은 법률가들은, 일본국헌법(일명 '평화헌법')을 옹호하고 그 이념인 평화, 민주, 인권을 수호하는 연구와 계몽활동 및 실천을 위해 1954년 4월 24일 청년법률가협회라는 단체를 만들었다. 설립 발기인 및 창설기념식에 참석한 인물들의 면면을 보면, 훗날 도쿄대학 총장직에까지 오른 법학자 가토 이치로(加藤一郎)를 필두로 전후 일본의 법학계와 법조계에서 선도적 역할을 담당하게 되는 저명한 학자와 변호사들이 수두룩하다. 이 협회에 가입하는 판사와 사법연수생들이 늘어남에 따라 변호사, 학자, 판사, 사법연수생 별로 부회(部會) 제도가 생겨났고, 각 부회는 독자적으로 저마다의 연구활동 등을 추진해 나가게 됐다.

없었기 때문에 사회적인 주목과 함께 높은 평가를 받았다.

1967년, 북한의 대외문화연락협회에서 '재일조선인의 인권을 지키는 모임' 앞으로 초청장을 보냈다. 이 초청에 응해 변호사 5명, 학자 1명 등 총 6명으로 이루어진 방북단이 꾸려졌고, 필자는 사무국장 자격으로 북한 땅을 밟게 되었다. 단장은 인권변호사로 이름 높으며 당시 베트남 우호협회의 회장을 맡고 있었던 오자키 스스무(尾崎陞) 변호사였다. 방북단은 10일간의 북한 체류기간 마지막 날 김일성 주석과 간담을 나누는 기회도 누릴 수 있었다.

필자는 1969년 6월부터 청법협의 상임위원회 의장직을 맡게 되었다. 일본 각지에서 공해문제가 줄지어 터졌던 때라, 청법협 소속의 변호사와 학자들은 공해실태 규명과 피해구제 소송 등으로 매우 분주한 나날을 보내고 있었다. 그런 활동을 총괄하기 위해 청법협은 1969년 7월 도야마시(富山市)에서 제1회 전국공해연구집회를 열었다. 도야마는 미쓰이(三井) 금속주식회사의 가미오카(神岡) 광산에서 흘러나온 카드뮴에 진쯔(神通)강 유역이 오염되어, 이타이이타이병이라는 치명적인 중금속 중독질환이 발생했던 고장이다. 이타이이타이병으로 고생하는 환자, 의사, 피해자 구제와 지원에 발벗고 나선 사람들, 미쓰이 금속을 상대로 소송을 낸 변호인단, 그 외 전국에서 몰려온 관계자 등 300여 명에 달하는 사람들이 집회에 참석했다. 각종 공해 및 피해실태 보고에 이어 피해자 구제방안, 공해발생 기업과 그 사실을 간과 혹은 조장한 관련부처 및 자치단체의 책임문제, 공해근절을 위한 투쟁 등을 놓고 진지한 토론이 오갔다. 이날의 집회는 전파를 타고 전국에 대대적으로 보도됐으며, 많은 응원과 격려가 청법협에 쏟아졌다.

그러나 이와 동시에 청법협은 생각지도 못했던 비난과 마주해야 했다. 재계와 우익단체, 심지어는 여당 자민당까지 청법협을 좌익적인 성향의 정치단체로 간주하기 시작했고, 청법협 회원 중에 판사가 다수 포함돼 있다는 점을 들어 법의 중립성에 어긋난다며 매도하기도 했다. 이에 관한 상세한 내용은 본 글에서는 생략하기로 한다.

필자는 1972년 7월까지 청법협의 의장을 지냈는데, 하필이면 이때가 청법협을 깎아 내리는 공격의 심화와 더불어 협회 활동과 협회 자체에 대한 세간의 관심이 한창 고조되어 있던 시기인지라, 본의 아니게 종종 매스컴에 얼굴을 내밀게 되었다.

Ⅱ. 재일한국인 민주화 그룹과의 만남

그러던 1972년 어느 봄날, 재일한국인 두 명이 미나토구 아카사카(港区赤坂)에 위치한 필자의 소속 법률사무소(도쿄 아카사카 법률사무소)를 찾아왔다. 청법협 의장인 사사키 변호사를 만나게 해달라는 것이었다. 마침 사무소에 들어와 있던 나는 응접실에서 이들을 만나 보기로 했다. 이들은 소개도 받지 않고 불쑥 찾아온 무례함을 사과하면서 자신들이 처한 인권문제에 관해 상의하고 힘을 빌리고 싶다고 했다.

두 남자 중 나이가 많은 쪽은 이름이 배동호라고 했는데, 재일한국인 조직인 재일본대한민국거류민단(이하 '민단'으로 표기) 중앙본부 전 사무총장이라 했다. 젊은 쪽은 재일한국청년동맹(이하 '한청동'으로 표기) 부위원장인 김군부라고 자신을 소개했다. 재일조선인 및 한국인 조직으로 조총련과 민단이 있다는 사실은 알고 있었다. 필자는 조총련계 인사들과는 비교적 친분이 있었으나 민단쪽 인사들과는 교류가 거의 없었기 때문에, 민단의 조직이나 활동상황에 대해서는 그다지 아는 바가 없었다. 이야기를 들어본즉, 민단은 재일한국인 동포들의 인권과 권익을 보호하고 생활기반을 닦기 위해 조직된 단체라고 한다. 그런데 본국의 분단상황이 일본 내 한국인들에게까지 영향을 미쳐 조총련과 민단 사이의 대립과 마찰, 세력다툼이 날로 심각해지고 있었다. 한국 군사정권의 지시를 받은 주일한국대사관이 이 틈을 타 민단의 인사며

활동 등에 점차 깊숙이 개입하고 간섭해 왔다.

그로 인해 민단 중앙본부의 임원 자리는 한국 군사정권에 영합하는 자들로 채워지고, 민단 본래의 활동은 유명무실해졌다. 이것을 못마땅하게 여긴 재일한국인 인사들과 단체가 민단 조직의 민주화와 본래 활동으로의 복귀를 요구하자, 한국대사관과 민단 중앙본부는 갖가지 형태로 이들의 권리를 침해하고 압박을 가해왔다. 임원 자격을 정지시키거나 민단에서 제명하기도 했으며, 더 심한 경우는 폭행으로 직접적인 상해를 입히기도 했다. 민단 민주화 세력의 지도자격인 배동호씨는 한국중앙정보부(KCIA)로부터 반공법 위반 혐의로 소환장까지 받았다고 한다. 이런 공격에 대항할 법적 조치가 절실하다고 느껴, 정의감에 넘치고 인권보호에도 관심이 지대하리라고 보여지는 청법협 변호사에게 조언과 도움을 구하고자 나를 찾아왔다는 것이다.

이들의 말을 다 듣고 난 다음 나는 이렇게 대답했다.

> "여러분의 기대에 부응할 만한 뛰어난 인재가 청법협에 많은 것은 사실이다. 하지만 여러분도 아시다시피 우리 협회는 현재 사실과는 전혀 다른 중상모략과 비방에 시달리고 있다. 심지어 청법협은 공산당이 주도하는 단체라는 소문마저 나돌고 있는 판이다. 물론 나는 그 어느 정당과도 무관하며, 회원들 중에 특정 정당의 당원인 사람이 있기는 하나 우리 협회는 결단코 어떤 정당 혹은 단체로부터도 개입이나 지시를 받지 않는다. 다만 여당마저 그런 식의 색안경을 끼고 청법협을 보고 있는 이 시점에 우리 협회에 의뢰를 한다는 것은, 자칫 여러분의 입장을 오히려 더 난처하게 만드는 일이 되지 않을까 걱정스럽다."

그러나 이런 나의 우려에 두 사람은 입을 모아, "그 점에 대해서는 다른 사람들과 이미 충분히 의논했다. 현재 우리 눈앞에 닥친 위험이 너무도 시급하니, 선생님께서 우리를 도와주시기만 한다면 나중에 무슨 소리를 듣든 상관없다"며 간곡히 부탁하는 것이었다. 저쪽이 그렇게까지 나오는데 도저히 거절할 수가 없었다. 그래서 필자는 즉각 청법협 사무국장인 와시노 다다오(鷲野忠雄) 변호사를 비롯해 동료며 후배 변호사들에게 도움을 청했고, 흔쾌히 응한 10여 명과 함께 민단 민주화투쟁변호단을 출범시켰다. 변호단은 배동호와 김군부가 처한 상황에 대해 설명을 듣고, 문제점을 파악하기 위한 합숙에 들어갔다. 이 두 사람과 민단 민주화 그룹 인사들의 상황보고를 듣고 난 뒤, 변호단은 우선 단원 제명 및 임원자격 정지처분을 무효화하는 법적 조치를 법원에 요청하기로 하고 담당 변호사를 정해 필요한 준비에 들어갔다. 그러나 민단 중앙본부는 우리의 이런 움직임에 아랑곳하지 않았다. 중앙에 비판적인 도쿄 본부와 가나가와현 본부 등의 독자성을 부정하고 이들을 중앙본부의 관리하에 두는 직할처분을 내리는가 하면, 머릿수를 앞세워 도쿄 본부와 가나가와현 본부 사무소를 점거하고 소속 직원들을 강제로 내쫓는 등 중앙본부의 폭거가 이어졌다.

변호단은 민단 중앙본부의 직할처분에 대한 효력정지 가처분과, 사무소 건물의 무단점거 에 대한 점유방해배제 가처분을 도쿄지법과 요코하마 지법에 신청했다. 두 지법에서 점유방해배제 가처분결정이 먼저 떨어졌기 때문에, 일단 무단 점거인들을 법적으로 쫓아내고 사무소를 되찾을 수 있었다. 그 후 직할처분에 대해서도 도쿄지법 측에서 효력정지 가처분결정이 내려졌다. 그러나 중앙본부는 법원의 판결조차 무시한 채 이후로도 단원제명 처분 등을 남발하는가 하면 한청동과 한학동(재일한국학생동맹)에 대한 민단 산하단체 인정을 취소하는 등 온갖 심술을 부렸다. 덕분에 변호단도 민단 측의 처분을 철회시킬 법적 조치를 준비하느라 눈코 뜰새 없이 바빠졌다.

이런 가운데 1973년 3월, 하코네(箱根)에서 민단 도쿄 본부의 주최로 '민단 민주화운동 활동가 연수집회'가 열렸다. 그 자리에서 민단과 관련된 재판의 진행상황을 보고해 달라는 부탁을 변호단에게 받았는데, 공교롭게도 그날 도저히 손을 뗄 수 없는 일이 있었기 때문에 변호단 사무국장역의 이나미(稲見) 변호사에게 보고를 맡겼다. 나중에 동료 변호사에게 들은 바에 따르면, 전국 각지로부터 100명 이상의 민주화 운동가들이 집회에 참석해 재판상황 보고에 열심히 귀를 기울였다고 한다. 또 지난 1971년 4월에 치러진 한국 대통령선거에서 박정희 대통령을 끝까지 밀어 붙이다가 석패한 야당 신민당 대표 김대중이, 그 자리를 빌어 한국의 민주화와 한민족의 통일에 관한 강연을 함으로써 사람들에게 매우 깊은 감명을 주었다는 이야기도 했다. 필자가 김대중의 이름을 접한 것은 그때가 처음이었는데, 한번 만나보고 싶다는 생각이 막연하게 들었다.

Ⅲ. 김대중 납치사건

1973년 8월 8일, 필자는 여름휴가를 얻어 가족과 함께 이즈(伊豆)반도의 이토시(伊東市)에서 휴양 중이었다. 그날 저녁 거처로 전화가 걸려왔다. 한청동 위원장인 김은탁이었다. 그는 지금 휴가 중이시라고 말씀 들었는데 죄송하다고 운을 뗀 뒤, 엄청난 일이 벌어졌다며 실로 충격적인 소식을 전했다.

그날 정오 조금 지나 도쿄 그랜드팔레스 호텔에서 김대중씨가 정체불명의 괴한들에게 납치됐는데 아직까지도 행방이 묘연하다는 것이었다. 도무지 믿어지지 않아 서둘러 TV를 켜 보니 어느 채널 할 것 없이 김대중씨 납치사건 보도로 떠들썩했다. 사실이라고 믿는 수밖에 없었다. 훗날 '김대중 선생 납치사건의 진상규명을 위한 시민의 모임' 대표가 된 한승헌 변호사의 말을 빌리자면, "동서고금 그 유례를 찾아볼 수 없는 정치적 라이벌 살해 시나리오에 입각해서 치밀하게 짜인 공권력의 만행"이 저질러진 것이다.

황급히 도쿄로 돌아온 필자는 민단 도쿄 본부 사무소로 가 관계자들로부터 사건 정황을 들었다. 훤한 대낮에 도심 한복판에서 자행된 뻔뻔스러우리만치 대담한 범행에 잠시 할 말을 잃었다가, 민단 민주화투쟁 변호단 변호사들에게 연락해서 이튿날인 9일 긴급대책회의를 열었다. 그 시점에는 아직 김대중씨의 행방은 고사하고 생사 여부조차 불투명했다. 자칫하면 신체적 폭행 정도가 아니라 살해를 당할 위험도 커 보였다. 김대중씨의 생명을 확보하고 소재를 밝히는 것이 가장 시급한 과제로, 경찰도 그쪽에 전력을 다하고 있으리라고 생각했다.

그래도 가만히 손 놓고 앉아 있을 수만도 없어 줄곧 고민하다가, 인신보호법에 의거한 김대중씨 구조요청을 도쿄지법에 내기로 했다. 인신보호법이란 1948년 9월부터 시행된 법으로, 기본적 인권을 보장하는 일본국헌법의 정신에 따라(제1조) 법률상 정당한 절차에 의하지 않고 신체의 자유를 구속당한 자는 그 구제를 청구할 수 있게 한 것이다(제2조 1항). 누구든 피구속자를 위해 이 청구를 낼 수 있으며(제2조 2항) 피구속자는 일본국민에 한정되지 아니한다고 되어 있다.

변호단은 범행 현장의 흔적과 납치 이전 김대중씨의 상황으로 미루어 보건대, 이 사건에는 한국 군사정권 및 중앙정보부의 사주를 받은 주일한국대사관 직원이 관여되어 있음이 틀림없다는 확신을 얻었다. 그래서 구제 신청서에 김대중씨의 신병구속 장소를 한국대사관으로 기재했다. 변호단의 구제신청을 접수한 도쿄지법은 이 사건을 심각하게 받아들여 최고법원에 보고했다. 최고법원은 인신보호법 제 22조에 의한 자주처리권한에 해당된다고 판단해, 김대중씨가 그곳에 있는지 없는지 직접 확인해 보고 싶다는 뜻을 한국대사관에 전했다.

이에 대한 한국대사관의 대답은 물론 "안 된다" 였다. 그래서 김대중씨 구제신청은 결국 직접적인 성과를 거두지 못했다. 하지만 일본의 최상급 사법기관인 최고법원이 기민하게 움직였다는 점에서, 한국대사관뿐만 아니라 한일 양국 정부 모두 적잖이 충격을 받은 듯했다. 김대중씨의 진술에 의하면, 그는 납치된 호텔 방과 한국중앙정보부의 공작선 안에서 두 차례 죽음의 위기를 맞았으나 가까스로 모면할 수 있었고, 사건발생 5일 후인 8월 13일 서울 자택 근처에서 풀려났다고 한다. 그의 생환소식을 듣고 일단은 마음이 놓였으나, TV에 비친 모습을 보니 입가는 찢어지고 온몸이 멍 투성이로 심한 폭행을 당한 흔적이 역력했다. 초췌하기 그지없는 그의 행색에, 잔인 무도한 범인들에 대한 분노를 금할 수 없었다.

필자는 이 연구서의 발간을 위한 집필진 협의 차 2008년 11월 서울의 김대중 도서관을 방문했다가 김대중씨와 오찬을 함께 하게 되었다. 그는 휠체어를 타고 레스토랑에 들어서긴 했으나 혈색도 좋고 건강해 보였다. 식사 중 이런저런 이야기를 거쳐 화제가 납치사건에 이르자 김대중씨는 이렇게 말했다.

> 나를 배에 태운 범인들은 눈가리개를 씌우고 나무판에 꽁꽁 묶은 다음 양 팔다리에 무거운 추를 매달았습니다. 곧 바다에 내던져질 것임을 직감하고 나는 하느님께 간절히 기도를 드렸습니다. "제게는 아직 할 일이 남아 있습니다. 조금만 더 살게 해 주십시오" 라고요. 그러자 예수 그리스도께서 나타나셨습니다. 안 믿으실지도 모르겠지만 실제경험입니다. 그리스도를 본 직후 "비행기다!" 하고 외치는 소리를 들었습니다. 얼마 후 한 승조원이 오더니 "김대중 선생님이시죠. 이제 괜찮습니다" 라는 말과 함께, 안대는 그대로 둔 채 팔다리의 추를 떼어내고 밧줄도 풀어 주었습니다. 나는 진심으로 하나님께 감사 기도를 올렸습니다.

김대중씨는 구사일생으로 자택에 돌아오자마자 부인 이희호 여사에게 이 이야기를 했다고 한다(『동행』(日本名: 夫金大中とともに)-이희호 여사 자서전, 마이니치 신문사 간행(2008), p. 153).

Ⅳ. 납치사건을 둘러싼 일본사회의 움직임

참으로 아이러니하게도, 김대중씨 피랍 당일인 1973년 8월 8일은 야스에 료스케(安江良介) 편집장과 김대중씨의 대담이 특별기획으로 실린 『세계』(이와나미 신서岩波新書)지 9월호가 발매된 날이었다. 우리는 그 인터뷰 글을 보고 나서야 비로소 김대중씨가 얼마나 비범한 정치인인지 깨달았다. 그리고 한국의 민주화 및 한국민족의 통일을 향한 그의 열정과 거침없는 행동, 바람직한 한일관계에 대한 비전에 크게 탄복했다.

일본국민들은 이번 납치사건이 막강한 정치적 라이벌을 제거하기 위해 박정희 정부가 꾸민 권력형 범죄임을 깨달았다. 또 이 사건은 김대중 개인을 노린 살해기도인 동시에 일본주권의 심각한 침해이기도 하다는 사실에 분노했다. 이에 "일본정부는 한국정부에 사죄와 범인 인도, 김대중씨의 원상복귀를 요구해야 한다"는 여론이 들끓었다. 8월 15일에는 일본사회당이 독자적인 조사기관을 조직하고서, 진상규명과 함께 일본 국내여론을 반영한 조치를 양국 정부에 요구하겠다는 방침을 발표했다. 사회당의 결의 표명을 신호탄 삼아 공명당, 민사당, 공산당 등 야당은 물론이요 여당 자민당 내에서도 우쓰노미야 도쿠마(宇都宮德馬) 의원이 이끄는 아시아 아프리카 연구회를 중심으로 이와 같은 요구의 목소리가 높아졌다. 또 중의원과 참의원 본회의 및 각 위원회에서는 이 문제를 둘러싼 열띤 논의가 오갔다.

사건 직후 일본경찰은 적극적인 수사를 펼친 결과, 사건현장인 호텔룸에서 채취된 지문이 주일한국대사관 1등 서기관인 김동운의 것임을 밝혔다. 또 김대중씨를 태우고 호텔을 빠져나간 차량의 소유주가 요코하마 한국영사관의 부영사인 유영복이라는 사실도 알아냈다. 이 범행에 한국의 공권력이 관여하였다는 확증을 잡은 셈이다. 9월 5일 경시청 특별수사본부는 외무성을 통해, 김대중 납치사건의 유력 용의자로 지목된 김동운 서기관의 임의출두를 요청했다.

호겐(法眼) 외무사무차관이 주일한국대사를 외무성으로 불러 김서기관의 경시청 출두를 요청하자, 한국대사는 국제관례상 대사관원은 출두에 응할 수 없다며 거절했다. 더군다나 김동운은 벌써 8월 19일에 출국해 한국에 들어갔다는 것이다. 그러자 야당 측은 한국대사관의 대응을 일제히 비난하고 나섰다. 그런데 정작 일본정부 쪽의 반응은 담담했다.

다나카 가쿠에이(田中角栄) 총리는 9월 7일 열린 중의원 본회의에서 사건 후 처음으로 이 사건에 대한 정부의 소신을 밝혔다. 하지만 이번 사건은 한국 정보기관의 소행이라는 단정이나 이 사건으로 인해 일본의 주권이 침해 당했다는 인식, 김대중씨의 원상복귀 조치에 대한 일체의 언급을 피한 채, 단지 "사건의 진상을 규명해 국내외적으로 납득이 가는 해결방안을 모색한다"는 애매모호한 표현에 그쳤다. 그 후로도 일본정부는 진정한 사건해결과는 거리가 먼 소극적 자세로 일관했다. 그 사이 한일 양국 정부 간에는 김대중 납치사건을 둘러싼 뒷거래가 계속적으로 시도되었다.

그해 11월 2일 일본을 찾은 한국의 김종필 총리는 사건에 대해 사죄하고, "해외에서 김대중이 한 언행에 대해서는 어떠한 책임도 묻지 않겠다"고 약속했다. 그 대신 일본정부는 범인인도와 김대중씨의 원상복귀를 요구하지 않는다는 정치적 타결이 이루어진 것이다. 양국 정부의 태도를 비난하면서 진정한 문제해결을 촉구하는 국민 여론이 한국과 일본에서 고조되었고, 일본에서는 일본노동조합총평의회(총평)와 중립노동조합연락회의(중립노련) 등의 노동단체가 정부에 대한 항의집회와 시위를 열었다.

9월 11일에는 자유인권협회 이사장인 모리카와 긴쥬(森川金寿) 변호사의 주도로 '김대중 사건을 생각하는 법률가 모임'이 결성되었다. 필자를 포함한 참여자들은 김대중 납치사건의 진상규명과 더불어 범인양도와 처분, 김대중씨의 원상복귀 등을 한일 양국 정부에 강력 요구하기로 뜻을 모았다. 그러나 양국 정부는 끄떡도 하지 않았다. 양국 경찰 수사와 시민 차원의 조사로 이번 납치사건의 내막이 거의 다 밝혀지고 범행에 가담한 관계자의 실명까지 상당수 파악됐음에도 불구하고, 양국 정부는 한일 간 '정치적 타결'을 이유로 범인의 인도를 거부했을 뿐만 아니라 사건 해결에 나서려는 의지를 보이지 않았다.

그래서 법률가 모임은 일본변호사연합회[2] 전 회장, 평론가 아오치 신(青地晨), 후지시마 우다이(藤島宇内), 나카노 요시오(中野好夫), 스에카와 히로시(末川博) 리쓰메이칸(立命館) 대학 명예교수, 헌법학자 호시노 야스사부로(星野安三郎), 국제법학자 미야자키 시게키(宮崎繁樹), 나카지마 마사아키(中島正昭), 유아사 하치로(湯浅八郎) 등 변호사와 학자, 종교인 50명으로 구성된 고발인단을 조직했다.

고발인단은 1976년 7월 3일, 김대중 납치사건에 직간접적으로 관여한 것이 거의 확실시되는 김기완(일명 김재권) 당시 주일한국공사, 김동운 주일한국대사관 1등 서기관, 유영복 요코하마 한국영사관 부영사 등 3명을 최고검찰청에 고발했다. 고발의 취지는 "이들 피고발자는 일본국의 주권을 침해하는 중대한 범죄를 저지른 자들이므로, 철저한 수사를 거쳐 이들의 신병을 소재국으로부터 인도받고 엄중히 처벌해야 한다"는 것이었다. 이들의 죄명은 김대중씨 연행 및 감금과 상해, 살인

---

2) 일본변호사연합회(일변련): 1949년 9월 1일을 기해, 가타야마(片山) 사회당 정권에서 의원입법으로 제정된 신 변호사법이 시행되었다. 일변련은 이 법률에 따라 법률 시행일과 동일한 날에 설립된 변호사 단체다. 일변련의 산하에는 각 지방법원에 대응하는 지방단위 변호사회가 있으며(도쿄도에 한해서 도쿄, 제1도쿄, 제2도쿄 이렇게 3개 변호사회가 존재), 그 수는 총 52개다. 사법시험 합격 후 사법연수 과정을 마치고 변호사가 된 자는 일변련 산하의 지방단위 변호사회 중 어느 한 군데에 반드시 입회해 일변련에 등록을 해야 한다. 이런 의미에서 일변련은 강제가입의 성격을 띤 변호사 단체라고 할 수 있다. 구 헌법체제에서는 변호사회가 사법대신의 감독하에 있었으나, 신 변호사법의 제정으로 변호사회는 완전한 자치권을 획득할 수 있었다. 2009년 12월 현재 일변련 회원으로 등록되어 있는 변호사 수는 2만 819명이다. 일변련 내에는 여러 위원회가 조직되어 저마다 연구와 조사활동 등에 정진하고 있는데, 그중에서도 특히 인권옹호위원회가 사회적으로 높은 평가를 얻고 있다.

미수, 국외이송약취, 출입국관리령 위반 등이었다. 이듬해인 1977년 2월 22일에는 후세 다케시(布施健) 검사총장에게 '김대중씨의 구출 및 김대중씨 사건 조사와 외교교섭 촉진에 관한 요망서'를 제출한 데 이어, 7월 7일에는 후쿠다(福田) 내각에 '김대중 사건의 올바른 해결에 관한 요망서'를 제출했다. 내각에 제출한 요망서의 주된 내용은 1) 김대중 사건이 박정희 정권과 주일한국공사원의 조직적인 범죄임을 인정하라. 2) 일본의 주권이 박정희 정부에 의해 침해된 사실을 확인하고 김대중씨의 원상복귀 및 무조건 일본 재입국 실행을 박정권에 요구하라. 3) 수사당국에 김동운 등 용의자들의 체포장을 청구하고 신병인도를 요구하는 외교협상을 개시하라 등이었다.

1977년 9월 15일, 도쿄도 치요다구(千代田区) 교육회관 대강당에서 '김대중 사건, 국민법정'이라는 이름으로 모의재판이 열렸다. 이 모의재판은 1) 1933년 독일 나치스가 국회 방화사건을 꾸미고 그 사건을 구실로 바이마르 헌법체제를 없앤 다음 날조된 혐의로 사람들을 잡아들여 재판에 회부하자, 유럽의 민주적 법률가들이 영국에서 나치스를 규탄하는 대항법정을 열었던 사례. 2) 미국이 베트남에서 저지른 전쟁범죄를 심판하고자 1967년에 열렸던 러셀 법정 등을 참고로 한 것이었다. 김대중 납치사건 이후 한일 양국 정부가 보였던 불성실한 대응을 비판하고, 진상규명과 진정한 해결을 촉구하는 여론을 형성하는 것이 모의재판의 목적이었다. 고발인단에도 이름을 올렸던 평론가 아오치 신을 필두로 이와이 아키라(岩井章) 총평고문, 우에다 세이키치(上田誠吉) 변호사, 오자키 스스무(尾崎陸) 변호사, 가메다 도쿠지(亀田得治) 변호사, 필자와 모리카와 긴쥬 변호사, 연출가인 오다 겐야(小田健也), 경제학자 와타나베 사헤이(渡辺佐平) 등이 이 모의재판의 기획 및 발기인으로 참여했다.

재판 당일 800석 규모의 강당은 입추의 여지가 없을 만큼 꽉 찼다. 오후 1시부터 6시까지 장장 다섯 시간 동안 계속된 모의재판은 기소장 낭독에서부터 판결에 이르기까지 내내 뜨거운 열기 속에서 진행됐고 각종 매체에도 보도되었다. 이 법정에서 피고인으로 기소 당한 한국인은 사건 당시 한국중앙정보부장 등 주모자와 김동운 등 실행범들 총 10명이었다. 증거제출, 증인심문, 검찰관 논고, 구형, 변호인 변론, 판결절차까지 모두 끝난 다음 우에다 세이키치 재판장이 판결주문(主文)을 언도했다. 그 내용은 다음과 같다.

> 피고인 전원을 포함한 한국중앙정보부는 일본국의 주권을 침해하였으므로 유죄다. 국민법정은 국민의 이름으로 후쿠다 내각에 다음 사항의 실행을 요구한다.
>
> 1. 김대중씨의 원상복귀를 실행하라.
> 2. 김대중 사건의 진상을 공표하라.
> 3. 김대중 사건의 범인을 체포 및 처형하라.
> 4. 한국중앙정보부를 일본에서 추방하라.

모의재판 형식으로 열린 이 국민법정의 모든 기록은 그해 12월『고발, 김대중 사건』(후지시마 우다이藤島宇内 편저, 주식회사 반세이샤株式会社晩聲社)이라는 책으로 출판되었다.

V. 김대중씨 구명활동

1979년 10월에 박정희 대통령이 김재규 당시 중앙정보부장에게 암살당한 이후 군사독재체제를 이어받은 전두환은, 1980년 5월 계엄령을 전국으로 확대하고 김대중씨를 계엄령 위반으로 연행했다. 여기에 반발한 광주시민들이 대대적인 반정부시위에 나서자 전두환 정권은 이를 무력으로 진압해 수많은 사상자를 냈다. 더군다나 김대중씨를 이 소동의 주모자로 몰아 국가보안법 위반으로 군사재판에 회부했다.

얼토당토않은 재판을 거쳐 그해 9월 1심인 보통군법회의는 김대중씨에게 사형판결을 내렸고, 2심인 고등군법회의도 11월 3일 사형을 선고했다. 훗날 이 재판들의 판결문을 입수해 읽어보던 중 경악할 만한 내용을 발견했다. 김대중씨가 범했다는 국가보안법 위반행위에 광주사태뿐만 아니라 과거 해외체류시의 언행들까지도 포함되어 있었던 것이다. 특히 일본에 머물고 있던 1973년 당시, 한국정부에 의해 '반국가단체'로 낙인 찍힌 한민통[3](한국민주회복통일국민회의)과 맺었던 관계가 주요 반국가적 행위로 올라 있었다. 이는 한일 정부 간의 '정치적 타결'에 명백히 위반되는 것이었다.

이처럼 졸속으로 진행된 김대중씨 재판에 대해 한일 양국은 물론이요 미국을 비롯한 다른 국가들로부터도 비난이 쇄도했고, 그의 구명을 호소하는 움직임이 급속히 확산되었다. 1980년 9월 17일 히비야(日比谷) 야외음악당에서 열린 '김대중씨 구출 일본연락회의'의 주도로 '군법회의를 중지하라, 김대중씨 등을 석방하라 국민대회'에는 자그마치 1만 7천 명이나 되는 사람들이 동참했다. 또 국철노동조합이 시간을 맞춰 전국 기차역에서 일제히 항의의 기적을 울리는가 하면, 전일본항만노동조합은 전국 모든 항만에서 한국선박의 화물 적화와 하역작업 작업을 거부했다. 이처럼 총평과 중립노련에 가입된 많은 노동조합들이 김대중씨 납치사건에 대한 한일 양국 정부의 대응에 항의하고 그의 구명을 요구하는 움직임에 힘을 보태 주었다. 외국의 한 정치인을 구하기 위해 일본 노조가 이러한 조직적인 움직임을 보인 것은 역사상 유례가 없는 일이었다.

---

3) 원문에는 한민당(韓民党)이라고 되어 있으나 '한민통'의 오자인 듯하여 '한민통'으로 바로잡습니다(-역자주). 한민통의 결성 경위와 활동에 대해서는 이 책 3장에 수록된 곽동의 글을 참조하기 바람.

평론가 아오치 신이 대표로 있는 한일연대회의와 한민통은 그 이전부터 '김대중씨의 구출을 UN에 요청하는 100만 명 서명운동'을 벌였는데, 노동조합과 여러 단체들의 협력 덕분에 1980년 9월 말 서명 목표를 달성했다. 연대회의와 한민통은 10월 5일 도쿄도 시바공원(芝公園)에서 '김대중씨 구출 UN 요청단 파견 한일 전국집회'를 열고 도심 내를 시위행진 했다. 원래는 재일한국인 민주단체 대표 5명으로 구성된 UN 파견단이 미국으로 건너가 뉴욕에 위치한 UN 본부 인권위원회에 100만 명분의 서명을 제출할 계획이었다. 그런데 한국대사관이 이들의 비자발급을 거부한 데 이어, 일본 법무성마저 이들이 일본에 재입국할 때 필요한 재입국허가증 발부를 거절하는 바람에 요청단의 UN 본부행은 무산되고 말았다. 그래서 연대회의와 한민통은 이 임무를 필자와 이토 나리히코(伊藤成彦) 츄오대(中央大) 교수에게 맡겼다.

이토 교수와 나는 재미한국 민주인사들의 도움을 얻어, 김대중씨의 구명을 촉구하는 청원서명을 그해 11월 5일 UN 인권위에 제출했다. 이날은 마침 미국대통령 선거일이었는데, 개표 결과 레이건 공화당 대표가 재선을 노리던 카터 민주당 후보를 누르고 대통령으로 선출되었다. 11월 13일 히비야 야외음악당에서 '김대중씨 구출 일본연락회의'의 주도로, 그달 3일에 내려진 한국 고등군법회의의 2심 결과(사형판결)에 항의하는 집회가 열렸다. 6,000여 명이 참석한 그 자리에서 이토 교수와 나는 UN 인권위에 김대중씨 구명 청원서명을 제출한 것에 대해 보고했다.

이듬해인 1981년 1월 23일, 김대중씨는 3심에 해당하는 한국 대법원에서도 유죄로 판결되어 사형이 확정되었으나, 전두환 정권은 판결 직후 열린 각의에서 김대중씨의 구형을 무기징역으로 감형시켰다. 제아무리 무소불위의 군부정권이라 해도 한국 안팎에서 나날이 거세어지던 사형반대 여론과 다양한 구명활동, 국제사회의 시선을 무시할 수는 없었던 모양이다.

우리는 늦게나마 한국정부가 이러한 조치를 취한 것에 높은 점수를 주었다. 그리고 이대로 김대중씨 문제를 흐지부지 덮고 넘어가려는 일본정부의 태도에 일침을 가하기 위해 1981년 2월 18일, 변호사와 학자 등으로 이루어진 일본 각계 각층의 지식인 108명 연대가 스즈키 젠코(鈴木善幸) 내각에 공개질문장을 제출했다.

공개질문장은 "김대중 사건은 여전히 미해결 상태일 뿐더러, 한국 대법원의 판결은 한일 양국 정부 간의 '정치적 타결'에 위배되는 내용이므로 김대중씨의 유죄판결은 부당하며, 김대중씨의 전적인 자유회복을 보장하는 조치를 취하지 않는 한 스즈키 내각은 책임을 다했다고 할 수 없다"고 전제한 다음, 9개 항목에 걸쳐 이번 사건 처리의 문제점을 조목조목 짚었다. 108명 연대의 행동과 발맞추어, 일전에 김대중 납치사건의 범인을 고발한 바 있는 고발인단 50명은 오쿠노(奧野) 법무대신과 쓰지(辻) 검사총장 등에게 10개 항목으로 된 공개질문장을 제출해 납치사건의 수사 및 전망 공표 등을 요구했다. 그러나 유감스럽게도 일본정부는 어느 공개질문장에도 성의 있는 답변을 주지 않았다.

VI. 끝맺으며

본고에서는 1971년에 벌어진 김대중씨 납치사건에서부터 1981년 한국 대법원 판결 및 전두환 정권의 김대중씨 감형조치에 이르기까지, 일본의 법률가들이 중심이 되어 사건 해결과 김대중씨 구명을 호소했던 일련의 활동 중 필자가 직접적으로 관여했던 것들을 간략히 소개하였다. 비록 본고에서는 다루지 못했으나, 이 밖에도 1980년 10월 오사카에서 군사재판의 위법성을 폭로하고 규탄했던 국민법정, 일본변호사연합회(일변련) 인권위에 의한 군사재판의 부당함 조사 및 이에 대한 의견 피력 등의 활동이 있었음을 알려둔다.

김대중씨는 1982년 12월 대통령 특별사면으로 풀려났다. 미국에서 2년 동안 망명생활을 하다가 한국에 돌아온 그는 정계에 복귀했고, 1997년 대선에서 마침내 기적적인 승리를 일구어내며 제15대 한국대통령으로 선출됐다. 한편 필자는 1990년 2월에 치러진 총선에서 사회당의 공천을 받아 고향 아사히카와시(旭川市)를 중심으로 한 홋카이도(北海道) 제2구(당시)에 출마한 것을 시작으로 정치에 입문했다. 재임 3기째를 맞이한 1998년 2월, 필자는 한국 대통령 취임식에 초청을 받아 한국을 찾았다. 취임식 후 청와대에서 김 대통령을 뵀을 때 그는 "사사키씨, 여러모로 큰 신세를 졌습니다"라는 감사의 인사를 하셨다. 그리고 납치사건에 대해 "저는 범인들의 처형이나 한일 정부의 책임 추궁은 바라지 않습니다. 다만 양국의 진정한 우호관계를 위해서는 사건진상해명이 반드시 필요하다고 생각합니다"라는 뜻을 밝혔다.

일본에 돌아온 필자는 소속 내각위원회에 김 대통령의 이 말을 전하고, 김대중 납치사건의 진상해명과 정치적 타결의 재검토, 원상복귀 실행 등을 다시금 정부에 요청했으나 여전히 속 시원한 답변은 돌아오지 않았다. 그래서 1998년 3월 '김대중씨 사건의 해결을 촉구하는 모임'의 운영회를 소집한 다음, 사건이 이대로 잊혀지지 않도록 지속적인 해결을 추구하는 집회를 열기로 했다. 그리하여 5월 30일 신주쿠구(新宿区)의 시나노마치(信濃町) 교회에서 '김대중 납치사건의 해결을 촉구하는 모임'이 열렸다.

또 지난 2003년 8월 8일에는 롯폰기(六本木)의 국제문화회관에서 '김대중 납치사건 30주년 모임'이 개최되었는데, 이 집회에는 영부인 이희호 여사가 김 대통령의 메시지를 들고 참석하셨고, '김대중 선생 납치사건 진상규명을 위한 시민의 모임' 대표 한승헌 변호사도 참석해 자리를 빛내 주셨다. 김대중씨는 2009년 8월 서거하셨다. 그러나 37년 전 벌어진 납치사건의 진정한 해결은 아직도 이루어지지 않았다. 김대중 구명운동에 동참했던 우리는 사건의 진상규명과 진정한 해결을 바라는 그분의 유지를 새삼 받들고 되새겨야 할 것이다.

제9장

1970년대부터 80년대까지의 한국 민중운동과 일본

이시자카 고이치(石坂浩一) | 릿쿄대학교(立教大学) 교수

I. 들어가며

1973년에 발생한 김대중 납치사건을 계기로 일본사회에서는 전후 처음으로 한국에 대한 대중적 관심이 고조되었다. 이 책의 앞부분에서 이미 서술한 바와 같이, 한일연대연락회의로 대표되는 일본 측의 연대운동이 1970년대부터 싹텄고, 1980년의 광주 민주화운동과 김대중씨 구명운동을 거치면서 이러한 움직임은 더욱 확산되었다.

한일 연대운동의 지난 행보를 돌아보는 데 작은 디딤돌이 되었으면 하는 바람으로, 이 장에서는 앞선 장들에서 충분히 다루지 못했던 일본 내 연대운동 및 그 의의를 수도권을 중심으로 정리해 보고자 한다.

Ⅱ. 1970년대 한일 연대운동

1. 1970년대의 다양한 연대활동

한국에 대한 일본국민들의 관심을 불러 일으킨 기폭제는 김대중 납치사건이었다. 그리고 그 사건에 대한 국민적 관심 증폭에 일조한 것이 하야카와(早川) · 다치카와(太刀川) 사건(1974)이었다는 점에서 알 수 있듯이, 세간의 가장 많은 주목을 끈 것은 한국 정치범과 인권문제였다. 재일조선인 서승과 서준식 형제(1971), 일본인 하야카와와 다치카와가 한국에서 체포돼 수감됐을 때, 일본에서 즉각 구명단체가 조직돼 이들의 석방을 요구하고 나선 것이 그 한 예다.

이러한 정치범 석방운동은 구속당한 자의 자유 및 인권회복을 목적으로 시작되었다가 점차 한국의 인권 상황 전반으로 관심사를 넓혀 나갔고, 더 나아가 한국과 밀접한 관계를 맺고 있는 일본정부의 대 한국정책을 비판적인 시각에서 바라보고 정책 방향 전환을 요구하는 움직임으로까지 발전했다. 그리고 이 움직임은 본고에서 살펴볼 재일한국인 정치범 구명운동으로 이어졌다.

초기 한일 연대운동은 다양한 양상으로 전개되었다. 그 중에는 일본기업의 공해수출을 저지하려는 운동이 있다. 예컨대 도야마(富山) 화학공업이 머큐로크롬 플랜트를 인천에 이전한다는 계획을 발표했을 때, 일본의 반공해운동가들은 수은 방출이 우려된다는 이유로 반대했다. 자주강좌 회원들을 중심으로 1974년에 '도야마 화학의 공해수출을 저지하는 실행위원회'가 조직됐고, 이들의 세찬 반대에 부딪친 도야마 화공 측은 결국 플랜트 이전계획을 포기해야 했다.

그러는 사이, 이번에는 6가 크롬 무단배출로 일본 각지에서 말썽을 빚고 있던 일본화학공업이 울산공업단지에 합병회사인 울산무기화학을 설립해 한국진출을 시도하고 있다는 소리가 들려왔다. 실행위원회는 1974년 8월부터 반대운동을 시작했다. 일본화학공업 본사가 위치한 도쿄 가메이도(亀戸)에서 벌인 시위만도 100차례가 넘는다. 이처럼 끈질긴 반대운동 결과 일본화학공업이 그동안 일본 국내에서 저질렀던 온갖 불법행위와 크롬공해 유발실태가 적나라하게 드러났고, 이듬해인 1975년 8월에는 한국에도 이 사실이 보도됐다. 그러나 한국정부는 여론에 보여주기 위해서인 듯 공장 현장검사까지 실시하고서도 9월에 울산무기화학 설립 인가를 내주고 말았다.[1)]

이런 일련의 활동들은, 1970년대부터 불붙기 시작한 일본의 반공해운동이 일본 국내만 감시해서는 진정한 공해근절 효과가 없다는 인식하에 점차 그 활동반경을 넓혀 나갔다는 것을 보여준다.

한일련(한일연대연락회의)에서 갈라져 나와, 1978년 7월에 해산된 이후로도 꾸준한 활동을 이어갔던 '시민의 손으로 한일 유착을 바로잡는 조사활동(약칭 '한일조사')'도 한일 연대운동의 중요한 한 축이다. 한일조사는 한일 양국 권력층 사이에 맺어진 더러운 유착관계를 폭로하고 바람직한 양국 관계를 도모하려는 목적으로 1975년 4월 30일 기자회견을 열어, 그간 시민 차원에서 조사하고 수집한 정보들을 공개했다. 한일관계에 조예가 깊은 평론가 야마카와 아키오(山川暁夫)가 진두지휘를 맡았고, 자유기고가 사토 다쓰야(佐藤達也)가 실무를 담당했다. 한일조사는 연 1회 『한일조사』를 펴냄과 동시에 한일 유착관계에 관한 실질적인 조사활동에 주력했다.

한일 연대운동의 또 다른 주요 양상으로 기생관광 반대운동을 꼽을 수 있다. 1973년에 한국 기독교인들이 일본남성의 한국 매춘관광 문제를 꼬집고 나선 것을 기화로, 일본에서는 '기생관광에 반대하는 여자들의 모임'이 조직됐다. 그해 12월 19일에는 이화여자대학교 학생들이 김포공항에서 매춘관광 반대시위를 열었다. 이에 화답하듯이 일본의

---

1) 니시나 겐이치(仁科健一), 노다 쿄미(野田京美), 『한국공해 리포트: 원자력발전소에서 노동재해까지』(신칸샤(新幹社), 1991), pp. 221-223.

여성운동가들도 같은 달 25일, '성 침략을 고발한다'는 슬로건을 내걸고 하네다(羽田)공항에서 "성 매매가 목적인 관광여행은 당장 그만두라"[2]는 유인물을 배포했다. 이를 볼 때 일본의 여성운동 역시 1970년대에 들어서면서부터 아시아 지역과의 연대에 힘을 쏟기 시작했음을 알 수 있다.

2. 재일한국인 정치범 구명운동

1) 재일한국인 정치범의 의미

이상 살펴본 것과 같은 한일 연대운동이 1970년대 한일 양국에서 활발하게 전개됐는데, 특히 연대운동의 중점적 과제로서 꾸준히 추진되었던 것이 바로 재일한국인 정치범 구명운동이다. 이 절에서는 재일한국인 정치범 구명운동에 대해 자세히 살펴보기로 한다.

재일한국인 정치범이란 '북괴의 간첩'이라는 죄목으로 한국에서 옥고를 치른 재일한국인을 통칭하는 말이다. 일반적으로는 일본에서 태어나 자랐고 일본을 생활 근거지로 하는 재일한국인으로서 한국에서 투옥된 자를 가리키지만, 일본에서 유학한 경험이 있고 한국에 귀국한 이후 구속된 한국인을 여기에 포함시키기도 한다.

1980년대까지만 해도 재일한국인 1세대가 꽤 많았기 때문에 재일한국인과 유학생을 구분하는 기준이 다소 애매했다. 하지만 일본을 생활 근거지로 하는 것1과, 장차 한국에 돌아갈 생각으로 일본에 체류하는 것은 엄연히 다른 일이다. 그러므로 본디 재일한국인 정치범이란 일본에 생활기반을 두고 있으면서 한국에서 정치범으로 체포 수감된 재일한국인을 뜻한다.

2) 와다 하루키(和田春樹), 아오치 신(青地晨) 편저, 『한일연대의 사상과 행동』(현대논평사, 1977) p. 97.

일본에서는 조선민주주의인민공화국(북한)을 지지하는 재일본조선인총연합회(조총련 혹은 총련)의 활동이 법에 어긋나지 않는 행위인 데 반해, 한국에서는 북한방문 및 북한 관계자들과의 접촉을 일절 금하고 있으며 이를 어기는 자는 국가보안법(1948~)이나 반공법(1961~1980) 등의 법률에 따라 처벌을 받는다. 곧 한국 입장에서는 조총련의 중개로 북한을 방문하는 것은 물론이요, 조총련 혹은 조선학교의 관계자와 만나는 것조차도 범죄행위로 간주한다는 것이다.

1961년 박정희 정권에 체포돼 처형 당한 조용수는 재일한국인 정치범 문제를 논할 때 으레 가장 먼저 언급되는 인물이다. 조용수는 재일본대한민국거류민단(민단)의 중앙본부 조직부 차장 등을 역임한 재일조선인으로, 1960년에 발발한 한국 4 · 19 혁명의 뜨거운 열기에 이끌려 그해 6월 한국행을 택했다. 1961년 2월 민족일보사를 차려 진보적인 논조를 펼치다가 5 · 16 군사 쿠데타로 정권을 잡은 박정희 정부의 심기를 거슬러 체포됐고, 그해 10월 사형판결을 받은 뒤 12월 21일에 형장의 이슬로 사라졌다. 조총련 측으로부터 신문사 창간 자금을 지원받고서 북한에 협조했다는 이유로, 특수범죄처벌에 관한 특별법에 의거해 곧바로 처형된 것이다. 일본에서 재일한국인들을 중심으로 조용수 구명운동이 일어났으나 별 성과를 거두지는 못했다. 1970년대 이후의 재일한국인 정치범 사건들과 비교할 때, 조용수 사건은 시대적으로나 그 성격상 조금 상이한 면이 있다. 하지만 남북분단 상황의 희생양이라는 점에서는 여타 정치범들과 다를 바가 없다.

1969년 4월에는 현역 여당(민주공화당) 의원인 김규남과 박노수 케임브리지 대학 교수가 동베를린을 거쳐 북한을 왕래하면서 북괴의 지령을 받은 간첩으로 지목돼 쇠고랑을 찼다. 도쿄대학에서 유학한 바 있는 엘리트이자 저명인사인 두 사람을 잡아들인 한국중앙정보부는 이 사건을 유럽 간첩단 사건으로 발표했다. 김규남과 박노수는 북한 간첩 명목으로 체포된 최초의 재일한국인 정치범에 해당하지만, 일본유학을 마치고 한국에 돌아간 후에 체포됐기 때문에 엄밀히 말하면 재일한국인이라고 할 수는 없다. 김규남과 박노수는 1972년 7·4 남북공동선언 직후 사형에 처해졌다.

재일한국인 정치범 사건의 대표적 사례이자 최초로 공론화된 것이 서승·서준식 형제 사건이다. 각기 서울대 대학원과 학부과정에 유학중이던 서승 형제는 1971년 4월 20일, 북한의 지령을 받아 한국 정치인과 지식인을 상대로 공작을 벌이고 학생데모를 조직했다는 혐의로 체포됐다. 이것이 그 유명한 '재일동포 유학생 간첩단 사건'이다. 이 사건은 재일조선인인 서승·서준식 형제에게 북한을 몰래 드나들면서 한국에서 온갖 공작을 꾸몄다는 혐의를 뒤집어씌운, 매우 전형적인 재일한국인 정치범 사건이다.

1980년대까지 연이어 터진 재일한국인 간첩사건으로, 일본국적 소지자를 포함해 무려 ○○(원문의 숫자 누락)명이나 되는 재일한국인이 수감됐다. 수감되지는 않았으나 일시적으로 구속돼 고문을 받고 당국에 대한 협조 혹은 밀고를 강요당한 피해자의 수는 헤아릴 수 없을 정도로 많다. 간신히 일본에 돌아오더라도 한국 정보부원들이 끈질기게 쫓아다니며 협박과 위협을 일삼는 경우가 비일비재했다. 그래서 이런 피해를 당하고도 차마 고발하지 못한 채 입을 다물 수밖에 없었던 재일한국인들이 많을 것으로 추측된다. 실제로 고발된 케이스는 이에 비하면 극소수에 불과할 것이다.[3)]

재일한국인 정치범은 한국 정치범 중에서도 제일 다루기 까다로운 부류였기 때문에, 이들의 변호를 맡아줄 변호사를 구하는 것부터가 만만치 않았다. 대부분 한국에는 잘 알려져 있지 않은 사람들이라 한국 내의 지원을 기대하기는 어려웠고, 일본 쪽의 지원에 온 희망을 다 걸 수밖에 없는 실정이었다.

---

3) 1970년대에 일본 당국에 접수된 피해사례로는 속칭 '울릉도 사건'에 연루돼 고문을 받았다고 신고한 양동일 사건, 성고문 피해를 고발한 권말자 사건 등이 있다.

2) 재일한국인 정치범 구명운동 시작

재일한국인 정치범 구명운동은 구속된 사람 및 그 가족의 친구와 지인 등 주변사람들이 자발적으로 이들의 구명에 나선 것에서부터 시작됐다. 주로 '~씨를 구하는 모임'이라는 이름으로 출발했고, 거주지역이나 출신학교 관계자들이 구명운동의 주축을 이루었다. 서승의 경우는 모교인 교토의 고등학교와 도쿄교육대학 친구들이 제일 먼저 구명운동에 나섰다.[4] 훗날 출범한 전국회의와 대비된다는 뜻에서, 이처럼 특정 정치범의 구명과 구조를 호소하는 모임을 '개별구원회'로 분류하기도 한다.

개별구원회에는 여러 조직이 있었는데 앞서 언급한 김규남, 박노수 사건이 이런 활동의 효시가 된다고 할 수 있다. 김규남 의원 구명운동에는 우노 시게아키(宇野重昭) 세이케이(成蹊) 대학 교수 등이, 박노수 교수 구명운동에는 다카노 유이치(高野雄一) 도쿄대 교수와 오오누마 야스아키(大沼保昭) 조교 등, 두 사람이 도쿄대에서 수학하는 동안 친분을 쌓았던 사람들이 각기 참여해 힘을 보탰다.

1971년, 모진 고문을 견디다 못해 서승이 분신자살을 시도하는 사건이 일어났다. 목숨은 건졌으나 끔찍한 화상을 입은 몸으로 법정에 선 그의 모습을 보고 일본사회는 충격에 사로잡혔다. 이것을 기점으로 그를 지지하는 목소리가 일본 내에서 높아졌다. 동생 서준식도 니시무라 세이이치(西村誠一) 참의원의원과의 면담을 통해 자신이 당한 고문을 털어놓았다. 이들 형제를 향한 응원과 격려의 움직임은 더욱 활기를 띠었고, '서승 형제를 구하는 회'가 결성돼 이들의 구명운동을 전담하기에 이르렀다.[5]

---

4) 필자가 다녔던 도쿄교육대학 부속 고마바(駒場) 중학교 근처에 도쿄교대 농학부 캠퍼스가 있었다. 그곳에 "서승 형제를 구하라"는 스티커가 몇 장씩 붙어 있던 것이 기억난다. 1972년 무렵이었던 것 같다.

5) 서승 형제는 재일한국인 및 조선인, 특히 청년층에 지대한 영향을 미쳤다. 그러나 이 내용은 본고에서는 다루지 않기로 한다.

입북 사실은 인정하되 북한간첩 행위는 강력히 부인한 서승 형제의 의연한 태도는 이후 구명운동의 방향에도 큰 영향을 미쳤다. 서승 형제를 옹호하며 구명운동을 추진한 이들의 논리는 다음과 같다.

"서승과 서준식이 말하는 조국이란 남한과 북한을 모두 아우르는 개념이다. 남한 정권을 비판적인 시각에서 보는 것과 간첩행위는 엄연히 다르다. 그런데도 한국 법정에서는 남북한을 하나로 보는 입장이나 남한 정권을 비판적으로 조명하는 사상은 무조건 단죄하려 든다. 그러므로 서승 형제를 비롯한 정치범들은 즉각 석방되어 마땅하다."

하지만 개별구원회의 목적은 뭐니뭐니해도 구명 대상의 생명을 보호하고 한시라도 빨리 가족의 품으로 돌려보내는 것이었다. 그런 만큼 아무래도 정치범 사건에 내포된 정치성보다는 현실적인 사건 해결 쪽에 더 무게를 두고 운동을 진행하기 마련이었다. 1974년경까지의 정치범 석방운동이 대부분 개별적 활동에 머물렀던 것도, 구명운동이 지나치게 정치적 색깔을 띠면 자칫 수감자 본인에게 해가 미치지 않을까 하는 염려에서였다.

그런데 1975년에 공표된 최철교 사건을 기점으로 재일한국인 정치범 구명운동의 면모가 판이하게 달라진다. 최철교는 1974년 4월, 한국의 친지에게 경제적 도움을 주고자 한국을 찾았다가 북한간첩으로 몰려 중앙정보부에 체포되었다. 일본에 남은 가족들은 "조용히 입 다물고 있는 게 사람 살리는 길"이라는 중앙정보부의 협박을 곧이곧대로 따랐다. 하지만 제2심에서마저 사형판결이 내려지자 이 사건을 사회적으로 알려야겠다고 결심했다. 가족들은 1975년 3월 11일 기자회견을 열어, 최철호가 입북해 북한의 지령을 받았다는 한국정보부 측의 주장은 새빨간 거짓말이라고 주장했다. 그 시각에 최철호는 틀림없이 일본에 있었다는 알리바이를 대며 사건 전체가 완전한 날조임을 밝힌 것이다. 최철호의 자녀들이 그달 17일부터 도쿄 스키야바시(数寄屋橋) 공원에서 3일간 단식투쟁을 벌인 것도 일본사회에 강한 인상을 주었다.[6]

1974년 11월 5일, 최철교에 이어 진두현이라는 재일한국인이 '거물

급 북한 간첩단'의 수령으로 지목돼 한국중앙정보부에 체포됐다. 이듬해 4월 1일에 열린 제1심에서 그에게 사형판결이 선고되자, 진두현의 자녀들이 재학 중인 고등학교와 대학을 중심으로 진두현 구명운동이 일어났다. 1심 판결 이후 진두현의 가족과 구명단체는 최철교의 가족들처럼 그는 북한 땅을 밟은 적도 없다며 무죄를 주장했다.

이보다 조금 앞서 터진 민청학련 사건(1974)에 연루돼 하야카와 요시하루(早川嘉春)와 다치카와 마사키(太刀川正樹)라는 일본인 2명이 체포당했다. 재일한국인 단체와 일본공산당의 지시를 받아 한국 학생운동을 선동했다는 혐의였다. 이들에게 씌워진 죄목이 너무도 황당무계했기에, 일본에서는 '한국 정치범 사건=철저한 날조'라는 인식이 자리잡게 되었다. 정치범으로 구속된 재일한국인의 가족들 및 구명단체 역시 사건의 날조성을 강조하며 여론의 지지를 호소했다.

어떡해서든 최철교를 구하고자 하는 가족들의 애타는 호소에 많은 재일한국인과 일본인들이 적극적으로 동참해 주었다. '최철교씨를 구하는 모임'이 결성된 데 이어, 1975년 5월에는 재일한국인 정치범 가족과 관계자들이 모여 '재일한국인 정치범 가족협의회'라는 것을 만들었다. 그해 11월 14일부터 재일한국인 정치범의 모습을 담은 다큐멘터리 영화「고발」이 전국 200여 개 개봉관에서 상영돼 큰 반향을 불러 일으켰다. 5만 5천 명이나 되는 사람들이 이 영화를 진지하게 관람했다.[7] 11월 22일에는 재일동포 유학생 간첩단 사건에 휘말려, 재일한국인 13명을 포함한 21명이 한국중앙정보부에 잡혀 들어갔다. 이들에게는 줄줄이 극형과 중형판결이 내려졌다. 날로 포악해지는 한국정부에 맞서려면 재일한국인 정치범 구명운동도 뭔가 다른 방향을 모색해야 했다.

---

6) 최철교 구명운동에서부터 전국회의 출범 이후의 활동에 대해서는, 구명회 결성에 핵심적 역할을 담당했던 요시마쓰 시게루의 『재일한국인 '정치범'과 나』(연합출판, 1987)를 참조할 것.

7) 요시마쓰, 앞의 책. p. 115.

3) 전국회의 결성과 그 활동

「고발」 상영에 힘입어 재일한국인 정치범을 지지하는 움직임은 한층 더 활기를 띠게 되었다. 그 기세를 몰아 1976년 6월 20일, '재일한국인 '정치범'을 지원하는 회 전국회의'가 결성됐다. 미야자키 시게키(宮崎繁樹) 메이지 대학 교수가 대표를, 요시마쓰 시게루 목사가 사무국장을 맡았고, '최철교씨를 구하는 모임'에 전념해 왔던 가와이 미네오(河合峰夫)가 요시마쓰 목사를 보좌해 사무국 일을 맡기로 했다.

전국회의는 개별구원회를 규합하는 형태로 만들어졌다. 특히 11월 22일에 터진 유학생 간첩단 사건 당시 적잖은 재일한국인이 연루된 탓에 이들을 지원하는 개별구원회가 여럿 만들어졌는데, 이들 대부분이 전국회의에 가입했다. 한편 지방이나 지역 단위로 결성되어 개별구원회와는 별도로 정치범 구명운동을 벌이던 단체들은 개별구원회와 구분하는 뜻에서 '지원단체'라고 불렸다. 전국회의는 개별구원회를 규합해 사무국을 구성하는 동시에, 월례회를 통해서 지원단체와의 연대를 유지하는 데도 신경을 썼다.

전국회의는 1975년 11월 8일을 기해 '호소의 말(訴えの言葉)'을 발표했다. '호소의 말'에는 수감된 정치범을 돕고 그 가족들을 지원하는 것을 이 조직의 목표로 삼으며, 개별적인 구원회의 힘만으로는 역부족이었던 정치범 지원 및 석방을 현실화하고자 연대활동조직으로서 '지원하는 회'를 결성한다는 내용이 담겨 있다. 아직 '전국회의'라는 명칭이 확정되기 전이라 '지원하는 회'라는 이름을 사용하였다. '호소의 말'에서 재일한국인 정치범 사건은 날조된 것이라는 표현은 찾아볼 수 없지만, 출범 이후 전국회의는 점차 한국정부에 대한 비판적 시각을 뚜렷하게 드러낸다.

전국회의의 회원 가입문서나 초기 활동요강에 회원을 일본인으로 제한한다는 항목은 없다. 하지만 전국회의는 일본인이 주된 책임자로 나서 일본정부에 압력을 행사하면서 일본 내 여론을 형성해 한국 정치범들의 석방을 촉구하고자 만들어진 조직이라는 것이 기본적인 인식이었다. 전국회의를 이루는 개별구원회나 지원단체에는 재일한국인이 개인 자격으로 많이들 가입해 있었지만, 원칙적으로 전국회의는 일본인의 입장에 의거한 단체로 여겨졌던 것이다. 그래서 한국 측에서는 가족협의회나 '재일한국인 정치범을 구원하는 가족, 교포회(1978년 발족)' 등을 통해 연대운동을 꾀했다.

한편 전국회의는 '정치범'이라는 표현에 초지일관 ' '(홑따옴표)를 붙이고 있는데, 그 까닭은 '호소의 말'에서도 밝혔듯이 이들이 날조된 누명을 뒤집어쓰고 정치범이라는 낙인이 찍힌 무고한 사람임을 나타내기 위함이었다. 반면 한국인 지원단체 측은, 설령 날조된 죄목으로 옥고를 치르고 있다고 할지라도 현 정권에 굴복하지 않고 맞서고 있다는 점에서 이들은 민주화를 위해 투쟁하는 정치범이 맞다고 판단해 ' '(홑따옴표)를 쓰지 않았다.

재일한국인 정치범 구명운동의 가장 시급한 과제는 사형판결이 확정된 사람들의 처형을 저지하는 일이었다. 1970년대에 체포된 정치범 중에는 최철교 등 최종심에서 사형을 언도 받은 사람들이 적지 않았다. 재심청구를 내기는 했으나 이 청구가 언제 기각되고 당장 형이 집행될지 한 치 앞을 가늠할 수 없었다. 1970년대에서 80년대로 넘어가는 시기, 계엄령과 군사 쿠데타로 한국이 하루도 조용할 날이 없었던 그 격동의 시기를 사형수의 독방에서 보내야 했던 정치범 중 5명의 재일한국인이 있었다. 다행히 이들 다섯 사람은 1982년 3월 특별사면을 통해 무기징역으로 감형 받았지만, 1980년대에도 재일한국인 정치범들에게 잇따라 사형판결이 내려졌다. 마지막으로 남은 재일한국인 사형수 김병주는 1988년이 돼서야 무기징역 감형 처분을 받았다.

사회안전법 적용에 반대하는 것도 주요 과제 중 하나였다. 사회안전법이란 한국정부 당국에 의해 위험분자로 찍힌 정치범은 형기가 끝난 후에도 보안감호소에 계속 수감할 수 있다고 규정한 법률이다. 그 예로, 1978년 5월 27일 징역 7년의 형기를 마치고 출소한 서준식은 사회안전법에 의거한 보안감호 처분을 받아 청주에 있는 보안감호소에 다시금 수용되는 고초를 겪었다. 이 법률은 일사부재리라는 근대법의 원칙에 어긋나는 부당한 인신구속 규정으로, 비단 서준식뿐만 아니라 다른 모든 정치범들을 위해서라도 반드시 개정해야 할 악법이었다. 그러나 구명단체의 노력에도 불구하고 서준식은 몇 번씩이나 보안감호 처분이 갱신되는 바람에 옥중에서 나오지 못했다. 강종건도 사회안전법 적용으로 재차 수감되었다. 이 두 재일한국인 정치범은 한국 민주화운동이 본격화된 1988년 5월과 6월에야 가까스로 자유의 몸이 될 수 있었다.

개별구원회는 직접 한국으로 건너와 물품차입이나 변호사와의 협의 등 구체적인 정치범 지원에 나서는 한편 한국정부에 탄원을 계속했다. 여타 연대운동과는 달리, 정치범 구원운동은 그 사람이 석방되는 그날까지 결코 끝나지 않는 길고도 외로운 투쟁이었다. 언제 끝날지 모를 싸움을 구원회가 계속했던 까닭은 당사자를 반드시 구해내야 한다는 강한 책임감을 느꼈기 때문이었다.

전국회의는 이와 같은 개별 정치범 구명운동을 바탕으로, 주일한국대사관 및 일본 외무성을 대상으로 한 시위, 항의행동, 일본정부와의 협상 등을 추진해 나갔다. 특히 일본정부에 재일한국인 정치범의 인권구제를 요청하는 데 중점을 두었다. 김대중 납치사건 등을 통해 일본에서 한국 정보기관이 제멋대로 활개치고 다닌다는 사실이 명백해졌을 뿐만 아니라, 일본정부가 한국 군사정권을 지원하고 있다는 것 또한 만천하에 드러났다. 전국회의는 이런 현실을 비판하면서 대 한국정책을 재검토할 것과 재일한국인의 인권을 최우선시해 줄 것을 일본정부 측에 요구했다.

국제여론의 활성화 또한 전국회의의 주요 과제였다. 국제사면위원회(앰네스티 인터내셔널)를 위시한 각종 국제인권단체와 한국의 인권상황에 관심을 표시하는 단체들에 연락을 취하고, 일본 내 각국 대사관을 일일이 돌아다니면서 도움을 호소했다. 1980년부터 85년까지 11차례에 걸쳐 UN 인권위원회에 대표단을 파견하기도 했다.

전국회의는 출범 준비단계부터 정치범에 대한 노동조합 지원의 조직화에 힘을 쏟았다. 총평 노조는 김대중 납치사건의 정치적 마무리 반대 등을 놓고 사회당과의 관계가 험악해진 상태였다. 1974년 9월 19일 메이지 공원에서 열린 대규모 집회[8]에서, 총평 측은 김대중 사건에 대응하는 일련의 움직임에 어느 정도 동조하는 뜻을 비치기는 했으나 한국문제에 선뜻 나서려 들지는 않았다. 요시마쓰 목사가 나서서 설득하자 먼저 도쿄상수도노동조합(동상로)이 정치범 구명운동에 동참의 뜻을 표했다. 요시마쓰 목사는 이어서 전전통(全電通), 도쿄교통노동조합 등 비교적 한국에 대한 관심도가 높은 노동조합에게도 협조를 구했다.[9] 전국회의가 결성된 후에는 도쿄지방노동조합평의회(도쿄지평)의 정치과제 담당서기인 와타나베 데쓰로(渡辺哲郎)를 통해서 총평 계열 노조와 협력관계를 넓혀 나갔다.[10] 그리하여 1977년, 전국회의는 총평 계열 노조 중 한반도 문제를 지속적으로 연구해 왔던 북-일 국민회의와 공동으로 '재일한국인 '정치범' 즉시 석방과 김대중씨의 원상복귀를 요구하는 국민서명'을 전국적으로 실시했다. 한일국민회의의 신도 마코토(新藤允)는 재일한국인 정치범 구명운동에 동참해 달라는 뜻을 전

---

8) 와타나베 데쓰로는 도쿄지평이 주도했던 1970년대의 한일 연대운동을 통틀어 이날의 집회가 가장 규모가 컸다고 기억한다. 와다 & 아오치가 집필한 앞 책에 따르면, 이날 열린 '박정희 정권에 모든 정치범의 석방을 요구하고 일본정부 및 재계에 대 한국정책의 근본적 전환을 촉구하는 9·19 국민 대집회'에 참여한 인원이 무려 3만여 명에 달했다고 한다(p. 116).

9) 도쿄상수도노동조합(동상로)의 서기였던 후루타 다케시(古田武)는 히가시무라야마(東村山)에 사는 동료와 함께 1970년대 초반부터 '히가시무라야마 조선문제 연구회'에 가입해 활동했다. 총평이 좀처럼 설득에 넘어오지 않자 요시마쓰 목사는 동상로를 불쑥 찾아갔는데, 이곳에서 후루타와 만나 이야기를 나누게 되었다. 두 사람 사이에 오간 대화내용은 요시마쓰의 앞 책을 참조하기 바란다.

10) 와타나베 데쓰로는 1970년대부터 80년대 초반에 걸쳐 전전통이 한일연대활동에 정력적으로 나섰다고 증언한다. 1977년 한일국민회의와 전국회의가 진행한 서명운동의 모습을 담은 『서명활동 뉴스』 No.1 (1977. 11. 15)에 따르면, 전통공투중앙본부는 전국적인 학습모임을 조직해 지역시민들에게까지 서명운동 동참을 호소하는 등 매우 열심이었다고 한다.

국의 총평 계열 노동조합에 전하는 역할을 담당했다.

일본사회당, 자유민주당, 공명당 등에 소속된 국회의원 가운데도 일찍부터 한국문제에 관심이 많았던 사람들이 있었다. 전국회의의 사무국장을 맡게 된 요시마쓰 목사는 이런 의원들도 구명운동에 끌어들이고자 부지런히 뛰어다녔다. 초기에는 우쓰노미야 도쿠마(宇都宮德馬), 덴 히데오(田英夫) 의원 등이 나서 재일한국인 정치범 구명에 힘을 쏟았다. 외무성 협상 중개 등을 통해 실질적인 도움을 준 것은 안타쿠 쓰네히코(安宅常彦) 중의원의원이었다.[11] 1981년에는 전국회의의 노력으로 '재일한국인 '정치범'을 지원하는 국회의원간담회'가 만들어졌다.

이처럼 재일한국인 정치범 석방운동이 1970년대에서 80년대 초반까지 한일 연대운동의 주된 축을 이루었다. 1977년 6월에는 오카마토 요시히코(岡本愛彦) 감독이 제작한 영화「세계 인민에게 고함」이 개봉되었다. 재일동포 유학생 간첩단 사건(11 · 22 사건)의 관계자들을 담은 기록영화로,「고발」에 이어 다시금 이 문제에 대한 전국적인 관심을 높이는 데 기여했다.

그 이후의 활동에 대해서는 이만 줄이기로 한다. 사실 재일한국인 정치범 구명운동은 간사이(関西) 지역에서 전개된 활동을 제외하고는 논하기 어렵다. 특히 11 · 22 사건 당시 체포된 사람 중 다수가 간사이 출신이었던 만큼, '11 · 22 재일한국인 유학생 부당 체포자를 구원하는 모임(11 · 22 구원회)'은 결성 직후부터 다방면으로 활발한 활동을 펼쳤다. 그러나 본고의 목적은 수도권 지역에서 일어났던 재일한국인 정치범 구명운동을 돌아보는 것이므로, 아쉽지만 간사이 지역의 구명운동

---

11) 안타쿠 쓰네히코는 야마가타현(山形県)에서 선출된 일본사회당 중의원의원으로, 서승 · 서준식 형제 사건, 김철우 형제 사건 등 재일한국인 정치범 문제에 일찍부터 관심을 가지고 헌신적으로 지원해 주었다. 안타쿠 의원 사무소 직원으로 북-일우호의원연맹 사무국을 담당했던 소가 아키코(曽我昭子)가 재일한국인 정치범 가족 지원과 석방 탄원 등의 실무적인 일을 처리했다. 소가 아키코 인터뷰 참조.

에 대해 살펴보는 것은 다음 기회로 미루겠다.

III. 1980년대의 한일 연대운동

1. 수도권련 결성

1970년대에 전개된 한일 연대운동 중 가장 주목할 만한 것은 1978년 8월 8일에 열린 집회다. 김대중 피랍 5주년을 맞아, 연대운동 관계자들은 6월부터 간담회 등을 통해 집회 기획과 준비에 들어갔다. 그리하여 8월 8일, 김대중 납치사건의 진상규명과 한일 정부 간 정치적 타결에 반대하는 '김대중씨의 원상복귀를! 8 · 8 중앙집회'가 열렸다.[12)]

1970년대 후반에 이르면 연대운동의 대상이 정치범 지원이나 김대중 납치사건의 진상규명 및 김대중 원상복귀 등 인권과 관련된 문제에 국한되지 않고, 노동운동 지원 등 더욱 광범위한 과제로 확산된다. 이런 변화의 도화선 역할을 한 것은, 한국 평화시장에서 일하는 노동자들의 열악한 노동환경 개선을 부르짖으며 1970년 스스로의 몸에 불을 지른 전태일과 그의 모친 이소선 여사를 그린 영화 「어머니」(한민통 제작)였다. 1978년 11월 13일 데시마(豊島) 공회당에서 열린 집회 이후 「어머니」는 일본 각지에서 상영되었고, 한국의 노동운동에 대한 일본 내 관심이 부쩍 높아졌다.[13)] 동일방직 농성 등 현재 한국 여성 노동자

---

12) 제1회 실행위원회의 개요에 따르면 요시마쓰, 와다, 김군부, 임이성 등이 1차로 간담을 나눈 데 이어 신도, 후루타, 와타나베가 합세해 준비회가 꾸려졌다고 한다. 재일한국청년동맹 소속인 김군부와 임이성을 제외하면 하나같이 이 시기 수도권 지역의 한일 연대운동에서 중추적 역할을 담당했던 인물들이다.

13) 신도 마코토는 「어머니」 상영운동을 통해서 한민통과 총평 사이에 본격적인 유

들이 벌이고 있는 투쟁에 관한 소식들이 잇따라 전해졌다. 한편 일본기업의 한국진출에 대해서는, 일본기업이 몇 푼 이득에 눈이 어두워 저임금과 장시간노동으로 한국 노동자를 혹사시키려 든다는 비판이 제기되었다.

당시 일본 수도권에서는 다양한 단체가 실행위원회를 조직하고 집회 등의 활동을 통해 이러한 과제에 대처하고자 애썼는데, 상설활동단체와 좀더 효율적인 시스템을 구축해야 한다는 것이 이들의 공통된 인식이었다. 단체들끼리의 협의를 거쳐 1979년 11월 13일, 도쿄에서 한일민중연대 수도권연락회의(수도권련)가 발족했다. 한일연련의 대표이기도 한 아오치 신, '김지하를 구하는 회'의 대표인 오다 마코토(小田実), 전국회의의 대표인 미야자키 시게키 등 3명이 수도권련의 공동대표로 취임했다. 우메바야시 히로미치(梅林宏道)가 사무국장을 맡았다. 전국회의가 수도권련에 가입하자 전국회의를 지원하는 시민단체 및 지역단체, 도쿄지평 등의 노동조합도 줄지어 수도권련에 가입 의사를 밝혔다.

수도권련의 발족일인 11월 13일은 9년 전 청년 전태일이 분신자살을 택한 날이었다. 그리고 이보다 조금 앞선 10월 26일에는 박정희 대통령이 김재규 중앙정보부장이 쏜 총탄에 쓰러져 사망했다. 수도권련은 그야말로 정치적 격동기의 한복판에 탄생했다고 할 수 있겠다. 결성선언에서 수도권련은 "민주화와 통일을 향한 한국 민중의 투쟁을 진심으로 지지하며, 이들과 연대해 싸워나갈 것을 표명한다"고 선언한 뒤, "지금이야말로 그동안의 대 한국정책의 근본적 전환을 일본정부에 요구하는 바이다"라고 힘주어 외쳤다.

수도권련은 다음 11가지 사항을 슬로건으로 내걸었다.

1) 한국 독재체제에 대한 일본정부의 지원사격 불용납

대관계가 형성됐다고 회고한다.

2) 한국 민주화 투쟁에 대한 일본정부의 개입 불용납
3) 한국민중을 수탈하는 일본정부 및 자본의 경제활동에 반대
4) 김대중 납치사건에 관한 정치적 타결의 철회와 원상복귀
5) 일본정부의 대 한국정책의 근본적 전환
6) 한국의 비상계엄령 철폐 및 정치범 석방
7) 재일한국인 정치범 5명에 대한 사형집행 중지 및 전원석방
8) 재일조선인과 한국인을 억압하는 일본 입국관리체제 타파
9) 한미일 군사 일원화 반대 및 주한미군 철수
10) 남북한 자주적 평화통일 지지
11) 한일 연대운동의 발전[14)]

2. 광주 민주화운동과 '김대중씨를 죽이지 마라!' 운동

1970년대에서 1980년대로 넘어가는 전환기의 한국은 '서울의 봄'과 군사 쿠데타, 광주 민주화운동 등이 연이어 터지는 가운데 격렬하게 요동쳤다. 격동의 시기에 수많은 시민이 희생됐고 학생운동가와 민주화 운동 관계자들, 정치인들이 대거 연행되었다. 정부의 탄압은 1980년 5월 최고조에 달했다. 김대중씨를 비롯한 숱한 정치범들이 옥에 갇혔다. 일본의 시민운동 세력은 한국정부의 국민 탄압에 전면적으로 항의함과 더불어 한국시민들과 함께 싸우겠다는 강한 연대의지를 표명했다. 총평을 중심으로 김대중 구출운동[15)]이 활발히 전개되었으며(제8장 참조), 수도권에서는 수도권련을 중심으로 김대중 구명 및 광주 투쟁 연대운동이 추진되었다.

---

14) 수도권연락회의 기관지 『봄』 창간호(1979. 12. 15).
15) 신도 마코토에 의하면, 1980년대 들어 김대중씨가 사형될 위기에 처했을 때 『세계』지의 편집장인 야스에 료스케(安江良介)가 나서서 김대중 구명운동을 총평에 강력 촉구했다고 한다.

1980년 5월 광주에서 한국 민중들이 벌인 반정부 항쟁은 일본 시민운동 세력에게 커다란 충격으로 다가왔다. 일본정부가 공공연하게 한국 군사정권을 지지하고 있는 현 상황에서 자신들이 과연 무엇을 할 수 있고 또 해야만 하는지 진지하게 돌아보게 되었던 것이다. 그해 7월 『세계로부터』 편집위원회와 한일조사운동은 『한국 1980년 5월: 광주 민중의 궐기』라는 제목의 소책자를 공동으로 펴냈다. 광주 민주화운동의 의미를 곱씹어 보자는 데 뜻이 일치한 두 단체는 6월 초 3일간 합숙을 하면서 각종 자료를 정리했고, 광주 항쟁에 이르기까지의 여정을 자신들의 손으로 재구성했다. 무토 이치요(武藤一羊)는 서문의 말미에 이렇게 썼다.

> 봉기한 광주 민중들과 함께 나아가고 함께 살아가는 것, 이것은 인간이라면 누구든 이해할 수 있는 극히 단순한 일이다. 모든 일본 민중에게 이 단순한 일이 요구되고 있다. (중략) 그것은 우리들 자신이 해방되는 유일한 길일 것이다.

1980년 7월 4일, 수도권련은 사회당, 총평 등과 공동으로 '군사독재정권과 전면 대결을 펼치는 한국민중과 연대하여 대 한국정책의 전환을 요구하는 7·4 집회'를 연 데 이어, 8일에는 대규모 경제사절단이 일본에서 한국으로 파견되는 것에 반대의 뜻을 표명했다. 그리고 17일에는 한일조사운동, 한일연대 가나가와(神奈川) 민중회의와 함께 '김대중씨 등을 죽이지 마라! 100일간 긴급행동'을 조직하고 7월과 8월 내내 구명운동을 벌였다.

그러나 이렇게 애쓴 보람도 없이 7월 하순, 김대중씨 외 재일한국인 정치범 4명이 사형판결에 항소해 제출한 재심청구가 일괄 기각되었다. 이들의 사형이 당장에라도 집행될지 모른다는 위기감을 느낀 전국회의는 수도권련 등의 100일간 긴급행동에 동참했다. 김대중씨 등은 8월 1일 계엄사령부에 기소 당했고 14일부터 재판이 시작되었다. 9월 17일 열린 제1심 판결은 김대중씨에게 사형을 선고했다. 11월 3일 열린 제 2심 판결 결과도 사형이었다.

100일간 긴급행동 및 여기에 참여한 단체와 개인들은 8월 8일부터 31일까지 스키야바시에서 텐트 투쟁을 벌였고, 9월 9일에는 '김대중씨 등의 군사재판을 둘러싼 정세와 우리들'이라는 이름으로 강연집회를 열었으며, 11일부터는 스키야바시에서 단식투쟁에 들어갔다. 또 9월 28일에는 '김대중씨 등의 군사재판에 분노하는 일본민중 총 행동,' 10월 26일에는 '프리퍼 선언 수도권집회'를 여는 등, 일본 각 지역에서 잇따라 집회를 열고 실제행동에 나섰다. 10월 26일의 집회에서 '100일간 긴급행동'의 명칭이 '수도권긴급행동'으로 바뀌었다.

11월 이후 운동의 쟁점은 김대중씨 사형 저지였다. 12월 5일에 제3심 판결이 내려진다는 소리가 나돌면서 긴장감은 한층 더 높아졌다. 수도권긴급행동은 12월 4일 '제3심 사형판결을 용납하지 마라! 긴급행동' 집회를 연 데 이어 5일에는 외무성에 반대 요청을 했고, 6일에는 외무성을 직접 방문해 탄원했다. 13일에는 '김대중씨 등에게 자유를! 사형 중형 판결을 용납하지 않는 12 · 13 집회'를, 21일에는 '김대중씨 살해를 거드는 세력들에게 분노하는 사방팔방 항의행동'을 주최했으며, 다른 단체들과 공동투쟁을 벌이는 한편으로 각 참여단체들이 각각의 지역에서 추진하는 반대운동에 힘을 실어 주었다. 12월 13일의 집회에서 나눠준 유인물 뒷면에는 수도권 각지에 잡혀 있는 집회 일정이 빼곡히 적혀 있었다. 추후 배포된 증쇄판을 보면 그 사이 더 많은 집회와 반대운동이 추가되었음을 알 수 있다.

그러는 사이 1981년 새해가 밝았다. 수도권긴급행동은 1월 6일부터 매일 외무성을 찾아가 탄원을 했고, 11일에는 토의집회를, 20일에는 총궐기집회를 개최했으며, 24일에는 다시 외무성을 직접 방문해 김대중씨 등의 사형 저지를 호소하는 탄원서를 넣었다.[16] 김대중씨는 사형판

16) 이상의 사항들은 주로 한일연대 가나가와 민중회의에서 펴낸 『광주, 김대중, 동

결이 확정되었다가 곧 무기징역으로 감형되었다. 일본에서 추진된 구명운동은 한국의 문제가 일본의 정치 및 사회현실과 밀접하게 관련되어 있다는 자각에서 비롯된 것으로, 긴박한 정황도 가세해 일본사회운동 사상 매우 특기할 만한 집중적인 형태로 진행되었다. 와타나베 데쓰로는 100만 명 서명운동은 과거 일본 노동조합 운동에서도 몇 차례 시도된 적 있지만 1,000만 명 서명운동은 극히 이례적인 일로서, 비록 1,000만 명 목표까지는 도달하지 못했으나 깜짝 놀랄 만큼 많은 인원이 서명에 동참했다고 술회한다.[17)]

3. 행동련 출범과 연대운동들

수도권긴급행동은 1981년 5월 22일 '자유 광주 민중 궐기를 잊지 않는 한일연대데모'를 연 데 이어, 6월 19일 한일민중의 연대를 만드는 행동연락회(행동련)을 발족시켰다. 긴급행동의 경우 '100일간 긴급행동'을 구성하는 세 개 단체에 더해 노동정보편집위원회가 연락업무를 맡았는데, 행동련은 수도권련을 제외한 세 단체가 그대로 연락을 담당하기로 했다.

회보 『더불어 살기』(ともに生きん)의 창간 준비호(1981. 7. 20)에서 행동련은 수도권긴급행동의 확충과 심화를 꾀하는 뜻에서 행동련이 발족했다고 공표한 뒤, 행동련이 앞으로도 지속적으로 추구해 나갈 목표로 ①책임감 있는 일본민중과 연대해서 일본정부의 범죄행위를 따진

시대의 우리들: 더불어 살기 300일의 궤적』(1981. 4)을 참조했다.

17) 와타나베 인터뷰 참조. 와타나베는 1980년대처럼 매일같이 대규모 집회가 열렸던 것은 거의 전무후무한 일이었으며, 노조 측에서도 한국 문제에 매우 높은 관심을 보였다고 증언한다. 수도권련의 사이토 사토시(斉藤論) 역시, 중앙과 지방을 가리지 않고 연일 각종 집회와 궐기행동이 일어나 정신 없이 이곳 저곳 뛰어다녔던 시절이라고 회고한다.

다. ②아시아 민중과의 상생을 꿈꾸는 사상을 창출한다. ③재일한국인 민주세력과 연대한다. ④민주적 토론에 의거해 대중행동과 직접행동을 추진한다. ⑤투쟁의 문화적 성숙에 힘쓴다 등을 들고 있다. 그리고 당장 덤벼들어야 할 투쟁과제로 한미일 군사 일원화 저지를 꼽았다.

행동련은 일본현실의 변혁이라는 과제에 상대적으로 무게를 두었다. 일례로 1981년 11월 28일에 '우익적 노동전선 통일과 한일연대'라는 심포지엄을 개최하고, 일본 노동조합의 재편 움직임을 한일관계와 연관 지어 읽어내고자 하였다. 하지만 정치범 석방 및 한국 군사정권에 대한 지원 중지를 요구하는 서명운동이나 연속강좌, 집회시위, 김치 담그기를 통한 한국 민주화운동 및 노동운동 지원, '3 · 1 선언문을 한국어로 읽는 모임' 주도의 한국어 강좌 등 행동련의 전반적인 활동사항은 수도권련과 거의 유사했다.[18)]

파란만장했던 1980년의 연대운동 속에 결집된 행동련 소속의 단체들은 이후 갖가지 대중운동의 버팀목이 되었고, 한일조사와 가나가와 민중회의는 꼭 짚어봐야 할 문제를 제기하는 역할을 수행했다. 한일조사는 양국 정부의 행태를 비판적으로 조사하고 추적하는 한편, '3 · 1 선언문을 한국어로 읽는 모임' 및 '재일한국인 정치범을 구하는 도쿄연락회'와 사무실을 공동으로 쓰면서 상호협력을 아끼지 않았다. 가나가와 민중회의는 주로 미군 및 자위대 기지문제와 씨름하면서 일본의 현실을 바로잡고자 하는 문제의식을 키워갔다.

수도권련도 이들에 뒤질세라 태세를 가다듬었다. 1981년에 도쿄지평의 와타나베 데쓰로가 연락 담당자로, 사이토 사토시가 사무국장으로 각각 임명되었다. 그해 수도권련은 '청계피복노조 구속자 구원 모금 및 손수건 운동'을 벌였고, 3월 10일 노동자인권선언의 날(1977)과 11월 13일 전태일 분신항거의 날(1970)에는 매년 기념집회를 거행하기

18) 후루타 다케시와 사이토 사토시에 따르면, 수도권련과 행동련의 활동은 방법상의 차이가 있었을 뿐 목표는 거의 동일했다고 한다.

로 했다. 한국 노동운동과 끈끈한 연대활동을 펼치는 한편으로 정치범 지원과 연속강좌 등에도 고루 신경 썼고, 한국어 강좌와 같은 일상적인 활동도 소홀히 하지 않았다.

1984, 1985, 1987년 총 세 차례 열린 불새 콘서트는 수도권련이 기획해 실행에 옮긴 새로운 한일 연대운동 형태였다. 일본보다 훨씬 삼엄하고 숨막히는 상황에서도 노래하고 춤추는 한국 운동가들의 강인한 모습은 일본인들에게 깊은 인상을 남겼다. 한일 연대운동에도 그러한 여유와 문화적 향기를 불어넣고 싶다는 마음에서, 사이토와 후루타 등은 재일한국인 청년들과 힘을 합쳐 콘서트라는 색다른 형식을 시도하기에 이른 것이다.

1982년 여름에는 중국과 한국 측의 보도가 도화선이 되어, 아시아 전역에서 일본 역사교과서 문제가 논란의 핵으로 부상했다. 역사교과서 논란은 일본의 식민지 지배에 대한 책임과 과거사 청산을 촉구하는 운동의 시발점이 되었다. 수도권련과 행동련은 즉각 이 문제에 적극 대응할 의지를 표명했다. 1982년 8월 14일 와다 하루키 등 일본 지식인들은 '지금이야말로 조선 식민지 지배의 청산을' 이라는 성명을 내고, 지난날의 과오를 거듭 반성해 왔다는 일본정부의 말은 기만적인 변명에 지나지 않는다는 비판과 함께, 일본정부는 식민지 지배에 대해 정식으로 사죄하는 정부선언을 발표해야 한다고 역설했다. 이들의 주장은 1984년 7월 4일에 일본의 연구자 및 종교인들이 발표한 '조선문제와 일본의 책임'이라는 제언으로 발전했다. 이 제언은 일본 최초로, 일본정부가 초당파적인 국회결의를 거쳐 식민지 지배에 대한 사죄를 표명해야 한다는 주장을 제기했다.[19)]

일본의 과거사 반성을 요구하는 운동은 계속 이어지다가 1989년에는 한일국교정상화를 염두에 둔 국회결의 운동으로 구체화되었고,

---

19) 와다 하루키, 이시자카 고이치, 전후 50년 국회의결을 요구하는 회 편저, 『일본은 식민지 지배를 어떻게 생각해 왔는가』(나시노키샤(梨の木舎), 1996), pp. 14-23.

3·1 선언집회에 한국 측의 연대 메시지가 전해지면서 더욱 활기를 띠어 갔다.

한국에서는 1983년 무렵부터 민주화운동의 기운이 다시금 고조되기 시작했다. 일본의 시민운동가들은 한국 민주화운동 세력의 주장과 운동론이 기존과는 비교도 안 되리만치 예리하고 깊이도 갖추었다는 사실을 깨달았다. 광주 민주화운동에 관한 소식은 단편적인 인쇄물 등을 통해 일본에 소개됐는데, 1983년 무렵부터는 일본에 유입되는 정보의 양도 늘어났고 일본 단체들이 소책자나 잡지 발간 등을 통해 직접 국내에 알리는 경우도 늘었다. 1983년 9월에 출범한 민주화운동청년연합은 이듬해 3월부터 기관지 『민주화의 길』을 간행했는데, 이 기관지를 일본어로 번역해 일본 국내에 소개하는 활동도 꾸준히 이루어졌다. 1984년 3월에 출범한 한국노동자복지협의회의 기관지 『민주노동』도 일본어로 옮겨졌다.[20] 이들 기관지는 한국 민주화운동을 일본 국민들에게 이해시키는 데 큰 공헌을 했다.

와다 하루키와 가지무라 히데키 편저의 『한국의 민중운동』(1986. 2), 『한국민중: 학원에서 현장에서』(1986. 11), 『한국민중: '새로운 사회'를 향해』(1987. 11) 등은 게이소쇼보(勁草書房)에서 시리즈로 출간되어, 한국 민주화운동의 확산 및 그에 대한 이해 심화에 기여했다. 광주 민주화운동의 피 어린 항쟁을 담아낸 황석영의 기록물 『죽음을 넘어 시대의 어둠을 넘어』도 가톨릭정의평화협의회에 의해 번역 출판되었다.

---

20) 『민주화의 길』은 재일한국인 정치범인 진두현의 구명을 추진한 모임 측이 번역했는데, 한국정부의 탄압을 피하기 위해 『민주화의 길』 간행회의 이름으로 출판되었다. 번역작업은 ○호(호수 누락)까지 이어졌다. 『민주노동』은 처음에는 한민통이 번역 의욕을 보였으나, 현대어학숙(現代語学塾)의 강사였던 가지무라 히데키(梶村秀樹)와 현대어학숙에서 수학 중이던 다니구치 유타카(谷口豊)의 뜻을 존중해서 가톨릭 정의와 평화협의회의 이름으로 번역 출간하게 되었다(마찬가지로 호수 누락).

4. 한국 진출기업 문제와 한국 스미다 투쟁

수도권련은 한국 노동운동과의 연대를 추진하는 과정에서, 한국에 진출한 일본기업들이 저임금과 장시간 노동 등으로 노동자 인권을 짓밟고 있다는 사실을 알게 되었다. 이러한 실태는 일찍이 1970년대부터 신구 기독교회를 통해 일본에 알려진 바 있었지만, 1980년대에 들어서면서부터는 온쿄나 한국 스와니 등에서 일어난 노동자 탄압과 부당해고 사례들이 더욱 구체적으로 보고되었다. 일본 측 운동가들은 이들 기업의 일본 본사에 시정을 요청하는 항의행동에 나섰고, '한국음향노조탄압대책회의'와 '아세아 스와니 문제를 생각하는 모임' 등이 결성되었다. 한국의 한 출판물에 게재된 한국 스와니 노동자 김덕순의 수기 『들에 핀 꽃은 쓰러지지 않는다』가 번역 출간돼 일본사회에 잔잔한 반향을 일으키기도 했다.

한국 진출기업 문제를 계기로 해외에 진출한 일본기업들의 행동을 감시해야 한다는 필요성이 제기되었고, 1987년 2월 7일에 '진출기업 문제를 생각하는 회'라는 시민단체가 발족했다. 이 단체는 주로 노동문제와 환경문제에 주력했다. 1987년 한국에서 일어난 6월 항쟁과 노동자 대투쟁은 일본기업 내 노동운동의 조직화에도 영향을 주었다. 그동안 노동운동에 대해서는 무관심으로 일관해 왔던 일본 본사 측은 이런 상황에 기가 질려, 1988년 이후 줄줄이 한국에서 철수하기 시작했다. 그 과정에서 빚어진 것이 한국 스미다 투쟁이다. 한국 스미다 전기는 일본의 코일 제작회사인 스미다 전기가 1972년 마산수출자유지역에 세운 100% 출자 자회사로, 한창 경기가 좋던 때는 그곳에서 일하는 노동자 수가 3,000명을 헤아렸다. 그런데 1989년 10월, 일본 본사는 오늘 부로 한국 스미다 전기는 문을 닫으며 450명 남짓한 노동자는 전원 해고라는 통보를 달랑 팩스 한 장으로 전해 왔다. 일방적인 해고 조치에 분노한 노동조합은 협상에 응하려 들지 않는 일본인 사장을 몰아 붙여 일본 본사와의 노사협상을 시도했다.

11월 15일 일본 땅을 밟은 한국 노조 대표단에 관심을 기울이는 사람은 아무도 없었다. 그러나 이들은 끈질긴 투쟁과 일본 노동세력과의 연대, 그리고 사회적 호응에 힘입어 차츰 본사를 압박해 들어갔다. 12월 들어서면서부터는 매스컴도 이들의 투쟁을 비중 있게 다루었다. 때마침 노동전선통일 움직임이 일면서 일본 노동계도 여러모로 시끌시끌하던 시기였는데, '진출기업 문제를 생각하는 회' 및 스미다 전기 본사가 위치한 가쓰시카(葛飾) 지역 노동자들이 한마음 한뜻으로 "한국 노동자들을 위해 일치단결하자!"는 구호를 외치자 이에 동참하는 세력들도 늘어났다. 그리하여 장장 6개월간의 쟁의가 벌어졌다. 마침내 1990년 6월 8일 스미다 본사는 모든 책임을 인정한다는 사죄의 뜻을 표했으며, 해고된 노동자에게 생존권 대책 자금 등을 지급한다는 데 합의했다.[21]

이와 거의 때를 같이 하여 도쿄 타나신 전기의 자회사인 TND(군포시)와 도쿠시마(德島)에 본사를 둔 스와니의 자회사 아세아 스와니(이리시)에서도 회사폐쇄를 구실 삼아 노동자들을 일방적으로 해고하는 사태가 벌어졌다. 이들 회사의 노조 대표들도 일본 본사를 항의 방문함에 따라, 한국에 진출한 3개 기업의 노동쟁의 양상이 나란히 세간의 주목을 끌기에 이르렀다. 이들 사건을 접하면서 일본 내에서는 불공정한 한일관계를 다시금 돌아보는 반성의 목소리가 높아졌다. 파워풀한 한국 노동자들의 모습에 자극을 받아 일본 노동운동이 한층 활성화되는 효과도 나타났다.

기본적으로 연대운동이란 바다를 사이에 둔 두 나라 시민들이 서로 뜻이 통해 함께 싸워나가는 운동을 뜻한다. 위에 든 세 노조의 투쟁은 한국 노동자들과 일본대중이 시공간을 넘어서 하나가 되는 소중한 첫 경험을 선사해 주었다. 열의에 넘치는 한국 노조대표의 방일은 일본의

21) 한국 스미다 투쟁에 관한 자세한 내용은, 진출기업 문제를 생각하는 회 편저, 『바다를 뛰어넘은 노사분쟁』(일본평론사, 1992)을 참조하기 바란다.

노동계와 시민운동, 종교계에 자극을 가했으며, 그랬기에 이들을 도우려는 지원운동에도 더욱 탄력이 붙을 수 있었다. 또 노동자 집회에서 울려 퍼진 노래와 마산공장을 끝까지 지켜낸 노동자들의 판화 운동 등은 문화적인 측면에서도 신선한 충격을 던져 주었다. 한국의 노동쟁의를 통해 일본기업 내부의 문제가 드러나고 공론화되었다는 점에서도 이 사건들은 커다란 의의를 지닌다.

이런 점들로 미루어 볼 때, 1980년대의 노동연대운동은 그동안 다양한 형태로 전개되어 왔던 한일 연대운동의 빛나는 결실이라고도 할 수 있을 것이다.

Ⅳ. 결론에 갈음하며

이상 한일 연대운동의 발자취를 극히 간략하게 돌아보았다. 좀더 많은 이야기들을 조리 있게 풀어내고 싶었으나, 머릿속에서 생각했던 내용의 일부만을 기록하는 데 그치고 말았다. 한일 연대운동의 역사적 의의가 제대로 자리매김되기 위해 앞으로 해결해야 할 과제는 무엇인지 제시하면서 본고를 끝맺기로 한다.

한일 연대운동에서 줄곧 강조되어 왔던 것은 일본인의 주체성이다. 이 사실은 연대운동이 그저 한국을 돕자는 운동이 아니라, 일본 자체의 현실을 스스로 개진하고자 했던 운동이었음을 말해 준다. 이 대원칙에 대해서는 이론의 여지가 없을 것이다. 다만 실제 운동 과정에서는 운영과 방침, 단체간의 연대관계 등을 둘러싸고 첨예한 의견대립이 빚어지는 경우도 있기 마련이다. 일본의 주체성이라는 말이 연대운동의 각 시기에 따라 어떤 식으로 사용됐고 어떻게 받아들여졌는지 검토해 볼 필요가 있을 듯하다.

그리고 한일 연대운동은 함께 힘을 합쳐 싸울 존재가 있었기에 이만큼 성장하고 지속적으로 이어질 수 있었다는 점을 잊어서는 안 되겠다. 바다 건너편의 상황에 관한 정보를 신속하게 획득하고 분석하는 능력을 갖춘 개인 및 조직이 자연스럽게 연대운동의 주도권을 쥐게 되었고, 이들을 구심점으로 단단한 연대가 형성되었다. 기독교 단체가 오랜 세월 동안 연대운동에서 핵심적 역할을 수행할 수 있었던 것은, 물론 신앙의 뒷받침도 컸겠지만, 빠르고도 정확하게 상대방의 정보를 입수하고 상대가 필요로 하는 도움을 제공할 수 있는 통로가 확보되어 있었던 덕이 더 크다. 이 점을 감안할 때 그동안의 한일 연대운동을 어떻게 평가할 수 있을까. 향후 사실 확인과 더불어 곰곰이 생각해볼 문제인 것 같다.

이 글을 쓴 것을 출발점으로 삼아, 앞으로도 한일 연대운동의 궤적을 확인하고 정리하는 작업에 더욱 매진하고 싶다.

부록

※ 사진 설명: 이 책의 필자들이 김대중 전 대통령과 이 책의 소재가 된 시기와 사건들에 대한 간담회 겸 오찬을 마친 후 기념촬영을 하였다(2008년 11월 22일, 신촌의 거구장에서)

【부록 1】 우쓰노미야 도쿠마(宇都宮德馬) 의원에게 보내는 김대중의 편지

【부록 2】 김대중에게 보내는 우쓰노미야 도쿠마(宇都宮德馬) 의원의 편지

【부록 3】 덴 히데오(田英夫) 의원 인터뷰

【부록 4】 고노 요헤이(河野洋平) 의장 인터뷰

【부록 1】

우쓰노미야 도쿠마(宇都宮德馬) 의원에게 보내는 김대중의 편지

존경하옵는 우쓰노미야 선생!

몸이 안 좋으셔서 입원하셨다는 소식을 들었는데 이후 경과는 좀 어떠신지요? 크게 걱정할 일은 없다고 누마타씨가 그러셨습니다만, 모쪼록 몸조리 잘 하시기 바랍니다. 부인과 가족분들, 사무실의 무라카미씨와 여직원 여러분들도 다 무고하시겠지요?

선생의 건강을 걱정하고 있던 차에 얼마 전 아카기 무네모리(赤城宗德)선생께서 전화를 주셔서 너무도 감사했습니다. 저는 물론이요 주변 사람들에게도 큰 격려가 됐습니다. 또 덴 히데오(田英夫) 참의원 의원께서도 전화 주셨고요. 그분들께도 안부 전해 주십시오.

(1) 현재 저는 다시금 감시와 미행, 도청을 당하는 생활을 하고 있습니다. 긴급조치 9호가 발령된 이래 한국은 매우 긴박한 상황에 처해 있습니다. 교회 관계자와 학생들이 숱하게 체포 내지는 연행당하는 고초

를 겪고 있는데도, 신문 등의 매체가 거의 침묵을 지키다시피 하며 이런 일들은 전혀 보도조차 되지 않습니다. 이 나라 민주운동의 중심인 민주회복국민회의는 강제해산과 탈퇴를 명령받았는데, 대다수 회원들이 이에 굴복하지 않자 경찰과 KCIA(한국 중앙정보부) 측에서 멋대로 해산을 공지해 버렸습니다. 항의해 봤자 아무 효과가 없어요. 잘 아시다시피 야당하고는 적당히 작당을 할 수 있지만, 주로 제 지지세력들이 똘똘 뭉친 민주회복국민회의는 한국정부가 제일 두려워하는 대상인지라 결국 이런 수법을 쓴 겁니다.

(2) 국토가 분단된 이 나라는 베트남 사태에 따른 큰 충격에 더해, 정부의 과장된 선전과 온갖 전시체제 조치가 국민들을 극도의 긴장 내지는 불안상태에 몰아넣고 있습니다. 국민 대다수가 불안과 혼란에 떨고 있고 민주세력은 침묵을 지키며 깊은 수심에 잠겨 있는 실정이지요. 하지만 제가 판단컨대 우리 국민들은 결단코 민주주의에 대한 뜻을 포기하지 않을 것이며, 서서히 사태의 진상을 깨달아가는 중입니다. 확실합니다. 특히 민주세력은 대북 경계태세를 늦추지 않으면서, 참된 안보는 국민이 민주적 자유를 마음껏 누릴 수 있을 때 비로소 성립하는 것이요, 부패한 독재정권 치하에 있다가는 베트남의 전철을 밟는 것을 면할 수 없으리라 확신하고 있습니다. 솔직히 말해 공산주의에 대한 확고한 반대와 민주주의 실현을 향한 부동의 신념 등에서, 이 나라 민주세력은 베트남의 재야세력과는 차원이 달라요.

(3) 저는 지금이야말로 미국과 일본정부가 베트남전에서 배운 귀중한 교훈을 정책에 올바로 반영할 때라고 생각합니다. 국민들에게 자유도 먹을 빵도 주지 않으면서 오로지 반공이라는 명목하에 국민을 억압하고 착취한 정부의 말로가 얼마나 비참한지, 베트남 사태를 통해 뼈아프게 배우지 않았습니까. 그런데도 여전히 의식이 깨이지 않은 집권층이 미국과 일본에 많다는 사실은 그저 유감스럽다고밖에 할 말이 없습니

다. 현재로서는 미키(三木) 총리의 현명한 정치론에 기대를 걸어볼 따름입니다. 8월에 열릴 미키-포드 회담 결과를 우리들은 크게 기대하고 있습니다.

선생께서 한층 더 힘써주십사 부탁드립니다. 요전번 편지에도 썼듯 요즘 한국에서 신서(新書)를 읽을 정도 되는 사람들 중에 선생을 모르는 사람이 없습니다. 그만큼 경애와 기대의 눈으로 선생을 바라보고 있다는 말입니다. 절대로 과장이 아닙니다. 다만 안타까운 것은 이 나라 보도가 선생을 가공할 '북한 앞잡이'로 매도한다는 점입니다. 판단력 있는 사람들은 그렇지 않겠지만, 일반인들은 그런 말을 곧이곧대로 듣기도 하는 모양입니다. 요즘 한국에 떠도는 소문에 의하면 한일 각료회의를 놓고 미야자와(宮澤) 외무장관이 대충 미봉하려 했는데, 미키 총리의 용단 덕에 제 납치사건이 합당하게 해결되지 않는 한 회의 개최는 불가하다는 쪽으로 이야기가 마무리됐다고 하더군요.

여태껏 선생께 저 개인과 관련된 간곡한 부탁은 단 한 번도 드린 바가 없으나, 이번만큼은 정말로 힘들고 불편하며 부자유스런 상태입니다. 속히 일본이나 미국에서 치료를 받고 싶은데, 일본 외무성의 태도를 보면 너무도 무책임하고 비인도적이라는 인상을 떨칠 수가 없습니다. 지난 8월 29일, 저는 천황 탄신기념 리셉션장에 지팡이를 짚고 일본대사 공저에 나갔습니다. 그때 제 걸음걸이가 얼마나 불편한지 대사 이하 모든 관원들이 목격했음에도 불구하고 제 출국문제는 나 몰라라 하고 있으니, 해도 해도 너무 한다 싶었습니다. 제 일이라서 다소 송구스럽긴 하나, 저는 진심으로 미키 총리께서 말씀하셨다시피 이 사건이 양국 국민들에게 납득가는 식으로 해결되길 바라며, 이를 통해 일본이 전 세계로부터 존경받는 모습을 보고 싶습니다.

(4) 일전에도 말씀드렸지만, 현재 이 나라 민주세력은 북한의 태도 때문에 얼마나 곤욕을 치르고 있는지 모릅니다. 지난번 김일성 주석이 중국을 방문해서 "남조선에 변혁이 일어난다면 방관하지 않겠다. 총력을

기울여 개입하겠다" 라는 요지의 말을 했다고 보도된 적이 있습니다. 이 발언은 민주세력, 특히 광복 이후 그들과 싸웠던 옛 지도층에 엄청난 충격을 가했지요. 또 김일성 주석이 전 편집간부로 현 한일문화협회장이신(성함은 잊어 버렸습니다) 분께 "1971년 대선 때 김대중이 당선됐더라면 남북통일은 벌써 실현됐을 거다" 라고 말했다던데, 이 말을 한국정부가 얼마나 악용했던지요. 김대중은 월남의 대통령처럼 나라를 공산주의자한테 팔아 넘기려는 놈이라고 아주 대대적으로 선전을 해댔지요. 또 정부 계열 신서 주간지나, 외국 선교사들에게 선전을 하질 않나, 온갖 방법을 동원하고 있고요.

처음 북한이 한국의 학생데모에 연대를 제안했을 때, 우리 민주세력은 북한이 한국의 실정을 잘 몰라서 저러나보다 했습니다. 그런데 회가 거듭될수록 저들이 한국 민주정권의 출범에 훼방을 놓으려는 의도에서 민주세력 탄압의 구실을 제공하고자 비겁한 수를 쓰는 것임을 알게 되어 매우 분개했지요.

요전번에도 말씀드렸듯이, 우리가 바라는 것은 국민적 합의에 기초한 민주정권을 한국에 수립하고 북한과 평화적으로 통일하는 것이지, 결코 공산주의를 지지할 뜻은 없습니다. 북한의 한국 적색화를 좌시할 마음도 없고요. 아무튼 현재 앞뒤로 공격을 받고 있는 저희 입장이 얼마나 난처한지, 특히 제 입장이 얼마나 황낭한지 선생께서는 잘 아시리라 믿습니다.

(5) 끝으로 아카기 무네모리 선생, 후지야마 아이이치로(藤山愛一郎) 선생, 기무라 다케오(木村武雄) 선생, 기무라 토시오(木村俊夫) 선생을 비롯해 AA연구소 여러분들께 안부 말씀 전합니다.

우쓰노미야 선생의 건강과 건투를 진심으로 기원하고 또 기원합니다.

1975년 6월 21일 밤

김대중

추신〉

작년에 얘기가 나왔던 미국과의 회담은 어찌 됐는지요? 특별한 일이 있으면 무라카미 씨를 통하여 그쪽 사정을 전해 주셨으면 합니다.

송구스러우나 동봉한 편지를 …田 씨에게 전해 주십시오.

【부록 2】

김대중에게 보내는 우쓰노미야 도쿠마(宇都宮德馬) 의원의 편지

김대중 씨에게 전하는 편지

김대중 선생,

지난 8월 4일에 뵌 이래로 아직 한 달도 채 지나지 않았군요. 하지만 그 사이 벌어진 일들이 너무도 중차대하고 너무도 가혹했던지라 마치 1년은 훌쩍 지난 느낌입니다. 8월 14일에 서울의 자택에서 기자회견에 임하시는 사진을 텔레비전과 신문에서 봤습니다. 입술은 갈라져 터지고, 손목 발목에는 배에 납치당했을 때 무거운 추가 매달렸던 흔적이 역력히 남아 있더군요. 생존해 계신다는 첫 보고가 들어왔을 때 "아아, 살아 계시다니 다행이다" 하는 생각이 제일 먼저 들었습니다. 뒤이어 앞으로 어찌 되려나 하는 검은 불안의 그림자가 커졌습니다. 하지만 좌우간 살아 돌아오셨으니 정말 다행입니다. 손발에 추가 달린 채 "상어다! 상어!" 하는 외침을 들으셨을 때는 그야말로 죽음이 코앞에 다가온 듯한 기분이셨겠지요. 손가락으로 십자가를 그으며 하느님께 도움을 청하다가 구타를 당하셨고요. 그 순간 비행기 소리 같은 굉음과 함께 붉은 섬광이 눈가리개 틈으로 스며들었고, 그렇게 죽음의 위기에서 벗어나신 후로는 그들의 대접도 달라졌다고 들었습니다.

사건 발생 3, 4일 후에 아무래도 선생의 목숨이 염려된다고 김경인 국회의원에게 얘기했더니, 김 의원은 "아닙니다. 그분은 운이 아주 강한 양반이니 기적적으로 살아 돌아올 거라고 확신합니다" 라고 하시더군요. 과연 그 말대로 됐습니다. 정의로운 자를 돕는 하느님의 가호도 있었겠지만 천운도 따랐다고 봅니다. 현재의 시련을 이겨낸다면 선생은 인간으로서나 정치인으로서나 한층 더 성숙하리라고 기대하고 있습니다. 부디 어떤 역경에도 굴하지 말고 굳세게 버텨 주십시오.

회합기록을 들추어 보니 선생과 제가 처음 만난 게 작년 11월 6일이더군요. 『타임』지의 장씨와 함께 선생께서 의원회관의 제 방을 찾으셨지요.

남북 공동성명이 발표되면서 평화와 대화의 분위기가 무르익어 가던 그 시기, 박정희 정권은 돌연 계엄령을 선포하고 철저한 군정하에서 헌법개정을 단행했습니다. 의회의 3분의 1을 대통령 임명제로 한다는 얼토당토않은 내용이었지요. 이 개헌으로 말미암아 한국의 민주주의는 유명무실해지고 정치적 자유는 완전히 말살되고 말았습니다. 선생이 신뢰하던 정치 동지들은 형무소에 갇히고 선생은 일본에 돌아올 수 없는 몸이 되었지요.

첫 대면에서 저는, 이런 절망적인 상황 속에서도 선생이 자유와 민주주의에 대한 확신을, 그리고 한국민들의 능력과 가능성에 대한 절대적인 신뢰를 조금도 잃지 않았다는 것을 느낄 수 있었습니다. 또 한국민을 신음케 하는 폭정과 부정부패에 순수한 분노를 품고 계신다는 것도요.

사람의 눈빛은 거짓말을 못합니다. 순수한 의지에 불타는 눈동자, 국민의 행복과 자유를 위해서라면 죽음도 불사하겠다는 그 눈, 참된 애국자의 눈을 저는 선생에게서 보았습니다. 더 나아가 선생을 통해 한 치의 불순함도 없는 심적 교류가 한일 양국 간에 가능해질지도 모르겠다는 생각도 했습니다.

한민족은 뛰어난 민족입니다. 하지만 동시에 불행한 민족이기도 합니다. 대륙과 연결된 반도라는 지리적 특성상, 대륙에서 생겨난 변동이 큰 파도처럼 빈번하게 한반도를 덮쳤으니까요. 한족, 퉁구스족, 몽골 등 대륙민족이 번갈아 가며 한반도를 침략했다가는 물러갔지요. 500년에 걸친 이씨 조선은 비교적 평화로운 통일국가였으나 도요토미 히데요시가 이끄는 일본군에 짓밟히는 수모를 겪었습니다. 당시 고도의 문화를 구가하고 있던 조선의 도자기가 탐이 나 전쟁을 일으켰다는 설도 있는데, 5~6년간 일본군에게 시달린 조선의 입장에서는 악명이 자자하던 왜구들이 떼를 지어 쳐들어온 것처럼 느꼈을지도 모르겠군요.

19세기 이래로 조선은 불행한 운명에 시달렸습니다. 그에 대한 상당한 책임을 우리들 일본인이 져야 한다고 생각합니다.

19세기 후반부터 서양의 기술문명을 적극 수용해 근대화를 이룬 일본은 쓰시마 해협을 건너 대륙까지 영향력을 확장하기 시작했습니다. 시베리아를 우회해 따뜻한 부동항을 찾던 러시아, 조선의 종주권을 주장하던 노회한 중국 청조, 이 두 세력이 각축을 벌이던 조선반도에 신흥세력인 일본이 끼어든 셈이지요. 일본이 보기에 조선반도는 청일전쟁과 러일전쟁을 치르는 전장으로, 또 일본의 후방기지 터로 안성맞춤이었습니다. 여기까지는 일본이 그리 큰 잘못을 저질렀다는 생각이 안 듭니다. 만약 일본이 나서지 않았더라면 러시아가 조선반도를 집어삼켰을 테니까요.

일본의 잘못이 명백해진 것은 메이지 40년대(1910년대)에 들어서부터입니다. 그 하나는 한일 강제병합이요, 다른 하나는 위안스카이 정권 지지입니다. 이를 통해 일본은 아시아의 민족국가이기보다는 서양 제국주의 열강의 무리에 끼는 쪽을 택했습니다. 또 메이지 초기에는 쑨원이나 김옥균 등 조국의 개혁을 시도하다가 실패한 아시아 각국의 망명 인사들을 적극적으로 받아 들였으나, 메이지 말기에 이르자 소극적인 태도로 돌아서면서 망명 정치인을 오히려 성가신 존재로 취급하기 시작했지요.

김대중 선생. 현재 일본 정치는 선생을 적극적으로 받아들이는 나라가 될 것인지, 아니면 서울에 강제로 끌려가신 선생을 수수방관하는 나라가 될 것인지 중대한 기로에 서 있습니다. 위안스카이를 지지하는 일본이 될 것이냐, 쑨원을 지지하는 일본이 될 것이냐. 메이지 40년대에 직면했던 양자택일의 문제가 다시금 일본에 주어진 셈입니다. 저는 김대중 선생이 쑨원의 입장이라고 생각합니다.

자작 연출극이라는 소문은 비겁하기 짝이 없는 범죄

정신이 저열한 자는 두 가지 전승(戰勝)에 우쭐해 한다고들 합니다. 메이지 말기부터 일본은 조선인을 깔보면서 거만한 태도로 아시아 민족들을 대했습니다. 이를 두고 시바 료타로(司馬遼太郎)씨는 이렇게 말합니다. "다이쇼 말기부터 일본인, 특히 일본 지도층은 인종이 달라졌나 싶을 정도로 한심해졌다."

국가의 힘, 즉 무력과 경제력은 커졌을지언정 지혜와 덕성은 제자리걸음을 하다못해 오히려 퇴보했다고 보입니다. 한일합방과 중국을 상대로 한 21개조 강요는 그 같은 퇴보의 조야하고 오만 방자한 징조라 해도 좋겠지요. 저는 차르 체제의 러시아와 벌인 러일전쟁에서의 승리를 긍정적으로 평가하는데, 그것이 비전론(非戰論)을 공공연히 부르짖는 게 가능했던 상황에서 얻어진 승리라는 점에 한층 방점을 찍고 싶습니다.

요사노 아키코(与謝野晶子)가 쓴 생생한 반전시는 이윽고 다이쇼 자유주의로 활짝 꽃을 피웠으나, 그 정신은 척박한 땅에 심은 화초마냥 얼마 못가 시들어 버리고 일본은 군부 독재 시대로 이행했습니다. 모름지기 일국이 나아가야 할 현명한 길이 항시 있으니 정치가 그 길로 나아갈 때는 국민의 마음도 자연히 따라오는 법이나, 힘을 신봉하는 자들은 얼토당토않은 목표를 향해 국민을 억지로 끌고 가려 듭니다. 일본 군부는 후자와 같은 방식으로 결국 나라를 파멸로 몰아넣었습니다. 이로 인해 일본인만 엄청난 고초를 겪은 것이 아니라 조선민족에게까지 그 화근이 미치고 말았지요. 종전 당시 일본의 조선군과 관동군이 각기 관할하던 지역을 따라 한반도는 둘로 쪼개져 남쪽은 미군이, 북쪽은 소련군이 점령하게 됐으니까요. 전후 28년에 걸친 한민족의 수난은 여기서부터 비롯된 것입니다.

저는 이 일에 책임감을 느끼는 일본 정치인 중의 한 사람으로서, '북한은 공산주의를 맹신하는 나쁜 나라요 한국은 반공의 보루'라는 식의 단순하고도 자의적인 논리에 손을 들어줄 수는 없습니다. 필경 얄타 비밀협정에 의한 결정일 터이나, 38선 이북에 공산주의 국가가 들어선 것은 일본의 전쟁정책이 실패한 탓입니다. 히틀러의 전쟁정책 실패로 동독에 공산정권이 수립된 것과 매한가지지요. 전쟁 말기 일본에 현명한 정치인이 있었더라면 조선의 독립을 허락했을지도 모릅니다. 그랬더라면 38도선을 경계로 남북이 분단되는 일도 없었겠지요. 앞을 멀리 내다보지 못하는 것은 과거나 요즘이나 일본 정치인들의 특징입니다.

한국의 현 상황을 보고 있으면 도조 히데키(東条英機)의 망령이 지배하고 있는 게 아닌가 하는 생각이 들곤 합니다. 무력과 경제력, 절대복종하며 앞으로 돌진하는 정신력만 있으면 이길 수 있다는 박 대통령의 권력정치는 도조식 정치와 판박이 같지 않나요? 일본은 조선에서 창씨개명이라는 명목으로 일본식 이름을 강요하는 형식주의적 권력정치를 자행하기도 했습니다. 정치란 한 번 잘못 기울면 걷잡을 수 없이 어리석어지는 법이지요. 이름을 일본식으로 바꾸면 조선민족의 마음을 일본 쪽으로 끌어들일 수 있다고 여겼던 것일까요. 당시 선생은 아직 스무 살도 되기 전이었겠군요. 그 격동의 시기 한복판에서 보낸 청년시절의 추억담에 연애담까지 곁들여 들어 뒀더라면 좋았을 것을, 새삼 아쉽기만 합니다.

텔레비전으로 부인의 모습을 뵈었는데 참으로 아리땁고 생기 넘치는 분이더군요. “국회 일이 끝나면 국회의원 몇 분을 이끌고 사모님 기운 북돋아 드리러 갑시다.” 이런 얘기를 선생과 나눈 기억이 생생한데 예기치도 못한 일이 터지고 말았습니다. 전화로 말씀드렸듯이 선생의 안부를 확인하러 직접 서울에 가고 싶은 마음이 굴뚝 같았습니다. 그런데 한국 대사관 쪽의 요청이 있었는지, 제가 속해 있는 자민당에서 여행허가를 내주질 않는군요. 국회 개회 중에는 형식적인 의장의 허가와 더불어 실질적으로는 집행부의 허가가 필요합니다. 포항제철소 개업식이며 대만 쪽으로 나가는 의원들에게는 허가를 내주면서 제 요청은 묵살하니 이상한 일입니다.

이상한 일이라고 하니 문득 생각나는데, 이 사건은 선생이 꾸민 자작극이라는 설이 사건 발생 초기부터 지금껏 나돌고 있습니다. 저야 한국 문제에 관한 한미일 3국 온건파 정치인 회합을 비롯해서 선생과 여러 가지 계획을 함께 세웠으니 “터무니 없는 소리다. 그런 짓을 해 봤자 김대중 선생께 득 될 게 하나도 없다. 되려 정치적 · 도덕적 신뢰를 깎아먹는 짓밖에 안 되는데 선생이 그럴 리 만무하다” 라는 입장이지만, 루머가 좀처럼 수그러들질 않는군요. 이 사건을 자작극으로 꾸미면 선생이 임의로 출국한 게 돼서 주권침해 문제는 불거지지 않으니까, 박정희 정권과 이에 동조하는 일본 측 인사들이 의도적으로 퍼뜨린 낭설이지 싶습니다. 정말 화가 납니다.

일본의 주권을 침해하면서까지 선생의 자유를 불법적으로 구속해 놓고서도 이를 선생의 자작극으로 몰고 가다니, 그들의 악랄한 꾀와 후안무치함에 입이 다물어지질 않습니다.

정치적 의견이 엇갈리는 정적(政敵)을 암살하는 일은 예부터 많이 있었습니다. 암살자는 대부분 자신의 목적을 명확히 밝히고 스스로 책임을 지지요. 그런데 이번 경우는 선생한테 자작극이라는 도덕적 오명을 뒤집어 씌우면서 사건을 은밀히 무마시키려 들고 있으니, 참으로 비겁하기 짝이 없는 범죄라 하지 않을 수가 없습니다.

범인이 누구건 간에 한국정부는 선생을 서울에서 도쿄로 돌려보내는 것으로 일본에 대한 책임을 져야 한다고 생각합니다. 선생을 도쿄로 구해 오는 것은 인도와 정의를 위해서 결단코 필요한 일입니다.

사건의 본질은 자유주의 정치인의 수난

그저께 미국에 사신다는 선생의 형님으로부터 편지를 받았습니다. 선생을 위해 제가 한 별 것도 아닌 노력에 그리도 정중하게 감사인사를 하시니 몸 둘 바를 모르겠더군요. 재미 한국분들이 다들 선생을 크게 걱정하면서 어떡해서든 구해내고자 애쓰고 계신다고 들었습니다.

10일쯤 전에 워싱턴의 안병국 목사께서 재미 한국인 대표로 일본을 찾았다가 바로 다음날 다시 출국하셨는데, 제가 에자키(江崎) 국가공안위원장 등 일본 요직 인사들에게 낼 진정에 관한 안내를 맡았습니다.

안 목사는 비합법적으로 납치당한 선생을 사건 이전의 상태로 돌려놓는 데 일본정부가 힘써 줄 것을 인도적 입장에서 호소하셨습니다. 그분이 하신 다음 말씀이 무척 인상 깊게 남았습니다.

"경제원조보다 김대중 선생 구출에 힘을 쓰는 편이 장차 한일우호 강화에 훨씬 유익하리라 봅니다."

민족 간의 우호는 힘이나 돈으로 얻을 수 있는 게 아닙니다. 이해관계를 떠난 강한 유대감이 그 바탕에 깔려야 하지요. 진정한 한일우호를 바란다면 일본정부는 타산적 계산을 벗어나 이와 같은 인도적 문제에 대응하는 용기를 내야 합니다.

이해관계는 접어 두고 공통된 목적을 위해 노력할 때 인간과 인간 사이에는 깊은 우정이 싹튼다는 사실을 저는 이번 사건을 통해 실감했습니다. 양일동씨, 김경인씨하고는 납치사건이 터지기 겨우 하루 전에 만났을 뿐인데, 김 선생에게 닥친 재난을 함께 염려하는 사이 참다운 친구가 됐지요. 김경인씨는 선생과 같은 목포 출신으로 그곳이 자기 선거

구라고 하더군요. 선생을 진심으로 존경하는 선량한 쾌남입니다.

정치 이야기로 다시 돌아가겠습니다. 이번 납치사건의 본질은 표면상으로 반공을 내세우는 군사독재 국가에서 자유주의 정치인이 겪는 수난입니다. 나치 독일과 파시스트 이탈리아에서도 비슷한 일들이 빈번했습니다. 두브체크 체코 수상이 소련 그레치코 장군의 탄압에 시달렸던 것도 이와 일맥상통하는 사례일 테지요.

미국 정계는 이번 사건에 강한 관심을 보이고 있습니다. 당연한 일이지요. 자유와 민주주의를 수호하고자 한국에 군대까지 파병했는데, 한국정부가 완전한 군사독재로 치달으면서 나치나 파시스트와 다를 바 없이 자유 민주주의를 탄압한다면 국민의 세금을 쓰는 대의명분이 없어지고 말 것 아니겠습니까.

미국도 남북이 대치하고 있는 이상 자유와 민주주의 제한이 어느 정도는 불가피하다는 입장이지만, 그런 제약이 도를 지나치는 것에 대해, 특히 북한과의 해빙 무드가 조성된 이후 박정희 정권이 개헌 등 독재화에 박차를 가하고 있는 데 대해서는 당혹감을 감추지 못하는 눈치입니다. 그러던 차에 이 사건이 터졌습니다. 작년 가을 대통령선거로 한창 정신 없을 때를 노려 개헌을 단행한 데 이어 이번에는 워터게이트 사건으로 정계가 혼란스런 틈을 타 김 선생에게 마수를 뻗쳤으니, 미국으로서는 화가 날 노릇이지요. 한국은 미국의 군사적 경제적 원조에 힘입어 여태 존속할 수 있었고, 미국 사령관이 UN군 사령관으로 한국군을 통솔하고 있으니까요.

일본정부와 자민당의 태도는 도저히 납득이 가질 않습니다. 김 선생이 서울에 구치된 것을 보면 납치에 한국정부가 관여했음이 명백하니 이는 의심할 바 없는 일본의 주권 침해이거늘, 설령 이 문제는 차치한다 하더라도 자유주의 정치인이 군사 독재 정권에 부당한 탄압을 받는 현실에 촉각을 곤두세움이 마땅하지 않습니까.

그런데도 좌시하고 있다는 것은, 일본정부와 자민당 내에 한국 군사독재 정권과 유착하는 부류가 존재한다는 증거나 다름없습니다. 좀 더

거슬러 올라가면 한일합방, 위안스카이 지지, 독-이-일 삼국 군사동맹을 맺고 미국과 전쟁을 벌였던 작태 등에서도 그러한 요소가 엿보인다고 할 수 있지요.

반공과 자유주의는 별개이나 반공과 파시즘은 결합하기 쉽습니다. 파시즘은 반공을 표방하면서 공산주의에 대한 자본가와 중산층의 공포심을 이용해서, 한 술 더 떠 공산주의의 조직론과 국영 경제론까지 이용해서 독재정권의 기반을 다지기 마련이거든요.

반면 자유주의는 공산주의나 파시즘 같은 일견 강건해 보이는 조직론을 택하지 않습니다. 계급분열을 중시하기보다는 번영과 복지가 가급적 모든 국민에게 미칠 수 있는 정책을 지향하지요. 정치적 자유를 최대한 허용하면서 국민의 뜻이 항상 정치에 반영될 수 있게 신경쓰고요. 이 때문에 일시적인 혼란이나 정체가 빚어질 때도 있지만 두려워하지 않습니다. 경제정책이 현명하고 복지정책이 탄탄한 사회야말로 모든 국민이 자유롭고 행복하게 살 수 있는 사회가 아니겠습니까. 그러므로 얼핏 약해 보여도 자유주의는 전쟁이나 혁명 같은 위기에 가장 강인한 저항력을 발휘합니다. 근세의 역사가 이를 보여 주지요. 군사 독재정권은 결국 전제주의에 치우쳐 부패하기 마련, 그러면 제아무리 상비군이 든든한들 혁명이 일어나 뒤집히게 됩니다. 제정 러시아, 나치 독일, 장제스의 중국이 그러했습니다. 또 이들 대국의 통치를 받다가 독립한 후 이번에는 공산주의 지배하에 놓인 국가의 경우, 민주주의와 경제 발전이 영 부진하거나 파괴가 두드러지는 때는 혁명이 수출되지요. 특히 오랜 식민지 지배를 받았던 국가일수록 혁명의 수출이 극히 쉬워집니다. 동구권 국가들이 좋은 예이며, 북한도 그 일례라 할 수 있습니다.

▌박정희 대통령은 국제적 배경 이해가 부족해

지난 한국 대선 때 선생은 남북대화와 평화통일의 전망을 대담하게 제시했습니다. 자유로운 체제에 대한 확신, 그리고 한국국민들이 이를 지지해 주리라는 확신이 선생이 한 발언의 중추임을 저는 잘 압니다.

선생은 북한정부가 곤란한 상황 속에서도 국민생활을 보장하고 있다는 것에 높은 점수를 주셨지요. 동시에 거기에는 정치적 자유가 결핍되었다는 약점도 간파하셨고요. 북한의 장점은 간과한 채 약점만 흉내내서는 북한과의 대등한 대화는 절대 불가능하다는 게 선생의 주장입니다.

박 대통령은 북한과의 대화에 앞서 독재체제를 한층 강화하고 군사력을 증강해야 한다는 입장입니다. 이에 반해 선생은 자유로운 체제의 장점을 십분 살려 자유를 회복하고 민심을 파악하는 것이 남북대화의 선행과제라는 주장을 펼치셨지요. 박 대통령은 남북화해의 무드를 반기는 국제적 배경을 제대로 이해 못하는 것 같아요. 중국의 UN 가입이 거부되고 북한이 침략자로 규탄받던 동서 냉전시대의 사고방식이 자기 정권 유지에 도움이 되니까, 억지춘향식으로 옛날 사고를 고집하고 있는 게 아닐까 합니다.

한국정부가 좀 더 자유롭고 평화를 향한 의지가 확실히 엿보이는 체제로 탈바꿈한다면 북한 정권도 상호군축 회담에 긍정적으로 나오리라고 확신합니다. 김일성 정권은 독재정권이긴 해도 군사 독재 정권은 아닙니다. 나라 환경만 허락된다면 흔쾌히 군비를 축소하고 그간 군사 분야에 집중됐던 노동력을 공장과 농촌 등에 돌릴 것입니다. 군대 장악력이 확실하니 김일성의 명령 한 마디면 장군도 일개 농부로 만들 수 있을 것입니다.

다만 문제는, 냉전시대 때 확립된 군사관료기구와 경찰국가기구가 한국 내에 여전히 버티고 있고, 한국 상층부는 자신들의 영달과 부가 계속 이어질 수 있도록 그 체제의 존속을 바란다는 것입니다. 국제적인 긴장완화 분위기와 남북 대화 가능성을 인정할지 몰라도 냉전 구조 축소에는 거세게 반발한다는 것입니다. 남북공동성명이 발표된 직후 냉전 구조를 오히려 더욱 강화하는 방향으로 개헌이 이루어진 것만 봐도 이를 알 수 있습니다. 일본이 내세우는 '반공의 보루' 론은 냉전 구조 존속 몸부림의 조악한 이론적 뒷받침에 해당될 테고요. 일본 정계뿐만 아니라 관계와 재계 일부에 이르기까지 한국의 냉전 구조, 즉 군사관료 기구와 KCIA 등 경찰국가 기구와 깊이 유착해 있음을, 이번 사건을 겪으면서 뼈저리게 느꼈습니다.

김 선생을 둘러싼 터무니 없는 괴소문이 떠도는 것도 다 그들의 소행이라고 생각합니다.

하지만 이 같은 냉전 구조는 극동 지역의 평화와 한일 양국의 행복한 미래를 위해 반드시 걷어내야 할 장애물입니다. 이는 일차적으로는 한국국민들에게 지워진 과제일 터이나, 일본도 무관심한 채 있어서는 안 된다는 것을 선생께서 몸소 보여 주셨습니다.

한국이 경제규모와는 어울리지 않는 방대한 경찰기구와 50만에 달하는 군대를 보유하고 있고 북한도 이에 뒤지지 않는 군사력을 유지하고 있다는 사실은, 현재 인류 전체가 당면한 난국에 비추어볼 때 참으로 부질없고 불합리한 일이라 해야 할 것입니다. 자원고갈, 공해, 자연파괴와 같은 심각한 문제들이 예견되는 판국에, 민족이나 이데올로기 차이를 들먹이며 서로 싸우고 있을 여지가 어디 있겠습니까. 현명한 민족답게, 한국이 같은 민족끼리의 대치에 자원과 에너지를 헛되이 쏟아붓지 말고 인류의 공통위기 극복을 위한 국제협력에 한시 빨리 동참해 주기를 고대합니다. 그리고 선생은 그 일에서 큰 몫을 담당하실 분이니 모쪼록 현재의 난국을 지혜롭게 이겨내기 바랍니다.

선생께서 늘 말씀하셨듯, 설령 선생이 불의의 죽음을 당한다 할지라도 반드시 제2, 제3의 김대중이 나타나 폭정을 일삼는 한국 군사 독재 정권을 무너뜨리겠지요. 하지만 그렇게 될 경우 자칫 극동 지역에 대혼란이 야기될 우려가 있습니다. 변혁에 따르는 희생을 최소화하기 위해서라도 일본 메이지 혁명기의 사카모토 료마(坂本竜馬)나 가쓰 카이쇼(勝海舟) 같은 역할을 선생께서 꼭 맡아 주셔야 합니다. 부디 자중하십시오. 부인의 마음 고생이 얼마나 심하실지. 큰 아드님은 해병대 중위로 아홉 살 난 자제분이 있다고 들었습니다. 그러고 보니 가족 이야기를 나눌 여유도 없었군요.

제 집사람이 부인께 안부 전해 달라고 합니다.

반갑게 다시 뵈올 날이 꼭 오리라 믿으면서 그 날을 손꼽아 기다리겠습니다.

1973년 8월 28일

우쓰노미야 도쿠마

【부록 3】

덴 히데오(田英夫) 의원 인터뷰

※ 사진 설명: 덴 히데오 의원(사진 우측)이 류상영 교수(사진 좌측)의 질문에 대답하고 있는 모습

- 구술 일시: 2006년 1월 19일
- 구술 장소: 덴 히데오 참의원 의원의 국회 사무소(도쿄)
- 대담자: 류상영(전 김대중도서관 관장), 덴 히데오(일본 참의원 의원)

I. 인터뷰 도입과 자기소개

• **류상영**: 오늘은 2006년 1월 19일. 연세대학교 김대중 도서관에서 추진 중인 구술사 프로젝트 관계로 덴 히데오 선생님을 찾아 뵈었습니다. 덴 선생님은 참의원의원으로 오랜 세월 동안 전(前) 김대중 대통령과 매우 긴밀한 관계를 유지해 오시면서 한일관계 및 한국의 민주화를 위해 애쓰셨고, 또 김 대통령의 납치사건 당시에는 김 대통령을 구하기 위해 우정과 협력으로써 여러모로 중요한 역할을 하셨던 매우 존경스러운 분입니다. 그럼 의원님, 간략한 자기소개 좀 부탁드리겠습니다.

• **덴 히데오**: 저는 신문기자 출신입니다. TV 방송국에서 일을 하다가 국회의원의 길로 들어선지 30여 년이 됐군요. 처음 김 대통령을 뵌 것은 그분이 일본에 오셨을 때였어요. 박정희 정부 아래서 아주 힘겨운 상황에 몰려 계시던 와중에, 좀 만나고 싶다고 저한테 직접 전화를 하셨지요. 그렇게 처음 뵌 이래로 납치사건이 발생하기까지 2년 동안, 그 사이 김대중 선생은 미국에도 다녀오시고 그랬는데, 일본에 계실 때 몇 차례 뵌 적이 있습니다. 한국에 돌아가시고 난 후로도 꽤 오래 교류가 있었고, 김대중 선생이 대통령이 되고 난 다음에는 제가 한국으로 찾아 뵙기도 했어요. 그래서 기억이 좀 뒤죽박죽이라 정확하지 않을지도 모르겠군요. 실로 탁월한 정치인이자, 인간으로서도 매우 높은 식견과 지식을 갖춘 분이셨습니다.

II. 김대중 납치사건

• **류상영**: 김대중 납치사건에 대해 몇 가지 질문을 드리고자 합니다. 먼저 아시아 아프리카 연구소, 약칭 AA 연구소라는 국회의원 조직에 관해서 좀 여쭙고 싶은데요.

• **덴 히데오**: 그 조직은 우쓰노미야 도쿠마(宇都宮德馬) 선생이 만든 것이에요. 자민당 내에 결성된 조직이었지요. 그래서 저하고는 별 관련이 없습니다. 자민당 의원 중에서 우쓰노미야 선생하고 가까운 그룹들이 결집돼 만든 조직이라서 자세한 내용은 잘 모릅니다.

• **류상영**: 하지만 덴 의원님도 김대중 납치사건 당시 여러 방면에서 힘을 보태시지 않았습니까.

• **덴 히데오**: 그랬지요.

• **류상영**: 어떤 관계로 어떤 역할을 하셨는지요?

• **덴 히데오**: 저는 사회당, 일본사회당이라는 정당 소속이었는데, 각 당마다 김대중 선생을 존경하는 정치인들이 있었어요. 그런 사람들끼리 모여서 구출운동을 벌였습니다. 즉 아시아 아프리카 연구소는 우쓰노미야 선생을 중심으로 돌아가는 조직이었고, 그와는 별도로 김대중 구출운동이 자연스럽게 시작되었던 것이지요.

• **류상영**: 알겠습니다. 김대중 납치사건이 발생한 직후, 일본 정계에서도 그 사건을 둘러싸고 이런저런 말들이 많았으리라고 생각하는데요. 사건에 대한 의견이 여러 갈래로 엇갈렸지요. 그때의 분위기라

든지, 그 당시 일본 정계의 상황 등에 대해서 말씀해 주시겠습니까.

• **덴 히데오:** 당시 한국은 박정희 정부 시대였으니, 김대중 선생을 구한다는 것은 한국정부를 적으로 두는 꼴이 되는 겁니다. 그런 위험을 무릅쓰고 구출운동에 나선 것은 인간관계가 밑바탕에 깔려 있었기 때문일 거에요. 주로 자민당의 우쓰노미야 선생, 사회당의 도이 다카코(土井たか子) 의원과 저 등이 그 중심에 있었지요. 상대가 한국정부다 보니 김대중 선생을 구하기가 만만치 않아서, 구출운동의 범위도 굉장히 넓어졌어요. 김대중 선생과 닿아 있는 선을 일본인 중에서 찾아 김 선생의 뒤를 바짝 쫓는 조직도 있었습니다. 그런 식으로 폭넓은 활동을 벌였지요. 일본정부와 자민당은 공식적으로는 박정희 정부의 편에 서서 행동할 수밖에 없었어요. 나라 전체가 이 사건에 휘말릴 수는 없으니까요. 그래서 구출운동은 어디까지나 개인 차원에서 진행되었지요.

• **류상영**: 덴 선생님은 납치사건에 대해 언제 아셨습니까?

• **덴 히데오**: 김대중 선생이 어디론가 사라졌다는 것은 금방 알았습니다. 경찰하고 언론 관계자한테 들은 정보였어요. 범인의 행방을 추적하다 보니 선생이 고베 쪽으로 끌려갔다는 단서가 나왔어요. 배에 강제로 태워서 한국으로 끌고 간 것 같다는 정보가 입수되었지요. 기자 출신이라 정보수집은 제 장기나 마찬가지였죠. 그런 식으로 정보를 입수해서 앞으로 어떻게 대응해야 하나 고민했습니다.

• **류상영**: 김대중 납치사건과 관련해서, 덴 의원님은 그 사건의 원인을 무어라 짐작하셨습니까? 또 일본정부의 입장은 어땠습니까? 기억나는 에피소드 같은 게 있으신지요.

• **덴 히데오**: 네. 자민당 쪽에서는 한국의 젊은 정치인이 대통령에 반기를 드는 활동을 하다 그런 봉변을 당한 것에 대해 거의 입다물고 있는 분위기였어요. 우리는 "인권이라는 관점에서 잠자코 있을 수는 없다. 구출활동을 벌이겠다"는 이런 입장이었고요. 우리 쪽에서 이래서는 안 된다고 나서자 못마땅해 하더군요. 그래서 국회 내에서 의견이 분열되고 말았죠.
김대중 선생 구출운동은 어떤 이익을 바라고 시작한 게 아니었어요. 인권이란 관점에서 그런 거지요. 친구로서 김 선생을 도와야겠다고 생각했기 때문이에요.

• **류상영**: 인권이라든가 일본의 주권을 생각해서였군요.

• **덴 히데오**: 그래요. 일본의 주권이 수시로 침해 당하고 있다는 점도 관련이 있었지요.

• **류상영**: 여기 기록을 보면, 납치사건이 일어나고 3개월 후에 열린 참의원 외무위원회에서 덴 의원님이 김 대통령과 전화로 주고 받은 이야기의 내용을 소개하셨다고 하는데요. 혹 생각나시는 에피소드가 있다면 말씀해 주시기 바랍니다.

• **덴 히데오**: 전화는 수시로 했어요. 잘 지내시는지 친구된 입장에서 상황을 파악하기 위한 것이었지요. 꽤 심하게 구타 당해 몸이 많이 상하셨다고 들었거든요. 몸이 다친 게 문제가 아니고 정말로 민주적이지 못한 봉변을 당했다고 말씀하시더군요. 자세한 내용은 기억이 안 나는데, 다행히 기력도 체력도 거의 회복되신 상태였습니다.

• **류상영**: 사건 후 전화 통화를 몇 번 정도 하셨습니까?

• **덴 히데오**: 몇 번 정도냐고요? 한 주에 한 번 꼴로 통화를 했었지요. 그렇게 전화로 그분의 상황을 전해 들었습니다. 납치사건으로 걱정이 많이 됐거든요.

• **류상영**: 그 당시 납치사건을 둘러싸고 이런저런 말들이 있었지요?

• **덴 히데오**: 네.

• **류상영**: 자위대가 관련됐다느니, KCIA(한국 중앙정보부)와 CIA 관련설도 있었고, 한국정부와 일본정부를 두고도 소문이 무성했지요. 그 당시 참의원 외무위원회 위원들의 입장이나 그 사건에 대한 국회의 입장, 그리고 사건의 처리와 관련된 상황 등은 어땠습니까?

• **덴 히데오**: 저는 그때 마침 외무위원회에 속해 있었어요. 이웃국가와 관계가 깊은 사안인 만큼, 일본정부는 좀처럼 시원한 대답을 주지 않았지요. 한국 대통령이 이 사건에 관여되어 있는 거 아니냐고 물어봐도 무어라 대답을 안 했습니다. 그래도 저는 야당이고 비교적 눈치를 안 봐도 되는 처지니까, "대통령을 위시해 한국정부가 김대중 선생을 탄압한 것 아닙니까." 이런 질문을 대놓고 하곤 했습니다.

• **류상영**: 그 당시 일본의 수상이나 외무대신 등은 어떤 입장이었나요?

• **덴 히데오**: 일본은 아무 관계 없다, 한국정부도 이번 일과 무관할 것이다, 이런 말만 계속 늘어놓았지요. 이쪽에서는 한국 대통령이 직접 지시한 일일 것이라는 의혹을 품고 집요하게 물었고요.

• **류상영**: 자위대 OB가 그 사건에 관여했다, 가담했다, 뭐 이런 소리도

있었는데요. 의원님께서 기억하시는 사항은 없는지요?

• **덴 히데오**: 그 양반 이름은 잊어 버렸는데, 특정 인물이 거론된 적 있습니다. 그 사람에 관한 의혹이 있다는 얘기는 들었어요.

• **류상영**: 쓰보야마(坪山ケンジ)였죠 아마?

• **덴 히데오**: 맞아요. 하지만 결국 증거가 나오지 않았죠. 증거가 될 만한 것은 넘겨주지 않았어요. 그래서 여전히 진실은 모릅니다.

• **류상영**: 덴 선생님을 비롯한 여러 의원들이 아무리 요구해도, 일본정부 특히 경시청 쪽에서 정보를 별로 제공하지 않았다는 말씀인가요.

• **덴 히데오**: 그렇습니다.

Ⅲ. 납치사건의 정치적 결착

• **류상영**: 결국 김대중 납치사건은 정치적으로 봉합되고 말았는데요. 덴 의원님은 이 정치적 결탁에 대해 매우 비판적인 입장이셨지요? 국제법이나 민주주의적 해결로 마무리해야 한다고 오랫동안 주장해 오시지 않았습니까. 이와 관련한 의원님의 입장과, 그동안 어떤 식으로 호소해 오셨는지에 대해서 좀 말씀해 주십시오.

• **덴 히데오**: 어쨌거나 인권침해는 명백한 사실이고, 이 문제에 대한

정치적 해결은 인정할 수 없다는 것이었죠. 정치적 결착을 끝까지 규탄한다, 공격한다, 이런 자세를 줄곧 고수했어요. 그렇다고 김대중 선생의 정치 복귀에 반대한다는 뜻은 아니었어요. 선생이 정계에 컴백한다면 당연히 정치적 활동을 승인해야지요. 하지만 우선은 정치적 해결에 반대한다는 주장을 계속했습니다.

• **류상영**: 그러셨군요. 당시 한국정부와 일본정부가 어떻게 이 문제에 정치적 매듭을 짓게 됐다고 보십니까?

• **덴 히데오**: 박정희 대통령하고 일본 총리대신 사이에 말이 오간 게지요. 일본 쪽은 주권이 침해 당한 것에 대해 입다물고 있자는 입장이었고, 한국 쪽은 주권침해가 사실이긴 한데 일본이 이 문제를 더 이상 추궁하지 않기를 바란다는 입장이었지요.

• **류상영**: 잘 알겠습니다. 1973년 11월에 정치적 결탁이 이루어졌는데요, 의원님 의견에 따르면 어떤 정치적이지 않은 조치를 취해야 했다고 보십니까?

• **덴 히데오**: 저는 말입니다, 김대중 선생 개인에게 한국정부와 일본정부가 나란히 사죄해야 한다고 생각합니다. 지금도 그 생각에는 변함이 없어요. 그렇게 한 사람의 인권을 짓밟아 놓고선 정치적으로 해결을 하다니. 무슨 말인지는 알겠지만요. 이후 더 이상 그 일을 문제삼지 말라는 뜻이겠지요. 하지만 적어도 김대중 선생의 복권을 인정하고 공식적인 정치활동을 재개할 수 있도록 조치했어야지요.

• **류상영**: 그토록 신속하게 정치적 결착이 이루어진 것에 대해, 일부에서는 한일각료회의 개최를 앞두고 양국 정부가 말을 맞춘 것이라

는 이야기도 나왔잖습니까. 의원님 생각은 어떠신지요?

• **덴 히데오**: 네, 그 말이 맞다고 봅니다. 한일각료회의가 공식적으로 열리지 않으면 한국정부도 물론 큰일이겠지만 일본정부도 곤란할 테니까요. 그러니 그런 식으로 해결을 본 것이지요. 그렇더라도 그에 앞서 김대중 선생한테 사죄했어야 하는 건데 말입니다. 본인에 대한 사죄 없이 정부끼리 사태를 수습해 버린 꼴이지요.

• **류상영**: 덴 의원님께서는 일본정부가 한국 원조를 중단하고 김대중 선생 납치문제에 강한 해결의지를 보여야 한다는 주장을 펼치셨는데요. 하지만 외무성이나 일본정부 측은 경제원조와 이 문제는 분리해서 생각해야 한다는 입장이었지요. 이들의 논리에 대해서는 어떻게 생각하십니까?

• **덴 히데오**: 사실 툭 터놓고 말하자면, 경제원조를 재개할 시점이었던 것은 맞습니다. 그러나 그렇게 하면 김대중 선생에 대한 사죄 없이 경제원조만 덜렁 재개되는 셈이 되니 지금은 경제원조를 해서는 안 된다고 주장했지요. 솔직히 한국정부가 태도를 바로잡기를 바랐는데 말입니다.

• **류상영**: 이런 식의 정치적 결착에 대해, 덴 의원님은 당시의 다나카 총리나 오히라 외무대신 등이 책임을 져야 하는 역사적인 날이 언젠가는 반드시 오고 말리라는 입장을 보이셨습니다. 그런 관점에서 볼 때, 김 대통령 납치사건의 처리와 오늘날에 이르기까지의 전개를 어떻게 평가하시는지요?

• **덴 히데오**: 뭐, 나름대로 올바른 조치였다고 생각합니다만. 오히라 대신도 벌써 고인이 되신 지 오래군요. 오히라 대신은 솔직한 분이

셔서, 저더러 "그렇게 원리원칙만 주장하지 마시오"라고 선배로서 꾸짖기도 하셨습니다. 개인적으로 만나서 의견을 주고받곤 했어요. 그랬던 일들이 생각나는군요.

- **류상영**: 그러다가 1976년, 미 국회에서 프레이저 위원회 청문회가 열렸지요. 덴 의원님께서는 일본 국회에서 질의 형식을 빌어 이 청문회를 소개하시면서, 이번에야말로 정치적 결착이 아니라 확실하게 제대로 매듭을 짓자고 몇 번씩이나 주장하신 것으로 압니다. 그때 기억이 나십니까?

- **덴 히데오**: 네, 그랬지요. 일본에서 쓰는 말 중에 "어둠에서 어둠으로 매장한다"는 말이 있는데, 김대중 선생 납치사건이 바로 그런 식으로 처리되어 버렸다는 찜찜함이 늘 남아 있었어요. 하지만 프레이저 위원회에서도 아무 것도 밝혀진 바가 없었어요. 어둠에 묻힌 문제는 결국 만천하에 드러나지 않았지요.

- **류상영**: 덴 위원님께서는 당시 미국에도 몇 번 가셨지요?

- **덴 히데오**: 예, 갔습니다.

- **류상영**: 미국에서 어떤 분들을 만나 어떤 이야기를 하셨습니까? 뭔가 정보라도 얻으셨나요?

- **덴 히데오**: 미국의 양심적인 사람들을 만나 김대중 납치사건에 대해 설명하고 미국의 협조를 구하는 것이 저의 주된 목적이었어요. 프레이저 청문회도 그 영향으로 열렸다고 생각합니다. 아무튼 제 의도는 그랬지만 그런 본심은 드러내지 않았어요. 한국의 강성화를 바라기는 미국도 마찬가지였기에, 거기에 저해될 만한 일은 일체

할 수가 없었으니까요. 하지만 양심적인 미국사람들의 뜻이 무엇인지는 알 수 있었습니다.

• **류상영**: 어떤 것이었나요?

• **덴 히데오**: 진상을 좀 더 알고 싶다는 것이었지요.

• **류상영**: 그때 라이샤워 대사라든지 돈 그렉 CIA 책임자, 한국과 일본의 책임자, 또 미 국무성 한국과장인 레너드씨 등과 회담을 가지셨다고 들었는데, 어떤 이야기를 하셨습니까?

• **덴 히데오**: 레너드 과장 같은 분은 상당히 깊은 사정까지 알고 있었어요. 저하고 거의 비슷한 수준의 정보를 입수한 눈치더군요. 아마도 그래서 미국이 한국정부로부터 김대중 선생을 보호하려고 들지 않았나 합니다. 그런 느낌을 받았어요.

• **류상영**: 그 당시 틀림없이 한국과 미국 사이에 여러 가지 긴밀한 이야기가 오갔으리라 생각되는데요. 특히 정보기관들 사이에서요. 여기 대해서는 기억나는 게 없으신지요?

• **덴 히데오**: 잘 기억은 안 납니다만, 레너드 과장 등은 이 문제를 크게 만들어서는 안 된다는 입장이었어요. 그런 움직임이 있었다는 게 기억나는군요. 이건 제 추측인데, 한국정부 측에 "더 이상 일을 벌여서는 안 된다. 이 정도 선에서 멈추어라" 하는 미국의 뜻을 시사한 것 같아요.

Ⅳ. 김대중 납치사건 진상조사위원회

• **류상영**: 다음으로 '김대중씨 납치사건 진상조사위원회'에 대해 질문을 드리겠습니다. 덴 의원님은 발기인 45명 가운데 한 사람으로서 활발한 활동을 하셨는데요, 어떤 계기로 이런 위원회를 조직하고 참가하게 되셨습니까?

• **덴 히데오**: 제가 중심인물에 속하긴 하지요. 진상규명 활동의 범위를 확실히 정하고 실제로 뛸 사람을 확보해야겠다는 생각에서 제안한 것이었어요. 위원회를 만들고 발기인을 몇 명 정해서 당파에 구애되지 않고 활동을 진행했습니다. 주로 자민당과 사회당 사람들이었지만요. 우쓰노미야 도쿠마 선생, 고토다 마사하루(後藤田正晴)씨, 고노 요헤이(河野洋平)씨, 이런 분들이 발기인으로 나서 주셨습니다. 다 같이 발기인회에서 모여 서로 정보도 교환하고 했어요. 꽤 오래 지속되다가 자연스럽게 해산했습니다.

• **류상영**: 그런 조직을 결성하게 되신 배경이라든지 과정, 혹은 주요 활동사항에 대해서 좀 들려 주십시오.

• **덴 히데오**: 방금 언급했던 우쓰노미야 도쿠마 선생, 고토다 마사하루씨, 고노 요헤이씨, 저, 도이 다카코씨 등이 핵심 멤버였어요. 김대중 선생의 정치적 입장을 충분히 이해하고 이를 돕겠다는 마음이었지요. 일본정부의 입장도 나름대로 이해는 갔어요. 그러니 우리 쪽에서는 이런 조직을 만들어 독자적으로 움직여야 했던 겁니다.

• **류상영**: 일본의 시민단체와 종교단체, 민주화단체 등이 진상조사위원회의 활동에 많이들 협조해 주었다고 들었습니다.

• **덴 히데오**: 그랬습니다. 개인적으로 도움을 받기도 하고 부탁을 하기도 하면서 연락을 주고 받았지요. 지금은 잘 기억나지 않지만 상당히 활발한 협력관계가 있었어요.

• **류상영**: 덴 위원님은 납치사건진상조사위원회 활동의 일환으로 미국에 가셔서 고 김대중 대통령과 이야기를 나누기도 하셨지요. 그때 이야기를 좀 들려 주세요.

• **덴 히데오**: 자세한 일들은 잘 기억이 안 납니다. 아무튼 미국이라는 나라는 참 희한한 나라에요. 찬성과 반대가 확연히 갈리긴 하는데, 이 사건과 관련해서도 양심적인 미국사람들이 우리와 뜻이 같다며 하나 둘 모여드는 거에요. "우리는 이렇게 생각 하는데요" 라고 의견을 말하면, "아, 그렇습니까" 하고 응답합니다. 우리를 지지하는 사람들이 그런 식으로 점점 늘어났어요. 당시 김대중 선생은 한국에서 맹활약하는 한편으로 미국 등지를 찾아 서서히 명성을 높이고 활동영역을 넓혀가는 중이었어요. 어찌 보면 한국정부가 그런 짓을 하는 바람에 김대중 선생이 더 유명해졌는지도 모르죠.

• **류상영**: 알겠습니다. 진상조사위원회의 활동과 관련해 언론은 어떤 역할을 했나요? 일본 언론과 해외 언론 양쪽 모두에 대해 말씀해 주십시오.

• **덴 히데오**: 일본 언론은 아주 양심적인 사람과 그렇지 않은 사람으로 갈렸어요. 양심적인 사람 중에는 김대중 선생을 아는 사람도 있고, 직접 아는 사이는 아니지만 이름 정도는 들어본 사람도 있었는데, 이들이 이 문제에 매우 큰 관심을 표했죠. 역시 언론을 통해서 여론을 확산하는 게 좋겠다 싶어, 제가 말을 퍼뜨리는 역을 맡았습니다. 신문기자 출신이라는 점도 작용했겠지만 다들 흔쾌히 기사에

써줬어요. 참 고마운 일이지요. 김대중 선생 납치사건에 대한 국민적 관심이 높아진 것은 언론 덕이 크다고 생각합니다.

• **류상영**: 그랬군요. 진상조사위원회가 조사단을 미국에 파견하기도 했는데요. 그 조사단에는 누가 있었습니까?

• **덴 히데오**: 누가 있었더라? 이토 나리히코(伊藤成彦)씨하고 몇 명이 갔던 것 같은데. 민간 조사단이었어요. 민간단체에서 꾸린 조사단이었지요.

• **류상영**: 미국에 가서 새로이 밝혀진 사실 같은 게 있었나요?

• **덴 히데오**: 아니요. 우리는 공적인 입장에서 의뢰한 것이라, 새로운 사실 같은 것은 없었습니다. 기억이 잘 안 나는군요.

V. 김대중 납치사건이 일본사회에 끼친 영향

• **류상영**: 지금부터는 김대중 납치사건이 일본 정계와 사회에 미친 영향에 대해서 여쭙겠습니다.

• **덴 히데오**: 그 사건의 파장은 상당했던 것 같아요. 김대중 선생 본인이 생각하셨던 것 이상으로요. 김대중 선생을 응원하는 분위기가 고조되었으니까요. 그분과 같은 생각을 하는 일본인들이 많았던 거지요. 즉 1당 독재보다는 국민의 뜻을 솔직하게 반영하는 방향으로 한국이 나아가야 한다는 여론이 우세했어요. 일본인이야 물론

일본 생각부터 할 테지만, 그중에는 한국에 대해 걱정하는 사람들도 있었어요. 그 사건을 통해서 결과적으로는, 나라의 미래를 염려하는 마음을 한국과 일본 국민 양쪽 모두가 지니게 되었던 것이지요. 지금 생각해 보면 그런 효과가 있었던 것 같아요. 그리고 결국 김대중 선생이 대통령으로 당선되신 것도 하나의 성과, 한국민의 변화에 해당된다고 보고요.

• **류상영**: 1973년 8월 『세계』라는 잡지에 김대중 선생과 야스에 료스케(安江良介) 편집장의 대담이 실리면서 굉장한 파장을 몰고 왔다고 하던데요. 그 대담의 게재가 일본 사회와 정계에 어떤 사회적, 지적인 영향을 낳은 것 같습니까? 그 대담을 계기로 김대중 대통령에 대한 인식이 어떤 식으로 형성되었나요?

• **덴 히데오**: 그때까지 한국은 독재국가라는 인상이 강했는데, 한국에도 민주적 정치를 위한 노력이 있구나 하는 사실을 알게 되었지요. 나중에는 대통령직에까지 오르셨으니 그 효과가 엄청났어요. 한국에 민주적인 정치가 뿌리를 내리고 나서부터는 이러다가 한국이 일본을 앞지르는 게 아닌가 하는 생각까지 들 정도였어요. 한국이 그만큼 눈부신 발전을 이룰 수 있었던 것은 정치 민주화의 공이 컸다고 봅니다.

• **류상영**: 김대중 납치사건은 자작극이라는 설도 일본 정계 내에 나돌았다고 들었습니다. 어쩌다가 그런 이야기가 나오게 된 건가요?

• **덴 히데오**: 그야 자기들 좋을 대로 그런 설을 꾸며낸 것일 테지요. 아무런 조사도 해보지 않고 말입니다. 사건의 진상을 아는 사람이라면 그런 말 못하지요.

• **류상영**: 일본 사회당뿐만 아니라 자민당 쪽에서도 김대중 선생에 대한 관심이 컸기 때문에 납치사건의 경과를 주의 깊게 지켜봤다고 하던데요. 그런가 하면 자민당 내 청람회 같은 세력도 일부 있었고요. 즉 한쪽에는 청람회, 다른 한쪽에는 양심적인 무리, 이런 식으로 상반되는 두 흐름이 오늘날까지도 이어져오고 있는 것 같습니다.

• **덴 히데오**: 청람회를 비롯한 우익 성향 집단의 생각은, 솔직히 말해 당시의 박정희 정부와 거의 흡사했으니까요. 그런 사람들이야 김대중 선생에게 비우호적이었지만, 김 선생을 지지하는 일본 내 세력이 점점 더 커졌지요. 사건의 진상이 알려짐에 따라 지지세력이 서서히 늘어났어요. 후일 김대중 선생이 대통령에 당선되셨다는 것이 그 증거지요. 이를 봐도 알 수 있듯, 김대중 선생을 지지함으로써 한국은 크게 변한 겁니다. 그런 효과가 있었어요. 위기에 몰렸던 것이 오히려 좋은 결과로 반전된 보기 드문 사례지요.

• **류상영**: 덴 위원님께서는 진상조사위원회 활동에 국한되지 않고, 한일관계에 대한 비상한 관심을 바탕으로 여러 활약을 해오셨는데요, 재일한국인 내지는 재일조선인 사이에서도 김대중 구명운동과 관련해 어떤 움직임이 있었습니까?

• **덴 히데오**: 물론이지요, 저희와 힘을 합쳐 적극적으로 뛰어다녔던 사람들이 있습니다. 반면 이 사건은 순 날조라고 우기던 사람들도 있었고요. 재일한국인이나 조선인이나 그런 두 무리로 나뉘었지요.

• **류상영**: 한민통(한국민주회복통일촉진국민회의)에 대해서는 어떻게 생각하시는지요?

• **덴 히데오**: 한민통은 열심히 활동했습니다. 그래서 한민통이 너무 앞

에 나서면 다른 의미에서 한국의, 김대중 선생과는 또 다른 정부 입장이 난처해지리라는 점을 헤아려야 했을 테지요.

• **류상영**: 한민통에 속한 민단과 조총련은 완전 별개의 조직이라, 이런 사건에 대해서도 입장이 전혀 딴판으로 엇갈렸지요. 이 점에 대해서 설명 좀 해주십시오.

• **덴 히데오**: 그랬습니다. 한민통도 그런 느낌이 대놓고 들었어요. 저는 한민통 분들이 참 좋았습니다. 적극적으로 힘을 보태 주셨고 함께 활동도 했거든요.

• **류상영**: 의원님께서는 오랜 세월 동안 김 대통령과 친분을 쌓으셨는데요, 일본에서 민주화 운동을 하시던 당시 김 대통령은 재일한국인이나 재일조선인에 대해서 어떤 전략을 구사하셨는지요?

• **덴 히데오**: 일본인 사이에 녹아 들어야 한다고나 할까, 함께 싸워야 한다. 그러니까 한국 일본 하는 식으로 활동에 구분을 짓지 않는 편이 좋다고 생각하셨던 것 같아요. 저는 그분의 그런 생각에 따라서 움직였고요. 재일한국인과 조선인 쪽에서도 그 점을 의식, 인식하고 있었던 것 같아요.

• **류상영**: 김대중 대통령은 늘 당부하시곤 했습니다. 민단 내 민주세력에게도 거듭 강조하셨고요. 일본에는 북한 문제가 걸려 있으니 북한과의 사이에 오해가 생기지 않도록 조심하라고요. 당신은 한국 정부에, 박정희 유신체제에 저항하는 것이지 한국 자체에 대해서는 전혀 억하심정이 없으니 이 점 유념해 달라고 늘 말씀하셨어요. 이 점에 관한 덴 의원님의 생각은 어떠십니까?

• **덴 히데오**: 아주 중요한 사실이지요. 자칫 우리들만의 싸움으로 끝나버릴 수도 있었을 텐데, 납치사건을 계기로 일본인들에게 일본은 한국의 친구이며 한국에는 과거에 빚진 게 있다는 사실을 깨우쳐 줄 수 있었어요. 일본과 한국이 한 마음이 되어 행동에 나설 절호의 기회였지요. 또 마땅히 그런 식으로 해야지요. 그런 활동을 실천에 옮기셨다고 생각해요.

• **류상영**: 김 대통령과 덴 의원님께서 그런 활동을 하시던 당시는 냉전시대였잖습니까. 지금도 그 영향이 남아 있지만요. 아무튼 그 시절에는 미국, 일본, 한국이 저마다 냉전체제를 구축하고 있었고, 그 와중에 일어난 '김대중 납치사건' 역시 냉전이 빚어낸 사건의 일례가 아닐까 합니다. 이에 관한 의원님의 의견을 들려 주십시오.

• **덴 히데오**: 저도 동감입니다. 냉전체제하에서 일어난 사소한 사건으로 치부될지도 모르겠으나, 그 사건은 한국과 일본 양쪽 모두에게 큰 의미를 지닌다고 봅니다. 단순히 소련이니 중국 같은 냉전체제의 적과 싸운 게 아니라, 인권을 위해 싸운다는 것을 온 몸으로 가르쳐 주었으니까요. 그랬기에 우리의 활동도 점차 세력을 넓혀갈 수 있었던 것이고요. 그야말로 전 세계로 뻗어 나갔지요. 미국을 넘어 유럽에서도 이 사건에 지대한 관심을 표했고요.

• **류상영**: 1973년에 김대중 대통령이 『독재와 나의 투쟁』이라는 책을 일본어로 출판하셨습니다. 일본과 한국의 민주적 조직들은 협력하는 수밖에 없다는 말이 그 책에도 나오는데요. 덴 의원님께서 속해 있었던 민주 조직 혹은 운동, 시민운동 등과 한국 측의 운동 사이에 맺어진 협력관계에 대해서 말씀해 주시기 바랍니다.

• **덴 히데오**: 그때 한일 양국에서 그러한 움직임이 왕성했지요. 지금도

그 정신만큼은 생생히 살아있다고 생각합니다. 고이즈미 전 총리의 야스쿠니 신사 참배를 놓고 그것은 잘못된 행동이니 그만두라던 반대 여론이 일었던 것도 그와 일맥상통하지요. 그런 정신이 아주 널리 확산됐습니다. 그러니 앞으로도 소중히 지켜나가야지요.

VI. 김대중 대통령의 사형 판결 이후

- **류상영**: 1980년에 전두환 대통령의 군사 정권이 들어서면서 김대중 대통령에게는 사형판결이 내려졌습니다. 그때 일본에서도 "김대중 선생을 죽이지 마라"는 운동이 활발하게 일어났었지요? 그 운동에 대해 좀 들려 주십시오.

- **덴 히데오**: 김대중 선생 구출 운동에 참여했던 사람들이 주축이 되었지요.

- **류상영**: 그때 일본에서는 어떤 활동 내지는 역할이 있었습니까?

- **덴 히데오**: 김대중 선생의 사형에 반대하는 운동을 펼친 것밖에는 없지만, 활동 자체는 무척 활발했습니다.

- **류상영**: 그럼 일본정부는 어떤 입장에서 어떤 움직임을 취했는지요?

- **덴 히데오**: 보고도 못 본 척 하고 있었지요. 아무런 말도 안 하고요.

- **류상영**: 그래서 덴 의원님을 비롯한 여러 의원 분들이 국회에서 반대

의 뜻을 표하기도 하고, 외교적 수단을 통해 김대중 선생을 구해야 한다는 의견을 밝히기도 하셨군요. 거기 대해서 설명 부탁 드리겠습니다.

• **덴 히데오**: 예전 조직은 해체되었지만, 거기 참여했던 사람들이 거의 그대로 김대중 구출 운동에 나섰어요. 예전 활동을 이어받은 것이나 마찬가지였죠. 다들 김대중 선생과 손을 잡은 사이였으니까.

• **류상영**: 미국 등에 압력을 가했다거나 그런 기억은 없으십니까?

• **덴 히데오**: 그런 기억은 없습니다만 아마 했던 것 같아요.

• **류상영**: 당시 전두환 정부와 나카소네 정부의 관계는 어떠했다고 보십니까?

• **덴 히데오**: 나카소네 정부와 전두환 정부는 비교적 사이가 좋았어요. 서로 쿵짝이 잘 맞는다는 느낌이었다고나 할까. 그렇지만 김대중 선생이 대통령에 당선되었을 때는, 나카소네 전 총리는 아무 일도 없었다는 듯한 얼굴로 부부동반 해서 취임 축하 자리에 나타났어요. 그때는 모든 상황이 "이번 대통령은 이 사람이다" 하는 분위기였지요.

• **류상영**: 카터 정부가 레이건 정부로 바뀌자 김 대통령께서는 결국 미국 망명의 길에 오르셨습니다. 당시 일본 정계에서는 이를 어떻게 봤는지요?

• **덴 히데오**: 끝내 쫓겨나고 마는구나, 하는 반응이었어요. 간신히 사형은 면했지만 사실상 정계에서 완전히 밀려나 버렸잖아요. 저는

워싱턴의 김 대통령 저택을 방문하기도 했는데, 아주 비좁은 아파트에 살고 계시더군요. 그야말로 밑바닥까지 추락한 형세였어요.

• **류상영**: 미국 자택을 방문해서 어떤 이야기를 나누셨습니까?

• **덴 히데오**: 하루 종일 시간 가는 줄도 모르고 이야기를 했어요. 여러 가지 문제들, 한국의 현재 상황, 또 일본정부의 현황, 한일 양국의 국민 등에 대해서요. 실로 여러 이야기를 나누었지요. 사모님이 손수 차려주신 점심도 먹고요. (웃음) 그렇게 점심까지 먹고 한나절 내내 김 대통령 자택에 있었어요.

• **류상영**: 혹시 사진 같은 것도 찍으셨나요? 찍으셨겠죠?

• **덴 히데오**: 아니오, 사진은 없는데요.

• **류상영**: 김 대통령하고 주고 받으신 편지 같은 것은 없으세요?

• **덴 히데오**: 찾아보면 어디 있을 텐데, 제가 중간에 몸이 아프고 하는 통에 온통 뒤죽박죽 돼버렸습니다. 정리가 안 되어 있어요.

• **류상영**: 만일 그런 서신이 남아 있다면 한일관계를 이해하는 데 매우 귀중한 자료가 될 터이니 꼭 좀 찾아봐 주십시오.

Ⅶ. 햇볕정책에 대하여

• **류상영**: 덴 의원님께서는 남북간 화해와 협력, 궁극적으로는 남북통일에 지대한 관심을 갖고 오랫동안 애써 오셨는데요. 한국의 햇볕정책, 즉 김대중 대통령의 햇볕정책에 대해서는 어떻게 생각하시는지요?

• **덴 히데오**: 아, 참으로 대단한 분이셨어요. 한국 대통령이 친히 거기까지, 북한까지 가셨으니까요. 실로 용기 있는 행동을 통해서 이런 사람이야말로 진짜 대통령다운 대통령임을 보여 주셨다고 생각합니다.

• **류상영**: 김 대통령의 4개국 안보 보장론과 현재의 6개국 협의회(6자회담)에 대해서는 어떻게 생각하세요?

• **덴 히데오**: 그것 역시 잘 한 겁니다. 처음에는 4개국이었다가 6개국으로 확장됐는데, 거기에 미국을 포함시키네 마네 하는 논쟁에 얽매인다면 될 일도 안 될 거에요. 물론 외교적으로 보면 미국을 포함시키는 게 당연하지만, 실제적으로는 미국을 넣으면 협의회의 내용 자체가 달라지고 말아요. 그 결과 무용지물이 되면 어쩌나 하는 우려가 듭니다.

• **류상영**: 덴 의원님은 김대중 대통령이 제시하신 3단계 통일론 같은 통일정책 구상에 적극 공감하시는 편이라고 들었습니다. 본인의 생각을 좀 여쭙고 싶습니다.

• **덴 히데오**: 3단계 통일론이란 그야말로 이상이죠. 북한 측도 이 구상

을 현실화할 수 있는 방향으로 진지한 방안을 모색해야 합니다. 그리고 특히 요즘 일본사람들은 남북 관계에 별 관심이 없다시피 한데, 이 문제에 좀 더 관심을 가질 필요가 있지요. 햇볕정책을 통해 북한이 변화하리라는 믿음을 가져야 한다고 생각합니다. 지금도 즉각 햇볕정책을 취해야 한다고 생각해요.

• **류상영**: 덴 의원님께서는 일본국회에서 수 차례 동북 아시아 비핵지대 조약에 대해 강조하셨는데요. 의원님의 그런 주장과 김 대통령의 햇볕정책에는 서로 통하는 면이 많은 것 같습니다.

• **덴 히데오**: 그야 서로의 생각을 잘 알고 있었으니까요. 비핵지대 조약은 핵 문제를 집중 조명하는 저 개인의 소신이고 햇볕정책은 정부 정책이라는 형식의 차이가 있을 뿐, 근본적으로 이 두 가지는 동일하다고 봐요.

• **류상영**: 두 분께서는 오랜 세월 친구로 지내시면서 정책적으로 돕기도 하고 여러 가지 사안을 논의하셨지요. 어떤 식으로 서로 의견을 교환하거나 협력하셨습니까?

• **덴 히데오**: 주로 직접 만나서 논의를 했는데, 서신을 통해서도 상대방 의견을 묻거나 자기가 생각하는 바를 토로하곤 했습니다. 최근 들어서는 몸 상태가 좋지 않아 그런 왕래가 뜸했지만요.

• **류상영**: 김대중 대통령의, 김대중 정부의 일본문화 개방이라던가 대일정책 등에 대한 생각은 어떠십니까?

• **덴 히데오**: 일본 입장에서는 정말로 잘 된 일이라고 생각해요. 일본 쪽에서도 거기에 맞춰서 노력해야지요. 그러다 보면 참된 우호관

계가 싹트리라고 믿습니다. 그럼요.

VIII. 6개국 협의회(6자회담), 현재의 한일관계, 일본의 역사인식문제 등

• **류상영**: 현재 6자 회담은 교착상태에 빠져 있는데요. 6개국 협의회의 미래를 어떻게 보십니까? 그리고 6개국 협의회가 성공하려면 일본은 어떤 역할을 수행해야 하고 어떤 식으로 협력해야 한다고 보시는지요?

• **덴 히데오**: 저는 6개국 협의회가 필요하다고 생각하는 입장이지만, 거기에 미국이 들어옴으로 인해서 일본정부도 미국 쪽 의견을 따라가기가 쉬워요. 미국과 일본은 남북한 관계에 제동을 거는 기능을 하는데, 요즘은 영 제 구실을 못하고 있지요. 중국과 러시아가 들어오고 미국과 일본은 빠진다고 해도 상황은 전혀 나아지지 않을 겁니다. 역시 6개국이 함께 논의해야 해요. 일본은 중국과 러시아와 더 힘을 합쳐야 하고요. 현재로서는 일본이 너무 미국에만 치우쳐 있어요.

• **류상영**: 김 대통령과 덴 의원님은 단순한 친구 사이이기 이전에, 한일관계의 역사와 한일 민주화운동의 역사를 몸소 보여주시는 역사적인 증인이십니다. 그런 분으로서 현재의 한일관계 및 일본의, 일본정부의 역사인식문제에 대해 어떻게 생각하시는지 한 말씀 해주십시오.

• **덴 히데오**: 일본의, 특히 일본정부의 역사인식은 근본적으로 잘못됐습니다. 좀 더 역사를 직시해야 해요. 무엇보다 한반도를 분단 지배했던 역사에 대해 솔직한 반성의 뜻을 표해야 한다고 생각합니다. 그러한 반성을 바탕으로 양국이 진솔한 의견을 주고받을 수 있어야 비로소 다음 단계로 나아갈 수 있어요. 그러면 남북한 통일이 실현되는 날도 언젠가 오리라 믿습니다. 무엇보다도 한일관계를 올바로 직시하고 진솔한 이야기를 나누는 것, 그것이 첫 걸음이라고 생각해요.

• **류상영**: 마지막 질문입니다. 덴 의원님께서는 정치인으로서의 김대중, 인간으로서의 김대중, 친구로서의 김대중 등, 김 대통령의 여러 면모를 지켜보셨지 않습니까. 김 대통령에 대해 총괄적인 평가를 내린다면 어떻습니까?

• **덴 히데오**: 인간으로서의 김 대통령은 만나는 재미가 있는 분이셨습니다. 뵐 때마다 뭔가 얻는 것이 있었지요. 정치인으로서도 마찬가지였고요. 그리고 그런 분을 친구로 두고 의견을 나눌 수 있다는 데서 참으로 기쁨을 느꼈습니다. 무척 좋았어요. 만나면 내가 채워지는 듯한 느낌이었다 할까요. 옳은 소리만 골라서 하셨으니까요. 대통령이 되시고 나서도, 대통령이 해도 되나 싶을 정도의 발언을 일본어로 하셨지요.

• **류상영**: 바쁘신 가운데 이렇게 긴 시간 내주셔서 정말 감사합니다. 귀중한 말씀 잘 들었습니다.

【부록 4】

고노 요헤이(河野洋平) 의장 인터뷰

※ 사진 설명: 류상영 교수(사진 좌측)와 이토 나리히코 교수(사진 우측)의 질문에 답변하고 있는 고노 요헤이 의장(사진 중앙)

- **구술 일시: 2010년 3월 2일**
- **구술 장소: 고노요헤이 사무소**(동경, 미나토구)
- **대담자: 류상영**(전 김대중도서관 관장), **이토 나리히코**(일본 중앙대 명예교수)
  고노 요헤이(일본 중의원 의장)

I. 고 김대중 대통령과의 만남

• **류상영**: 오늘은 2010년 3월 2일. 연세대학교 김대중도서관에서 진행하는 구술사 프로젝트의 일환으로 고노 선생님을 방문했습니다. 고노 선생님은 한일관계의 발전 및 미래지향적인 발전과 관련해 역사적으로 매우 큰 공헌을 하신 역사적인 인물로, 고 김 대통령과도 40년 이상이나 깊은 친분관계를 유지해 오셨고, 한일관계와 아시아에 역사적인 역할을 하신 분입니다. 그리하여 오늘 고노 선생님을 인터뷰하기로 했습니다. 그럼 인터뷰를 시작하도록 하겠습니다. 고노 선생님, 고 김대중 대통령을, 당시에는 야당 지도자였던 정치인 김대중을 처음 만난 것은 언제쯤이었고, 또 그 계기는 무엇이었습니까?

• **고노 요헤이**: 실은 정확하게는 기억이 잘 안 나는데, 아마 1971년에서 72년 사이였던 것 같습니다. 김대중 선생이 대통령 선거에 출마했다가, 그때가 첫 출마였던가, 대선에서 떨어졌는데, 그럼에도 한국 국민들에게 굉장히 큰 인상을 남겼지요. 한국국민들에게 민주화에 대한 열망을 강하게 심어준 게 틀림없습니다. 그 무렵 아마도 김대중이라는 사람이 장차 자기네들 정적(政敵)이 될 거라고 생각했나 봅디다. 그래서 김대중 선생을 둘러싸고 온갖 폭풍이 일었지요. 여러분도 잘 아실 그 교통사고를 당하는 바람에 다리를 절룩거리고 있었는데, 김 대통령을 처음 본 게 아마 그 무렵이었지 싶어요. 당시 저는 자민당 소속이었고, AA 연구소라고 해서 아시아 아프리카 연구소의 회원이기도 했어요. 그때 AA 연구소는 우쓰노미야 도쿠마(宇都宮德馬) 선생이 핵심을 맡았다고나 할까, 지도적인 역할을 담당했고, 그 밖에도 아카기 무네노리(赤城宗德), 이토 마사요시(伊東正義), 기무라 토시오(木村俊夫) 선생 같은 분들이 거기 속해 있

었습니다.

그 무렵 자민당에는 아시아에 관심이 큰 사람들이 많았어요. 지금 그 시절 생각을 하면 가슴이 먹먹하네요. 그런 분들하고 다카사키 다쓰노스케(高 達之助) 선생 등이 인도네시아 반둥에서 열린 국제회의에 참석하셨지요. 그리고 반둥 회의로부터 제법 시간이 흐른 뒤에 AA 연구소라는 것을 자민당 내에 만들었어요. 한국과 한반도, 중국 문제에 대해 다 같이 좀 더 진지하게 공부하고 토의하면서 행동을 취해야겠다, 이렇게 된 거지요. 그 당시 저는 그야말로 풋내기 의원에 불과했는데 선배들한테 그렇게 들었어요. 특히 우쓰노미야 선생이 지금 한국의 젊은 정치인이 일본에 와 있으니까 다 함께 만나보는 편이 좋겠다고 하셔서 김 대통령을 뵙게 된 겁니다.

그보다 조금 전에 있었던 일을 얘기하자면, 이건 조금 다른 이야기 같은데, 제가 아직 학생이던 때 일이에요. 한일협상이니 한일조약 체결 당시, 저희 선친의 영향을 조금 받았지요. 당시 외무성 중심으로, 특히 관공서 중심으로 한일관계가 진척되고 있었는데, 정치적인 지원이 필요하다고 해서, 아주 적극적으로 정치적 지원을 해주셨던 분이 오노 반보쿠(大野伴睦) 선생이십니다. 그분처럼 저희 선친도 한일관계는 꼭 필요하다는 입장이셨기에 저도 관심을 갖게 된 거죠. 제 기억으로는 오노 의원의 대리로, 오노 선생 편에서 일하면서 한국을 수시로 드나들던 사람이 나카가와 이치로(中川一)씨에요. 그리고 저희 아버지 쪽에서는 당시 아버지의 비서였던 우노 소스케(宇野宗佑)라는 분이, 훗날 총리대신 자리까지 오른 양반인데, 나카가와씨처럼 신진 정치인이었던 우노씨가 저희 아버지의 대리로 한국을 자주 왔다 갔다 했습니다. 그 시절에는 한국에서 여러 사람이 도쿄로 건너와 이런저런 이야기를 했습니다. 김종필 전 총재 같은 분도 일본에 와서 한일협상을 측면지원 했지요.

선친께서는 김종필씨를 비롯한 젊은 한국 의원들을 도쿄에서 몇 번인가 만나셨대요. 집에 오시면 꼭 한숨을 푹 내쉬다시피 하시면서 "한국에는 젊고 우수한 인재들이 많구나. 저 나라는 틀림없이 잘 될 게다"라고 말씀하시곤 했습니다. 그때 벌써 연세가 상당하셨는데도 어지간히 부러우셨던 모양이에요. 한국의 젊은이들은 진심으로 자기 한 몸 바쳐 한국이라는 나라를 건설하려 한다고요. 그러려면 한일관계도 조속히 정상화해야 한다며 열심히 이리 뛰고 저리 뛰는 그들의 모습을 보시고 감탄하신 게지요. 그런 부친의 모습이 게 제 머릿속에도 줄곧 남아 있었습니다. 그래서 우쓰노미야 선생과 AA 연구소 회원들이 '우수한 정치인이, 민주화를 주장하는 정치인이 한국에서 왔으니 다 함께 만나보자'는 말을 했을 때 그래야겠다 싶었던 거지요.

실은 그 전에도 김 대통령을 잠깐 볼 기회가 있었어요. 혼자서였는지 여럿이서였는지는 잘 기억이 안 나지만요. 규슈의 신문사, 신문기자에게 '아주 뛰어난 사람이 한국에서 왔는데 만나보지 않겠느냐'는 소리를 듣고 가서 봤다가 매우 강한 인상을 받았습니다. 그래서 AA 연구소에서 '우리 가서 그 사람 좀 만나보자'는 소리가 나왔을 때 기필코 만나야겠다는 생각을 했지요. 그런데 AA 연구소에서 김대중 선생을 초빙해 이야기를 들으려 하던 참에 공교롭게도 그 납치사건이 벌어진 겁니다. 그래서 결국 김 대통령의 이야기는 듣지 못했지요. 김 대통령과의 인연의 시작은 이렇습니다. 1972년에서 3년 사이니까 벌써 30년, 35년 전의 일이군요. 30년 넘게 김 대통령과 친분을 유지하면서 여러모로 지도를 받았지요.

• **류상영**: 김 대통령과 처음으로 만났을 때 어떤 인상을 받으셨는지요?

• **고노**: 민주화에 대해서 대단한 열변을 토했어요. 이 상태로는 안되며, 무슨 수를 써서라도 민주화를 이루어야 한다고 끊임없이 강조하시던 것을 기억합니다.

• **류상영**: 그럼 우쓰노미야 선생님한테서 소개를 받기 전에는 김 대통령에 대해서 잘 모르셨겠군요? 고노 선생님을 비롯한 당시 일본 정계에서 김 대통령에 대해 알게 된 최초의 계기는 무엇입니까?

• **고노**: 글쎄요, 한일관계 정상화가 급선무이던 때라서 그랬지 않나 싶은데요. 그래서 한국에 대한 관심이 매우 높았는데, 그래도 그 당시 한국체제와의 관계에 대해서는, 그 체제가 민주화에 어떻게 대응해 나갈 것인가 하는 점에 대해서는 그다지 실감이 없었던 것 같아요.

그보다 좀 더 이전의 얘기를 해도 괜찮을는지 모르겠는데, 사실 저는 그때까지 한국이라는 나라에 가본 적이 없었습니다. 이 말을 했더니 다들 웃던데, 자민당 국회의원 중에 한국을 방문한 경험이 없는 사람은 극소수에 지나지 않았거든요. 한일의련(日韓議連)이라는 모임이 있어서, 그것을 통해서 다들 한국에 다녀오곤 했지요. 한일의련에서도 다녀오라고 하고, 한국에서도 환영해서 자민당 의원들이 많이도 한국을 찾았습니다. 자민당 의원에 한해서지만요. 그 무렵에 반공의 보루라고 했던가, 생각이 잘 안 나는데, 아무튼 '한국은 일본에게 있어 반공의 동료다, 사이 좋게 지내야 한다'고 하길래 다들 갔던 겁니다.

저는 가지 않았습니다. 한국에 있는 대학이라든지 정계 인사로부터 초청을 받았기 때문에 가려고 몇 차례 마음은 먹었습니다. '이러이러한 분이 오라고 청하는데 한번 다녀오는 게 어떠냐'는 식으로 일본 경제계의 권유를 받은 적도 있고요. 하지만 하필이면 그때마다 김대중 선생께서 매우 난처한 입장에 처하는 바람에, '그분을 만나지 못한다면 한국에는 가봤자 무의미하다, 기껏 갔다가 그분도 못 뵙고 돌아올 바에야 차라리 안 가는 편이 낫겠다'는 생각이 들어서 계속 방문을 미루고 있었던 겁니다.

그러다가 한참 후에 무라야마(村山) 내각이 들어서고, 무라야마 내각에서 외무대신 직을 맡게 되면서 비로소 처음으로 한국을 찾았습니다. 무라야마 정권이 출범하고 1주일이었나 10일 후에 이탈리아 나폴리에서 선진국 정상회담이라는 게 열렸는데, 무라야마 총리도 저도 취임한지 갓 1주일 남짓밖에 안 된 시점에 거기 참석하게 된 거에요. 선진국 정상회담에 참석해야 한다고 해서 정말로 눈코 뜰 새 없이 빡빡한 일정으로 나폴리로 향했지요.

나폴리에 도착해서 드디어 바로 다음날이면 정상회담이 열리는데, 그날 밤 무라야마 총리의 몸 상태가 좀 안 좋아지는 바람에 이튿날 있을 회담 자리에 나가지 못하게 된 거에요. "이 일을 어쩌면 좋습니까" 했더니, "이럴 때는 외무대신이 참석해야지" 라는 겁니다. "그게 무슨 말씀이십니까, 저는 정상회담 준비가 전혀 안 되어 있단 말입니다" 라고 펄쩍 뛰었는데도 들은 척 만 척, 내일 잘 다녀오라고 하시더군요. 그래서 미리 공부라도 좀 해둬야겠다 하는 참에 일본에서 전화가 걸려 와서 김일성 주석의 사망 소식을 전해 줬어요.

깜짝 놀랐지요. 일본 외무성도 꽤나 긴장한 기색이었지만 한국이야말로 크게 긴장하고 있다는 겁니다. 한국이 지나친 긴장상태에 빠지지 않도록 "일본은 늘 한국 편이니 우리를 믿어라. 무슨 일이 있으면 언제든 말해라" 라는 메시지를 전해 주어야 했지요. 이 문제로 일본 외무성 본청에서는 일장토론이 벌어졌고, 그 내용이 나폴리에 있던 외무대신한테 전화와 전보로 속속 들어왔어요. 나폴리에 온 간부들끼리도 머리 맞대고 의논을 했습니다. 아무래도 한국 외무부 장관한테 전화를 걸어서, 일본 외무대신이 한국 외무부 장관한테 보내는 형식으로 메시지를 전달하는 편이 좋겠다는 결론이 났지요. 그래서 시간은 이미 한밤중이었지만 전화를 걸기로 했습니다.

그런데 제가 한국에 아는 사람이라고는 하나도 없는 데다가, 당시 한국 외무부 장관이었던 한승주 장관하고는 일면식도 없는 사이인지라, 이렇게 갑자기 전화를 하게 된 상황에서 어떤 식으로 말을 해야 실례를 범하지 않고 신뢰를 얻을 수 있을까 염려가 되더군요. 그래도 일단 전화를 했습니다. 그랬더니 무척 기뻐하시면서 “무슨 일이 생기면 긴밀히 연락을 주고 받읍시다” 라고 하셨어요. 그래서 이튿날 나폴리에서 열린 정상회담을 마치고 일본에 돌아오자마자 바로 서울로 날아갔습니다. 즉 외무대신 자리에 오르고 채 한 달도 지나지 않아 한국의 주요 인사와 이야기를 나누게 된 거지요.

서울에 도착한 뒤 일련의 행사들을 끝내고 밤중에 호텔로 돌아와서 김대중 선생 댁으로 전화를 넣었습니다. “저 서울 왔습니다” 하고요. “네, 압니다” 라며 선생이 반기시더군요. “여기 일은 어느 정도 일단락되었으니 실례가 안 된다면 찾아 봬도 괜찮을런지요. 제가 댁으로 가겠습니다” 라고 했더니 김대중 선생이 “그러지 마십시오” 하시는 거에요. 깜짝 놀랐지요. “고노 선생, 그러지 마십시오. 당신은 한국에서 아주 호감도 높은 정치인입니다. 그런 분이 한국을 첫 방문하자마자 밤중에 저를 만나러 오신다면 당신 이미지에 타격이 클 겁니다. 그러니 이번 방문에서는 외무대신으로서 공식행사에만 전념하십시오. 전화로 이렇게 얘기 주고받는 것만으로도 충분하니까요.” 김대중 선생께서는 제 입장이랄까, 일본 외무대신의 입장을 사려 깊게 헤아려 주셨던 것이지요. 오히려 저를 달래시면서 ‘이번에 못 만나도 괜찮습니다’ 하시는 투였어요. 선배 정치인이 후배 정치인을 진심으로 배려해 준다는 느낌을 받았습니다.

II. AA 연구소와 납치사건

• **이토 나리히코**: 그러니까 AA연구소란 것은, 반둥 회의 이후라고 하니, 다카사키 다쓰노스케(高崎達之) 선생 같은 분들의 세대에 만들어진 건가요?

• **고노**: 예, 그 세대입니다. 어쩌면 그 세대보다 약간 후세대일지도 모르겠군요.

• **이토**: 그래요. 그렇다면 그 당시 수상이, 이시바시 단잔(石橋湛山)씨가 수상으로 있던 무렵이겠네요. 그 후대 수상은 기시 노부스케(岸信介)였으니까요.

• **고노**: 그렇겠네요. 이시바시 단잔……

• **이토**: 춘부장께서는 하토야마(鳩山) 내각에서 줄곧 정치활동을 하셨는데, 하토야마 내각은 반동 회의 이후에 출범하지 않았습니까.

• **고노**: 반동 회의는 분명 1955년 요시다(吉田) 내각 때 열렸던 것 같은데요. 다카사키 선생이 통산성 대신으로 계시던 때에요. 하토야마 내각 시절 일본정부는 일소협상 문제로, 외무성 본성은 대 필리핀 배상 문제로 정신이 없었죠. 필리핀 배상 문제로 고생 깨나 했던 때였어요. 그 이후의 일이었던 것 같습니다만.

• **이토**: 그리고 나서 그 후에 우쓰노미야 선생이 김대중 선생을 일본에 초청했는데, 곧바로 납치사건이 터졌지요. 그래서 우쓰노미야 선생이 이리 저리 뛰어 다니셨고요. 우쓰노미야 선생의 회상록에도

그 사건에 대한 기록이 나오는데요, 그때 인상은 어떻습니까? 고노 선생님께서는 어떤 식으로 그 납치사건을 보셨습니까.

• **고노:** 정말로 놀랐지요. 근데 우쓰노미야 선생은 어렴풋이 이런 일을 예감한 눈치 같기도 했어요. 처음에는 김대중 선생이 납치된 줄 몰랐어요. "기무라 토시오(木村俊) 선생하고 약속이 되어 있는데 김 선생이 아직 안 오셨다. 무슨 일이냐" 하고 묻는 전화가 걸려 왔지요. 그 전화를 받은 우쓰노미야 선생이 대번에 "뭐라고? 이거 무슨 일 생긴 거 같은데"라는 반응을 보이셨어요. 그때 한국 의원 두 분이 김대중 선생하고 함께 방일했는데, 그 동행 중 한 분한테 우쓰노미야 선생이 연락을 해본 것 같았습니다. 그러더니 이거 큰일났다면서 즉각 이런저런 조치를 취하셨어요. 우쓰노미야 선생은 미토 고등학교 출신으로, 당시 관방장관이었던 고토다 마사하루(後藤田正晴)씨가 우쓰노미야 선생의 고교 후배였어요. 우쓰노미야 선생은 관방장관 관저에 전화를 해서 고토다 장관을 전화로 불러내더니, "큰일이 터졌다. 잘 좀 처리해 달라. 부탁한다. 꼭 그분을 찾아내서 안전을 확보해야 한다." 이런 부탁을 하시더군요. 외무대신 자택에도 몸소 달려가셨어요. 그 이튿날이었던가, 총리대신한테도 찾아가서 김대중 선생의 목숨이 달려 있으니 서둘러서 철저히 수사해 달라고 몇 번이고 당부하셨습니다.

• **이토:** 우쓰노미야 선생께서 그런 맹활약을 펼치신 덕분에, 그리고 미국 측에서도 이래저래 손을 써준 덕에 김대중 암살계획이 중단되었고, 김대중 선생은 서울로 돌아가실 수 있었지요. 서울로 돌아가신 후에 AA 연구소의 대표로 이시이 하지메(石井一) 의원이 다른 사람 몇몇을 대동하고 김대중 선생을 문안하러 다녀왔고요.

• **고노:** 그랬지요. 자세한 사정은 모르겠지만 다녀왔다는 것만은 틀림

없습니다.

• **이토**: 좀 전에 보여주신 김대중 선생의 편지 말인데요. 그 편지는 그로부터 얼마 지나지 않아 체결된 제2차 정치결착 때 쓰여진 것이네요. 그 왜, 미키(三木) 내각의 미야자와(宮沢) 외상이 총리도 모르는 사이에 한국과 정치적으로 결탁하지 않았습니까. 이 편지를 보면, 김대중 선생은 다리 치료를 받으러 일본에 꼭 오고 싶다면서 우쓰노미야 선생한테 어떻게 좀 도움을 받을 수 없겠느냐고 쓰셨군요. 그리고 편지에는 쓰여 있지 않지만, 필경 AA 연구소 회원 분들을 만나고 싶은 마음에서도 일본에 오기를 희망하신 것 같습니다. 이 편지에는 그런 의미가 담겨 있는 것 같아요.

• **고노**: 저한테도 편지를 몇 통 보내셨어요. 그 후에도 편지를 받은 적 있고요. 김대중 선생한테서 전화나 편지를 받던 무렵, 저는 재차 자민당에서 탈당해서 소수정당으로 옮겨간 탓에 무척이나 고생이 심했습니다. 그래서 제가 김대중 선생한테 거꾸로 격려를 받았지요. (웃음) "힘내십시오" 하는 편지를 받았는데, 지금 생각해 보니 이거 입장이 완전히 거꾸로 됐네요. (웃음) 오히려 제 쪽에서 기운 내시라는 편지를 보내드려야 했는데 말이지요.

• **이토**: 김대중 선생 납치사건 즈음해서, 그 직전에 청람회(青嵐会)라는 모임이 생겨났지요?

• **고노**: 참 희한한 그룹이었어요. 하지만 얼마 못 가서 끝났다고 해야 하나, 없어져 버렸지요.

• **이토**: 그랬죠. 신 자유클럽이 발족할 무렵에 없어졌던가요?

• **고노**: 예, 시기적으로 비슷했어요. 원래 자민당 내에 정치공학연구소라는 모임이 있었는데, 나카가와 이치로(中川一郎), 와타나베 미치오(渡辺美智雄), 하마다 고이치(浜田幸一) 등의 의원이 모여서 청람회를 결성했지요. 농업정책에 아주 열을 올리던 분들이었지요. 농업정책에 열성적이던 양반들이, 우익 성향의 양반들이 무슨 영문인지 끼리끼리 모이더니만, 농업뿐만이 아니라 일본의 정치 자체가 문제라면서 청람회라는 모임을 발족시킵디다. 반면 우리 정치공학연구소로 말할 것 같으면 교육문제만 파고들던 모임이었어요. 마침 대학분쟁이 꽤나 심각하게 일던 시절이었지요.

우리 모임은 교육 문제를 걱정하던 젊은 초당파 의원들끼리 만든 것으로, 저쪽하고는 세대가 달랐습니다. 청람회의 우익 양반들은 나이로 보나 당선회수로 보나 우리보다 위 세대였죠. 그런데 양쪽에서 거의 동시에 들고 일어났으니, 모임 이름을 무어로 짓는가를 놓고도 일장토론이 벌어졌어요. 저쪽에는 그 유명한 이시하라 신타로(石原慎太郎)가 끼어 있어서, 이름 짓는 것은 그 사람한테 맡기기로 했답디다. 한편 우리 쪽에는 후지나미 다카오(藤波孝生)라는 하이쿠 시인이 있었으니, 우리 모임 이름은 후지나미 선생한테 부탁하도록 하기로 결론이 났지요. 그렇게 아무런 사전 언질도 없이 저마다 이름을 궁리했는데, 회합장소에 딱 나갔더니 글쎄 양쪽 다 '청람회'라는 이름을 들고 나왔지 뭡니까. 참 희한한 일도 다 있지요. 저쪽이 반나절가량 빠르긴 했지만요. 후지나미씨가 와서 하는 소리가, "제 생각에는 청람회란 이름이 좋을 것 같은데, 재미난 정보가 있습니다. 저쪽도 모임 이름을 청람회로 지은 모양이래요." (웃음) "똑 같은 이름이면 좀 곤란하잖아요" 그러더군요. 그래서 우리 쪽이 한 발 양보해서 청람회라는 이름은 관뒀고, 저쪽이 청람회가 된 겁니다.

자민당 내에서 참 여러 일들이 있었어요. 중일 국교정상화가 성사될 무렵이라, 중일 항공협정이니 대륙붕 협정이니 해서 논의할

건수가 산더미 같이 쌓여 있었지요. 그렇게 몇 년이 흐르는 사이 "야, 아무래도 자민당은 안 되겠다. 나가자." 이렇게 돼서 우리는 자민당에서 탈당했습니다. 나중에 듣자 하니 청람회 쪽에서도 내부에서는 꽤나 시끌시끌했던가 봐요. "너희는 입만 살아서 왜 아무런 행동을 하지 않느냐," "저쪽의 젊은 파들은 행동으로 보여주는데 왜 너희는 행동하지 않는 거냐," 이런 비난을 숱하게 받았다고 하더군요. 그래서 굉장히 분했습니다. 이제 와서 무슨 행동을 취해 봤자 후배인 우리를 따라 하는 꼴밖에 안 되니 억울하다고요. 사실 청람회나 우리나, 물론 전부 다 그랬던 건 아니지만, 중추적 역할을 담당하는 사람은 보수 2당론자였어요. 그래서 자민당 쪽에서도 더 이상 손쓸 도리가 없으니 우리가 나가든 말든 그냥 내버려두고, 보수정당을 하나 더 만든다는 식으로 생각하기로 한 겁니다. 우리 생각도 마찬가지였고요. 그렇게 탈당한 의원들끼리 제 2의 보수당을 결성했으니 자민당 쪽에서도 더 할 말 없게 된 거지요.

그런데 그러는 사이 어느 틈엔가 청람회가 슬그머니 없어졌습디다. 활동이 없어졌어요. 그러다가 몇 년이 지나자 이번에는 나카가와 이치로를 선두에 세워서 그 뭐랬더라, 동우회였나 자유혁신동우회였던가 하는 누가 봐도 친(親) 나카가와인 그룹을 세웠어요. 청람회에는 와타나베 미치오(渡변美智雄) 같은 사람도 있었는데, 새로 발족한 자유혁신인지 뭔지는 와타나베씨가 빠져 있었거든요. 누가 봐도 나카가와파끼리 뭉쳐서 만든 모임이었던 겁니다. 그 무렵에 저는 이미 자민당에서 나왔으니까.

• **이토**: 나카가와씨는 나중에 자민당 총재 선거에 출마했지만, 뜻대로 안 되자 스스로 목숨을 버렸지요.

• **고노**: 한때는 지지세가 엄청났는데 말입니다……

• **이토**: 그 후 김대중 선생 납치사건이 그런 식으로 정치적으로 매듭지어지자, 거기에 항의하는 뜻에서 우쓰노미야 선생이 의원직을 사임하신 거로군요.

• **고노**: 다들 김대중 선생의 생명만큼은 무슨 수를 써서라도 반드시 지켜야 한다는 마음이었어요. 선생의 신병을 확실히 보호해야 한다, 건강하셔야 한다고요. 우쓰노미야 선생은 늘 다른 사람보다 반 발짝 내지 한 발짝 앞서 계셨습니다. 그때 우쓰노미야 선생이 이런 말씀을 하셨어요. "소위 독립국이라는 나라의 수도 한복판에서 이웃나라 대통령 후보가 납치를 당하다니, 이것은 일본의 주권이 달린 문제다. 명백한 주권침해다. 주권침해를 당하고서도 가만 있는 정부라면 글러 먹었다." 아주 엄숙하게 이런 말씀을 하셨지요. 그야 물론 백 번 옳은 말씀입니다만, 다른 사람들은 그저 김대중 선생의 생명과 건강만 염려하고 있던 때에 우쓰노미야 선생은 벌써 그런 데까지 생각이 미치셨던 겁니다.

• **이토**: 그래서 우쓰노미야 선생이 정계로부터 물러나셨군요. 완전히 사임하셨죠.

• **고노**: "이런 정부, 게다가 이런 정부 여당의 의원으로 살자니 창피하기 짝이 없다"고 하셨습니다. "자기의 책임 소재는 확실히 해야만 한다. 나는 의원직을 관두겠다"라고요. 이런 일이 늘 있는 건 아니지만 종종 의원직을 사퇴하는 분들이 나옵니다. 하지만 대체로 어떤 비리에 연루된 의원이 제 발로 걸어나간다던가, 지사선거나 다른 선거에 출마하기 위해 국회의원직을 그만두는 경우가 대부분이지요. 그러니 우쓰노미야 선생 같은 식으로 의원을 사퇴하는 것은 극히 드문 예입니다.

- **이토**: 그렇게 물러나셨던 우쓰노미야 선생이 다시금 복귀하신 것은, 신 자유클럽이 그분을 참의원의원 후보로 지목해서……

- **고노**: 그건 말이죠, 우쓰노미야 선생은 의원직에서 물러난 후에도 군축과 평화를 위해 일관된 노력을 하셨습니다. 『군축문제자료』라는 잡지를 만들고 언론활동을 통해 줄곧 군축의 필요성을 주장하셨지요. 그 무렵 민사당이 구르쓰(来栖)라는 방위청 고위인사를 도쿄지역구에 내보낸다는 소리가 들려왔어요. 만약 그 사람이 당선된다면 온통 군확장론자들만 도쿄에 득시글거리는 꼴이 되니 안 되겠다, 우쓰노미야 선생이 나서 주셔야겠다. 이렇게 생각한 우리는 우쓰노미야 선생의 자택으로 우르르 몰려가서 "출마해 주십시오. 그 자리를 맡아 주십시오." 하고 간청했습니다. 학생들도 많이 와 있었어요. 저도 수 차례 선생을 찾아가서 제발 나서 달라고 부탁을 드렸지요. 얼마 전 세상을 뜬 덴 히데오(田英夫)씨도 꼭 우쓰노미야 선생이 당선돼야 한다는 입장이었습니다. 그래서 신 자유클럽과 사민련 양쪽에서 선생을 추천하기로 했어요.

  우쓰노미야 선생은 "어디 추천하고 싶으면 마음대로 해 봐라. 좌우간 나는 혼자서 움직일 테니." 이러셨지요. 즉각 선생을 후보로 추천하고는 도쿄도내를 돌며 선거유세를 벌였지요. 유세전 마지막 날, 벌써 어둑어둑해진 신주쿠 역 앞에서 마지막 연설을 할 참이었습니다. 우쓰노미야 선생이 자리에서 일어났고, 양 옆으로는 저하고 덴 의원이 버티고 서 있었어요. 선생은 군축과 평화가 그 무엇보다도 중요하다고 말씀하셨습니다. "제가 당선된다면 국회 안에 당파를 초월한 군축의원연맹을 만들겠다고 약속 드립니다. 이 두 사람한테도" 하면서 저하고 덴 히데오씨를 가리키지 뭡니까. "이 두 사람한테도 책임을 지우겠다고 약속 드리는 바입니다." 그리하여 당선되자 말자 맨 먼저 저를 부르시더니 군축의원연맹 발족을 준비하라고 명하셨어요. 그렇게 군축의원연맹이라는 게 만들어졌죠.

우리는 당연히 우쓰노미야 선생이 회장을 맡으리라 여겼는데, 틀이 완전히 잡히고 나자 선생께서 "나는 안 하겠다. 오이시 부이치(大石武一) 군이 회장을 맡아 주게,"라고 하시는 겁니다. 그 당시 오이시씨는 환경청 장관이었던가 그랬는데, 국민들한테 엄청나게 인기가 많았어요. 그 점을 생각해 우쓰노미야 선생이 당신은 한 발 뒤로 물러나고 오이시를 회장 자리에 앉힌 거지요. "초대회장은 오이시씨가 맡으십시오." 라고. 물론 전체적으로는 우쓰노미야 선생이 지도하셨지만요.

• **이토**: 우쓰노미야 선생이 당선되신 게 1980년 7월이었지요. 그런데 이번에는 김대중 선생이 전두환 장군이 이끄는 신 군부에 체포됐고, 이에 항거한 광주 시민과 학생들에게는 국가내란 선동 혐의로 군사재판에서 사형판결이 내려지는 사태가 발생했습니다. 군사법정은 김대중 선생에게 제 1심과 2심, 최종심 모두 사형을 선고했지요. 이른바 광주사건입니다. 더군다나 사형판결의 이유가 일본 체류 동안 선생이 한 언동 때문이라는 사실이 알려졌지요. 한일정부는 김대중 납치사건을 정치적으로 매듭지으면서 "일본 체재 중의 언동을 문제 삼아 고소하지 않는다" 라고 약속한 바 있었기에, 이것은 정치적 결탁에도 어긋난다고 하여 '김대중 선생을 구하라'는 움직임이 확산되었고, 일본정부 역시 선생의 사형판결에 반대를 표명했습니다.

이 무렵 고노 선생님은 신 자유클럽에 속해 계셨는데, 신 자유클럽 쪽에서는 광주사건을 어떻게 봤습니까?

• **고노**: 그게, 김대중 선생께서 일본에서 여러 차례 연설을, 여러 이야기를 하셨어요. 아주 격정적인 연설이었지요. 애국심이랄까, 그야말로 불타는 듯한 애국심이 느껴졌습니다. 그리고 힘찬 웅변. "반

드시 이렇게 해야 한다, 이 길로 나아가지 않으면 한국은 국제사회에서 뒤처지고 만다" 는 말씀을 수도 없이 하셨어요.

그러다가 광주사건이 터지자, 우리는 한국이란 나라가 이리도 지역성이 강했던가 하고 놀랐습니다. 한국에 대한 지식이 별로 없었던 탓이죠. 그래도 좌우간 광주에서 그만한 데모가 일어났다는 사실에 대해서는, 체제를 비판하는 목소리가 터져 나왔을 때는 다들 놀라움을 금치 못했습니다. 과거 일본에서도 안보조약을 둘러싼 안보투쟁이 일어났을 때, 몇십만 명이나 되는 학생들이 운집해서 엄청난 에너지를 발산했지요. 그런 시대도 있었건만 지금은 그 에너지가 다 어디로 갔는지. 광주항쟁을 보면서 참 대단하다는 생각을 했어요. 다만 그 와중에 유독 김대중 선생만 부각된다는 것은 그분을 노린 정치보복이 틀림없다 싶었어요.

• **이토**: 그 당시, 세상을 뜬 오히라 마사요시(大平正芳) 수상의 뒤를 이어 스즈키 젠코(鈴木善幸)가 수상이 되셨지요. 이토 마사요시(伊東正義)씨가 외상을 맡았고요. 일본정부가 정치적 결탁 당시의 약속을 몇 번씩이나 한국 측에 상기시키고 주의를 줘서 나름의 효과를 거둔 것은, 그분 힘이 크지 않았나 싶습니다만.

• **고노**: 이토 선생은 본래 그런 분이니까요. 그분은 AA 연구소에도 줄곧 활동하셔서, 저희도 많은 지도를 받았습니다.

III. 아시아의 평화와 민주주의에 대한 사상

• **류상영:** 우쓰노미야 선생이 고 김대중 대통령께 여러 모로 힘을 보태고 도와 드리면서 두 분은 서로 존경의 마음을 쌓아가셨는데요. 그 배경에는 아마도 아시아의 평화라든지 민주주의에 대한 사상적인 공통점이 있지 않았을까요. 즉 서로 비슷한 사상을 지녔다는 점이 두 분 관계의 출발점이 됐다고 봅니다만.

• **고노:** 저도 그 말씀대로라고 생각합니다. 일본 내에는 친미세력이라고 하는, 물론 친미가 꼭 나쁘다는 것은 아니지만, 다소 과하다 싶은 친미 세력이 있었어요. 거기에 맞서 "미국도 중요하지만 아시아를 좀 더 중시해야 한다"는 주장을 펼쳤던 게 우쓰노미야 선생, 이토 선생, 기무라 선생 같은 분들이었습니다. 아마 김대중 선생하고도 그런 이야기를 나누었을 것이고, 그런 대화를 통해 서로 공감하지 않았을까 해요. 또 인권문제 같은 점에 대해서도……

• **류상영:** 1970년대는 아시아나 한국이나 일본이나 냉전체제가 한창이던 때라, 그런 시기에 평화라든지 민주주의에 대해 강한 목소리를 낸다는 것은 매우 선구적인 행동이었죠.

• **고노:** 그랬지요. 선구자는 참으로 고달팠으리라고 생각합니다. 그 뒤를 따라가는 우리 같은 젊은 의원들도 우익 측한테서 상당한 압력을 받았으니까요. 우쓰노미야 선생이 제일 표적이 됐고요. 저는 곧잘 우쓰노미야 선생의 차를 함께 타고 국회까지 다니곤 했습니다. 마침 저희 집이 우쓰노미야 선생 댁을 지나는 길에 있었거든요. 아침에 그분이 전화를 하셔서 "오늘 국회 나가나." 하고 물으세요. "물론 가지요." 그러면 "몇 시쯤 갈 건가." 그래서 몇 시에 갈 생

각이라고 대답하면, "그럼 우리 집까지 조금 돌아오게." (웃음) 그렇게 많이 돌아가는 길은 아니었어요. "어디쯤에서 기다리고 있겠습니다." 하고 길가에 정차해 있다가, 우쓰노미야 선생 차로 갈아타서 같이 도쿄로 나갔지요. 차를 타고 가는 동안 선생한테 "지금 상황이 여차여차하니 주의해야 한다"는 식으로 참 많이 배웠습니다. 도쿄에 당도해서 국회의사당 옆쪽으로 가면 우익세력이 차를 세우고 뭐라 뭐라 연설을 늘어놓아요. 그러면 우쓰노미야 선생은 차에서 휙 내리셨어요. (웃음) 제가 "선생님, 위험하니까 그러지 마세요"라고 뜯어 말리는데도 차에서 내려서는, "당신네들이 하는 소리는 이러저러해서 틀렸다" 하고 맞대꾸를 하시는 겁니다. (웃음) 저쪽은 확성기 볼륨을 있는 대로 높여서 "우쓰노미야 도쿠마는 어쩌고 저쩌고~" 하고 비난을 퍼붓는데, 이에 질세라 "네놈들은 이러쿵저러쿵~" (웃음) 저는 그저 입만 딱 벌리고 있었지요. (웃음) 뭐랄까, 정의감이 매우 강했다고나 할까, 아무튼 그런 분이셨습니다.

• **류상영**: 우쓰노미야 선생은 북한의 김일성 주석과도 몇 번 만나신 적이 있다고 들었습니다. 그때 김일성 주석이 김대중 선생에 대해서 "그 양반하고라면 민족문제에 대해서 얘기해 볼 수도 있겠다"는 요지의 발언을 했다고 외부에 소개되는 바람에, 당시 독재군부정권이 김대중 선생을 마구 공격해 대서 정치적으로 아주 난감한 입장에 처하셨지요. 이 부분에 관해서는 고 김 대통령과의 인터뷰 때 직접 질문 드리기도 했습니다. 고 김 대통령은 대통령에 취임하시기까지 이런 식의 구술사 인터뷰를 40번도 넘게 하셨는데요, 웃으시면서 "그런 얘기가 나오는 바람에 제가 아주 난처해졌습니다. 그런 이야기는 일본 쪽에도 하지 말아 주십시오. 내 입장이 딱해지니까." 그렇게 말씀하셨지요.

• **고노:** 글쎄요, 세세한 이야기 내용은 기억이 안 나는데, 뭐라고 해야 하나. 요즘 일본에서 쓰이는 정치용어 중에 '흔들린다(ふれる)'는 말이 있어요. 김대중 선생은 흔들림이 없는 분이었지요. 한 번 말을 꺼냈다 하면 쭉 그대로 나가니까. 햇볕정책만 해도 그래요. 주위에서 이건 안 된다, 안 된다, 아무 성과도 없지 않느냐, 하고 극구 말렸는데도, 김대중 선생은 본인 생각을 관철하셔서 햇볕정책을 끝까지 고수하셨으니까요. 정말 대단한 분이라고 생각합니다. 우리가 무슨 얘기를 하면 "달리 할 수 있는 일이 있습니까? 달리 방법이 있나요? 이렇게 하는 수밖에 없습니다." 하고 딱 잘라 말씀하셨지요.

• **류상영:** 고 김 대통령의 편지를 보면, 그중 일부입니다만, 매우 감사드리며 존경을 표한다고 되어 있네요. 그 당시 일본은 선진국이고 무척 힘 센 나라 아니었습니까. 반면 한국은 군부독재 아래서 끙끙대고 있었고요. 미국의 케네디니 라이샤워니 하는 인사들한테 서신을 보낼 때도 고 김 대통령은 항상 이렇게 쓰셨습니다. "우리는 미국과 일본의 도움을 바라지만 내정간섭은 원치 않는다. 민주주의는 한국민 스스로의 힘으로 성취할 수밖에 없으니까. 다만 일본과 미국정부가 한국의 독재정부에 협력하고 있으니 그러는 것은 중단해 달라"고 김 대통령이 일본이나 미국의 민주주의적 인사들을 대할 때는 항상 이런 원칙이 있었던 것 같습니다.

• **고노:** 예, 저도 그런 이야기는 많이 들었습니다. 우리가 일본 외무성 같은 데다 비슷한 말을 한 적도 있고, 우쓰노미야 선생도 그런 취지의 지시를 하셨던 것으로 기억해요. 그랬더니 외무성이 답하기를, "우리는 독재정권을 원조하는 게 아닙니다. 한국국민을 원조하려면 한국정부에 물자를 전달하는 수밖에 없지 않습니까. 물자, 기술, 돈, 이런 것을 그 나라 체제 혹은 정부에 전달하면 정부가 국

민들에게 그것을 나누어주고 국민을 위해서 사용한다. 이게 이웃 국가로서 유일하게 할 수 있는 일 아닙니까. 정부를 돕는 꼴이 된다는 이유로 원조를 중단해 버리면 한국국민들은 어쩝니까." "가령 물가상승 때문에 먹을 것이 부족해진다고 합시다. 그런 때에 원조가 끊긴다면 큰일이겠죠? 그러니 주는 겁니다." 일본 외무성은 늘 이런 식의 말만 되풀이했어요.

Ⅳ. 한국의 민주화 운동에 대해

• **류상영**: 1987년이 되기까지 한국의 민주화운동은 대부분 고 김 대통령을 통해서 일본에 알려졌지요. 한국에서 현재 이런 민주화운동이 진행되고 있다고요. 한국 민주화운동이 막을 내리고 난 후에 거기 대해서 일본사회나 고노 선생님께서는 어떤 인상을 가지셨는지요? 일본정계라든지 사회에 미친 영향이 있었을까요?

• **고노**: 시간적으로 앞뒤 순서가 뚜렷하진 않은데, 김대중 선생에 대한 평가라던가 기대가 차츰 높아지고 있었던 것 같아요. 그런데 다음 대선 때도 김영삼 후보한테 밀려서 고배를 마시고 말았지요. 이번에야말로 김대중 선생이 이길 것이라고 아주 기대하면서 지켜보고 있었는데 결국 또 낙선. 야당의 분열이 빚어낸 패배였지요. 그 일로 정계에서 은퇴하겠다는 성명서를 내셨지요. 그러자 김대중 선생에 대한 일본 내 기대감은, 물론 그분을 진정으로 이해하고 존경하는 사람들이야 변함이 없었지만, 금방 끓어오른 열기는 금방 식어버리는 법이잖아요. "뭐야, 이걸로 끝인가." 하고 다들 조금 실망한 기색이었어요. 그랬던 만큼 그 다음 대통령 선거에서 마침내

승리를 거머쥐었을 때는 전부 다 깜짝 놀랐습니다. 거센 충격을 받은 느낌이었어요.

V. 김대중 대통령 재임기간 중의 정책에 대해

• **류상영**: 다음으로 고 김대중 대통령의 대통령 취임 후 5년간에 걸친 정책에 대해서 여쭙겠습니다. 오부치 게이조(小渕惠三)-김대중 공동선언은 한일 역사상 가장 긍정적이고 유의미한 합의라고 생각합니다. 그리고 남북공동선언도 나왔지요. 고노 선생님께서는 고 김대통령의 재임 5년에 대해 어떻게 생각하시는지요?

• **고노**: 특히 일본에 대해서 잘 아는 분이었고, 국제적인 흐름을 정말 잘 파악하고 있던 분이라고 생각합니다. 매우 주의 깊게, 그러면서도 결단력 있게 대일정책의 기반을 닦으셨으니까요. 일본사람들에게 가장 크게 다가왔던 일은 일본문화 개방이었어요. 일본 대중들은 무척이나 반겼지요. 하지만 역시나 한국 내에서는 이를 두고 갑론을박이 많았고, 이로 인해 김 대통령의 입장도 난처했을 거에요. 그럼에도 김 대통령께서는 결단을 내리셨지요. 당시 제가 외무대신이었던 터라 이 문제에 대해서 김 대통령을 비롯한 여러 한국 분들과 몇 차례 이야기를 나누었는데, 무척 힘들었습니다. 그럼에도 굴하지 않고 그런 과감한 결단을 내리셨으니. 그런데 일본은 그 보답으로 대체 뭘 했던가 하고 돌이켜 보니 부족한 점 투성이더군요. 당시 나카소네(中曽根)씨가, 나카소네 야스히로 전 총리의 아드님인 히로후미(弘文)씨가 문부대신이라서 저하고 같이 일하고 있었어요. 오부치 내각 때였지요. 그 나카소네 문부대신이 방한하게 된

겁니다. 문부대신이 한국을 찾는 것은 거의 전례가 없는데 그렇게 됐어요. 저는 나카소네 대신의 방한 자체도 대단한 일이라고 봅니다. 교과서 문제라든지 이런저런 일들로 양국 관계가 약간 미묘해졌던 직후였거든요. 여느 문부대신 같으면 그런 상황에서 방한 일정을 뒤로 미루든가 했을 텐데, 뜻밖에도 나카소네 대신은 가겠다고 했어요. 그래서 제가 나카소네 대신한테 이렇게 말했지요. "한국이 이렇게까지 일본을 생각해 주고 있으니, 우리 쪽에서도 한국에 무엇을 해 줄 수 있을까 잘 생각해 봐야 한다." 그때 제가 했던 얘기가, "고등학교 입시에서 한글을 쓸 수 있게 하면 어떻겠느냐. 극히 일부 학교에 한해서 한글이 통용되고는 있지만 이를 좀더 확대했으면 좋겠다. 대학입시에서도 마찬가지다. 그리고 고등학교에서 한글을 더 많이 가르쳐야 한다. 이런 아이디어를 내는 것도 문부대신으로서 할 일 가운데 하나다." 이런 말들을 나카소네 대신한테 해줬어요. 그 친구가 방한해서 한국 사람들과 깊이 있는 이야기를 나눈 다음 많은 것을 배워서 돌아왔으면 했거든요.

아무튼 일본문화 개방으로 양국 간 문화교류의 폭이 훨씬 넓어졌습니다. 한국 극단이나 뮤지션이 일본에 건너와 공연을 하기도 했고요. 동북부 지역에서는 한국 극단이 한국어 연극으로 순회공연도 했다고 들었어요. 공연 내용을 알고 싶은 마음에서 한글에 흥미를 가지는 젊은이들도 생겨났고요. 결정타는 뭐니뭐니해도 『겨울연가』일 겁니다. 그 드라마가 공전의 히트를 치자 학생보다는 주부들 사이에서 한글을 배우자는 움직임이 불같이 일어났죠. 저는 이러한 열기에 처음 불을 붙인 주역이 김대중 대통령의 일본문화 개방정책이었다고 생각합니다. 일본문화 개방은 아주 상징적인 사건이었어요. 일본이 거기에 좀 더 적극적으로 반응해서, 우리도 이런 식으로 해보자는 제안 내지는 용기를 냈더라면 좋았을 텐데 말입니다. 그 이후로 한국에 갈 때마다 참 괴로웠어요.

Ⅵ. 일본에 관한 김대중 대통령의 인식에 대해

• **류상영**: 아까 고노 선생님께서 말씀하셨듯이, 일본문화를 개방하기로 결정하신 고 김 대통령의 인식이랄까 정책은, 고 김 대통령께서 1940~50년대부터 한일관계 추진에 있어 고수하셨던 원칙의 실용적 대응이요 발현이라고 보입니다. 가령 한일국교 정상화 때도 야당의원으로서 기본적으로는 찬성하시지 않았습니까. 박정희 대통령이 표방한 민족주의 명분이 너무도 막강한 가운데, 여기에 찬성했다가는 야당 정치인으로서 아주 위험해진다, 정치생명이 위험해질 수 있다는 위기감을 느끼셨던 것 같아요. 그럼에도 일본은 중요한 국가이므로 국교수복에 찬성한다는 뜻을 표하셨지요. 단 여러 가지 조건을 달아서요. 기본적으로는 한일 양국 정부가 앞으로 잘 해 나가기를 바라셨습니다. 그런 예로 미루어 보건대, 고노 선생님은 고 김 대통령의 일본에 대한 인식과 철학은 어떠했다고 생각하십니까? 실용적이고 현실주의적인 측면과 민족주의적인 원칙이 공존하고 있었고, 융통성 있는 현실주의로 대처하셨다, 저는 이렇게 봅니다만. 고노 선생님은 이 점에 대해 어떻게 생각하시는지 한 말씀 부탁드립니다.

• **고노**: 아까부터 거듭 말했다시피, 김대중 선생 하면 민주주의나 평화 같은 이상 혹은 이념이 투철한 분이라는 이미지가 먼저 떠오릅니다. 하지만 한편으로는 현실주의자적인 면모도 강했어요. "이렇게 하면 잘 될 것이다" 라는, 원칙론뿐만 아니라 그 원칙을 구체적으로 실현하기 위한 현실적인 발상들도 잇달아 내놓으셨지요. 그런 발상을 바탕으로 각종 상황에 탄력적으로 대응해 나가셨고요. 그런 모습을 보면서 같은 정치인으로서 참 존경스러웠고, 나도 저분처럼 되고 싶다는 생각을 했습니다.

• **류상영**: 역사문제나 야스쿠니 신사 문제를 놓고, 두 분이서 일국의 대통령 대 외무대신으로 이야기를 나누신 적은 있습니까?

• **고노**: 아뇨, 공적으로는 없습니다. 야스쿠니 참배에 대한 이야기를 공적으로 한 적은 없어요. 외무대신 자리에서 물러난 뒤 저는 몸이 조금 안 좋아서 큰 수술을 받았습니다. 나가노현에 있는 병원에 갔는데, 너무 늦게 발견해서 이미 거의 손쓸 수 없는 상태라고 하더군요. 그래도 할 수 있는 데까지 해보자 해서 나가노현 병원에서 수술을 받기로 했습니다. 제 간은 몽땅 떼어내고 아들놈 간을 떼어 와서 넣는 장기이식 수술이었어요. 다 늙은 나이에 받을 만한 수술이 아니었지요. (웃음) 젊은이는 많이들 하는 모양이던데, 그때 내 나이가 벌써 예순다섯이었거든요. 그런 노구로 장기이식 수술을 받게 됐으니. 수술에 앞서 아들놈이 기자회견을 열고는 수술 사실을 주위에 알렸어요.

보통 일본에서는 정치인이 병에 걸렸다거나 수술을 할 때 쉬쉬하면서 진행한 다음, 성공하면 그제서야 완치됐다고 알리잖습니까. (웃음) 그런데 제 경우는 아들놈 말을 따라 미리 발표하기로 한 겁니다. "이제 수술에 들어갑니다. 성공할지 어떨지는 모르겠는데 하여튼 수술하게 됐습니다." 하고요. 그래서 나가노현 마쓰모토라는 곳에 있는 신슈 대학병원에서 수술을 받았습니다. 장장 16시간이나 걸린 대수술이었어요. 16시간에 걸친 수술 끝에 이튿날 일단은 성공한 것 같다고 알렸지요. 저야 여전히 마취 중이라 의식이 전혀 없는 상태였지만요. 그때 "수술 성공했다고 들었습니다. 축하 드립니다. 얼른 쾌차하십시오." 하고 제일 먼저 격려의 말씀을 해준 사람이 고 김 대통령이셨어요. 이렇게 말하면 좀 이상한데, 세상에서 1등으로 빨랐어요. (웃음) 김 대통령의 축하인사가요. 나중에 전해 듣고 깜짝 놀랐지요.

그렇게 저는 어떤 의미에서는 생사의 여부가 달린 수술을 받고서 몇 개월간 입원해 있었습니다. 퇴원할 때 의사 선생님이 당부하셨어요. "고노 선생님, 앞으로 적어도 1년 동안은 조심 또 조심하셔야 합니다. 절대 안정을 취하셔야 해요." 그래서 어떤 행동을 주의해야 하냐고 물었더니, "비행기도 전철도 타시면 안 됩니다. 특히 만원전철은 피하세요." 라는 겁니다. 의사 말로는 감염의 위험이 높아서래요. 게다가 음식도 이것도 안 돼 저것도 안 돼 제한이 많았고요. 그런 주의사항을 다 지키겠노라는 조건으로 퇴원시켜 주었습니다.

하지만 저는 그 이듬해 2월이면 김 대통령의 임기가 끝나니까, 청와대를 찾아 김 대통령께서 일본을 위해 이모저모 애써 주신 점에 대해 감사 말씀을 꼭 드리고 싶었어요. 한국에 가려면 비행기를 타야 하잖아요. 의사 선생님한테 "한국까지는 단거리 비행이니 괜찮지 않겠나" 하고 묻자, 아니나 다를까 위험하니 그만두라고 하더군요. 여차여차해서 기필코 한국 대통령을 만나 뵙고 감사의 뜻을 표하고 싶다고 아무리 사정 설명을 해봐도, "고노 선생님, 무리하시면 안 된다니까요. 조금 더 참으셨다가 건강 회복하면 그분 자택으로 찾아가 감사 인사를 드리면 되잖습니까." 도통 말이 먹히질 않아요. "꼭 청와대에서 뵙고 싶다니까요." 해도 "안 됩니다, 좀 더 자중하십시오." 그렇게 의사는 극구 말렸지만 저는 결국 혼자서 갔습니다. 비행기 타고 서울까지 갔어요. 그리고 김 대통령과 함께 식사를 했지요. 그 자리에서 일국의 대통령 대 국회의원이라는 직을 떠나 친구로서 환담을 나누었습니다. 그때 야스쿠니 신사 문제에 대해 제가 사과를 드렸지요.

야스쿠니 신사 문제는 반드시 해결해야 할 과제입니다. 아베(安倍) 내각 때였던가, 후쿠다(福田) 관방장관이 했던 말로 기억하는데, 별도의 시설을 짓자는 소리가 나왔대요. 이 말을 듣고 고 김 대통령께서는 "그렇게만 된다면 좋겠다"라고 하셨어요.

일본 쪽에서 하는 이야기는 그 정도밖에 안 됩니다. 그래도 김 대통령께서는 "아니다, 일본정부도 여러 모로 생각이 있는 모양이다. 언젠가는 새로운 시설을 만들겠지." 하셨어요. 하지만 제가 보기에는 그리 쉽게 이루어질 일 같지는 않습디다. 일개 정치인이 어떻게 이웃나라 대통령께 그런 이야기를 선불리 드릴 수 있겠습니까. 저는 무어라 말을 하기가 너무 두렵고 괴로웠어요. 그런데 김대통령께서는 그저 "일본 쪽에서 이미 그런 말이 나왔으니 더 이상 내가 이래라 저래라 할 필요가 없겠다" 라고만 하셨습니다. 그래서 제가 "8월 15일에 치러질 전몰자 위령제 때, 그곳에 모인 수천 명의 사람들 앞에서 중의원의장의 자격으로 이 건에 대해 꼭 보고하겠습니다."고 했지요. 나중에 여러 소리 많이 들었는데, 뭐 이미 말을 내뱉어 버린 마당에 어쩌겠어요.

Ⅶ. 오부치-김대중 공동선언에 대해

• **류상영**: 오부치-김대중 공동선언에 대해서는 어떻게 평가하시는지요.

• **고노**: 저는 높게 평가합니다. 그 의미를 높이 사긴 하는데, 솔직히 그 공동선언은요, 굳이 따지자면 한국 측의 주도로 이루어진 것이에요. 물론 양국이 충분한 논의를 거쳐서 발표한 합의긴 하지만요. 그 공동선언인지 공동성명 발표와 관련해서, 이런 식으로 하자고 강하게 밀어붙인 쪽은 오히려 한국이었던 것 같습니다.

• **이토**: 1995년에 발표된 무라야마(村山) 담화는 표현이 너무 추상적이라는 지적이 있었어요. 일본의 식민지 지배 및 침략의 과거에 대해 사죄한다면서, 정작 한국 혹은 조선이라는 말은 한 마디도 등장하

지 않는다고 해서요. 그래서 고 김대중 대통령을 비롯해, 훗날 일본대사가 되신 최상용 고려대 교수 같은 학자 분들이 공동선언 만들기에 참여하게 됐다고 들었습니다.

• **류상영**: 한국 언론을 통해 고노 선생님이 인터뷰하신 내용을 본 적이 있는데요, 고 김 대통령의 취임식에 참석하고자 한국으로 오시는 과정에서 에피소드가 있지 않았을까 합니다. 소개해 주시지요.

• **고노**: 김대중 선생이 대통령에 당선되셨다는 소식을 듣고 저는 뛸 듯이 기뻐하며 멀리서 박수갈채를 보냈습니다. 물론 축전도 보냈고요. 이윽고 대통령 취임식 날이 다가오자 한일의련 회장 이하 주요 임원들끼리 한국을 찾기로 했습니다. 저는 그냥 도쿄에서 축하드릴 생각이었는데, 김 대통령께서 지극히 사적인 편지를 보내셔서는 "당신도 꼭 와 주십시오"라고 하셨어요. 깜짝 놀랐죠. 감동했다고 할까요. 하지만 당시 저는 아무런 직함도 없었고, 김 대통령과 친분이 있다는 것 빼고는 내세울 게 없었어요. 하지만 오라고 친히 말씀하시니 기쁜 마음에서 "네, 가겠습니다" 하고 답을 드렸지요. 그래서 취임식 당일에 축하 드린다고 나섰더니 나카소네 전 총리며 다케시타(竹下) 전 총리며 다들 와 계시더군요. 한일의련 소속 사람들도 몇 분 보였고요. 전부 "댁은 왜 왔나?" 하는 얼굴들이었어요(웃음). 웬일이냐고 물으시길래 "저도 서울 갑니다" 했죠. "아, 그러냐"고. 그렇게 서울로 가서 취임식장으로 향했습니다. 그런데 제 자리가 어딘지 알 수 없어 난감했어요. 대통령이나 총리대신 같은 참석자의 자리는 물론 미리 정해져 있었고, 한일의련 임원들 자리도 그랬어요. "고노 선생님, 저를 따라오십시오" 하면서 저를 안내해 준 사람이 있었는데, 가는 도중에 그 사람이 급한 볼일로 딴 데 불려가게 됐어요. (웃음) "저기 어딥니다." 하는 말만 남기고는 가버렸지요. 지정석이라 이름이 다 붙어 있긴 했는데, 한글

로 쓰여 있으니 제 자리가 어딘지 찾을 수가 있어야죠. 제 좌석이 분명 있을 텐데 못 찾아서 갈팡질팡하고 있었어요. 그러던 중 한일의련의 사쿠라우치(桜内) 의장이 앉아 계신 것을 봤어요. 저하고 안면 있는 한일의련 사람들도 그쪽에 있었고요. '아, 저긴가' 하고 그쪽으로 갔는데 "여기 아닙니다." 이러는 거에요. (웃음) "고노 선생 자리는 여기 없는데요" 라고. 하지만 '에라 모르겠다' 하고 사쿠라우치 의장 옆자리로 갔어요. "자네 뭐하나?" 이러셨죠. 취임식 시작 시간이 다가오자 회장 안은 사람들로 꽉 차서 빈 자리가 거의 없었어요. 사쿠라우치 의장 옆 좌석의 주인이 나타날 때까지 그 자리에 앉아 있었습니다. 그런데 뜻밖에도 마이클 잭슨이 나타난 거에요. (웃음) 마이클 잭슨이 제 바로 옆인가 뒤에 잠깐 있었지요. '어쩌다 내가 이런 자리에 끼어 앉아 있게 됐을꼬.' 속으로 이런 생각을 하면서도 계속 버티고 있었어요. (웃음) 끝까지 원래 제 자리가 어딘지 모르는 채로 그 자리에 앉아서 대통령 취임 연설을 들었습니다. 추운 날이었어요. 김 대통령의 장례식도 아마 같은 장소에서 치러졌던 것 같은데.

• **류상영**: 고노 선생님, 김 대통령의 서거 소식을 듣고 어떤 생각이 드셨습니까?

• **고노**: 온몸에서 힘이 쭉 빠지는 기분이었어요. 의장 재임기간 중에는 이런저런 규정 때문에 좀처럼 외국에 나갈 수가 없어요. 그때는 의장직에서 물러난 상태였으니 비교적 자유롭게 갈 수 있겠다, 꼭 한 번 찾아 봬야겠다고 생각했지요. 풍문으로 김 대통령 몸이 안 좋으시다는 소식을 접하고, 한 번 찾아 뵙고 말씀을 들어야겠다 생각했어요. 그런데 어영부영 하는 사이에 갑자기 용태가 악화돼서 돌아가시다니. 정말 힘이 쭉 빠졌습니다. 대통령 퇴임하신 후에 김대중 선생께서, 아시아 · 태평양평화위원회였던가 무슨 회의에서 공

동의장을 맡지 않겠느냐고 물어 오셨어요. 하지만 아까 말씀 드렸다시피 당시는 중의원의장이다 외무대신이다 해서 도저히 짬이 안 났던지라, 곤란하다는 거절의 말씀을 두어 번 드렸습니다.

"서울에서 회의가 열리니 참석해 달라. 기조연설이라도 해 달라."고 부탁하시길래 "꼭 가겠습니다." 하고 답했는데, 덜컥 외무대신이 된 거에요. 오부치 내각에서요. 이거 야단났다 싶었지요. 오부치 총리한테 이렇게 말했습니다. "제가 맡기로 김대중 선생하고 약속한 일이 있습니다. 외무대신의 몸이 되었지만 거기 가게 해 주십시오." 왜 그랬냐 하면, 오부치 내각 출범 후 처음 수행하게 된 업무가 한일각료회의였어요. 제주도에서 열렸는데, 저하고 오부치 총리를 비롯해서 몇몇 각료가 하루 일정으로 거기 참석하게 됐지요. 회의가 끝나고 다른 사람들은 다 곧바로 귀국했지만, "죄송합니다. 서울에 일이 있어서 그것을 처리한 다음에 돌아가겠습니다." 하고 저만 빠졌어요. 오부치 총리도 "아, 그럼 다녀오시게." 하고 허락하셨고요. 그래서 제주도에서 서울로 갔습니다. 비행기 티켓도 미리 사뒀는데, 김종필 당시 한국 총재가 "고노 의원님, 뭐 하십니까." 하고 물었어요. "제가 서울 갈 일이 있어서 공항 가서 비행기 타려고 하는 참입니다." 그랬더니, "제 전용기로 같이 갑시다" 라고 해요. "아니요, 다른 사람들도 있고 하니 괜찮습니다" 하고 사양해도 "다 태워드릴 수는 없지만 고노 선생 한 분은 충분히 태워드릴 수 있으니 같이 타고 갑시다." 몇 번이고 사양했는데도 자꾸 타라고 하셨어요. 탑승인원 제한 때문에 경호관이니 비서관이니 다 타고 가지는 못하고, 저하고 기무라 대사 두 명만 김 총재님의 비행기를 얻어 탔습니다. 경호관이니 비서관들도 우리가 어디 가는지 몰랐지요. (웃음) 그렇게 얻어 타고 가서 내린 곳이 육군 비행장인가 그랬어요. 서울 대사관에서 마중 나오기로 한 차를 어디로 돌려야 할지도 모르겠고. (웃음) 비서관이나 경호관들은 전부 비행장에서 기다리고 있었고. 저는 저대로 짐이고 뭐고 전부 그쪽에 둔 채로 달랑 몸만, 기무라 대사하고 둘이서 김 총재 비행기에 얻어 탔는데, 육군인지 공군인지 아무튼 비행장에 도착해서 "다 왔습니다" 하니 얼마나 당황했던지. 그래도 어찌어찌 회의장까지 가서 기조연설을 한 다음 일본에 돌아왔지요. 그리고 나서 부산에서도 회의가 열렸는데, 그때도 참석했고요.

• **류상영**: 고노 선생님, 김 대통령께서 서거하신 후, 한반도와 아시아에서 김 대통령이 하실 일이 산더미 같은데 참으로 애석하게 됐다는 말씀을 하셨지요. 추도식에서 추도사도 하셨고요. 한 말씀 더 해 주시겠습니까.

• **고노**: 한국은 일본에게 지극히 중요한 이웃나라입니다. 고 김대중 대통령 같은 분이 한국의 지도자가 되셨다는 사실을 일본 정치인과 국민들이 얼마나 반겼는지 몰라요. 파트너라고 할까요, 서로 신뢰할 수 있는 이웃나라의 지도자가 계셔서 참 잘 됐다고요. 양국 관계뿐만 아니라 아시아 전체를 위해 힘을 합칠 수 있다면 얼마나 좋을까 하고 생각했습니다. 고 김 대통령과는 오랜 세월 동안 친분을 쌓았고 참으로 믿음 가는 정치인이셨는데, 그런 분이 떠나셨으니 안타깝기 짝이 없습니다. 하지만 현실을 받아들여야만 하니, 고 김 대통령의 사상과 마음을 새기면서 앞으로도 계속 노력해야겠지요.

Ⅷ. 김대중이 아시아에서 지니는 의미

• **이토**: 아까부터 우쓰노미야 선생의 성함이 계속 거론되고 있는데, 아주 인상적이었던 사건이 있습니다. 나카소네 내각 때였는데, 김대

중 선생 납치사건으로부터 꼭 10년째 되던 1983년 8월, 경시청 수사본부가 해산됐지요. 그때 저하고 우쓰노미야 선생, 덴 히데오 의원, 참의원의원으로 원기 왕성했던 미노베 료키치(美濃部亮吉)씨 등 50여 명이 모여서 '김대중씨 납치사건 진상조사위원회'라는 것을 만들었습니다.

김대중 선생은 82년 말부터 미국에 계셨는데, 84년 1월 우쓰노미야 선생이 저더러 "조사위원회가 발족했으니 미국에 가서 김대중 선생께 인사 드리고, 납치사건에 대한 자세한 이야기를 듣고 오시오" 하고 지시하셨어요. 그래서 버지니아의 자택을 찾아가 말씀을 청했지요. 제가 고 김대중 대통령을 직접 뵌 것은 그때가 처음이었습니다. 그분을 구하고자 뉴욕의 UN 본부에 탄원서를 넣기도 하고 백방으로 뛰어다녔지만 직접 뵐 기회는 없었거든요. 일본에 돌아와서 우쓰노미야 선생께 보고를 드렸지요. 그랬더니 우쓰노미야 선생이 "수고하셨네. 그럼 나와 함께 어디 좀 가시게나"라고 말씀하여서 느닷없이 총리관저까지 따라가게 된 겁니다. 아득한 옛날 일 같네요.

총리관저에 들어가서 곧바로 고토다 관방장관의 방으로 갔습니다. 우쓰노미야 선생은 고토다 장관한테 저를 소개하신 다음, "일본정부는 김대중 선생에 대한 처우를 확실하게 해야 한다"고 역설하셨어요. 제가 미국에서 그분을 만나 뵌 이야기를 하시고는, "김대중 선생이 자유의 몸인 지금이 절호의 찬스다. 선생을 일본으로 모시고 오자"고 설득하셨습니다. 고토다 장관은 어안이 벙벙한 얼굴로 "선배님, 한국정부가 그렇게 하도록 허락할 리가 없잖습니까. 그런 말씀은 옆방에 가셔서 하십시오."라고 했습니다.(웃음) 우쓰노미야 선생은 고토다 장관의 미토 고등학교 선배였고, 옆방이란 나카소네 총리를 말하는 것이었어요.

그러자 우쓰노미야 선생은 "그런가. 자네는 여기 잠시 있게." 하고 저를 고토다 장관의 방에 두시고는 총리실로 가셨습니다. 혼자

남겨진 저는 고토다 장관하고 무슨 얘기를 해야 하나 안절부절 못했지요. (웃음) 대략 5~6분 후에 우쓰노미야 선생이 돌아오셨어요. "총리께 말씀 드렸네." 고토다 장관한테 그러시더군요. 어떤 말씀을 하셨을까 궁금해하던 차에, "나카소네 총리, 김대중 선생은 현대의 쑨원 같은 분이니 그런 분을 허투루 대해서는 안 됩니다. 이렇게 말하고 왔네. 이 정도 말했으면 알아들었겠지." 하셔서 깜짝 놀랐지요. (웃음) 그때 일이 지금도 인상에 깊이 남아 있습니다. 우쓰노미야 선생이 김대중 선생한테 보내신 편지에도 이런 내용이 쓰여 있지요.

그러다가 오부치 내각이 들어섰는데, 고노 선생이 외상으로 계시던 무렵 아시아 금융위기가 터졌습니다. 아마 김대중 선생이 대통령에 당선되자마자 아시아 금융위기가 터졌던 것으로 기억해요. 그래서 ASEAN 10개국 회의가 열렸는데, 한국과 중국, 일본도 거기 참석해서 금융위기에 관해 논의했지요. ASEAN 측이 오부치 총리한테 감사하다는 인사도 했고요. 그 회의에서 고 김 대통령이 지혜를 짜내어 여러 가지 해결책을 제안하셨습니다. 그 회의를 계기로 소위 ASEAN+3이라는 아시아 공동체, 즉 동아시아 공동체 아이디어도 나왔고요. 그런데 그런 사실이 일본에는 거의 보도되지 않았어요. 고 김 대통령이 한일관계에서 매우 중요한 역할을 수행는데도 말입니다. 아시아에서의 김대중 상에 대한 고노 선생님의 생각은 어떻습니까?

• **고노**: 네, 아시아 금융위기란게 있었지요. 오부치 내각 때로, 미야자와(宮沢)씨가 대장성 대신으로 있던 때였어요. 일본에서는 '미야자와 이니셔티브'라는 것을 구축해서, 아시아 금융위기를 적극 원조하겠다는 뜻을 밝혔습니다. 물론 일본뿐 아니라 한국과 중국도 그런 계획을 구상했지요. 다 함께 힘을 합치면 좋잖아요. 현장에서는 그런 이야기가 오갔는데, 정작 일본 언론을 통해 보도된 것은 미

야자와 이니셔티브뿐이었어요. 어쨌거나 이 구상이 매우 큰 성과를 거두어서, ASEAN 각국이 일본에 참 많이 고마워했습니다. 외무대신이라 해서 제가 금융위기 때 딱히 한 일도 없는데, 여기저기서 "덕분에 살았습니다. 감사합니다."는 인사를 많이 들었어요. 일본의 지도자인 총리대신이 내놓은 아시아 정책 가운데 제일 인상적이었던 것은 후쿠다 독트린이었어요. 그 후 미야자와 장관이 총리가 되고 나서인가, 또 한 차례 아시아를 돌면서 여러 이야기를 듣고 오셨지요. 최근에는 후쿠다 수상도, 후쿠다 야스오 전 총리의 아드님인 후쿠다 다케오(福田康夫) 전 총리도 동남아시아를 순방하면서 비슷한 일을 하고 오셨고요. 일본은 ASEAN을 위해서 최대한 힘을 써야 한다는 생각에서요.

방금 이토 선생님이 그러셨듯이 아시아와의 관계는 ASEAN+3이라는 개념으로, ASEAN 각국 및 한국 중국하고도 힘을 합쳐서 열심히 뛰는 것이 가장 좋다고 봅니다. 저도 같은 생각이에요. 이런 생각을 꾸준히, 구체적으로 하나씩 하나씩 실현시켜 나가는 게 중요해요. 사실 동아시아 공동체라는 구상은 벌써 한참 전부터 제기됐다가는 쑥 들어가버리고, 또 와글와글 주목을 받다가는 잠잠해지기를 되풀이하면서 좀처럼 진전이 없어요. 하토야마 총리도 한 번 말을 꺼낸 적 있고. 무슨 새로운 아이디어라도 떠올라서 얘기를 꺼낸 건가 했더니 아니에요. 새로운 구석은 별로 없어. 그런 점이 안타깝지요. 저는 동아시아 공동체에 관한 논의를 일본이 제기하려면 사전에 한국과 중국하고 의논해서 대강의 안을 가다듬은 후에 제안을 해야 한다, 그 정도 준비가 먼저 되어 있어야 한다고 생각합니다.

- **이토**: 그리고 한 가지 더요. 이건 한국에게 가장 중요한 사안이면서 동시에 동아시아 전체에 있어서도 아주 큰 사건인데, 바로 고 김대통령께서 남북회담을 실현하셨다는 사실입니다. 이른바 '햇볕

정책(sunshine policy)'이라는 거지요. 이 정책은 지금도 큰 의미를 지닌다고 봅니다만.

• **고노**: 그야 물론이지요. 김대중 선생께서 "그럼 달리 무슨 방법이 있단 말입니까" 라고 물으셨을 때, 뭐라 대답해야 좋을지 말문이 막히고 말았지요. 즉 이렇게 하는 수밖에는 없다는 것이었지요.

• **류상영**: 고노 선생님, 이제 슬슬 마지막 질문을 드려야겠는데요. 한국 민주당 당수이자 정치인으로서, 대통령으로서, 그리고 일본의 친구로서 고 김 대통령에 대해 어떻게 생각하시는지요?

• **고노**: 요즘 보면 말입니다, 정치 지도자한테는 아무래도 경험이 제일 중요할 터인데, 요즘도 다들 젊은 지도자를 선망하는 추세에요. 케네디 대통령 때쯤부터 젊고 기운 넘치는 정치 지도자를 바라는 경향이 생겨났단 말입니다. 하지만 저는 진정 나라를 잘 이끌어 나가려면 경험이 중요하다고 생각합니다. 특히 고 김대중 대통령 같이 자신이 몸소 겪은 여러 가지 상황과 경험을 바탕으로 구체적인 정치적 제안을 내놓는 게 아주 중요해요. 그런 경험이 부족한 사람은 구체적인 제안을 하려 해도 다분히 관념적이고 추상적인 제안으로 흘러 버리기 십상이니까요. 아까부터 말했다시피, 김대중 선생은 원대한 이상을 품고 계셨지만, 그 이상을 이루고자 늘 현실적인 제안과 현실적인 행동을 보이셨어요. 남북회담만 해도 그렇습니다. 폭넓은 경험과 유연한 사고가 뒷받침되지 않고서야 그런 회담은 성사될 수가 없어요. 역시 숙달된 분이었기에 해낼 수 있었던 일이었다고 봐요. 김대중 선생은 실로 다양한 경험, 힘든 경험들을, 그야말로 목숨이 왔다 갔다 하는 경험을 쌓으신 분이었고, 그런 경험들이 정치인으로서의 담력을 키워 줬을 겁니다. 김대중 선생은 참 대단한 용기와 결단력을 지닌 분이었다고 생각해요.

Ⅸ. 미래의 한일관계에 대해

• **류상영**: 고노 선생님께서는 1994년부터 2000년 사이 여섯 차례 이상 외무대신을 역임하셨는데요. 한일관계의 미래상이라고나 할까 바람직한 모습에 대해서는 어떻게 생각하시는지요? 특히 올해는 한일강제병합 100주년이 되는 해라서 한일관계에 있어 아주 뜻 깊은 전환점이 됐으면 하는데, 한 말씀 부탁 드리겠습니다.

• **고노:** 좌우간 서로 내정에 간섭한다든지, 개입해서 이러쿵저러쿵 하는 것은 삼가야겠지요. 당연히 해서는 안 될 짓입니다. 다만 동북아시아 혹은 동아시아에서 함께 살아가는, 함께 생활하는 사람들끼리 서로 이해하고 서로를 발전시키려면, 서로 더 잘 살려면 어떻게 해야 할까 하는 점은 계속 고민해야 할 것 같아요. 가장 시급한 당면과제는 역시 한반도 문제지요. 한반도의 남북통일이 무엇보다 중요합니다. 이 문제가 해결돼야만 동북 아시아의 여러 현안들이 해결될 길이 보이리라고 생각해요. 만약 남북한 국민들이 똘똘 뭉쳐서 "우리 한 마음 한 뜻이 되어보자, 다 같이 노력해 보자" 이런 마음을 갖게 된다면, 일본으로서는 당연히 지원을 아끼지 말아야지요.

• **이토:** 그렇겠지요. 저는 김대중 대통령이 서거하시기 전해인 2008년 12월, 김 대통령의 노벨 평화상 수상 8주년을 기념하는 국제 심포지엄에 초청받았습니다. 북-일 관계 정상화에 대해 한 마디 해 달라시더군요. 그 심포지엄에서 사회를 맡은 분이, 김대중 대통령이 평양을 방문하셨을 때 동행했던 임동원 통일부 장관이셨어요. 그 자리에서 저는 "북일관계 정상화는 결코 어렵지 않으리라 본다"고 말했습니다. 2002년 9월에 고이즈미 준이치로(小泉純一郎) 전 수상

이 평양을 찾아 김정일 국방위원장과 정상회담을 갖고, 그 달 17일 북-일 평양선언에 서명을 했잖아요. 일본과 북한 쌍방이 성의 있고 성실하게 이 선언을 실행에 옮긴다면 일본인 납치문제도 해결 가능할 터입니다. 저는 심포지엄에서 이렇게 말했습니다. "애당초 납치문제라는 것이, 북-일 평양선언 성립 과정에서 김 위원장 쪽이 구체적인 경과와 그에 대한 사죄를 표함에 따라 비로소 구체화된 문제다. 납치 피해자 가운데 생존자는 일본으로 돌아오지 않았느냐. 그런데도 일본 쪽에서는 아직 완전히 해결되지 않았다고 생각한다면 좀 더 논의해서 조사해 보면 될 일이다. 일본인을 납치했다는 이유로 북한에 제재를 가하는 것은 우호적 행위라 할 수 없다. 제재는 그만두고 우호적이고 이성적인 대화를 통해 해결을 도모한다면 이 문제는 쉽게 풀릴 것이다" 라고요.

"그렇게 하면 북일 국교 정상화도 실현될 것이고, 남북관계 역시 한층 부드러워질 것입니다." 이렇게 발표했더니 고 김 대통령께서 "그거 참 괜찮은 아이디어입니다"라고 말씀하셨습니다. 그럼 고노 선생, 북일 관계에 대해서는 어떻게 보시는지 마지막으로 한 말씀 해 주시지요.

• **고노**: 방금 이토 선생께서 말씀하셨다시피, 고이즈미 전 수상의 방북은 매우 험난한 상황에서 이루어졌습니다. 국가간 관계의 발전을 꾀하려면 역시 상호 존경과 신뢰가 중요하지요. 한쪽이 다른 한쪽에 대해 당근과 채찍 식의 전략으로 나와서는 안 된다는 게 제 생각입니다.

인권문제도 함께 생각해야 봐야 할 문제지요. 북한 주민들이 인권문제에 처해 있다면 식량원조나 생활원조 등의 대북지원에 대해 좀 더 신중해질 필요는 있습니다. 이를 두고 당근과 채찍 운운하면서, 뜻대로 풀리지 않으면 지원을 중단하겠다는 식으로 대응해서야 문제가 해결될 리 없지요. 그러므로 지금 우리가 할 수 있는 일이 무엇일지 생각해 보는 게 해결의 첫걸음이 될 것입니다. 할 수 있는 일이 있고 없고는 역시 정치인이 직접 나서서 제 눈으로 보거나 얘기를 나눠봐야 실마리가 풀리는 법이고요. 그런 노력 없이, 상대방을 찾아가지도 않고서 당근과 채찍 전략 어쩌고저쩌고 입으로만 떠들어서야 안 될 일이라고 생각합니다. 그런 신념과 용기를 지니고 평양을 찾는 정치인이 있었으면 좋겠다 싶어요.

• **이토**: 그 말씀대로입니다. 실은 제가 처음 평양 땅을 밟은 것은 우쓰노미야 선생이 같이 가자고 해서였어요. 1987년 5월이었지요. 그렇게 우쓰노미야 선생을 따라가서 여러 가지를 배웠습니다.

• **류상영**: 김대중 도서관에서는 오늘 고노 선생님께서 들려주신 역사적이고 아주 귀중한 이야기들을 하나도 빠짐없이 역사적 자료로 잘 정리해서, 전시하기도 하고 연구 및 교육자료로도 활용할 수 있도록 최선을 다하겠습니다. 오늘 해주신 말씀은 고 김대중 대통령과 우쓰노미야 선생과 관련해서, 더 나아가 한일관계의 역사와 미래와 관련해서 무척 귀중한, 마치 빛과 소금과도 같은 역할을 할 것입니다.

저희 도서관은 연세대학교에서 관리하고 있습니다. 새로운 세대, 젊은 세대들에게 한일 양국이 이런 식으로 서로 협력하면서 인류의 가치와 민주주의, 인권, 평화 등등의 실현을 위해 힘을 합쳤다는 사실을, 양국에는 이러한 위대한 역사가 존재한다는 사실을 가르치고 싶다는 것이 저희 도서관의 출발점이라고 할 수 있지요. 고노 선생님, 오늘 너무나 좋은 말씀 들려주셔서 정말 감사합니다.

색인

| ㄱ |

가쓰 카이쇼(勝海舟) 328
가톨릭 정의와 평화협의회(日本カトリック正義と平和協議) 248
강문규 184
강종건 294
겨울연가 376
경제 전장국가 (의식) 35-36, 41
고노 요헤이(河野洋平) 22, 208, 340, 355
고어, 앨 76
고이즈미 준이치로(小泉純一) 347, 389
고토다 마사하루(後藤田正晴) 340
공해수출 반대운동 227
곽동의 17, 259
관냉전사 29
괌 독트린(닉슨 독트린) 140
광주 민주화운동 299
광주민중항쟁 18, 40, 114
광주사건 369
교과서 문제 59
구보타 망언 217
국가보안법 114
국민평화 대행진 194
국제민주세력 117
국제사면위원회(앰네스티 인터내셔널) 294
군축의원연맹 368
근대화 내셔널리즘 16, 34, 42, 45
기독교대한감리회 173
기시 노부스케(岸信介) 129, 134, 215, 362
기지국가 33
김경인 (의원) 145, 153, 323

김관석 총무 182
김규남 287
김기완 20
김대중 구명/구출(운동) 107, 108, 253, 262, 299, 331, 333, 344
김대중 납치사건(의 진상해명) 17, 22, 37, 54, 64, 66, 78, 111, 130, 146, 151, 154, 233, 271, 282, 331, 335
김대중 납치사건 진상조사위원회 340
김대중 내란음모사건 19, 111, 241
김대중 대통령 330
김대중 사건의 진상 130
김대중 사면복권 194
김대중 사형(선고) 20, 93, 244
김대중 선생 구출위원회 110, 111, 259
김대중 암살미수 사건 141
김대중 자작극설 148
김대중 정권 44
김대중씨 구명활동 278
김대중씨 구조요청 272
김대중씨 구출 일본연락회의 254
김대중씨의 감형 162
김대중의 대일 인식 52, 54
김동운 20, 65, 144, 154, 211, 275
김동운에 관한 구상서 159
김영삼 정권 43
김옥균 319
김용식 외무장관 154
김일성 (주석) 140, 143, 314, 372
김일성 주석의 사망 360
김재규 278
김정남 227
김정일 (국방)위원장 70, 143, 201
김종필 (총리) 65, 138, 154, 161, 212, 275, 357
김지하(의 양심선언) 218, 220, 225, 227
김태지 260
김형욱 138
김효순 220

| ㄴ |

나카가와 이치로(中川一郎) 357, 365
나카소네(中曽根) (정부) 348, 375
나카지마 목사 182
남북공동성명 166, 327
남북정상회담 16, 45, 120, 166
남북조선 통일정책 140
남북한 UN 동시가입 140
남북화해 326
납치문제 17, 390
납치사건(의 본질) 324, 362
노동연대운동 308
노동운동의 성과 188
노동자 대투쟁 306
노동자 인권선언 186
노무현 정권 46
노벨 평화상 389
노태우 194

뉴파트너십 선언 79
닉슨 (미국) 대통령 36, 110
닉슨독트린(괌 독트린) 56, 69, 135

| ㄷ |

다나카 가쿠에이(田中角) 총리(내각) 37, 65, 212, 275, 337
다나카 이사지 252
다치카와 마사키(太刀川正樹) 291
다카사키 교수 235, 236
대일강화조약 서명국 31
대일청구권 문제 132
대통령 직선제 개헌 193
대한예수교장로회 173
덴 히데노리 211
덴 히데오(田英夫) (의원) 22, 208, 213, 296, 329, 368
도시농촌선교회(URM) 181
도시산업선교회(UIM) 178
도야마 화학공업 21, 227
도요토미 히데요시 319
도이 다카코 (土井たか子) (의원) 22, 332, 340
도조(東条) 내각 129
도조 히데키(東 英機) 321
돈 그렉 CIA 책임자 339
동아시아 냉전체제 28
동아일보 지원운동 222
두 개의 한국 (정책) 68, 136

| ㄹ |

라이샤워(Edwin O. Reischauer) (대사) 75, 76, 142, 339
라이프찌히 국제기록 · 단편영화제 262
레이건 정부(대통령) 41, 162, 163
케네디, 로버트(Robert Kennedy) 75
록히드 스캔들(사건) 150, 232
류인태 220
리영희 235

| ㅁ |

마쓰기 노부히코 219
맥아더 31
모리카와 긴쥬(森川金) 변호사 275
무라야마(村山富市) 내각(수상) 44, 59, 359
무라야마(村山) 담화 380
문세광(사건) 37, 158
문익환 (목사) 161, 193
문화교류 376
미군정청법령 33호 32
미래의 한일관계 389
미야자와 이니셔티브 386
미야자와(宮沢) 외상 313, 364
미일안보조약 50
미키(三木) 총리(내각) 313, 364
민단 자주화 운동 과정 104
민단 제3선언 97

민단자주수호위원회(자주위) 100
민단정상화유지간담회 98
민족 통일운동 102
민족일보 206
민족적 민주주의 133
민족통일 민중운동연합 193
민족통일협의회(민통협) 102
민주교단선언 185
민주구국선언 193, 229, 230
민주구국헌장 115
민주헌법쟁취 국민운동본부 194
민주헌장서명추진본부 115
민주화 운동 374
민주화 추진 국민운동 161
민주회복국민회의 312
민청학련(사건) 19, 218, 225, 291

| ㅂ |

박노수 287
박정희(군사정부) 35, 129, 132, 322
박정희 대통령(저격사건에 관한 구상서) 114, 154, 158, 159, 278, 336
박형규 목사 18, 175-176
반공의 보루론 327
반유신 투쟁 103, 107
백낙청 235
베를린 장벽 붕괴 43
베트남 전쟁 135
베트남 공산화 38
베트남전의 베트남화 135
베트남전쟁 반대운동 19
부산 적기론(釜山赤旗論) 38
북일 국교 정상화 390
북일관계 정상화 389
북한 주민 인권문제 390

| ㅅ |

4대국 안전보장론 68-69, 350
사사키 히데노리 20
4 · 19 혁명 133
사카모토 료마(坂本竜馬) 328
사토 에이사쿠(佐藤榮作) (수상) 36, 129, 134
사토 히데오(佐藤英夫) 218
사회안전법 적용 293
사회주의인터(SI) 117
3단계 통일론 350
삼선개헌 98, 127, 129
3 · 1민주구국선언 사건 75, 112
샌프란시스코강화 31
생산 기지국가 36, 41
서승 288
서승-서준식 형제 사건 21, 284
서승 분신자살 289
서울의 봄 114, 161
서준식 288, 293
서중석 220

세계(世界) 71, 124, 205
소비에트사회주의공화국연방 해체 43
손성조 206
쇼지 쓰토무 (東海林勤) (목사) 18, 208, 211, 250
스노베 료조(須之部量三) 160
스즈키 젠코(鈴木善幸) (내각) 161, 246, 370
시미즈 교수 236
시민연대운동 15
시바 료타로(司馬遼太郎) 320
시이나 에쓰사부로(椎名悦三郎) 158
신냉전의 영향 41
신 자유클럽 369
신조선건설동맹 96
10 · 4공동선언 120
쑨원 319, 386
쓰지(辻) 검사총장 281

| ㅇ |

아베(安倍) 379
ASEAN 회의 386
ASEAN+3 386
아스카다 이치오 252
아시아 금융위기 386
아시아 아프리카(AA) 연구소 331, 356, 362
아시아 여성들의 모임 232
아시아 · 아프리카 연구회(AA硏) 23, 72
아시아기독교 협의회(CCA) 181
아오치 신 19, 216, 250, 277
안보차관 문제 42
앰네스티 110
야스에 료스케(安江良介) (편집장) 19, 71, 124, 181, 207, 274, 343
야스쿠니 신사 국영화 저지운동 173
야스쿠니 신사(문제) 60, 126, 347, 378, 379
야쓰기 가즈오(矢次一夫) 215
양일동 (의원) 145, 323
어업문제 132
에곤 에르빈 키쉬(Egon Erwin Kisch) 상 262
AA硏 (국회의원) 73, 75, 109
역사 교과서 문제 42, 304
역사문제 378
역사 바로세우기 운동 44
역청구권 32
연합적군파 사건 208
오무라 이사무(大村勇) 목사 18, 172
오부치 게이조(小渕惠三) 44, 59, 375
오부치-김대중 공동선언 380
오에 겐자부로 252
오이시 부이치(大石武一) 369
55년 체제 29, 43
5 · 16 군사 쿠데타 133
5 · 17 계엄령확대조치 114
5 · 17 광주 민중항쟁 188
5 · 17 사태 258

오자키 스스무(尾崎陞) 변호사 267
오쿠노(奧野) 법무대신 281
오히라 마사요시(大平正芳) 수상 337, 370
와다 하루키 19, 245, 250, 252
요시다 시게루(吉田茂) 33, 125, 362
우노 소스케(宇野宗佑) 357
우쓰노미야 도쿠마(宇都宮徳馬) (의원) 18, 21-22, 72, 109, 130, 142, 146, 163, 207, 211, 252, 296, 332, 340, 356
월드비전 199
유신 선포 102
유신반대운동 17
유신선거 113
유신체제 붕괴 40, 114
UN 인권위원회 294
6개국 협의회(6자 회담) 69, 352
육영수 여사 158
6 · 15 남북 공동선언 55, 119, 120
6월 (민중)항쟁 194, 306
이명박 정권 46
이소선 여사 113, 297
이승만 (라인) 32, 132
이승만 정권 96
이시바시 단잔(石橋湛山) 총리 126, 129, 362
이시자카 고이치 20
이시하라 신타로(石原慎太郎) 149, 365
이우정 185
이철 220
이케다 하야토 134
이토 나리히코 18
이토 마사요시(伊東正義) 370
이희호 여사 75, 273, 282
인권문제 268, 284
일본 가톨릭 정의와 평화협의회 250
일본 기독교교회협의회(JNCC) 18
일본 내 평화세력 71
일본기독교단 173
일본기독교부인교풍회 213
일본기독교협의회(NCCJ) 174
일본내 시민사회 네트워크 17
일본노동조합총평의회(총평) 241, 275
일본문화 개방 54, 376
일본변호사연합회(일변련) 276
일본에 의한 근대화 34
일본의 과거사 문제 인식 58
일본의 과거사 반성 요구 304
일본의 군사대국화 70
일본의 기독교 202
일본의 민주주의 17, 63, 128
일본의 시민사회 71
일본의 주권 침해 324
일본인 납치 문제 46
일본(정부)의 역사인식 59, 353
일심회 98
일인영구독재체제 102
일한연대위원회 241, 250

| ㅈ |

자민당 정치 29
자유민주연합기구 68
자유언론수호투쟁 185
자유인권협회 275
자주화 내셔널리즘 32, 44
장기표 218
재일 한국인의 민주화운동 93, 94
재일대한기독교회(KCCJ) 199
재일동포 유학생 간첩단 사건 288
재일본대한민국거류민단('민단') 96, 268
재일본조선인연맹(조련) 96
재일조선인의 인권운동 20
재일한국인 민주화 그룹 268
재일한국인 민주화운동 (세력) 95, 103, 104, 164
재일한국인 정치범 석방운동 296
재일한국인 정치범의 의미 286
재일한국인통일연합(한통련) 118
재일한국청년동맹('한청동') 268
전국민주청년학생총연맹(민청학련) 184, 215
전두환 (대통령) 41, 76, 162, 245, 256, 278, 347
전두환 보안사령관 161
전두환 신군부 241
전장국가 33
전쟁책임고백 173
전태일 186, 297
전태일의 평전 112
전후 한일관계 32
전후의 시작 30
정승화 161
정치가의 리더십 29
정치적 결착 337
정치적 기업가 51
조국통일 3대원칙 101
조국통일범민족연합(범민련) 119
조선건국촉진청년동맹(건청) 96
조선기독교도연맹(KCF) 194
조용수 206, 287
조총련 268
종군위안부 문제 43, 232
주한미군 감축 136
중국의 UN 가입 326
중일 국교정상화 36, 365
지명관 18, 181, 184, 207
진두현 290, 305
진상조사위원회 활동 344

| ㅊ |

천황숭배 202
청년법률가협회(청법협) 265
청람회(青嵐会) 149, 344, 364
초기 한일 연대운동 284
총통제 개헌 144
총평의 구명운동 254
최경록 주일 한국대사 246
최철교 사건 290

충신장(忠臣藏) 64
7·4 (남북)공동성명 101-102, 140, 197

| ㅋ |

칸 나오토(菅直人) 수상 47
케네디, 에드워드 상원의원 75, 142
KCIA(한국 중앙정보부) 334
코헨, 제롬 교수 142

| ㅌ |

탈냉전 효과 52
탈전장국가화 (전략) 16, 45
통일마당 119
통일정책 구상 350
T.K.생 18

| ㅍ |

평화대행진 200
평화헌법 70
프레이저 위원회 청문회 338

| ㅎ |

하야카와 요시하루(早川嘉春) 291
하토야마 유키오(鳩山由紀夫) 수상(내각) 47, 362
한국 그리스도인 선언 175
한국 기독교교회협의회의 인권선언 177
한국 민주화운동(사) 94, 117, 186, 242
한국 정치범 284
한국기독교교회협의회(KNCC) (선언) 174, 180, 194, 196, 199
한국기독교민주동지회 183, 184
한국기독교장로회 173
한국내 민중운동 20
한국문제 기독교인 긴급회의 200, 248, 250
한국문제긴급국제회의 116
한국민주회복통일촉진 국민회의 17
한국의 민주주의 123, 128
한국의 민주화(운동) 64, 111
한국인권문제연구소 77
한국전쟁 31
한국조항 36, 136
한국청년동맹(한청) 100
한류 46
한민통(결성) 17, 105, 117
한민통(일본본부 결성) 17, 93, 95, 102, 105, 258
한민통(한국민주회복통일촉진국민회의) 279, 344

한승헌 변호사 243, 282
한일 기독교인 연대운동 18
한일 기독교인 연락협의회 182
한일 뉴파트너십 선언 55, 57
한일 신시대 42
한일 연대운동 21, 229, 232, 236, 283, 297, 308
한일 유착 232
한일 자유무역협정 54
한일 청구권 문제 217
한일강제병합 319, 389
한일관계의 미래상 389
한일국교(정상화) 34, 36, 50, 68, 127, 304, 377
한일기본조약 134
한일련(한일연대연락회의) 19, 39, 236, 285
한일연대 18, 119, 217
한일연대운동 18
한일연대회의 280
한일조약 (반대운동) 62, 206
한일협정반대성명 18, 171
한일회담 (반대운동) 32, 61, 134, 170
한일회담의 문제점 98
한통련 118
함석헌 188, 206
해외 교포 민주화운동 17
햇볕정책 45, 351, 373, 387
헌법 제9조의 비무장화 126
호소카와(細川護熙) 내각 44
후쿠다 독트린 387
후쿠다(福田) 관방장관 379
히다카 로쿠로 250

:: 필자 소개 (원고 게재 순)

❖ 류상영

연세대학교에서 정치경제학으로 박사학위를 취득하고 현재 연세대학교 국제학대학원의 교수로 재직중이다. 2004년부터 2009년까지 연세대학교 부속기관인 김대중도서관의 관장으로서 연구와 사료사업을 추진하여 〈김대중연보 1924-2009〉를 대표 집필하였다. 한국정치와 동아시아 정치경제학이 주요 연구 영역이다.

❖ 남기정

동경대학에서 정치학으로 박사학위를 취득하고 현재 서울대 일본연구소의 교수로 재직중이다. 국민대 일본학과의 교수를 역임한 바 있으며 한일관계사, 일본현대사, 한국전쟁과 일본 등이 주요 관심 영역이다. 〈한국 민주주의의 전개와 일한관계〉 등의 글이 있다.

❖ 곽동의

1973년에 결성된 〈한국민주회복통일촉진 국민회의〉 일본본부의 의장을 역임하며 4.19 학생의거 이래로 일본내에서 한국의 민주주의와 한반도 통일을 위한 사회활동을 전개한 대표적 운동가이다. 2004년에야 44년 만에 한국에 귀국한 바 있는 그는 현재 〈재일한국민주통일연합〉의 상임고문과 〈6.15 공동선언실천 해외측 위원회〉 공동의장을 맡고 있다. 김대중납치사건과 내란음모사건 당시 김대중 구명을 위하여 다양한 활동을 전개한 바 있다.

❖ 이토 나리히코(伊藤成彦)

현재 주오대학 명예교수이며 국제관계론, 사회운동, 사상사 등을 연구해왔다. 로자 룩셈부르크 국제협회 대표로서 활동하고 있으며, 일본의 평화헌법을 지키기 위한 연구와 사회활동에도 열중하고 있다. 1984년 〈김대중납치사건 진상조사위원회〉를 구성하여 정치결착을 반대하고 진상조사를 위한 핵심적인 활동을 전개한 바 있다. 〈전보고 김대중사건〉, 〈군대로 평화가 구축되는가〉 등의 글이 있다.

❖ 쇼지 쓰토무(東海林勤)

일본기독교교회협의회(NCC)의 간사를 역임한 바 있고, 현재는 고려박물관 이사장으로 활동하고 있다. 김대중납치사건과 내란음모사건, 민청학련사건 등 한국의 민주인사가 박해받는 사건이 발생할 때마다 일본의 기독교인들을 중심으로 실상을 고발하고 일본사회의 협력과 각성을 상기하는 활동을 계속해 왔다. 〈평화의 등불을! 야스쿠니의 어둠에 촛불행동을〉 실행위원회의 공동대표도 맡고 있으며, 동북아 평화와 민주주의를 위한 활동을 지속하고 있다.

❖ 와다 하루키(和田春樹)

도쿄대학교 명예교수이며 현재는 도호쿠대학교 동북아시아연구센터 fellow 로도 활동 중이다. 〈김대중납치사건〉 과 〈내란음모사건〉 당시 일한연대위원회 중심 멤버로서 구명운동 및 〈김대중씨를 죽이지마!〉 운동에 힘썼으며, 일조국교촉진국민협회 사무국장을 역임 중이다. 〈김대중 옥중서간〉 일본어판을 공역했으며, 〈북한 현대사〉, 〈러일전쟁 기원과 개전〉등의 글이 있다.

❖ 정근주

일본 와세다대학교에서 국제관계학으로 박사학위를 취득하고 현재는 와세다대학교 오픈교육센터 교수로 재직 중이다. 한일 간 역사교과서 문제, 시민사회 및 연대 문제를 양국의 외교사적 측면에서 고찰하는 것에 관심이 있으며, 〈한일관계에 있어서의 역사인식문제의 반복〉 등의 글이 있다.

❖ 사사키 히데노리(佐々木秀典)

민주당 소속 중의원 의원을 지냈으며 재일 한국인의 법적 지위향상과 인권을 위하여 다양한 활동을 전개하였다. 〈김대중납치사건 진상규명위원회〉 위원으로 활동하였고, 1980년에는 한일연대회의와 한민통이 추진한 〈김대중의 구출을 UN에 요청하는 100만인 서명운동〉 용지를 이토 나리히코와 함께 UN 인권위원회에 제출한 바 있다. 그는 법조계와 노동계 등을 중심으로 한국의 민주화운동을 지원하는 운동을 계속해 오고 있다.

❖ 이시자카 고이치(石坂浩一)

릿쿄대학교 이문화커뮤니케이션학부 교수로 재직 중이다. 〈재일한국인 정치범 구원운동〉, 〈진출기업문제를 생각하는 모임〉 등의 활동을 했으며 〈일조국교정상화연락회〉 공동대표를 역임하고 있다. 전문분야는 한국사회론, 한일관계사, 북일관계사이며 〈동아시아, 교착하는 내셔널리즘〉 등의 글이 있다.

연세대학교 김대중도서관 연구총서 ①

김대중과 한일관계

민주주의와 평화의 한일현대사

인 쇄 | 2012년 10월 25일
발 행 | 2012년 10월 31일

엮은이 | 류상영 · 와다 하루키 · 이토 나리히코
발행처 | 연세대학교 대학출판문화원

주 소 | 서울특별시 서대문구 신촌동 134
전 화 | (02)2123-3880~2, 392-6201
팩 스 | (02)393-1421
홈페이지 http://www.yonsei.ac.kr/press
등 록 | 1955년 10월 13일 제9-60호

인 쇄 | 도서출판 오름 (http://www.oruem.co.kr)

ISBN 978-89-97578-53-5 93910

※잘못된 책은 교환해 드립니다.
※값은 뒤표지에 있습니다.